世界文化与自然双遗产
武夷山生态文化研究

World Heritage - Mixed Property
A study of Wuyishan Ecological Culture

朱平安 著

厦门大学出版社 国家一级出版社
XIAMEN UNIVERSITY PRESS 全国百佳图书出版单位

图书在版编目(CIP)数据

武夷山生态文化研究/朱平安著. —厦门:厦门大学出版社,2022.7
ISBN 978-7-5615-8477-4

Ⅰ.①武… Ⅱ.①朱… Ⅲ.①武夷山—文化生态学—研究 Ⅳ.①K928.3

中国版本图书馆 CIP 数据核字(2021)第 263983 号

出 版 人	郑文礼
责任编辑	王鹭鹏
封面设计	蔡炜荣
技术编辑	朱 楷

出版发行　厦门大学出版社

社　　　址	厦门市软件园二期望海路 39 号
邮政编码	361008
总　　　机	0592-2181111　0592-2181406(传真)
营销中心	0592-2184458　0592-2181365
网　　　址	http://www.xmupress.com
邮　　　箱	xmup@xmupress.com
印　　　刷	厦门市金凯龙印刷有限公司

开本	720 mm×1 020 mm　1/16
印张	23.5
插页	8
字数	397 千字
版次	2022 年 7 月第 1 版
印次	2022 年 7 月第 1 次印刷
定价	100.00 元

本书如有印装质量问题请直接寄承印厂调换

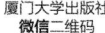
厦门大学出版社
微信二维码

厦门大学出版社
微博二维码

原始纯真、生物多样的武夷山自然保护区,迄今已发现动植物八千八百多种,是世界著名的生物基因库和生物模式标本产地(摄影刘达友)

南平市樟湖镇每年农历七月初七的蛇文化节,是古代闽越族蛇图腾崇拜的历史孑遗,具有生殖崇拜和敬畏生命的文化内涵。图为蛇王庙祭祀活动场景(摄影肖志勇、郑惠平)

摩崖石刻"逝者如斯"蕴含朱子对人类生命之源和价值之源的哲学追思。武夷精舍内的题匾"学达性天"传达了理学家"天人合一"的价值取向和审美情趣（摄影刘达友）

摩崖石刻隶释：戒定慧颗颗功德圆满，嗔贪痴种种烦恼尽消

莲花峰摩崖石刻体现佛教众生平等的价值理念和普渡众生的慈悲情怀。"嗔、贪、痴"是生态危机的思想根源，"戒、定、慧"是克服生态危机的路径（摄影刘达友）

摩崖石刻隶释：返璞归真和仙源

道教奉行道法自然的生态理念，桃源洞的选址不仅体现道教返璞归真的生活情趣，也揭示道教环境养生的生态理念（摄影刘达友）

摩崖石刻隶释：照得武夷九曲溪，自唐、宋、元、明，历遵衙帖，永禁捕鱼。为此申饬：下至山前灏，上至平川源，凡三十里内，不许放药毒鱼及鸬鹚、网罟入境。如敢故违，许地方士民僧道等协拿送县，以凭枷责示众，各宜遵守。

武夷山多次被朝廷敕封为"名山大川"，受到历代政府的高度重视和保护。武夷山拥有大量古代官府保护生态环境的官府文告类摩崖石刻，内容涉及禁止乱砍滥伐、保护动植物和维护正常生产和贸易秩序等（摄影刘达友）

"真山水"是对武夷山原始纯真的自然美的歌颂和礼赞,也是对武夷山未遭人类破坏的生态环境的价值肯定,表达了人与自然和谐相处、诗意栖居的生态审美情趣(摄影刘达友)

每年惊蛰日祭祀茶神活动是古代武夷山相沿至今的最重要的民俗活动,祭祀茶神表达人们对自然界的敬畏之意和感恩之情(摄影刘达友)

依山傍水的村落选址，坐北朝南的建筑定向，厅院结合的空间布局，雕梁画栋的文化内涵，体现闽北民居建筑中的生态审美意识和价值诉求（摄影刘达友）

依崖附壁、垒石填土、竹茶间种的生态茶园,都处在崖壑幽深、早阳多阴、烂石砾壤、迷雾沛雨、腐殖质深厚的绝佳生长环境之中,体现武夷山茶业物尽其用的生态价值理念(摄影刘达友)

相传玉女峰是闽越人始祖母的神话，寓意自然界才是人类的生命之源。姜太公九曲溪垂钓放生乌龟的神话传说，寄寓人们的生态保护意识。武夷山的神话传说均有敬畏自然的价值取向（摄影刘达友）

立足生态、茶旅结合、多元融合的生态旅游开发模式将成为武夷山旅游业可持续发展必然的战略选择（摄影刘达友）

前　言

　　武夷山是世界文化与自然双遗产地，拥有历史悠久、积淀丰厚的生态文化，对于全球性的生态文明建设，无疑具有典范价值和普遍意义。

　　过去对武夷山生态文化的研究，多重视物质层面的生态环境保护和治理，行为层面的生态伦理规范和教育，制度层面的生态保护立法和监督，而忽视对观念层面的生态价值和生态理念进行系统研究。人拥有理性思维和自觉行动，其价值理念直接决定行为选择，因此价值理念对于生态文明的建设具有决定性的作用和意义。

　　本书本着古为今用、洋为中用的精神，通过古今对比，中西比较，引入文化结构理论，探索武夷山生态文化的当代价值。通过研究我们进一步确认，日趋严重的全球性的生态危机，根源于"二元对立"的思维模式和"人类中心"的价值理念，必须回归中国传统文化"天人合一"的思维模式和"众生平等"的价值理念，用价值理性和情感理性指导和规范工具理性和科学理性，才能有效克服目前的生态危机。

　　武夷山有"道南理窟"之称，其文化集中体现传统文化的精粹，亦曾达到传统文化的最高成就。武夷山世界文化与自然双遗产本身就说明人文与自然和谐统一是世界遗产文化的基本内涵与核心价值。

　　本书涉及世界遗产的基本内涵、图腾崇拜、朱子理学、佛教文化、道教文化、政治文化、文学艺术、民俗文化、建筑文化、茶业文化、神话传说以及生态旅游十二个方面,全面论述并揭示了蕴含于其中的生态价值,以期对当代的生态文明建设提供借鉴。衷心期望相关专家和读者不吝赐教。

目 录

绪论 1
  一、生态危机源于行为失范 3
  二、行为失范源于制度失衡 6
  三、制度失衡源于心态危机 7

第一章　典范价值的世界遗产文化 13
  一、典型完整的森林系统 15
  二、生物多样的关键地区 18
  三、独特奇绝的自然景观 24
  四、丰富多彩的人文景观 37
  五、保存完好的生态环境 52

第二章　敬畏生命的图腾生态文化 55
  一、武夷山的图腾崇拜 57
  二、蛇图腾与宗教信仰——敬畏自然 67
  三、蛇图腾与生殖崇拜——生命崇拜 69
  四、蛇图腾与神话传说——生命之源 71
  五、蛇图腾与艺术形象——生命审美 72
  六、蛇图腾与哲学思维——生命哲学 74
  七、蛇图腾与民俗文化——生存意识 76
  八、蛇图腾与文学意象——生动为美 77
  九、蛇图腾与历史文化——生生不已 79
  十、蛇图腾与生态文明——生态智慧 81
  十一、蛇图腾与养生文化——长寿象征 82
  十二、蛇图腾与政治文化——民生为本 82
  十三、蛇图腾与语言文字——生命信息 84

第三章　一视同仁的理学生态文化 ………………………… 89
　　一、朱子《仁说》的生态哲学内涵 ……………………… 91
　　二、朱子的生命体验与生态情怀 ………………………… 105
　　三、从武夷山摩崖石刻看朱熹的生态思想 ……………… 117

第四章　众生平等的佛教生态文化 ………………………… 129
　　一、重新认识佛教文化的当代价值 ……………………… 131
　　二、众生平等的价值理念 ………………………………… 137
　　三、持戒护生的生活方式 ………………………………… 142
　　四、慈悲为怀的生态实践 ………………………………… 147

第五章　顺应自然的道教生态文化 ………………………… 153
　　一、重新认识道家哲学的当代价值 ……………………… 155
　　二、"道法自然"就是顺应自然 …………………………… 164
　　三、"无为而治"就是顺应民意 …………………………… 171
　　四、"见素抱朴"就是顺应人性 …………………………… 175
　　五、"俭慈爱物"就是顺应物性 …………………………… 180
　　六、"清静养生"就是顺应环境 …………………………… 182

第六章　护山治水的政治生态文化 ………………………… 189
　　一、生态政治的基本理念 ………………………………… 191
　　二、我国古代的生态政治传统 …………………………… 193
　　三、武夷山的古代生态政治 ……………………………… 198
　　四、武夷山当今的生态文明建设 ………………………… 203

第七章　传情达意的文学生态文化 ………………………… 219
　　一、传情达意是生态文学的价值诉求 …………………… 221
　　二、生——生命的感悟 …………………………………… 226
　　二、动——生意的体验 …………………………………… 233
　　四、情——生态的情怀 …………………………………… 236
　　五、趣——生活的情趣 …………………………………… 240

第八章　返璞归真的民俗生态文化 ………………………… 247
　　一、衣食住行与返璞归真 ………………………………… 249
　　二、生婚寿葬与重生传统 ………………………………… 253
　　三、岁时节庆与顺应自然 ………………………………… 255

四、生产劳作与技艺传承 ………………………… 260
　　五、文化娱乐与移风易俗 ………………………… 262
　　六、礼仪道德与睦邻友好 ………………………… 264
　　七、信仰祭祀与敬畏自然 ………………………… 265
　　八、民俗旅游与生态示范 ………………………… 269

第九章　顺应环境的建筑生态文化 …………………… 275
　　一、闽北民居建筑的风水传统 …………………… 277
　　二、"五宜五不宜"的"武夷风格" …………… 280
　　三、依山傍水的闽北古民居建筑 ………………… 283
　　四、彩虹飞架的闽北廊桥建筑 …………………… 286
　　五、悟道山水的闽北书院建筑 …………………… 290
　　六、超凡脱俗的闽北宗教建筑 …………………… 293

第十章　物尽其用的茶业生态文化 …………………… 297
　　一、独特绝佳的生态环境 ………………………… 299
　　二、智慧生态的生产管理 ………………………… 302
　　三、独树一帜的制作工艺 ………………………… 304
　　四、积淀丰厚的文化底蕴 ………………………… 306
　　五、茶旅融合的生态旅游 ………………………… 315

第十一章　敬畏自然的神话生态文化 ………………… 319
　　一、创世神话与宇宙生成 ………………………… 321
　　二、始祖神话与生命之源 ………………………… 323
　　三、开山神话与环境改造 ………………………… 325
　　四、劝善神话与尊重生命 ………………………… 328
　　五、惩恶神话与敬畏自然 ………………………… 329
　　六、避世神话与诗意栖居 ………………………… 330
　　七、放生神话与生态保护 ………………………… 331
　　八、民俗神话与生态预警 ………………………… 332
　　九、刺贪神话与人性救赎 ………………………… 334
　　十、岩茶神话与顺应自然 ………………………… 335

第十二章　生态旅游的发展战略选择 ………………… 337
　　一、生态旅游的开发原则——真善美 …………… 339

二、生态旅游的产业融合——茶旅融合 …………………………… 345
三、生态旅游的项目开发——多层叠加 …………………………… 348
四、生态旅游的产品开发——多元交叉 …………………………… 353
五、生态旅游的发展模式——保护开发 …………………………… 355

参考文献 ………………………………………………………………… 363
后　　记 ………………………………………………………………… 366

绪论

继渔猎文明、农耕文明和工业文明之后,人类社会进入生态文明,这是人类历史的划时代转向。

说起"生态文明",可谓悲喜交加,感慨系之。"悲"是因为生态文明是人类应对生态危机的必然的文化选择,人类为这种文化选择付出了沉重的代价;"喜"是因为生态文明的提出使人类看到理性的曙光,毕竟人类在付出沉重代价之后逐渐认识到"人类中心主义"的错误,承认了自然界的内在价值。

目前,生态文明越来越引起人们的高度重视,这从学科的发展可见一斑。近年来大多数学科都可以与生态学结缘而催生诸多生态学科门类,如生态宗教、生态哲学、生态政治、生态历史、生态文学、生态伦理、生态美学、生态民俗、生态工业、生态地理、生态农业、生态化学。生态文化理论层出不穷,名词概念更是花样翻新,令人目不暇接,这一切都表现出人类企图从传统学科中汲取生存智慧,又企图用生态文化的价值理念去规范传统学科思维方式和价值取向的学术努力。

生态文明涉及人类文化的各个层面。就文化结构而言,从表层到深层依次包括器物文化、行为文化、制度文化和观念文化,是相互影响的有机系统。但是由于长期受到西方话语霸权的影响,尤其是受到二元对立思维方式和人类中心价值观念的影响,在应对生态危机时,人们常常只重视自然生态而忽视人文生态。系统考虑促成日趋严重的生态危机的原因,应当说既有天灾,又有人祸,而且天灾多由人祸引起。追本溯源,是人类私心用智、纵欲无度的必然结果。

一、生态危机源于行为失范

目前的生态危机主要表现为全球性的资源枯竭、环境污染和人口爆炸三个方面,三者相互影响。具体讲则有气候变暖、臭氧空洞、酸雨侵蚀、资源危机、森林锐减、土地退化、物种灭绝、垃圾成灾、毒物扩散、人口爆炸,这一切都源于人类的行为方式的失范。人类的行为方式包括生产方式和生活方式。行为方式失范指人类的生存方式缺乏理性的节制和规范,如生产方式上的"两高一低"模式(高投入、高污染、低产出)和生活方式上的奢侈消费行为,是造成全球性生态危机的直接根源。

1. 气候变暖

100多年来,全球平均气温有逐年升高的趋势。进入20世纪80年代后,全球气温上升明显。全球变暖的主要原因是人类在近一个世纪以来大量使用矿物燃料煤、石油等,排放出大量的二氧化碳等多种温室气体。温室气体对来自太阳辐射的短波具有高度的透过性,而对地球反射出来的长波辐射具有高度的吸收性,这就是常说的"温室效应",导致全球气候变暖。全球变暖会使降水量重新分配,冰川和冻土消融,海平面上升,既危害自然生态系统的平衡,更威胁人类的食物供应和居住环境。

2. 臭氧空洞

臭氧层对紫外线具有极强的吸收功能,能阻挡太阳紫外辐射对地球生物的伤害,保护地球上的生命。人类生产和生活排放出的污染物,如制冷用的氟氯烃类化合物,使得臭氧迅速耗减。南极上空的臭氧空洞面积已达2400万平方公里。臭氧层是在二十亿年里形成的,可是在一个世纪里就被破坏了60%。臭氧层的破坏,对于整个生态系统都是一个灾难。

3. 酸雨侵蚀

酸雨是由空气中二氧化硫和氮氧化物等酸性污染物引起的酸性降水。受害地区出现土壤和湖泊酸化,植被和生态系统遭受破坏,建筑材料、金属结构和文物被腐蚀等一系列严重的环境问题。许多工业化国家采取增加烟囱高度等措施防治工业大气污染,以邻为壑形成更加广泛的跨国酸雨。此外,矿物燃料有增无减,酸雨危害进一步扩大。

4.资源危机

首先是水资源危机,地球表面2/3被水覆盖,97%为无法饮用的海水,只有不到3%是淡水,其中又有2%封存于极地冰川之中。仅有的1%淡水中,1/4为工业用水,7/10为农业用水,生活用水极其有限。然而,在这样一个缺水的世界里,水却被大量滥用、浪费和污染。目前世界上有100多个国家和地区缺水,全球淡水危机日趋严重。石油、煤炭等能源也面临枯竭。资源和能源短缺主要是人类无计划、不合理、大规模开采所致。

5.森林锐减

森林是人类赖以生存的重要的生态系统。地球上曾经有76亿公顷的森林,到20世纪中叶,已经锐减到28亿公顷。由于世界人口的增长,对耕地、牧场、木材的需求量日益增加,使森林受到前所未有的破坏。据统计,全世界每年约有1200万公顷的森林消失,其中大多数是对全球生态平衡至关重要的热带雨林,尤有"地球之肺"著称的亚马孙森林最为严重,平均每五秒钟就有一个足球场大小的森林消失。亚洲、非洲的热带雨林也在遭受严重破坏。

6.土地退化

土地退化,除了土壤侵蚀如水土流失外,还有就是沙漠化。全球现有12亿多人受到荒漠化的直接威胁。荒漠化已经不再是单纯的生态环境问题,而且演变为经济问题和社会问题,它带来贫困和社会不稳定。目前,全球荒漠化的土地已达到3600万平方公里,占整个地球陆地面积的1/4,相当于俄罗斯、加拿大、中国和美国国土面积的总和。全世界受荒漠化影响的国家有100多个,而且以每年5至7万平方公里(相当于爱尔兰的面积)的速度扩大。到21世纪末,全球将损失约1/3的耕地。在人类当今诸多的环境问题中,荒漠化是最为严重的灾难,因为荒漠化意味着人类将失去最基本的生存基础——有生产能力的土地。

7.物种灭绝

目前地球上已被发现的物种有1000万种。一般来说,物种灭绝速度与物种生成的速度是平衡的,但人类活动破坏了这种平衡,使物种灭绝速度加快,据《世界自然资源保护大纲》估计,每年有数千种动植物灭绝,灭绝速度越来越快。科学家发出令人震惊的警报:21世纪内将有10%以上的鸟类种类灭绝,在热带雨林,每天至少灭绝一个物种。过度狩猎、有毒化学物品使用和滥砍滥伐行为是物种灭绝的主要原因。物种灭绝将对整个地球的食物供给带来威胁,对人类社会发展带来的损失和影响难以预料和挽回。

8. 垃圾成灾

全球每年产生垃圾近100亿吨,处理垃圾的能力远远赶不上垃圾增加的速度,特别是发达国家,已处于垃圾危机之中。美国素有垃圾大国之称,其生活垃圾主要靠表土掩埋。过去几十年内,美国已经使用了一半以上可填埋垃圾的土地,30年后,剩余的这种土地也将全部用完。我国的垃圾排放量也相当可观,在许多城市周围,一座座堆积如垃圾山,除了占用大量土地外,还污染环境。危险垃圾,特别是有毒、有害垃圾(包括运送、存放)的处理问题,因其造成的危害更为严重,产生的危害更为深远,而成了当今世界各国面临的十分棘手的环境问题。

9. 毒物扩散

市场上有七八万种化学品。对人体健康和生态环境有危害的约有3.5万种。其中有致癌、致畸、致突变作用的500余种。随着工农业生产的发展,如今每年又有1000~2000种新的化学品投入市场。由于有毒化学品的广泛使用,全球的大气、水体、土壤乃至生物都受到不同程度的污染、毒害,连南极的企鹅也未能幸免。自20世纪50年代以来,涉及有毒有害化学品的污染事件日益增多,不采取有效防治措施,将对人类和动植物造成严重的危害。

10. 人口爆炸

距今400多年前,世界人口约为4亿,而2015年为71亿,预计2050年将达到100亿。尤其是亚洲、非洲、南美洲等发展中国家,人口急剧增多。此外,美国、欧洲、日本等发达国家人口增长缓慢,但工业的发展使资源、能源、食品等的消费量在不断增加。人口的过度增长将远远超出地球的承载能力。

二、行为失范源于制度失衡

制度建设的目的和意义就在于规范人们的行为方式。目前,造成生态危机的行为方式如上所述,一个是"两高一低"的生产方式,另一个是"消费主义"的生活方式。

"两高一低"指投入高、污染高、产出低,通过上述生态危机的表述可见一斑。

日常消费对环境的影响和破坏比工业生产更为广泛也更为深入。当今社会人们的日常消费,到处充满着高消费、一次性消费等奢侈消费现象。"消费主义"是根植于西方消费社会的超过人的实际生存需求、崇尚物欲的社会意识形态。消费主义强调物质占有、刺激经济增长,对经济社会的健康发展具有极大的破坏性,助长了社会的奢靡之风,直接导致贪污腐败的盛行。

与消费主义的生活方式相联系,是"消费经济"的生产方式,它不是实际的生存需求决定生产的内容和数量,而是生产的内容和数量反过来决定人们的生存方式和消费方式,这导致消费者不断超越实际的生存需求,造成自然资源无限制的消耗和社会产品无限制的浪费。于是衡量社会进步就只有各种经济指标和线性思维,物质的不断增加和商品交换的不断扩大就成为衡量社会进步的唯一标志,刺激消费和扩大生产两者之间互为因果就成了社会进步和经济发展的唯一动力。每天的商品广告充斥着花样翻新的新产品,有些市场营销教科书甚至将"把欲求变为需求"奉为经典,以此不断刺激人们的消费欲望,而丝毫不反思不断增加的经济总量和消费欲望可能导致的资源枯竭和环境污染的问题。

非理性、不健康的生产方式和生活方式似乎只是行为方式的问题,其实不然。追寻下去就会发现行为失范是制度失衡所致。制度设置的目的在于规范人们的行为方式,使其趋于理性和节制。制度失衡表现在片面强调经济发展的重要性而忽视了生态环境的保护,如有些人以GDP作为社会经济发展的唯一指标,将居民消费水平作为衡量幸福指数的唯一标准。更有甚者,甚至将市场经济理解为不加约束的自由经济,任其自由发展。温饱问题解决之后，无限制的刺激消费和扩大生产就走向反面，不仅没有提高人们的生活质量，反而影响到人类的生存安全，日趋严重的生态危机使得人类面临着空前的生存危机。这样一个显而易见的道理，人们往往熟视无睹，任其泛滥。

三、制度失衡源于心态危机

非理性、不健康的生活方式和生产方式，以及片面强调经济发展的线性发展模式和制度设定，其实根源于人类无限的物质欲望。物质欲望的无限膨胀，使得人类逐步演变为欲望促使下的"单向度的人"。现代工业社会的消费主义和纵欲享受，已经把人变成了消费机器。与人的物质生活越来越丰富相对应的，是人的精神生活越来越贫乏。物质进步与精神衰退形成巨大的剪刀差。人也逐渐丧失了人之为人的本质属性。

人的本质属性是什么，这是中西方哲学共同关注的根本性、根源性的问题。中国古代的人性论有儒家的性善论，禅宗的性净论，道家的性朴论，法家的性恶论等，但这都是关于人的本性的理论预设，或者说只是一种文化理想或理论学说的逻辑起点。不管人性预设是善、是恶、是朴、是净，都改变不了人性自私多欲的现实，而这也正是心性修养的必要性。可以说，心性论是各家各派的立论基础。它们都看到自私多欲对人心的腐化和社会的侵蚀，也都提出心性修养的核心内容就是"以理制欲"。如孔子的"克己复礼为仁"[1]，孟子的"养心莫善于寡欲"[2]，老子的"见素抱朴，少私寡欲"[3]，韩非子的"祸难生于邪心，邪心诱于可欲"[4]，慧能的"自性清净心"和"见性（悟得自性清净）成佛"[5]，都强调克制自己的欲望是心性修养，提高精神境界的不二法门。反观现实，我们更加肯定传统文化"心性修养"的重要性。

---

[1] 《论语·颜渊》。
[2] 《孟子·尽心下》。
[3] 《老子·十九章》。
[4] 《韩非子·亡征》。
[5] 《六祖坛经》。

西方哲学也有人性善恶之论,但总的来说是趋向于人性自由,人既有行善的可能,亦有作恶的可能,何去何从完全取决于人的自由意志。但在制度设定上,中国传统文化偏重于理想主义的"性善论"(即使主张性恶论的法家也有"化性起伪"的理想追求),西方文化则偏重于现实主义的"性恶论"的底线原则。因为物质生命是人的存在基础,因此人类就不能不具有对物质欲望的追求。因此从理论上说,"性恶论"似乎更应该成为制度建设的理论基础和逻辑前提。

人性论实在是一个非常复杂的问题,如果对人性论进行实证意义上的研究,恐怕任何一种说法都能成立,且都有其实证基础。如果从人的社会属性和精神属性而言,善良的愿望和美好的理想也是人的本性,这也是生存的需要。你可以认为这是一种文化理想,问题是人类的生存和发展普遍需要这种文化理想。我以为,就像伦理规范首先要从"己所不欲勿施于人"的底线原则做起一样,法律制度的设定也当遵循人性"自私多欲"的底线原则,否则法律制度就会出现漏洞。

东西方生态文化的研究都表明,只有改变人生观和价值观,并进而改变生活态度,克服自私多欲的生存方式,才能从根本上消除生态危机,才能使人类的生存步入积极、健康、理性的轨道。

当代生态文化研究,西方走在了我们的前面,加之西方文化的理性思辨传统,使其对生态危机的本质有更加清醒的认识。回顾西方生态文化研究的动态进程,也许更能说明问题。自二十世纪六十年代以来,国外生态文化研究呈现为经济科技(物质)层面的环境保护、社会政治(制度)层面的行为规范和宗教哲学(观念)层面的价值反思三个不断深入的逻辑进程。如康芒纳把环境污染归结为新技术的运用。威廉·莱斯认为现代科学的工具理性是造成生态危机的根源。舒马赫认为经济学中的功利主义是环境危机的根源;罗马俱乐部提出"增长极限"理论,认为经济的过快增长将超出地球的生态承载能力,主张限制经济的增长;二十世纪七十年代以来欧洲各国的绿色环保运动、世界环发委员会和世界环发大会都主张通过积极的政治参与和立法来保护生态环境,维护生态平衡;林恩·怀特批评西方在天人关系上"二元对立"的思维模式和"人类中心主义"的价值取向是导致生态危机的根源。施韦兹提出"敬畏生命"的思想。莱奥波尔德提出"大地伦理"学说,主张给予整个自然界以伦理学关怀。罗尔斯顿提出自然界"内在价值"学说,并在系统论证的基础上奠定了生态伦理学的基本理论。纵观国外的研究动态,表现为一个逐渐克服西方工业革命以来"二元对立"思维模式和"人类中心"价值取向的过程,从某种意义上说,表现出对中国传统文化"天人合一"和"敬畏自然"思想的价值认同,如"深层生态学"的提出更是如此。

所谓"深层"指文化结构的核心层面即观念文化。要从根本上解决生态危机,就必须从心灵深处确立正确的价值理念,这正是"深层生态学"的意义所在。深层生态学是由挪威著名哲学家阿伦·奈斯在1973年提出的。将生态学发展到哲学与伦理学领域,并提出生态自我、生态平等与生态共生等重要生态哲学理念。特别是生态共生理念更具当代价值,包含人与自然平等共生、共在共容的重要哲学与伦理学内涵。"深层"相对于"浅层"而言,浅层生态运动局限于人类本位的环境和资源保护,深层生态主义者把浅层生态运动视为一种改良主义的环境运动,试图在不变革现代社会的基本结构,不改变现有的生产模式和消费模式的条件下,依靠现有的社会机制和技术进步来改变环境现状。而深层生态学认为这种试图减轻人类对环境冲击的努力最终会导致人们寻求用技术方法来解决伦理、社会、政治问题。作为一种激进的环境主义,深层生态学从一开始就以反人类中心主义世界观的姿态出现,而且态度十分鲜明。阿伦·奈斯指出:"'深层的'强调了我们追问'为什么''怎样才能'这类别人不过问的问题……例如,我们为何把经济增长和高消费看得如此重要?通常的回答是指出没有经济增长会产生的经济后果。但是从深层生态学的观点来看,我们对当今社会能否满足诸如爱、安全和接近自然的权利这样一些人类的基本需求提出疑问,在提出疑问的时候,我们也就对社会的基本职能提出了质疑。"所以,阿伦·奈斯说:"我用生态哲学一词来指一种关于生态和谐或平衡的哲学。"它强调不仅仅从人出发,而应该从整个生态系统(生物圈)的角度,从人与自然的关系,把"人—自然"作为统一整体,来认识、处理和解决生态问题。深层生态学思维方式的特点是:(1)特别重视多样性,包括风格、行为、物种、文化的多样性;(2)认为人类成熟是从"小我"到"大我"的发展;(3)高层次的自我实现只能以朴素的生活作风为途径。深层生态学的基础是:(1)地球上人和人以外的生物的繁荣昌盛有它本身的价值(或内在价值),不取决于它是否能够为人所用;(2)生命形式的丰富多样有助于这些价值的实现,而它本身也是一种价值;(3)除非出于性命攸关的需要,人类无权减少生命形式的丰富多样性;(4)人类生活和文化繁荣与人口的实质性减少是相互一致的;(5)人类对外部世界的干扰超过了限度,而且情况迅速恶化,因此,政策必须改变;(6)意识形态的变化主要是力求提高生活质量,不是力求提高生活标准。①

美国著名环境伦理学家霍尔姆斯·罗尔斯顿在其名著《哲学走向荒野》中提出"自然价值"说,其中第五章集中论述了自然中的价值,如经济价值、生命支撑价值、消遣价值、科学价值、审美价值、生命价值、多样性与统一性价值、稳定性与自发性价值、辩证的价值、宗教象征价值等,尤其是他提出自然界的"内在价值"学说,更是从生命存在的意义上论述了自然界相对于人类而具有的客观、独立的生态价值,这是对人类主观价值论的根本颠覆。②

蒙培元认为,"'生'的问题是中国哲学的核心问题,体现了中国哲学的根本精神","'生'的哲学的基本含义就是生命哲学与生态哲学"③,中国古代"生"的哲学包括三层含义:第一是生成论哲学而非西方式的本体论哲学;第二是生命哲学而不是机械论哲学;第三是生态哲学,即在生命意义上讲人与自然的和谐关系。如孔子讲"天生万物"("天何言哉,四时行焉,百物生焉")④、老子讲"道生万物"("道生一,一生二,二生三,三生万物")⑤、佛教讲"众生平等"等,都是关于生命的学说,都具有"生命有机整体"的思维方式,同时也表现出"天人合一"的价值理念,如儒家特别是理学家提出"天地万物一体之仁"的生态伦理观,道家和道教提出"道法自然""顺应自然"的生态哲学,佛教提出"正依不二""众生平等"的生态世界观和价值观。因此说,中国传统哲学具有"深层生态学"的基本内涵,或者说就是一种深层生态学。物质层面解决生态问题无非就是利用生物技术修复生态系统、改变生产工艺降低能耗和污染、使用有机肥料和生态农药降低对土壤的破坏和作物的农药残留、推广循环经济等。行为层面解决生态问题无非厉行节约反对浪费、养成环境保护的行为习惯、使用节能环保的日用商品等。制度层面解决生态问题则是制定环境保护方面的法律

---

① 编委会:《环境科学大辞典》,中国环境科学出版社2008年版,第558页。
② (美)霍尔姆斯·罗尔斯顿:《环境伦理学》,中国社会科学出版社2000年版,第459页。
③ 蒙培元:《人与自然——中国哲学生态观》,北京人民出版社2004年版,第4,117页。
④ 《论语·阳货》。
⑤ 《道德经·四十二章》。

法规、推行绿色 GDP 经济指标、实行生态补偿政策等。说到底,是要改变人们的生产方式和生活方式。而要做到这一点,就必须改变人们的价值观念和生活习惯,只有深入到思想观念的层面才能从根本上克服生态危机,而中国传统文化在这方面有极为丰富的文化资源。

研究中发现,虽然人们从理论上提出"后现代主义"并企图以此克服目前的生态危机,但目前生态文化的研究,仍然充斥着工具理性的思维模式和价值诉求,如有些学者自信地认为,当前由于现代科技的运用而产生的生态危机,亦必将随着现代科技尤其是生态技术的发展和运用得到解决。如果这样的话,那么一切前现代的生态文化都将失去其意义和存在价值。当代科学技术空前发达,而生态危机也空前严重,这个悖论又当作何解释呢?人类如果不能克制一己之私和无限膨胀的欲望,地球的毁灭也不是不可能,现在全世界拥有的核武器据说可以摧毁整个地球十几次。仅仅海湾战争、伊拉克战争等局部地区冲突和战争,带给人类社会的灾难和生态环境的破坏,就需要极为漫长的时间才能得到修复和恢复。

总之,随着科学技术的迅猛发展,人类对自然资源的掠夺性开发,使得自然资源已经接近枯竭,在此情况下,企图依靠科技进步来解决生态环境问题几乎是与虎谋皮了。人类应当把注意力更多地转向人文素养和精神境界的提升,以此克制人类无限膨胀的物质欲望,走出生态危机的困境。以价值理性和情感理性来规范和指导认知理性和工具理性,这就是我们的结论,这也是该研究课题的价值取向。

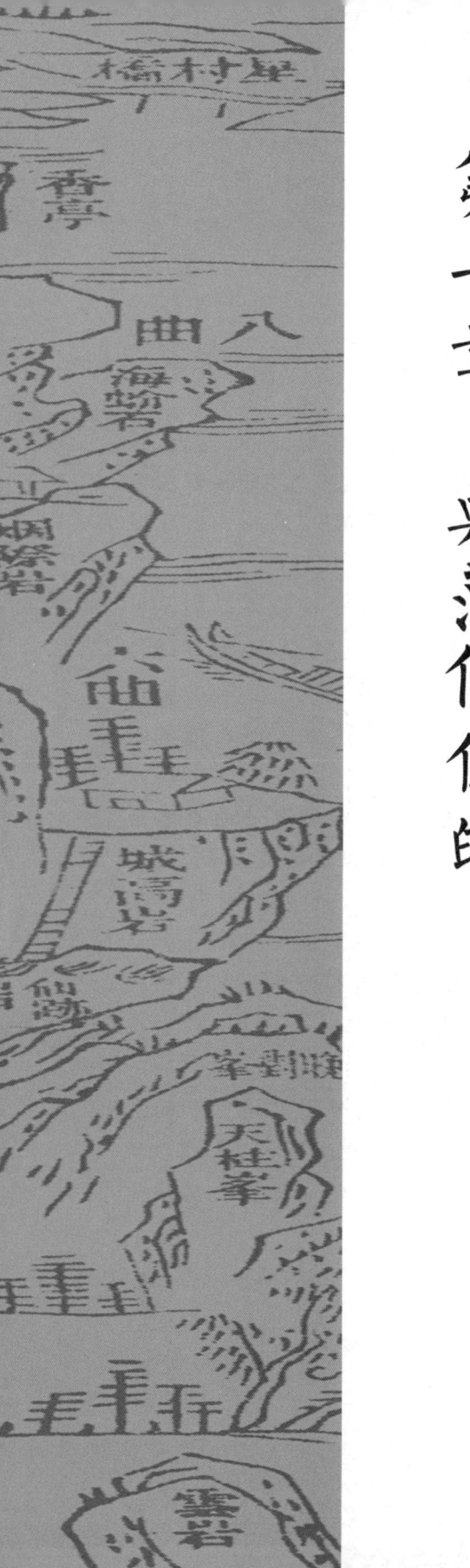

第一章 具有世界遗产价值的文化典范

《世界文化和自然遗产名录》认定武夷山生态文化有突出价值：

一、生态系统完整。"世界同纬度带现存最典型、面积最大、保存最完整的中亚热带原生性森林生态系统"。表现在：生物群落与非生物环境之间形成良性互动；生物群落内部植物、动物和微生物形成动态平衡的良性循环。

二、生物多样突出。武夷山号称"全球生物多样性保护的关键地区""尚存的珍稀或濒危动植物的栖息地"。表现在：已发现动植物八千八百多种，是欧洲大陆物种的七倍，被誉为"世界生物之窗"；已发现的武夷山特有种一千多个，是"世界生物模式标本产地"。

三、自然风光独绝。武夷山"具有独特、稀少和绝妙的自然现象或具有罕见的自然美地带"。表现在：山与水的完美结合，尤其是九曲溪的山环水抱；丹霞地貌且植被茂密，兼具阳刚与阴柔之美。

四、人文自然和谐。武夷山"是人文与自然和谐统一的突出代表"，"是人类与自然环境相互关系的突出例证。表现在：人杰地灵，双向互动；三教名山，人文辉映。

五、生态保护典范。"未受污染的武夷山是世界环境保护的典范"，"是永续利用自然资源的永久性象征"。表现在：纯真性。纯即未受破坏；真即原生状态，原始性。许多动植物尚处在自然演化的过程之中。

武夷山于一九九九年十二月一日被列入《世界遗产名录》，成为继泰山、黄山和峨眉山之后，国内第四个世界文化与自然双遗产地，也是全球二十三处世界双遗产地之一。

武夷山文化与自然双遗产保护区共999.75平方公里，分为核心区即生物多样性保护区365.75平方公里，和核心次区即自然与文化景观保护区364.00平方公里。而介于两者之间的则是大面积的缓冲区即九曲溪生态保护区278.88平方公里。之所以在核心区与核心次区之间设置一个缓冲区，目的在于将人类活动比较密集的自然与文化景观保护区亦即旅游风景名胜区和生物多样性保护区隔离开来，尽可能减少人类活动对自然保护区的破坏。在生物多样性保护区的外围也设置了缓冲区，目的也是为了将生物多样性保护区与其他地区严格隔离起来，保护自然环境并用于科学考察和生态监测中。在核心区所开辟的科学实验区则用于科学研究、生态教育和适当的旅游开发。既便如此，科学实验区也是严格禁止污染环境、破坏生态资源。可见，武夷山对于生态保护所采取的措施是非常得力的。

武夷山是世界文化与自然双遗产地，那就意味着武夷山的生态文化具有全球性的典范价值和普遍意义。武夷山人将其世界文化与自然双遗产的基本内涵概括为："千载儒释道，万古山水茶。"自然遗产主要包括纯真的生态环境、优美的自然风光以及依附于自然环境之上的岩茶文化，文化遗产主要包括朱子理学文化、佛道宗教文化以及考古历史文化。兹根据《世界自然文化遗产武夷山》[①]叙述其生态价值如下：

一、典型完整的森林系统

森林生态系统是以乔木为主体的生物群落（包括植物、动物和微生物）及其非生物森林环境（光、热、水、气、土壤等）综合组成的生态系统，是

---

① 《世界自然文化遗产武夷山》系中华人民共和国建设部向世界遗产委员会提供的世界遗产申报文本，由世界自然文化遗产武夷山编辑委员会编，安徽科学技术出版社1998年出版。

生物与环境、生物与生物之间进行物质交换、能量流动的自然生态系统。森林生态系统具有维持生物多样性、涵养水源、保持水土、调节气候、防止污染、防风固沙、保护农田、为人类提供林副产品和工业原料等重要作用，因此，是陆地上生物总量最高的生态系统，对陆地生态环境有决定性的影响。

《世界文化和自然遗产名录》（以下简称《世界遗产名录》）认为：武夷山是"世界同纬度带现存最典型、面积最大、保存最完整的中亚热带原生性森林生态系统"。这里的"同纬度"是指北回归线附近。北回归线附近是全球生物多样性关键地区，而武夷山位于北纬27.3度，恰好处于这一地区。"最完整"是指两个方面，一个是生物系统，一个是非生物系统，两者形成良性互动的关系。其中生物系统又包括三个方面：一个是生产系统，主要是指森林系统（为动物的生存提供食品）；一个是消费系统，主要是指动物系统（直接或间接以植物为食品）；一个是指分解系统，主要指各种菌类（分解动植物的尸体，将其还原成为简单的物质，归还土壤，供植物重新利用），三者之间形成良性循环。武夷山森林覆盖率达到百分之八十六以上，武夷山的动植物的多样性也是举世罕见。因此，一九九二年武夷山和峨眉山被联合国列为我国仅有的两个全球生物多样性关键地区。非生物系指为生物系统提供能量的阳光、空气和水等。武夷山上空是负高压气候，空气污染难以侵入。地处华东屋脊（最高海拔2158米），又是闽江上游，地下水污染也不能侵入。得天独厚的地理和气象环境，使得武夷山所在的闽北地区空气清新、阳光充足、降雨充沛（年平均降雨1800毫米），水质清澈，土壤肥沃，为各种生物的生长提供极佳的生态环境，完整的生态系统使生物与环境形成有机统一的生命整体。"面积最大"是指同纬度的森林系统中是面积最大的。面积大也是生态优势，可以为更多的动植物提供天然避难所，保持生态平衡和稳定。这个完整的生态系统为许多动植物的生存提供了天然良好的生态环境。比如武夷山是著名的寒兰之乡，许多人喜欢养殖兰花，将森林中的寒兰采集回家，千方百计却养不好。生长在森林中的寒兰却生长得非常好，这是因为森林中的生态环境是人工所无法模拟的。同样的道理，人工种植的红菇其生长状态总是不够理想，而生长于深山老林中的红菇却是生长状态良好。"原生态"，用武夷山人自己的说法就是"世界遗产地，纯真武夷山"，就在"纯真"二字上。"纯"是几乎没有遭受人为的破坏，"真"是处于原始状态。这是很重要的,现在生态技术很发达,但是人们对于环境的治理还是提倡以"自然恢复"逐步取代"生态修复",就是因为自然界有其固有的生命秩序和生存法则,是一个圆满自足的、充满自组织智慧的能动的生态系统。在这一点上无须人类"为自然立法"。

武夷山地处中亚热带季风气候区,境内峰峦叠嶂,最大高差为1700多米,拥有多样的生态环境,最引以为傲的是29000公顷未受人为干扰破坏的原生性植被,包含了我国中亚热带所有的植被类型,这在全球同纬度带内是绝无仅有的。随海拔递增,植被呈现出明显的垂直带谱分布。地球上森林生态系统的主要类型主要有热带雨林、亚热带常绿阔叶林、温带落叶阔叶林和北方针叶林四种。武夷山地处亚热带,但由于植物分布呈现垂直带谱,所以其林业种类具有兼容并蓄的多样性的特点。

1.常绿阔叶林带

常绿阔叶林是中国中亚热带季风气候区的地带性植被类型,是武夷山最主要的森林生态系统。常绿阔叶林在本区分布面积最广,占全区森林面积的1/4,垂直分布在海拔350～1400米的山地上,主要由甜槠、多脉青冈、丝栗栲、罗浮栲、苦槠、米槠等常绿阔叶树种建种群。

2.针叶阔叶过渡林带

针叶阔叶过渡林,在武夷山主要分布在海拔500～1700米的山地上,介于常绿阔叶林和针叶林之间,与常绿、落叶阔叶混交林互相交错,是常绿阔叶林向中山针叶林、中山苔藓矮曲林或中山草甸的过渡类型。在海拔1100米以上,多为暖性针叶树种马尾松、杉木等与常绿阔叶树种组成的混交类型。海拔1100～1700米为温性针叶树种黄山松、南方铁杉、柳杉等与常绿、落叶阔叶树种组成的混交类型。针叶树的建种群主要有黄山松、南方铁杉、杉木、马尾松、柳杉、粗榧等,阔叶树种主要有木荷、甜槠、青冈、多脉青冈、石砾、枫香、浙江樱等。

3.温性针叶林带

温性针叶林主要分布在海拔1100～1850米的山地上,主要以黄山松、南方铁杉和柳杉为建种群组成单优群落。南方铁杉林类型较多,分布也较广泛,是本区针叶林中保存最完好的类型之一。黄山松林在海拔1200～1850米的山地上普遍可见,在土层较厚地区生长良好,天然更新容易,是稳定性大的植被类型。

4.中山苔藓矮曲林带

中山苔藓矮曲林是亚热带山地落叶林在特殊生态环境条件下形成的特殊的群落类型,其种类组成、外貌和结构独特。在风大、气温低、常年多雨、潮湿的环境条件影响下,林木生长低矮,树干弯曲多分枝,林内阴湿,附生苔藓植物多,故名苔藓矮曲林。矮曲林的林冠致密,盖度在90%以上,可分为乔木、灌木、草本三个层次,乔木层高度6～7米,大致可划分为两个亚层,第一个亚层落叶树种占优势,第二个亚层常绿树种占优势,灌木和草本层不发达。该群落类型一般为森林分布线的上限,主要分布在黄岗山、香炉峰、诸母岗海拔1700～1970米处。

5.中山草甸带

中山草甸带主要分布在黄岗山、诸母岗等海拔1700～2158米的山体顶部或缓坡低洼地带。环境条件极端特殊,气温低、湿度大、风力大、雨量充沛、雾日长,土壤为山地草甸土。主要以禾本科的野青茅、沼原草、芒、野古草等为建种群。群种中有时出现少量幼龄黄山松、薄毛豆梨、波绿红果树、华山矾等灌木。武夷山的黄岗山地区以原生性针阔叶过渡林和针叶林为主;诸母岗地区则以原生性常绿阔叶林和针阔叶过渡的植被为主。这些原生性植被,无论是现存面积之大、植被类型之多、群落结构之稳定,在全球同纬度带均具有典型性和代表性,因此保护好这片原生性植被,在全球具有突出的普遍价值。

二、生物多样的关键地区

《世界文化和自然遗产名录》认为:武夷山是"全球生物多样性保护的关键地区","尚存大量古老和珍稀濒危物种的栖息地"。武夷山丰富的地貌类型是地质构造、流水侵蚀、风化剥落、重力崩塌等综合作用的结果。它是我国同类地貌中山体俊秀、类型最多、景观最集中、山水结合最好、视域景观最佳、可入性最强的自然景观区,在中国名山中享有特殊地位。在此基础上分布有极为丰富的野生动植物种质资源。物种的丰富性和多样性是生态系统稳定性和健康发展的基础。

1.野生植物种质资源的多样性

森林覆盖率高是生态环境良好的标志,但更重要的是生物的多样性分布,因为每一个生物都在自然生态系统中占有一个生态位,发挥着维护生态平衡的作用。从维系生态系统平衡的角度看,没有所谓的"害虫害兽"或者"益虫益兽"。过去提出要"灭四害",将老鼠、蚊子、苍蝇、蟑螂等列入"四害",是因为它们对人类的生存构成威胁,这种做法体现"人类中心主义"。从生态平衡的角度看,它们不是害虫,除非某个种群的发展突破生态系统的平衡。

(1)植物物种和遗传的多样性。植被调查发现,区内已知低等植物840种,其中菌类植物503种;地衣植物98种;藻类植物239种。高等植物283科2888种,其中苔藓植物73科192属361种,有14种为中国新纪录,27种为中国大陆新纪录,259种为福建省新纪录,中国特有种18种,东亚特有种94种;蕨类植物40科85属280种,占全国蕨类植物总数的10.8%,占福建省蕨类植物的76.9%;裸子植物7科18属25种,占全国裸子植物总数的8.9%,占福建省裸子植物总数的40.1%;被子植物164科812属2222种,占全国被子植物总数的9%,占福建省被子植物总数的54.2%;本区种子植物种类数量在中国中亚热带地区位居前列,其中有中国种子植物特有属27属(含31种,隶属于23科,其中单行科3个),占中国特有属的11.1%;列入《中国植物红皮书》的物种28种,其中二级重点保护的9种,三级重点保护的19种,稀有植物13种,濒危物种15种,列入《中国野生植物保护条例》的国家重点保护野生植物104种,有模式产地种47种。武夷山兰科植物资源丰富,甚具特色,已知有32属78种。其中,宽距兰属的宽距兰、多花宽距兰为我国新纪录种;天麻属的黄赤箭为中国大陆分布新纪录;盂兰为福建省分布新纪录。另外,一些广布种,如软枣、猕猴桃等,在本区发育过程中常发生变异而形成变种或变型,说明武夷山植物种类的特异性和变异性。

武夷山地区中国特有种27种,有银杏、金钱松、白豆杉、杉木、水松、通脱木、八角莲、六角莲、柏乐树、腊梅、匙叶草、半蕨苣苔、半枫荷、青钱柳、毛药花、四轮香、四棱草、拟单性木莲、观光木、异药花、喜树、血水草、香果树、大血藤、银鹊树、陀螺果、少穗竹等;武夷山列入《中国植物红皮书》珍稀濒危物种28种,有银杏、金钱松、白豆杉、水松、八角莲、半枫荷、钟萼木、鹅掌楸、观光木、香果木、蛛网萼、南方铁杉、沉水樟、闽楠、浙江楠、野大豆、延龄草、黄山木兰、凹叶厚朴、天女花、乐东拟单性木莲、天麻、短萼黄连、黄山花楸、银鹊树、银钟花、紫茎、福建柏等;武夷山兰科植物78种[①]。

近数十年来,在武夷山植物调研中发现高等植物新种57种,其中福建假稠李、福建剑蕨、福建细辛、福建樱桃等用福建省作为种加词的12种;有武夷山鳞毛蕨、武夷玉山竹、武夷山杜鹃等用武夷山作为种加词的12种;还有黄岗山鳞毛蕨以及崇安鼠尾草等用本地地名、山峰作为种加词。这些新种,除13种见于邻近省份外,其余44种为福建和武夷山特有种。

武夷山珍稀、特有植物,经水平分布分析,结果发现,珍稀物种丰富度以原生性常绿阔叶林为最高,仅河谷地带就有香果树、鹅掌楸、钟萼木、毛红椿、南方红豆杉、银鹊树、南方铁杉、黄山木兰、沉水樟、华南桂、银钟华、三尖杉、羽叶栾树、华中五味子等珍稀物种,其次是原生性针叶阔叶过渡林,珍稀植物有南方铁杉、黄山木兰、凹叶厚朴、南方红豆杉、香榧、鹅掌楸、香果树等。

武夷山地区,还遗留着树龄在百年以上的古树名木36种106株。它们是极其珍贵的自然遗产,是人类活动和环境变迁的历史见证,具有极其重要的研究价值。如今分布在坑上的一株900年的南方红豆杉,树高34米,树围4.8米,是我国目前发现的最大南方红豆杉树王;生长在万年宫内的两株880年的桂花树,被誉名为宋桂。

武夷山丰富多彩的植物种质资源,早已为中外生物学家所关注,早在19世纪就由英国人H.Fortune(公元1845)、S.A.Boume(公元1883),奥地利人H.Hond.Mazz等进入武夷山采集大量植物标本送往国外。我国植物界前辈秦仁昌等教授自1945年以来也多次到达武夷山,为武夷山的植物研究做了大量工作,先后发现34个新种及变种。随后,国内外又有很多专家前来武夷山进行实地考察和采集标本。因此,武夷山被称为"世界生物模式标本产地"。

武夷山模式标本名录中,仅仅《武夷山遗产名录》转引自《中国高等植物模式标本汇编》的蕨类植物就有喜马拉雅鳞苔武夷变种、福建铁角蕨、武夷铁角蕨、武夷山蹄盖蕨、永田鳞毛蕨、光泽鳞毛蕨、挂墩鳞毛蕨、尖头

[①] 萧天喜主编:《武夷山遗产名录》,科学出版社2011年版。

耳蕨、武夷耳蕨、武夷瘤足蕨、武夷粉背蕨、武夷山凸轴蕨等数十种之多①。

(2)植物区系成分的多样性。武夷山植物区系处于泛北极植物圈,接近于古热带植物区的北缘。根据对本区被子植物737个属地分布类型的统计分析,本区植被物兼有泛北极植物区、古热带植物区、大洋洲植物区和新热带植物区,四个植物区12个亚(地)区成分。其中以泛北极植物区成分占绝对优势,共有313属,占参加分析属总数的47.7%;其次是古热带植物区成分有300属,占参加分析属总数的45.7%。这些植物中,各类热带成分共343属,占参加分析属总数的52.3%;各类温带成分313属,占参加分析属总数的47.7%。

(3)植被类型的多样性。武夷山除发育着地带性植被——常绿阔叶林外,还有温性针叶林、暖性针叶林、温性针叶阔叶混交林、常绿落叶阔叶混交林、竹林、常绿阔叶灌木、落叶阔叶林、落叶阔叶灌丛、灌草丛、草甸等11个植被类型,15个植被亚型,25个群系组,56个群系,170余个群丛组,囊括中国中亚热带地区所有植被类型,表明武夷山生物种群的多样性、典型性和系统性,这在全球同纬度内也是罕见的。

2.野生动物种质资源的多样性

野生动物是地球生态系统的重要部分,对确保生物的多样性和生态系统的平衡,都具有重要的意义。

(1)武夷山是世界著名的模式标本产地。武夷山由于多样性的环境条件和植被类型,为各种动物提供了丰富的食饵和栖息场所。野生动物类型极其丰富,尤以两栖和爬行类动物分布最多为特色,早已为国内外动物学家所瞩目。1873年以来,国外科学家在武夷山发现野生动物新种的模式标本有1000余种,其中脊椎动物模式标本产地种55种,所以武夷山素有"昆虫世界""鸟类天堂"和"蛇的王国"之美誉。

武夷山野生脊椎动物模式产地种以及当地命名野生动物名录55种如下:橙背鸦雀、挂墩鸦雀、灰头鸦雀、高山短翅莺、冠纹柳莺、白斑尾柳莺、黄胸柳莺、短嘴盏莺、票头盏莺、武夷厚唇鱼、挂墩角蟾、崇安髭蟾、三巷雨蛙、崇安湍蛙、武夷湍蛙、褐山鹪莺、崇安斜鳞蛇、崇安地蜥、煤山雀、黄颊山雀、白眉山鹧鸪、黄腹角雉、褐灰雀、白鹇、竹啄木鸟、赤胸锁、白背

---

① 靳淑英编:《中国高等植物模式标本汇编》,科学出版社2007年版。

啄木鸟、黄喙噪啄木鸟、中华姬鼠、白腹毛脚燕、小林姬鼠、白喉短翅鸫、针毛鼠、蓝短翅鸫、白腹巨鼠、锈脸钩嘴鹛、黑腹绒鼠福建亚种、棕噪鹛、猪尾鼠指名亚种、赤尾噪鹛、青毛鼠、红翅鵙鹛、银丝竹鼠、淡绿鵙鹛、波氏长吻松鼠、褐头雀鹛、白尾梢䴕、灰眶雀鹛、水麝、黑颏凤鹛、棕腹大仙等。

(2)武夷山是世界野生动物种类最丰富的地区之一。武夷山动物区系属东洋界中印亚界的华中区东部丘陵亚区,区内动物中,除东洋界成分外,亦含有较多的古北界成分及东洋界和古北界共有的广布种。这是由于武夷山良好的环境条件及所处的特殊地理位置,使其成为地理演变过程中的许多动物的"天然避难所",故在动物区系成分的组成上包含有较多的古北界成分,并表现出在动物地理分布上的过渡性。已知动物5000余种。脊椎动物475种:其中哺乳纲8目23科71种;鸟纲18目47种256种;爬行纲3目13科73种;两栖纲2目10科35种;鱼纲4目12科40种。已经定名的昆虫4635种,占中国昆虫总种数的1/5,为中国昆虫33个目中的31个目,其中700余个新种,20种是中国新纪录,据中外昆虫学家估算,尚有约2/3的昆虫资源不清,有待研究发现。

(3)武夷山是珍稀、特有野生动物的基因库。武夷山野生动物不仅种类繁多,区系成分复杂,而且还栖息有大量珍稀、特有的种类,其中国家一级保护的种类9种,国家二级保护的种类48种,属中国特有野生动物49种,其中华南虎、金斑喙凤蝶、崇安髭蟾等属世界罕见的种类。武夷山已知的73种爬行动物中,眼镜王蛇、五步蛇、眼镜蛇等9种为珍稀种。列入国际《濒危动物国际贸易公约》保护的46种,其中一级保护的11种,如云豹、金钱豹、华南虎、黑麂、黄腹角雉、白颈长尾雉、黑熊、水獭、苏门羚、大鲵、游隼等;二级保护的35种。属中日、中澳候鸟保护协定规定保护的种类有97种。

武夷山国家重点保护的野生动物名录:云豹、鹰雕、金钱豹、草原雕、华南虎、乌雕、黑麂、林雕、黑鹳、白尾鹞、中华秋沙鸭、鹗、黄腹角雉、小隼、白颈长尾雉、游隼、金斑喙凤蝶、白鹇、短尾猴、勺鸡、猕猴、灰鹤、穿山甲、红翅绿鸠、黑熊、褐翅鸦鹃、水獭、草鸮、大灵猫、黄咀角鸮、小灵猫、红角鸮、苏门羚、领角鸮、角鸬鹚、领鸺鹠、海南虎斑鳽、斑头鸺鹠、鸳鸯、鹰鸮、黑冠鹃隼、大鲵、鸢、虎纹蛙、苍鹰、拉步甲、赤腹鹰、詹彩臂金龟、雀鹰、尖板曦箭挺、松雀鹰、硕步甲、普通𫛛、滑鼠蛇、灰莲𫛛鹰、眼镜蛇、蛇雕、眼镜王蛇等。

武夷山中国特有的野生动物名录：横纹斜鳞蛇、东方蝾螈、乌梢蛇、肥螈、福建钝头蛇、中国小鲵、钝头蛇、淡肩角蟾、绞花杯蛇、挂墩角蟾、掌突蟾、凤头鹃隼、崇安髭蟾、白眉山鹧鸪、九龙棘蛙、灰胸竹鸡、金线蛙、黄腹角雉、武夷湍蛙、白颈长尾雉、经甫树蛙、红翅绿鸠、红吸盘小树蛙、挂墩鸦雀、海南闪鳞蛇、华南虎、黑背白环蛇、黑麂、颈棱蛇、环纹游蛇、闽江扁尾薄鳅、水赤链蛇、武夷厚唇鱼、锈链游蛇、饰纹小头蛇、拉步甲、方花小头蛇、硕步甲、挂墩后棱蛇、金斑喙凤蝶、山溪后棱蛇、利安哈提坚螺、福建颈斑蛇、尖真管螺、崇安斜鳞蛇、雨拟管螺、扁巨盾蛞蝓、双线嗜液蛞蝓等。其中有一些仅存在于武夷山，属于武夷山特有种。

武夷山国际候鸟保护网保护的候鸟名录：角鷿鷈、凤头角鷿鷈、草鹭、绿鹭、牛背鹭、大白鹭、中白鹭、夜鹭、豆雁、绿翅鸭、花脸鸭、罗纹鸭、绿头鸭、白眉鸭、凤头潜鸭、红胸秋沙鸭、松雀鹰、灰脸鵟鹰、白尾鹞、燕隼、鹌鹑、灰鹤、黑水鸡、白腰草鹬、林鹬、矶鹬、灰鹬、大沙锥、扇尾沙锥、黑腹滨鹬、丘鹬、普通燕、红嘴鸥、白额燕鸥、大杜鹃、中杜鹃、小杜鹃、普通夜鹰、白喉针尾雨燕、三宝鸡、灰沙燕、金腰燕、家燕、白腹毛脚燕、山鹡鸰、黄鹡鸰、黄头鹡鸰、田鹨、树鹨、水鹨、红尾伯劳、黑枕黄鹂、黑喉石（金黄）、白眉地鸫、灰背鸫、乌灰鸫、白腹鸫、斑鸫、大苇莺、黑眉苇莺、黄眉柳莺、极北柳莺、白眉姬鹟、白腹蓝姬鹟、乌鹟鸲姬鹟、北灰鹟、山麻雀、燕雀、普通朱雀、黑尾蜡嘴雀、黄胸鹀、灰头鹀、赤胸鹀、田鹀、小鹀、白眉鹀、牛背鹭、大白鹭、白眉鸭、林鹬、矶鹬、灰鹬、大沙锥、黑腹滨鹬、白额燕鸥、中杜鹃、白喉针、雨燕、家燕、黄鹂、黄头鹀、白鹡、极北柳莺、剑鸻、针尾沙锥等。

需要说明的是，上述3700多种植物和5100多种动物，仅仅是目前科学研究中已经探明的植物和动物的物种资源，还不包括尚未发现的大量物种。即使这样，武夷山的植物物种之多就已经是整个欧洲大陆的7倍，几乎囊括中国中亚热带所有的植被类型，所以被誉为"世界生物之窗""动植物的天然避难所""蛇的王国""鸟的天堂""昆虫的世界"和"研究两栖、爬行类动物的钥匙"。仅以"蛇的王国"而言，我们国内一共有十大类毒蛇，武夷山全部拥有，一种不缺。武夷山自然保护区的大竹岚一地，据统计就有50万条半散养的蛇，有个地名即被命名为"蛇坑"。

（4）武夷山是古老和珍惜濒危物种的栖息地。目前武夷山已经发现的"世界生物模式标本"有1000多种（当然还有大量尚未发现的生物模式标本）。也就是说随着环境和气候的变化，这些物种在地球上已经绝迹了,而武夷山却为全球生态系统的可持续发展保存下了这些物种。考虑到现在每天都有几十个物种在消亡,而武夷山能为人类保存下来1000多个世界生物模式标本,可以说其重要意义难以估量。因此,对武夷山来讲,生物基因库的建立就成为武夷山对人类生存最大的贡献。如武夷山特有种崇安髭蟾,是我国特有的珍稀蟾类,20世纪70年代首次在武夷山自然保护区被发现。由于该蟾蜍嘴唇部长有尖角所以武夷山民间称之为"武夷山角怪"。它生长在高山高寒地区(海拔800～1100米),三年才能从蝌蚪变为幼蟾,非常稀少珍贵。还有武夷山特有种金斑喙凤蝶,是武夷山自然保护区管理局的科研人员汪家社带领他的科研团队于20世纪70年代首次在武夷山自然保护区被发现。我们国家非常重视这一发现,为这一物种的发现还专门发行了一套纪念邮票,可见其稀少珍贵。鹅掌楸也是武夷山特有种,这一物种在地球上已经存活一亿多年了,是和恐龙同一时代的物种,一直存活到现在。

目前生物基因库的建立有两种方式:一是采用高科技的方式,提取生物基因进行冷冻储存。就是说,因为生态环境的破坏,有些物种有可能在地球上消亡,但由于生物基因库的建立,待地球生态系统和生态环境恢复以后,有些物种还可以死而复生。目前美国有一家科研机构正在从事这项工作,他们计划将采集世界五大洲所有的植物标本,提取基因,进行冷冻储存。另一种方式是在自然生态环境下保护现有物种以避免其消亡,武夷山自然保护区主要采取这种方法,这个任务尤为艰巨,也极有意义。

三、独特奇绝的自然景观

《世界文化和自然遗产名录》认为:武夷山"有独特、稀少和绝妙的自然现象或具有罕见的自然美地带"。《武夷山遗产名录》把武夷山的自然美景总结为1溪、9涧、18泉、36峰、54石、72洞、99岩、108景,合计397种自然景观,因此说,武夷山是我国同类地貌中山体最秀、类型最多、景观最集中、山水结合最好、视域景观最佳、可入性最强的自然景观区,在中国名山中享有特殊地位。上述诸景,不能尽举,略举其要者,见其一斑。

(一)武夷山的九曲溪

武夷山九曲溪发源于武夷山西部的桐木关,自西向东流至武夷宫汇入崇阳溪,全长62.8公里,流域面积534.3平方公里。九曲溪两岸原生态植被保存完好,水量充沛,常年不竭,水流清澈。水质达到国家地面水Ⅰ类标准。九曲溪下游星村至武夷宫流程9.5公里,是武夷山的黄金旅游景点即九曲溪竹筏漂流景点。由于受到不同方向断裂构造的控制,形成九曲十八弯,弯曲系数达1.9。溪中有九滩、五潭,两岸峰岩夹峙,构成"曲曲山回转,峰峰水抱流"的碧水丹山景色。游人乘竹筏游览九曲溪,侧耳可闻溪流,伸手能濯碧波,举目两岸峰岩嶙峋,苍壁、蓝天、白云,令人赏心悦目。

《世界遗产名录》认为,武夷山有一种"罕见的自然美",主要就指九曲溪流域。这里所谓的"罕见",可以从两个方面去理解:一是武夷山具有原始古朴的美,武夷山人将其表述为"世界遗产地,纯真武夷山"。"纯"即纯粹性,几乎未受到任何人为的破坏;"真"即原真性,依然保留着原生态的魅力。二是"山与水的完美结合,自然与人文的有机相融"。

"山与水的完美结合"指视觉上的自然美。武夷山是山环水绕,迤逦而行,曲曲山回转,峰峰水抱流,形成山与水的完美结合。到武夷山旅游,无跋山之苦,即可泛舟观山。无涉水之虞,即可登山览水,两者兼而有之。古代的大旅行家徐霞客正是看到武夷山,既可泛舟观山,亦可登山览水,两者兼而有之的景象,称赞武夷山的天游峰为天下第一峰。在武夷山的天游峰有两方摩崖石刻即源于此,一方是"第一山",一方是"一览台"。从山与水的完美结合而言,武夷山可以称为天下"第一山",登上天游峰,武夷山的美景可以尽收眼底,故曰"一览台",是对武夷山美景的由衷赞美。国内不乏名山大川,有些名山是有山无水,或者是水不容泛,即使有水,也是涓涓细流,不能形成独特的景观;有些大川则是有水无山,或者是山不容攀,即使有山,也不能形成独特的景观。武夷山则是山环水绕,形成独绝的自然美景,这也是武夷山自然美中最独特的地方。

"人文与自然的有机相融"是从人文美的角度赞美武夷山人文与自然的和谐统一,这是中国古典哲学"天人合一"的审美情趣。全球有600多处世界自然遗产和双遗产地,有些自然遗产地的生态环境的确保护得非常好。但是这些自然遗产地或人迹罕至,或者几乎从未有人类涉足,其自然生态良好是情理之中的事情。武夷山则不同。武夷山在古代就是人类活动频繁的地方,从宋代到清代,武夷山理学家创建的书院就有46处,道士们创建的道观有99处之多,佛教徒们创建的佛教寺院有108处之多,在武夷山方圆不到120里的旅游风景名胜区内,三教遗迹多达253处之多,还不包括其他的古崖居。武夷山古代人类活动留下的摩崖石刻就有530多方。所以,武夷山在古代就是钟鼓相伴、梵音清越、书声朗朗的文化名山。在如此频繁而密集的人类活动的情况下,武夷山仍然保存如此完好的自然美景,不能不说是个奇迹,这也说明古代的武夷山人对自然界的敬畏、热爱和保护。

(1)曲尽其美。九曲溪全长10公里,直线距离只有5公里,甚是弯曲。唯其曲折萦回,方能移步换景,曲中藏幽。若是直而非曲,一览无余,则失其含蓄蕴藉之美。可谓曲尽其美矣。曲则柔,柔则媚。窜改杜诗一字,曰"此曲只应天上有,人间能得几回游"。

(2)清映成趣。九曲溪发源于华东屋脊黄冈山,沿途汇集山涧溪流而成,故而清澈见底。唯其清澈明净,才见山光云影,倒映成趣。唯其直视无碍,方见鱼翔潜底,生机活泼。可谓清映成趣矣。清则瘦、瘦则丽。若是浑浊不清,则尽失其清丽之美。

(3)灵动见性。武夷山不仅有山有水,山环水绕,迤逦而行,而且溪水极尽灵动之美。溪水幽鸣,似闻生命之欢唱。溪流悠悠,才见生生之不息。唯有灵动之水,才能赋予自然界以生命和灵魂。可谓灵动见性矣。动则灵,灵则性。若是水波不兴,静流一潭,则如冷面美人,虽可悦目之色,却无赏心之情。

(4)迷漫如幻。九曲溪面,常见水雾迷漫,恰似妙龄少女,身披薄纱,变幻多姿,如梦如幻。唯其云蒸霞蔚,变幻迷离,才觉如临仙境,似感如登彼岸。玉女清峰,隐映其中,似凌波仙子,如出水芙蓉,驰目游神,何其快哉!可谓迷漫如幻矣。迷则幻,幻则神。若是水无迷漫之姿,则如裸女浪妇,尽失风雅之姿,亦无婉约之情。

(5)独石成峰。他山垒石成峰,破碎鄙屑,而武夷山则独石成峰,浑然一体。唯其独石成峰,浑然一体,不高而显峻,非大而称雄。峰首一律斜向东南,似群峰朝阳,如千帆竞渡,蔚为壮观。大王峰耸立溪头,状如皇冠,正襟危坐,巍巍然有王者之风。

(6)灿若丹霞。武夷山乃丹霞地貌,沙砾成岩。山间碧水萦回,如玉似黛。梦笔江郎,妙笔生花,"碧水丹山",四字万言,高度概括,世人称奇。信乎!皇天后土,独钟此山。虽是丹青高手,难画自然天成。纵为文章魁首,莫状鬼斧神工。造化神奇,匪夷所思。

(7)无土而秀。武夷之山,几无表土覆盖,尽是顽石坚岩,然却草木竞生,叠翠堆秀。无土方显山石质感,有北方山川之雄峻;有树可见山色柔媚,具南方水乡之圆润。山石草木,刚柔兼备,如诗豪放,如词婉约,各呈千秋,各显风流。

(8)山色空蒙。武夷之山,常年温润,云蒸霞蔚,浮云缥缈,山色空蒙,诡谲神秘。云雾飘荡于群山之间,如山之浮根。群峰耸立于云海之上,似云中悬针。登高恒有飞升之想;遥望常怀舣空之意。神秘体验,如梦如幻;精神享受,如痴如醉。

现代化的生活和工业经济的发展,导致空气和水受到严重的污染,在很多城市白天看不到太阳、蓝天和白云,晚上看不到明月、苍穹和星星,也找不到往日静谧安逸的生活情趣和闲适自由的精神境界。武夷山由于植被茂密,空气清新,白天阳光充足,白云悠然,蓝天空阔,景物新鲜。晚上繁星似锦,千里清风、一轮明月,令人遐想,无不将人带入到一个如梦似幻的童话世界。

(二)武夷山的山峰岩石

武夷山脉位于东南沿海丘陵区,该区内低山较多。然而武夷山却有"华东屋脊"之称,并有著名的三十六奇峰。三十六奇峰或位于九曲溪上游自然保护区,或布于九曲溪两岸旅游风景区,状态不同,形象迥异,饶有神话传说和历史文化内涵。

1.黄岗山

海拔2158米,是中国大陆东南部的最高峰,素有"华东屋脊"之称。四周山峦叠嶂,群峰耸立。山巅则为中山草甸景观,特别是清晨早霞初露,云雾充满山间,群峰犹如天海中的群岛,构成一幅天然的画卷。黄岗山沿途有桐木关断裂带、古洞飞瀑、植被垂直带谱、萱草群落、珍稀野生生物物种等景观。

2.香炉峰

海拔1886米,该峰直插云天,四周如刀削斧劈,断壁绝崖,形如香炉。

峰顶终年云雾缭绕,故名香炉峰。

3.诸母岗

海拔1835.5米,四周群峰林立,地势雄险,流传着许多民间神话传说。沿途有北山飞瀑、过风坳、古松深幽、五马回槽、瓦片坑、仙人屋、猪槽石、龙井、龙井滩瀑布等景点。

4.大王峰

一曲溪北,海拔526.8米,相对高度330米。危峰孤峭,四壁如削,峰南有一裂罅,可以登梯而上,以达峰顶。峰顶常绿阔叶、针叶林保护完好,郁闭度在0.7左右。登峰沿途有投龙洞、通天台、天鉴池、升真洞诸胜景,以及"居高思危"等摩崖石刻。

5.幔亭峰

一曲溪北,大王峰北侧,与大王峰相连,海拔512米。相对高度315米。丹崖壁立,松竹环翠。峰的半壁上刻有"幔亭"二字巨大石刻,数里之外仍能清晰可见。峰的半腰有一巨石,名曰汉祀台。志书记载,汉武帝曾派使臣来武夷山,在此祭祀武夷君。

6.狮子峰

一曲溪南,与大王峰隔溪相峙。海拔430米,相对高度233米。因峰顶巨岩突起,像踞峰高吼的雄狮,昂首东望,故名。

7.兜鍪峰

一曲溪南,海拔348米,相对高度164米。凌空耸立,形似古代武士的头盔,故名。峰的西壁,有一洞穴,内藏两具架壑船棺。峰后有太极岩、虎窟诸胜。

8.玉女峰

二曲溪南,屹立于溪边,海拔313米,相对高度131米。为单斜柱状山。此峰突兀挺拔,岩石秀润光洁,如玉石雕就。峰顶花卉参簇,恰似山花插鬓,俨然秀美的少女,含情脉脉的凝望着远方。峰的右边,耸立一岩,上戴圆石如镜,是为妆镜台。峰下一潭,碧水低回澄澈清丽,故名浴香潭。

9.虎啸岩

二曲溪南,海拔424米,相对高度197米。为单斜桌状山,四壁陡峭,屹然独耸。虎啸岩因劲风吹袭岩洞,风声宛如虎啸,故名。虎啸岩有白莲渡、集云关、坡仙带、普门兜、法雨悬河、语儿泉、不浪舟和宾曦洞等八景。崖壁上有"虎溪灵洞"等摩崖石刻。

10.小藏峰

三曲溪南,海拔326米,相对高度142米。峭壁嵯峨,临溪而立。峭壁上有几块虹桥板纵横交错地驾于石隙之间,两只架壑船棺则搁在板上,半插隙内,半悬空中,其凌空悬架的惊险之势叹为观止。

11.大藏锋

四曲溪南,海拔406米,相对高度223米。岩壁直立,紧逼河床,横亘数百丈。其峰拔水而起,半壁斜覆水面,峰下碧水澄泓,波平如镜,名曰卧龙潭。岩壁洞穴多处,有船棺、虹桥板及千年不烂的稻草等。

12.隐屏峰

五曲溪北,海拔363米,相对高度170米。隐屏峰高耸峭拔,方正如屏,峰畔有先天洞、回回洞、仙奕亭、罗汉岩诸景。峰顶松竹茂密,一片葱郁,常绿阔叶林保存完好。

13.天游峰

六曲溪北,海拔408米,相对高度215米。它是一条由北向南延伸的岩脊,从清隐岩耸拔而起,东接仙游岩,西连仙掌峰,削崖耸起,高拔于群峰之上。登临峰顶一览亭,极目四望,千峰拥翠,排空森列,九曲环碧,潆洄如带,溪山全势一览而收,被称为"武夷第一胜地"。峰上有一涧沿崖壁流下峰底,形成高差约120米的瀑布,称雪花泉。峰上古树名木众多,常绿阔叶林郁郁葱葱。

14.仙掌峰

六曲溪北,天游峰西,岩壁直立,宛如城墙,高约150米,长约600米。半壁上有几道深深的斑痕,如同红润的掌印,故名。又因淋雨奔泻,自岩顶直下,积久形成无数平行沟痕,好像素练垂垂,故又称晒布岩。

15.三仰峰

七曲溪北,海拔729米,相对高度482米。由三层单斜岩层构成,由于红层东侧翘升,向西倾斜,东仰西倾,所以形成三层仰。登临其境,极目四望,百里武夷,尽收眼底。

16. 城高岩

七曲溪南,海拔306米,相对高度123米,为块状山,拔水而起,四面陡壁,前后临溪,就像是一座巍峨的石城,只有北壁悬梯可登。岩上古木交荫,翠竹成林。岩下有一口深潭,名曰放生潭。

17. 并莲峰

八曲溪北,具有峰丛特征。海拔586.5米,相对高度342米。两峰骈立,犹如双乳凌汉摩霄,耸拔于群峰之上,俗称"双乳峰"。峰腰有石鼓,击之砰砰作响,故又名鼓子峰。每当朝云出岫之时,浮现云端的峰头,似莲花并蒂怒放。

18. 品石岩

八曲溪北,这座山峰因观赏的位置不同,不仅山峰形态有明显的变化,其名称也各自不同。从天游峰看,三石鼎立如品字,叫品石岩;从星村看,其中二石重合,像古代的乌纱帽,称纱帽岩。

19. 灵峰

九曲溪北,海拔424米,相对高度222米。耸峙九曲,重岩耸叠。每当拂晓,常有白云在半腰飘游,苍翠的峰峦,隐现在云雾之中,故又称之为白云岩。峰北有一轩敞的岩洞,名曰极乐国,进洞的路径十分险峻。

20. 三花峰

九龙窠谷地,在同一基座之上,三峰突立,排空插天,峰上绿树丛生。武夷山名枞之一的"半天腰"茶树,就生长在三花峰的第三个绝顶之上。

21. 马头岩

九龙窠谷地,海拔425米,相对高度83米,为岩墙式单面山,以形似马头而得名。马头岩有五座巍然并立的岩石,嵌空而出,斜向东侧的长形谷地,侧面望去,就像五匹疾奔而来的骏马,争先恐后地奔向马槽,俗称"五马奔槽"。

22. 玉柱峰

流香涧巷谷。为发育典型的柱状山,平地拔起,巍然耸立,岩壁缜润莹洁,看似顶天立地的玉柱。

23. 鹰嘴岩

章堂涧谷地,为长条状单面山,岩顶东端突出而向下弯曲成钩,恰似

"鹰嘴",嘴上长着一株刺柏,形似隆起的鹰鼻。岩体酷似苍鹰的躯干,如雄鹰屹立,仰望长空。

24.丹霞嶂

章堂涧谷地,海拔452米,相对高度229米。以"石色紫赤,宛如半天朱霞"而得名。这是一座巨大的岩峦,层叠而起的石崖。崖壁上有四个连串的岩洞,岩洞上覆危崖,下临深渊,地势险要,有小木楼就崖架构,或藏洞内,或临崖畔,上下悬梯,左右环栏,形成空中楼阁,可望而不可及,乃武夷山的古崖居遗构。

25.燕子峰

丹霞嶂东侧,长条状单面山重叠斜插峰间,尖突的峰顶宛如燕子头部,平展的崖壁又宛如燕子的身躯。从章堂涧的北面看,好像三只燕子展翅东飞。

26.青狮岩

水帘洞北,海拔390米,相对高度92米。峰势突兀,形似雄狮蹲踞。岩间竹木交荫,泉水不断。

27.莲花峰

白岩前,海拔536米,相对高度314米。为单面山。山高路险,崎岖难行。峰上植被保存完好。

(三)武夷山的奇石怪洞

武夷山主景区地质构造多为砂砾岩,细者为砂,粗者为砾。或因其垂直节理,长期受到风雨侵蚀后形成山体坍塌,因此在武夷山主景区有许多因岩体坍塌而形成的崩积洞。也有坍塌的山中岩石在流水的进一步作用下,形成千奇百怪的象形石。

1.鲤鱼石

一曲溪北。立于水中。状如游鲤跃波,故名。

2.水光石

一曲溪北,临水而立。石上题刻如林,有明代名将戚继光"大丈夫既南靖岛夷,便当北平胡虏,黄冠布袍再期游此"等摩崖石刻。

3. 儒巾石

一曲溪北,立于水中,以其形似儒巾而得名。石上刻有宋代学者蔡沈手书的"千岩万壑"四字。

4. 香梳石

二曲溪南,立于浴香潭中,形似骨梳,故名。

5. 印石

二曲溪南,立于浴香潭中,方正如印,故名。

6. 镜台

二曲溪南,耸立于玉女峰东南侧,上戴圆石如镜,岩上勒有"镜台"二字。

7. 花瓶石(翰墨石)

二曲溪东,贴在仙榜岩的半壁,像是一只古色古香光怪陆离的花瓶,石上生长着一株古老的桂树,就像插在瓶中的一束鲜花。

8. 试剑石

四曲溪北小九曲,立于小九曲水中,石上裂开一罅,如同利剑劈开一样,相传这是控鹤仙人试剑之处。

9. 寿桃石

六曲溪北桃源洞内,立于桃源洞东侧,形状如桃,故名。

10. 棋盘石

七曲溪北,巨石方正,犹如棋盘。四周古木交荫,十分凉爽,相传昔时有仙人于此下棋。

11. 上水狮

八曲溪北鼓楼岩下,从芙蓉滩上望去,这块顶着逆流的巨石,就像一只矫首奋髯、扑水而上的雄狮。

12. 上下水龟

八曲溪中上水狮旁,浮于水面之上,为两块重叠在一起的坠石。一块伏在水中,只露出一个小小的脑袋和圆圆的脊背;另一块略小,爬在它的脊背上,伸出长长的的脖颈,望着溪水,酷似两只水龟,故名。

13.猫儿石

八曲溪北环佩岩上。一石弓腰缩颈,伏地欲出,活似一直伺机捕鼠的小猫。

14.人面石

八曲溪北环佩岩,额阔顶平,浑如一张人面,故名。

15.鱼磕石

八曲溪北芙蓉滩旁,形似一条大鱼,水流击石,磕碰有声。

16.烟际石

八曲溪北,又名玉蕊峰,溪南晚对峰之背,圆整峭拔。

17.大小廪石

八曲溪南,烟际岩左边,两块形状相似的岩石,一大一小,傍水而立,形圆似古代的米仓。

18.投龙洞

一曲溪北大王峰顶。为大王峰的一条裂隙,罅宽1.32米,往下看去,黑乎乎的,投之以石,只听得殷殷之声,移时始息。这里是宋代投送"金龙玉简"的地方,故名。

19.升真洞

一曲溪北大王峰东壁,又名仙蜕洞,中有磁缸、船棺,外有虹桥板纵横插于岩际,现已无。

20.毛竹洞

一曲溪南靠背岩下,初入径极幽,中稍平坦,右壁直立。

21.驻真洞

二曲溪南虎啸岩半壁,为层面岩洞,由风化侵蚀而成,上覆为危岩,下临绝壑。

22.伏羲洞、风洞、灵岩洞

二曲溪南灵岩下,三洞并列于岩下,一线天相连。在流水和风化的侵蚀作用下,灵岩底部软弱的粉砾岩、砂页岩被侵蚀而去,形成扁浅的岩洞。这三个洞规模较大,最大的可容纳数百人。洞内冬暖夏凉。

23.金鸡洞

四曲溪南大藏锋半壁。洞内有虹桥板和船棺。

24.金谷东

四曲溪北在升真岩与金谷岩之间,修篁古松前后掩映。

25.黑洞

五曲溪北罗汉岩下,为风化崩塌岩洞。洞内曲折幽深,漆黑一片,故名。

26.聚乐洞

五曲溪北云窝,为崩塌堆积大开口峰岩洞,洞口上书"聚乐洞"三字。内有石桌、石凳。

27.嘘云洞

五曲溪北上云窝,为崩塌堆积岩洞。

28.碧霄洞

七曲溪北三仰峰上,为层面岩洞。在一仰的半壁,深13~16米,高度6~9米。

29.白云洞(极乐国)

九曲溪北灵峰上,为层面岩洞。上下都是绝壁,壁间只有一线横坳,要伏身盘腿才能进入洞中。

30.龙头洞

刘官寨北,是一个峰顶斜出、峰腰收敛的斜敞口的大岩洞。

(四)武夷山的深涧幽谷

由于水流切割和地质作用,武夷山有许多深涧幽谷。这些深涧幽谷是武夷岩茶理想的生长环境,也是游客青睐的旅游胜景。

1.章堂涧、牛栏坑、九龙窠谷地(东西向)

九曲溪北部,自北向南依次有章堂涧、牛栏坑和九龙窠谷地。因受东西向断裂构造控制和流水的强烈切割,发育形成三条相互平行的近东西向谷地。章堂涧自西向东,延伸约7.5公里,谷地两侧单斜绝壁夹峙,谷中流水潺潺,景色迷人,有鹰嘴岩、古崖居遗构、燕子峰、水帘洞、霞滨岩诸胜；牛栏坑上有章堂涧的一条支流——流香涧袭夺，下游成为无源之河的断头河。这里有天心岩、杜葛岩诸胜；九龙窠幽静深邃，谷地两侧长条状单斜山高耸，岩壁陡峭。这里是武夷山岩茶"茶中之王"大红袍的生长地。

2. 流香涧巷谷（南北向）

九曲溪北部，谷壁直立如墙，谷宽仅数米，由赤石群垂直节理或断裂发育形成，尤其是受近南北向张性断裂特别发育和流水侵蚀作用的影响。流香涧巷谷青藤垂蔓，兰花飘香，溪水潺潺，凉风习习。巷谷内有玉柱峰、飞来峰诸胜。

3. 断裂带

武夷山西部，站在1200米高的先锋岭远眺，远处迷蒙一片，天树相接，近处山岭叠嶂、绵延起伏。谷底蜿蜒曲折，如带状延伸而去，此即为著名的断裂带奇观。该断裂带为福建第一断裂带，称为桐木关——大竹岚断裂带。

（五）武夷山的胜景奇观

常年湿热多雨，昼夜温差较大，在千崖万壑的武夷山，形成诸多地理和气象景观。

1. 武夷佛光

天游峰、大王峰等处，每当立身峰顶，晨曦初露，云雾弥漫，云层中幻化出一道彩色的光环，面对光环，从中能映出自己的身影。佛光可持续半小时之久。

2. 黄岗山日出

黄岗山顶。晨曦，群山寂籁，天际朦胧渐橙红，随着几束耀眼的金光刺向雾层，红日于群山尽头冉冉升起，早霞染红的云雾山间，群峰犹如大海中的群岛，构成一幅天然画卷。

3. 天游云海

天游峰。登上峰顶一览亭，武夷溪山全势，一望而收。每当雨后初晴或是晨曦初露，云雾弥漫、满山遍谷，风吹云荡，起伏不定，犹如大海中的波涛，汹涌澎拜，远近叠出的峰峦，时隐时现，漂浮在云海之中，蔚为壮观。

4. 挂墩

三巷西面。四周高山环绕一盆地，海拔1830米的挂墩山位于其北侧。挂墩盆地散居着数户人家,境内初春时节茶青桃红,宛如步入世外桃源。西北岗的中山矮曲林,既是候鸟南来北迁的歇脚地及留鸟的聚生地,又是鸟类模式标本的产地,素有"鸟的天堂"之盛誉。

5. 大竹岚

先锋岭西南侧,四面高山间一盆地。步入大竹岚,领略竹之风韵,顿觉心旷神怡。大竹岚昆虫种类繁多,种群数量甚大,享有"昆虫世界"的盛誉。

6. 云窝

五曲溪北。云窝背依接笋峰、隐屏峰,面向响声岩、丹炉峰、仙迹岩,左顾更衣台、天柱峰、晚对峰,右拥仙掌峰、苍屏峰,奇峰突立,怪石峥嵘,青藤垂萝,溪水潺湲,冬春常雾,舒缓变幻,为宋明以来隐居者所居。

7. 茶洞

五曲溪北。茶洞是一块岩间的谷地,因洞内产茶"甲于武夷"而得名。但是茶洞之奇并不在茶,而在于它"峥嵘深锁"的境界。洞底大小不过六七亩,其东、南、北三面为仙游岩、接笋峰、隐屏峰、玉华峰、清隐岩、天游峰、仙掌峰七峰岩所包围,唯一的通道,就是西边的一条岩罅。人在洞中,犹如身陷井底,抬头仰视,好比坐井观天,正如徐霞客所说"诸峰上皆峭绝,而下复攒凑,外无蹬道,独西通一罅,比天台之明岩更为奇娇也"。历代都有人在洞内卜筑隐居,洞内有雪花泉、仙浴潭、留云书屋遗址诸胜。

8. 小桃源洞

六曲溪北,又名桃源洞。因"风光近武陵"而得名。平旷的山谷里四周凤眼遮天,层峦蔽日,有茅舍、桃园、竹林、石池、流泉。徐霞客在游记中写道:"四山环绕,中间平畴曲涧,围以苍松翠竹,鸡声人语。俱在翠微中。"古代隐士把这里当作避世隐居的乐土,宋、明两代都有高士栖身此地,寄情于山水,过着几乎与世隔绝的生活。现为武夷山道教文化中心。

9. 水帘洞

瑞泉岩下。岩壁耸立,崖顶斜出,底部收敛,形成一个大敞口岩洞。顶部地表水经山涧从约 80 米高的岩顶凌空而下,化成水珠,随风飘散而下,阳光下,晶莹夺目,宛如天然珠帘。洞外茂林修竹,一片迷蒙,宛如一幅淡雅的山水画卷,别有一番韵味。

10.一线天

二曲溪南。一座岩体受东西向断裂构造和垂直节理作用而中间裂开一罅,长178米,最窄处仅0.3米,最高处49米,下与三个岩洞相连,从洞底仰视,岩顶天光一线,故名。

11.空谷传声

六曲溪南响声岩。临溪耸立,岩峦浑圆,当人们乘坐竹筏从其脚下漂流而过的时候,一阵欢声笑语,可招来空谷响答,此呼彼应。

四、丰富多彩的人文景观

《世界文化和自然遗产名录》认为,武夷山"有丰富的人文景观和历史文化遗存"。武夷山的人文景观和历史文化遗存,积淀深厚,丰富多彩,颇具特色,是人类的共同财富,世界的文化遗产。兹按照古闽族、闽越族,理学文化,宗教文化,茶文化,摩崖石刻,古建筑、遗址,主要馆藏文物等七个方面介绍。

(一)古闽族、闽越族的文化遗存

《世界文化和自然遗产名录》认为,古闽族、闽越族的文化在国内外是绝无仅有的。汉城遗址是消失3000多年的古文明和古文化传统习俗的独特的实物见证。

1.梅溪岗古文化遗址

新石器时代至商周时期,一处,位于崇阳溪与梅溪交汇处。出土大良印纹硬陶片,并发现三组略呈圆形的建筑物础石与柱洞遗迹,为福建省少见。1997年公布为市级文物保护单位。

2.马子山古文化遗址

商周时期,一处,角亭村东南面。出土东周青铜器三件,并发现大量石器和印纹陶片。1997年公布为市级文物保护单位。

3.架壑船棺

商周时期,18处,景区大、小藏峰等处。架壑船棺又名仙橹、仙舟、船棺,是武夷山先民的葬具,分底和盖两部分,以整根楠木刳成。棺中有人字形竹席、细棕、麻丝、棉布和龟足木盘等随葬品。其中棉布残片是中国迄今发现最早的棉纺织品实物。葬洞为自然崖洞或悬崖裂隙,一般是一洞葬一棺或数棺。经国家文物保护科技研究所碳14测定,距今有3750~3295年。是研究我国南方先秦历史和探讨已经消亡的古闽族文化极其珍贵的资料。1985年公布为福建省文物保护单位,2006年确定为国家重点文物保护单位。

4. 虹桥板

商周时期,18处,有大藏峰等处,虹桥板是用于支撑船棺的支架或底板,或者架设归葬时用的栈道的木板,虽然经历了数千年的风雨侵蚀但仍不腐朽。1985年公布为福建省文物保护单位。

5. 葫芦山文化遗址

商周时期,一处,兴田镇西郊村。发掘清理商代陶炉22处和周代露天祭台一处,其中一座窑炉长5米多,窑室直径2.7米,为中国迄今发现的最大商代陶炉。出土一批陶器、釉陶器、原始青瓷器及少量的玉、石、铜器。是研究我国陶瓷发展史和古闽族文化的珍贵资料。1997年确定为武夷山市级文物保护单位。

6. 城村汉城遗址

西汉,一处,城村西南侧。1958年发现,系中国江南保存最完好的古城之一。城墙现存最高处为8米,平均高度4米以上。城址有陆门4个,水门3个,保存完整。城内发现大型宫殿、官署建筑群4处,占地面积约48万平方米,整体规模宏大,布局完整,序列井然,具有南方丘陵地带建筑特色。城外发现的庙坛遗址、手工作坊、居民区、古道、烽火台、陶窑群、墓葬区、排水设施等,遗址面积占地48万平方米。经国家文物保护科技研究所对所出土的木柱、碳屑作碳14测定,距今2355(±70)年。为研究汉代闽越族盛衰以及江南经济文化发展史提供了重要的实物资料。1996年12月,被国务院确定为国家重点文物保护单位。

7. 古崖居遗构

清咸丰年间扩建,一处,水帘景区丹霞嶂山腰。利用天然的悬崖洞穴,木构房舍,开"一夫当关,万夫莫开"之门于峭壁,整体布局结构独特,有"空中楼阁"之誉。是研究崖居习俗的珍贵实物。

（二）理学文化

《世界文化和自然遗产名录》认为,武夷山是朱子理学的摇篮,代表具有普遍意义的传统民族精神。

1. 古代书院遗址

北宋到清,共有35处书院遗址,多分布于九曲溪两岸。书院是武夷山世界文化遗产的重要内容。书院的创办者是历代明贤。就读者均为高品位的学者,数量亦极为可观,多成为名臣高士者。书院分布均匀,建筑各有南方特色,与自然风景融为一体,丰富了景观色彩。可惜建筑大部分倾圮,但遗址均在,为研究宋代以来教育、文化、哲学史的珍贵实物资料。

2. 武夷精舍遗址

宋,一处,五曲北岸隐屏峰下。建于宋淳熙十年(1183年)。又称武夷书院,是南宋大理学家朱熹创建的讲学著述之所。其中有精舍、堂、斋、寮、馆、坞、亭等建筑,占地十余亩,世称"武夷巨观",是南宋时期影响较大的学府。来此读书的四方学者甚众,形成强有力的儒学学派——理学,并引来一大批学者,相继在武夷山九曲溪两岸建筑学堂,文人荟萃,后人称为"道南理窟"。书院遗址至今尚存清代复建的两座厢房。21世纪之初在原址基础上重新修建,辟为朱熹园。

3. "逝者如斯"题刻

宋,一处,六曲溪南,朱熹撰并书。字体浑厚刚劲,寓意深刻。是研究南宋历史及朱熹书法的重要实物资料。1985年确定为福建省文物保护单位,周围多有古代名士拜谒题留。

4. 朱熹墓

南宋,一处,保护区黄坑。墓为凤字形,偕夫人刘氏合葬,占地约为200平方米。墓园保护面积5000平方米。墓坟为河卵石砌馒头形封土堆,墓前立石供桌一张,石望柱一对,墓堆后立清乾隆五十六年(1791年)"宋先贤朱子、夫人刘氏墓"碑一方。元、明、清各代均有修缮。1992年,韩国朱子后裔捐资兴建"思源亭"一座。1985年公布为福建省文物保护单位,2006年确定为国家重点文物保护单位。

5. "升真元化洞天"题刻

宋,一处,五曲伏虎岩。宋开禧二年(1206年),理学家游酢后裔、著名学者游九言以武夷山为道教第十六升真元化洞天所书。1985年确定为福建省文物保护单位。

6. 南山书院遗址

北宋至清,一处,一曲溪南太极岩,又名"九峰书院"。始建于北宋,创建人为理学先贤蔡发,原名为"牧堂"。其子蔡元定曾在此开始启蒙学习和理学生涯。至南宋,元定三子蔡沈继承父志重建改称"南山书院",聚徒讲学。蔡沈逝世后,其子蔡杭再度扩充为"九峰书院"。明时,蔡氏十世孙再度复建。清代中期,其后裔将原建筑迁入县城,该地遂废。现存遗址,为研究明教育史、哲学史提供了重要资料。

7. 见罗书院遗址

明代,一处,九曲溪头平川。明万历二十四年(1596年)督学徐即登始建,迎其师李材(号见罗)在此聚徒讲学长达九年,课徒百余人,成名弟子甚多。该书院建筑宏大,风格独特,毁于兵燹。为研究宋、明教育史、哲学史提供了资料。

8. "修身为本"题刻

明代,一处,一曲溪北水光石,明万历年间,理学家李材书,楷体,端庄浑厚,寓意深刻。1985年确定为福建省文物保护单位。

9. "道南理窟并跋"题刻

清代,一处,五曲溪南。刻于清乾隆四十四年(1779年)。武夷山是"理学"创立之地,亦是南宋时期理学家云集之处,为理学发祥的宝窟。道为理学之要素,"有道之理,有理之道"是世人遵循的准则。"道南理窟并跋",点名明儒得道于东南,并使之成为理学文化之窟。1985年确定为福建省文物保护单位。

10. "活源"题刻

清代,一处,北山水帘洞。刻于清光绪八年(1882年)。"活源"取自朱熹《观书有感》一诗,勒于这里既点出水帘洞的景致,又勾起人们对朱子精神的追思。1985年确定为福建省文物保护单位。

(三)宗教文化

武夷山是中国道教名山之一,唐末入道教十六洞天之列,清代为佛教的"华胄八名山"之一。

1.彭祖墓

商代,一处,幔亭峰下。为武夷山开山始祖彭祖隐居和埋葬之所。彭祖为传说中的长寿之神,姓钱名铿,因献雉羹于尧,受封彭城,故称彭祖。后隐居于武夷,携子彭武和彭夷开发武夷山。后人以其子名山,称武夷山。遗址尚存,为研究武夷山远古历史提供了证据。

2.汉祀台

汉代,一处,幔亭峰。巨石浑然方正,可坐数十人。汉武帝时遣使以干鱼祭祀武夷君。武夷君传为武夷山众仙之首。《史记》《汉书》都有古代祭祀武夷君的记载。为研究我国封禅史提供了佐证。

3.古宫观遗址

秦汉至明清,六十四处,遍及景区各处。秦汉时期多于天然石穴中设坛修真,称为仙窟洞府。晋唐时期,人工斧凿与自然石穴融为一体,以洞为主,外筑垣墙,内置木楼,上覆巨石,无暑无寒,风雨不侵。唐以后大多设于洲渚、川谷中,道观院庭宽宏大,错落有致,与自然风景相得益彰。现多存遗址和部分基址残垣断壁,以及石灶、石臼和斧凿遗痕等。为研究武夷山道教兴衰历史提供了资料。

4.止止庵遗址

晋代,一处,大王峰下水光石后。晋、唐、宋都有明道在此修炼。南宋明道白玉蟾曾任止止庵主持。名相李纲曾到此访道。宋、明、清历代多有修葺、扩建,并屡有道士驻足。民国三十年(1941年)曾改该庵为"墨三(顾祝同)图书馆"。现有保存完好的石砌墙基和石刻"止止壶天"。为研究武夷山道教兴衰历史提供了资料。21世纪有关部门在原址重建。

5.桃源洞

唐代,一处,桃源景区。唐初名石堂寺,后唐天成二年(927年)为山崩所毁,复建后易名开源堂,为道士所居。民国二十四年(1935年),华侨胡文虎曾捐资修葺,现为武夷山较完整的道观。内有老子岩雕像一座,高16米,宽11米,厚10米。为研究武夷山道教兴衰史提供了资料。

6.万年宫

唐代,一处,大王峰下。原名天宝殿,后改冲佑观,元改现名,又称武夷宫。为武夷山最早、最大的道教宫观,设殿、堂、廊、阁、院、轩、祠、庭、亭、台三百余间，配置完整，占地数十亩。颇具江南道院建筑特色。宋时已为全国六大名观之一，历代多有修建、扩建和改建。为研究武夷山道教兴衰史提供了资料。

7.三清殿

唐代，一处，大王峰下。原属万年宫建筑群体之组成部分。民国时，将其改作他用，称"中山堂"。景区开发后重修并恢复旧貌。为研究武夷山道教兴衰史提供了资料。

8.天游观

宋代，一处，天游峰顶。为楼阁式建筑，宏丽庄重。观内供奉武夷山开山始祖彭祖、彭武和彭夷神像。历代均有修葺。民国时改为纪念堂。中华人民共和国成立初充作茶叶加工厂，现重修恢复原貌。为研究武夷山道教兴衰史提供了资料。

9.投龙洞

宋代，一处，大王峰顶。实为峰顶一米宽的石罅，深不可测。宋时，朝廷确定武夷山为全国十个投送金龙玉简的洞天之一，遣使在此投送金龙玉简，祈求武夷山神灵护国佑民，自北宋乾兴至熙宁末年（1022—1077年）的五十多年中，共遣使投送金龙玉简二十余次。为研究武夷山道教兴衰史提供了资料。

10.凝云道院遗址

明代，一处，山北马头岩。明隆庆初年建，原称凝云庵或凝庵，清代改为凝云道院，内设凝云阁、息机窝、鸣球亭、涌翠台、莲池、橘隐石等，占地面积十亩。林则徐曾为题匾。中华人民共和国成立后，一度被占为民居，20世纪80年代居民迁出。1993年复为道观。1998年申报世遗时拆除，现仅存遗址。为研究武夷山道教兴衰史提供了资料。

11.古寺庙遗址

唐至民国，四十余处，遍及景区各处。大多数巧借山岩半腰岩洞、悬崖裂隙构建，或点缀于半崖，或镶嵌于裂隙，上覆危崖，下临绝壁，随山势起伏，层层叠叠，远望如空中楼阁，具有典型的地方建筑特征。少数保存完好，大多数仅留遗址。为研究武夷山佛教兴衰史提供了资料。

12.天成禅院

唐代，一处，虎啸岩下。原为庵，高僧无镜禅师建，清康熙年间改为天成禅院。佛院缀于高崖半壁,上覆危崖,下临绝壁,不施片瓦,无柱无檐,风雨不侵。洞内泉声琴鸣,实为仙境。在绝壁雕观音像一座,高16米,宽6米,深2.1米。观音面带微笑,左手执铁如意,右手当胸礼佛,足登莲花宝座。雕工精细,衣着线条流畅。为研究武夷山佛教兴衰史提供了资料。

13.白云禅寺

明代,一处,九曲溪北灵峰白云岩。原名白云庵。宋代著名学者吕祖谦曾在此结庐讲学。明末清初改建寺庙。寺内有弥勒殿、观音殿、祖师坛等。各殿一半藏于岩洞之中,一半利用山势用杉木支架,宛如空中楼阁。观音殿中的岩壁上有乾隆年间主持捧日大和尚镌刻的"大观"二字。寺院几经修葺。1988年再次修建,改称白云禅寺,对外开放。为研究武夷山佛教兴衰史提供了资料。

14.天心永乐禅寺

明代,一处,天心景区。是武夷山规模较大的佛教寺庙建筑,有天王殿、大雄宝殿、观音殿、法堂、香客楼、钟楼、偏殿等建筑,飞檐曲栏,壮丽雄伟,蔚为壮观,建筑独具民族特色,盛时有僧众100多人,为一方禅林。寺外古木参天,篁竹遍地,虫语蝉鸣,意境深邃。1990年,佛教协会会长赵朴初题写寺名。寺前有弥勒佛岩雕像一尊,高12米,宽13米,厚12米。1991年公布为市级文物保护单位。

15.慧苑寺

清代,一处,水帘景区。又称法华寺,清嘉庆年间所建,由大雄宝殿、法堂、藏经阁等建筑所组成,颇具地方特色。寺外奇峰幽涧,古木修竹环绕,环境极为清幽。为研究武夷山佛教兴衰史提供了资料。

16.妙莲寺

清代,一处,莲花峰山岩,因寺前山门有两块岩石似莲花而得名。该寺巧借莲花峰岩洞特点,上为毗卢宝殿,下为僧房、观音殿,而后是三宝殿。殿藏于岩中,不施片瓦,风雨不侵,为典型的崖寺。1988年重新修葺开放。为研究武夷山佛教兴衰史提供了资料。

17.天主教堂

近代,一座,桐木关。清道光年间所建,原址在挂墩,后移建桐木关,石构,两面坡顶,内有"美洲,1924年建,多米尼加共和国制造。中国福建省建宁府"英文铭文铜钟一口。早在19世纪中叶,英国传教士等相继涉足武夷山,采集动植物标本,此为例证。

(四)茶文化

武夷山茶文化有1000多年历史,元代起始成为皇室贡品,在武夷山创建御茶园。茶文化遗址遍布武夷山中。

1. 古茶园

唐至民国,遍布全景区。有建于缓斜坡、谷底缓斜坡地的阶梯园和斜坡园,俗称"茶山";有建于沿溪平地、沙洲、山头平地、谷底盆地的平地园;有建于岩凹或石隙的石座植园,为盆栽式茶园。为研究武夷山乃至中国茶业兴衰史提供了资料。

2. 遇林亭窑址

宋代,一处,在景区北部。地标堆积大量匣钵、罐、碗和釉色甘黑发亮、古朴美观的建盏,内有明晰艳丽的兔毫纹,是宋代斗茶用具。为了解宋代闽北地区劳动人民生活和生产方式,研究中国陶瓷史、茶文化史提供了重要资料。1961年确定为福建省文物保护单位。2006年确定为国家重点文物保护单位。

3. 御茶园

元大德至明嘉靖,一处,四曲溪南。元大德六年至明嘉靖三十六年(1302—1557年),为两代官府督造贡茶的地方。其布局为前有仁凤门、拜发殿、清神堂等,四周有思敬亭、焙芳亭、燕嘉亭、宜寂亭、浮光亭等,另有碧云桥、通仙井(又名呼来泉)、喊山台等。每年惊蛰日,均由县官在此主持举行隆重的"喊山"仪式,祈求神灵保佑。现存通仙井、喊山台等古迹。御茶园在中国乌龙茶工艺变革中做出了杰出贡献,是研究中国茶发展史、弘扬茶文化的重要基地。

4. 大红袍名丛

明代,六株,九龙窠。有340多年的历史。其主干粗大,树形老态,分枝繁茂,叶呈深绿,长圆形幼芽,嫩叶为紫色,叶肉厚而脆,叶面生有短绒毛。成品茶之色、香、味均为乌龙茶之首。为研究武夷山茶提供了科研价值。

5.庞公吃茶处

清代,一处,四曲平林渡。清康熙四十年(1701年),建宁太守庞垲到武夷山视察茶事,在此小憩饮茶,留下"应接不暇""溪山胜处"题刻。其幕僚特在其流连处题刻"庞公吃茶处"。1985年确定为福建省文物保护单位。

6.古茶厂

明至民国,130余处,遍及全景区,多由茶园、茶厂相结合。茶园以岩划分,茶厂依岩而建,或利用岩边原有的庵、寺、旧寨,多为土木建筑,规模不大。少数保存完好,大多已倾圮,仅留遗址或部分残垣。为研究武夷山乃至中国茶业兴衰史提供了资料。

7.茶政告示石刻

清代,七处,天游、五曲、云窝等。内容有朝廷"批允兑茶告示",有不准勒索茶家的"禁令",也有对利用职权、低价派习贡茶的不法官吏严加斥责的批文。1985年确定为省级文物保护单位。

(五)摩崖石刻及碑刻

武夷山现存古代摩崖石刻430多处,记载了自唐以来武夷山的变迁和发展史,具有极高的历史价值。

1.雕像

宋代至今,四尊,武夷宫景区。石雕像造型端庄,雕凿精细,与自然景观融为一体。是武夷山石雕艺术的实物资料。

2.摩崖石刻

唐至今,100余处,430余方,遍布各景点。大多为游记、理学、宗教、茶文化和颂景诗等,内含武夷山历代历史文化变迁和发展,部分有风化剥蚀。是研究武夷山历史文化发展的重要资料。1985年确定为省级文物保护单位。

3.游武夷九曲溪记碑

明代,一块,武夷山武夷文化名人馆内。该碑记以排比的方式,十分中肯地把武夷山水与西湖风景对比,写出各自特色。论点贴切,文笔简练而严谨。是研究武夷山风景特色的实物资料。

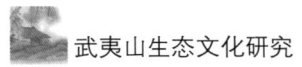

4.游武夷歌碑

明代,一块,武夷山武夷文化名人馆内。该碑刻为明代福建布政使在夜游九曲溪后写下的一首夜游诗,生动反映出九曲溪在月夜的神奇妙景。是研究古代文人对风景之钟情的实物资料。

5.镜台

明代,一处,二曲溪南。明嘉靖年间建州刺史谢上箴书,行楷,字体苍古遒劲有力。每字高5.4米,宽1.2米,为武夷山摩崖石刻中单字最大的一幅。1985年确定为省级文物保护单位。

6.戚继光题刻

明代,一处,一曲水光石。明代抗倭名将戚继光隆庆元年(1567年)题,福建都司曹南金书。是戚继光即将离开镇守多年的福建前夕留下的遗迹。表达保家卫国、抗击强虏的必胜信念和对武夷山水的眷恋之情。1985年确定为省级文物保护单位。

7.武夷山游记

明万历年间,一处,茶洞。为摩崖石刻中字数最多的一幅游记,全文1800多字,正楷,书法工整。该文全面描述了武夷山水之胜。1985年确定为省级文物保护单位。

(六)古建筑、遗迹

武夷山的许多古代建筑和遗迹,都承载了特定的历史文化内涵,有些古建筑、遗迹甚至成为已经消逝的古代文明的历史见证。

1.古蹬道

唐至今,十九条,全景区。武夷山景区古蹬道大都在悬崖峭壁间盘旋开凿而成,常为直立梯级。险处设置护栏,虽惊无险。蹬道纯为人工凿成,可供观赏并研究古代工程艺术。

2.古牌坊

宋至今,三座,武夷宫、天游峰。多建在古道的险要之处,与古蹬道、古建筑、自然景观融为一体,为景增色。是研究古建筑的重要资料。

3.古井

唐至清,四口,武夷宫、御茶园、天游峰、慧苑寺。武夷山众多寺庙、观堂从古至今大多数取山间流泉为饮用水,凿井取水不多,故古代遗井仅此四口。相传颇具神话色彩,为一大景观。是研究武夷山自然奇特成因和古代凿井技术的重要资料。

4.山门

宋至今,数十处,武夷宫、天游峰、云窝、桃源、天心寺等景区。多数依崖据险叠石为墙,门框以巨石为料,坚固而古雅,亦属一大景观。是研究宋代迄今建筑艺术的重要实物资料。

5.古亭遗址

宋至今,四十七座,全景区。分布在各景点的游览道上,或居高崖,或占峰顶,或截峰腰,与自然景观融为一体,相映成趣。是研究古代建筑艺术的重要实物资料。

6.古桥

宋至今,十余座,七曲、五曲、四曲、慧苑、一曲、云窝等处。多为石拱桥,横跨两山裂罅间,十分险要。也有架在山间、小道间。加强了游览道的古朴之感。是研究古代桥梁建筑艺术的重要实物资料。

7.古寨遗址

宋至今,十余处,全景区。大部分在山北景区,少量在山南,建于嶂岩半壁或绝顶,以及狭隘险要之处,利用天险,石砌寨门,易守难攻,有"一夫当关,万夫莫开"之势。大部分遗址存有寨门、寨址及部分石砌墙基、土夯残垣。是研究古代地方历史的实物资料。

8.七十二板墙

清代,一处,兰汤至大王峰路上,清太平天国起义波及闽北,本地豪绅纷纷在武夷山据险筑寨以避。在该处依高崖筑土墙240多平方米,墙厚达1米,至今无崩塌或损坏。是研究地方史和土建艺术的重要实物资料。

9.余庆桥

清代,一座,南门街,为两墩、三孔、木构、双曲、虹梁拱风雨桥,桥长79.2米,面宽6.7米,高8.6米,拱净跨23.7米,是宋《清明上河图》中虹梁拱桥的实物例证,为世少见。是研究中国虹梁史的活化石。1959年确定为崇安县文物保护单位。2001年确定为福建省文物保护单位。2006年确定为国家重点文物保护单位。

10.林氏祠堂

清代,一座,城村。门面砖雕精美,构图繁丰,屋宇为硬山顶,面阔 10.3 米,进深 30.6 米,内有告示、储碑、祀田碑记等四块碑刻。1997 年确定为市级文物保护单位。

11.赵氏祠堂

清代,一座,城村。门面砖雕简洁,屋宇硬山顶,穿斗式梁架,面阔 10.7 米,进深 27.5 米。1997 年确定为市级文物保护单位。

12.古粤门楼

清代,一座,城村。砖木结构,牌楼式,硬山顶,面阔 12 米,进深 6 米,门额阳文楷书"古粤",是考证毗邻的汉城遗址年代和族属的佐证材料。1984 年确定为崇安县文物保护单位。

13.百岁坊

清代,一座,城村。为明代城村村民赵西源百岁寿诞所建。现构架系清乾隆年间所造,木构、三门式牌楼,歇山顶,饰人字如意拱,面阔 7.9 米,进深 5 米,高 8 米。1984 年确定为县级文物保护单位。

(七)主要馆藏文物

武夷山出土的历史文物也异常丰富,上迄旧石器时代,下至宋元明清,兹举其要。

1.铁五齿耙

西汉,武夷山城村汉城遗址出土,现藏中国历史博物馆。耙背呈弧形,长方形柄穿。通高 11.2 厘米,宽 16 厘米。国家一级文物。

2.万岁瓦当

西汉,武夷山城村汉城遗址出土,现藏中国历史博物馆。直径 16.4 厘米,瓦当有圆泡,"万岁"两字头上有云、树纹样。陶质建筑材料。国家一级文物。

3.铁犁

西汉,武夷山城村汉城遗址出土,现藏福建省博物馆。为犁铧,呈舌形,重 15 公斤,长 23 厘米,宽 21 厘米,铸铁件。国家一级文物。

4.齿轮

西汉,武夷山城村汉城遗址出土,现藏福建省博物馆。直径 8.5 厘米,厚 3 厘米,中有圆形孔,孔径 22.2 厘米,共 20 个齿牙。国家一级文物。

5.铁链

西汉,武夷山城村汉城遗址出土,现藏福建省博物馆。共四节相边,中间套一圆环,每节长 24.5 厘米,总长 99.6 厘米,锻件。国家一级文物。

6.铜印中门信印

西汉,武夷山城村汉城遗址出土,现藏福建省博物馆。方形、鼻钮、铜质,直径 1.8 厘米,字为"中门信印"。国家一级文物。

7."常乐万岁"瓦当

西汉,武夷山城村汉城遗址出土,现藏福建省博物馆。陶质,直径 15 厘米,瓦面为四字"常乐万岁"。国家一级文物。

8.封泥

西汉,武夷山城村汉城遗址出土,现藏福建省博物馆。硬泥质,近方形,长 3.2 厘米,宽 1.3 厘米,印有两字。国家一级文物。

9."乐未央"瓦当

西汉,武夷山城村汉城遗址出土,现藏福建省博物馆。陶质,直径 15.7 厘米,瓦面为品字形布局的三字"乐未央"。国家一级文物。

10.铁鱼叉

西汉,武夷山城村汉城遗址出土,现藏福建省博物馆。为三股叉,左右两股尖顶有倒刺,总长 18.6 厘米,锻件。国家一级文物。

11.弩机郭

西汉,武夷山城村汉城遗址出土,现藏武夷山城村汉城遗址考古工作站。铜质,长 14 厘米。郭侧有铭文"之二",郭后有铭文"河内工官三百十丁"。国家一级文物。

12.铁门臼

西汉,武夷山城村汉城遗址出土,现藏武夷山城村汉城遗址考古工作站。铸件,正方形,中有一圆臼坑,边长 14.4 厘米,厚 8.3 厘米。国家一级文物。

13.曲尺

西汉,武夷山城村汉城遗址出土,现藏中国历史博物馆。陶质,形状为"一"字形,管外饰以绳纹,直径22.8厘米,长56厘米。国家一级文物。

14.匏壶一

西汉,武夷山城村汉城遗址出土,现藏武夷山汉城遗址考古工作站。陶质,红陶,匏瓜形,双耳,腹上部有弦纹。高18厘米。国家一级文物。

15.空心砖

西汉,武夷山城村汉城遗址出土,现藏武夷山汉城遗址考古工作站。陶质,长204厘米,高30厘米,宽32厘米。顶面为菱形花纹,正面为玉璧绶带纹,两侧为玉璧纹,背后为五个洞孔。国家一级文物。

16.楠木船棺(一号,局部残损)

商周,武夷山观音岩,现藏武夷山市博物馆。棺长3.46米。国家二级文物。

17.楠木船棺(二号,保存完好)

商周,武夷山观音岩,现藏福建省博物馆。棺长4.58米。国家二级文物。

18.罐

商代,武夷山角亭村梅溪墓,现藏武夷山市博物馆。陶质,方格纹,单把,高10.2厘米,口径7厘米。国家二级文物。

19.谷仓

宋代,武夷山市造纸厂,现藏武夷山市博物馆。青釉褐彩帖龙纹,高3.6厘米,口径0.2厘米,底径8.6厘米。国家二级文物。

20.鸡

宋代,武夷山市造纸厂,现藏武夷山市博物馆。青灰釉,长12厘米,高10厘米,宽5.1厘米。国家二级文物。

21.灶

宋代,武夷山市造纸厂,现藏武夷山市博物馆。青灰釉双锅,上足长15.7厘米,高7.9厘米,宽3.9~6.5厘米。国家二级文物。

22. 鲍罐

东周,武夷山市,现藏武夷山市博物馆,原始青釉三横系,口径 16 厘米,宽 8.6 厘米,高 11.6 厘米。国家二级文物。

23. 鲍壶二

汉,武夷山市城村汉城遗址出土,现藏武夷山市博物馆。水波弦纹,双耳,高 20.1 厘米,口径 10.6 厘米。国家二级文物。

24. 铺地砖

汉,武夷山市汉城遗址出土,现藏武夷山市博物馆。菱纹,长 47 厘米,宽 38 厘米,厚 3.5 厘米。国家二级文物。

25. 提桶

宋,武夷山市造纸厂出土,现藏武夷山市博物馆。青白釉,横梁高 7.1 厘米,口径 6.2~7 厘米,底径 53 厘米。国家二级文物。

26. 多嘴盖壶

宋,武夷山市城关西门坂出土,现藏武夷山市博物馆。酱釉,高 33.5 厘米,口径 7.9 厘米,底径 8.7 厘米。国家二级文物。

27. 谷仓

宋代,武夷山市造纸厂出土,现藏武夷山市博物馆。青釉花卉盖,高 48 厘米,口径 25.8 厘米,底径 12 厘米。国家二级文物。

武夷山世界遗产地将在保护自然生态本底,为人们提供生态评价标准,建立生物基因库为濒危物种提供庇护所,开辟科研教育基地研究各类生态系统自然规律,保留自然界的美学价值,为人类提供健康、灵感和创作的源泉等方面都具有全球性的典范价值和普遍意义。

五、保存完好的生态环境

保存完好的生态环境,是对武夷山世界遗产地的客观评价。上述典型完整的森林生态系统、生物多样的关键保护地区、独特奇绝的自然景观地带、丰富多彩的人文景观内涵本身就是对武夷山世界遗产地生态绝佳的最好说明。不过,这都是定性评价,生态环境好坏还需要进行定量评价,只有这样,才更加科学,也更有说服力,兹举一些数据说明问题。

1. 遗产稀缺

从遗产的稀少度来说,全世界一共有 23 处世界文化与自然双遗产地,武夷山是其中之一。中国共 4 处世界文化与自然双遗产地,武夷山是其中之一。偌大一个地球,最适合人类与大自然和谐相处的地方真是九牛一毛而已。这些世界文化与自然双遗产地,将为全球的物种保护、生态研究、生态教育做出无可替代的贡献。

2. 空气清新

从空气的清新度来说,武夷山文化与自然双遗产地平均负氧离子含量是每平方厘米 6 万个,其中自然保护区更是每立方厘米为 10 万～11 万个。现在全国城市平均每立方厘米的负氧离子含量只有 100～200 个,武夷山的负氧离子含量是全国城市平均值的 500～1000 倍;国家森林公园目前的标准是每立方厘米含 1000 个负氧离子,武夷山是其 100 倍;医院吸氧疗法是每立方厘米含 8000 个以上,武夷山是其十几倍。

3. 物种珍稀

从物种的珍稀程度来说,武夷山目前已经发现的世界生物模式标本,即武夷山特有种有 1000 多个,还有大量未被发现。这些物种由于地质、气候等因素的变迁,在全世界其他地方已经绝迹,而武夷山则将这些珍惜濒危物种保存了下来,这对于全人类的可持续发展都将产生长期而深远的积极影响。

4. 生物多样

从物种的多样性来说,1987 年,武夷山自然保护区被联合国教科文组织列为"人与生物圈"世界自然保护网成员;1992年,武夷山与四川峨眉山一起被联合国列为我国仅有的两个全球生物多样性保护区。生物多样性可以用两组数据说明。一是已经发现的植物3700多种,是欧洲大陆的7倍,已经发现的动物5100多种(其中昆虫4700多种,据专家估计,尚有2/3未被发现);二是以一个物种说明,如武夷山被称为"蛇的王国"。全国共有十大类毒蛇,武夷山全部拥有,且大竹岚一地就有50多万条。

总之,武夷山世界文化与自然遗产是全人类共有财富,其生态文化内涵的挖掘,关乎全人类的可持续发展,值得认真研究,悉心保护。

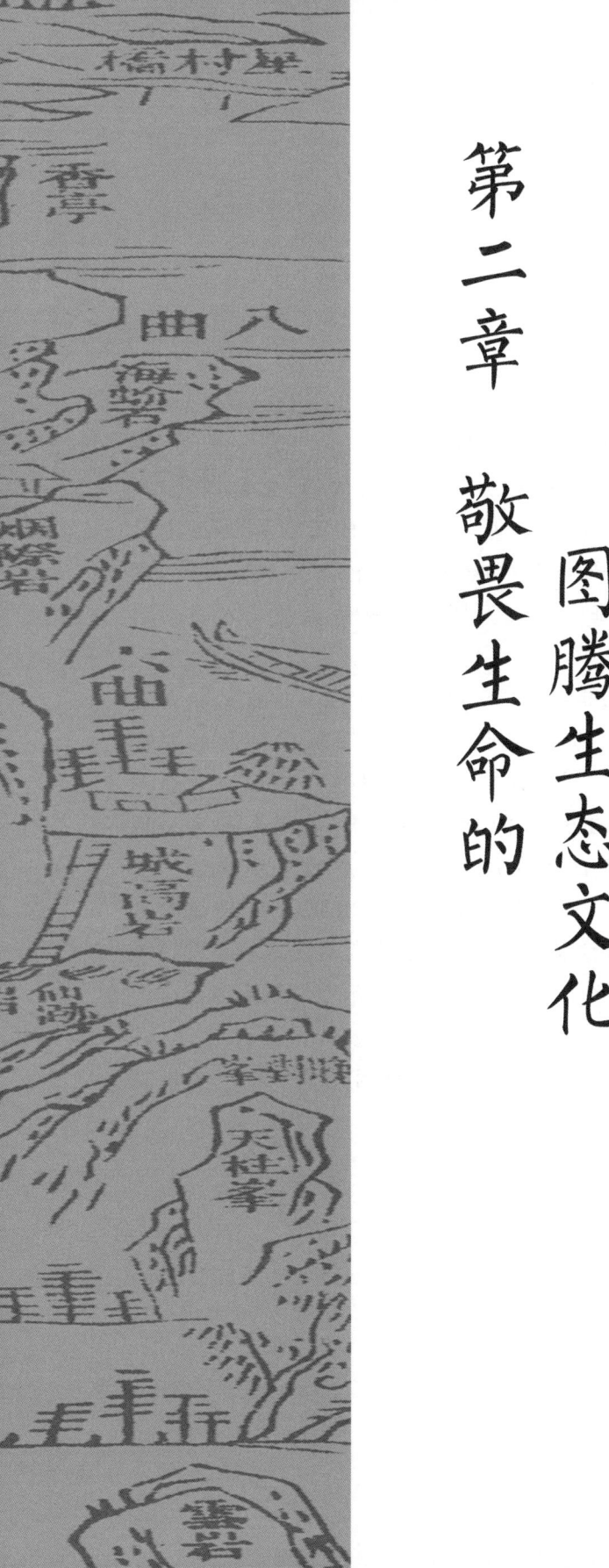

第二章 敬畏生命的图腾生态文化

敬畏生命是图腾崇拜的基本生态价值。

图腾崇拜是人类普遍存在的最原始的宗教信仰,它起源于"民知其母,不知其父"的母系氏族时期人们对于自己祖先的历史玄想,认为祖先源于动植物,或与动植物发生过亲缘关系。因此,图腾崇拜物都具有生殖的象征性意义。图腾崇拜的实质是人类对自然界的生命敬畏。

武夷山的始祖神话,既非始祖母感应神迹而生,亦非始祖母吞食圣物而生,玉女峰直接化为始祖母,与龟、蛇图腾崇拜物的融合体"神武"交媾而诞育闽族。"闽"是从虫从门门亦声的形声兼会意字,意为把"虫",即大头毒蛇当作自己的祖先在家中供奉起来。因此,武夷山的始祖神话具有自然崇拜和生殖崇拜的双重内涵。其价值取向就是,自然界才是真正的生命之源。图腾崇拜的核心内容是"图腾禁忌",即不能随意捕杀和食用图腾崇拜物,这是原始人类近乎本能的动植物保护意识,有维护生态平衡的价值和意义。

生殖崇拜孕育了闽越人根深蒂固的生命意识和生存意志,广泛渗透融合于几乎一切文化门类之中,成为闽越文化的"生命基因"。这是图腾文化最深刻的生态价值。

与北方的"崇人尚礼"不同,闽越文化秉承了南方楚越文化"信巫好祀"的传统。虽然从秦汉以来汉越民族就开始了漫长的融合和文化交流,但闽越人仍然顽强地固守着自己的文化传统。《汉书》谈到闽越人的信仰时就说到其"信巫鬼,重淫祀"①,汉代应劭《风俗通义》中在谈到会稽郡的越人的信仰习俗时说道:"会稽俗多淫祀,好卜筮。"②直到唐代,闽越人仍然保留着本民族"信巫好祀"的文化传统。《八闽通志》曰建州"尚淫祀,不立社稷"③。刘禹锡亦曰:"闽有负海之饶,其民悍而俗鬼。"④《宋史·地理志》总括福建的民风曰"其俗信鬼尚祀",与《汉书·地理志》记载的说法一脉相承。元明清时期,受商品经济的巨大冲击,人们的思想观念稍有变化,但自秦汉六朝迄至唐宋的巫觋文化仍相沿未绝。明代王应山在《闽大记》中说:"邵武,信巫,多淫祀。"道光《福建通志》亦曰邵武"人信巫鬼,疾病则巫、医并用";"清流……俗稍存乎信义,心尚惑于鬼神。"

闽越人"信巫好祀"的文化传统,可以追溯到远古时期的图腾崇拜。宗教信仰对于人们的思想影响是深层次的,当宗教信仰成为文化传统,并和生命意识和生存愿望紧密结合时,必将对其思维方式、价值取向和审美情趣产生深远而持久的影响。

一、武夷山的图腾崇拜

图腾崇拜在原始社会中有重要作用。它不仅是原始人类的宗教信仰,还是原始人类社会组织的标志和象征;它不仅是原始人类情感的纽带和精神的寄托,还广泛渗透到原始人类文化生活的方方面面;它不仅是原始人类文化生活的重要内容和表现形式,还长期和深刻地影响着民族的思维方式、价值取向和审美情趣。图腾崇拜甚至就是民族文化生活的"生命基因"。

在武夷山远古历史上,有过龟、鸟、蛇、蛙、鱼等多种图腾崇拜。在民

---

① 《汉书·地理志》。
② 《风俗通义·怪神》。
③ 《八闽通志》卷三十七。
④ 《刘禹锡集》卷三"唐故都福建团练观察使薛公(骞)神道碑"。

族融合过程中,多种图腾崇拜逐渐演变出一种最具代表性和多种文化因子融合的图腾崇拜,如古闽族的蛇图腾崇拜。

图腾崇拜是古闽族文化生活的重要内容,它体现在闽越文化的方方面面,可以从民族学、字源学、民俗学、文献学和考古学等方面证实。

(一)民族学考证——"武夷山"得名于图腾崇拜

图腾崇拜是最早的社会组织标志和象征。根据武夷山的神话传说,古闽族有两个部落,一个称"武族",另一个称"夷族",这大概就是武夷山得名最早的民族学根据。"武"和"夷"都与古闽族的图腾崇拜有关,图腾崇拜本身就是特定民族社会组织的标志和象征——族徽。

在始祖神话中,古闽族的始祖皇太姆和"武"这个神物交媾而生出古闽族的后代。"武"是龟、蛇合一的神物,如《文选》注:"龟与蛇交为宣武。"后来成为道教四灵之一的玄武,显然取长寿的生命寓意。这说明古闽族以龟和蛇为图腾崇拜对象。龟、蛇崇拜演化为"武"崇拜,合理的解释是以龟和蛇为图腾崇拜对象的两个部落合为新的部落,正像龙图腾崇拜是由12种图腾崇拜物融合为一体一样。把龙视为中华民族的象征,就是因为它是中华各民族团结、融合的结果。

许慎《说文解字》依据小篆析形释"夷"之义,因其没有见过甲骨文和金文,他说"夷,东方之人也。从大,从弓,会意,弓所持也","夷"是手持弓箭的东夷人。其实在甲骨文和金文中,"夷"是从丝从矢的会意字,用带绳子的箭射猎的意思,可能古人认为箭矢,无论是石器还是青铜器,制作起来都是资源稀缺且费时费力的事,所以系上绳索便于回收再次利用。"夷"与"弋"同义,都是用带绳子的箭射猎的意思。后来词性发生转化,从动词变为名词,从射猎工具转化为涉猎的对象,成为鸟类的指称。

图腾符号是远古氏族部落的族徽,作用如同图腾柱。武夷山远古神话中"武族"和"夷族"并居此山,后来融合为一个部落,原来武族和夷族的图腾崇拜物,也被一并保存了下来,故此山被称为武夷山。这是"武夷山"得名的民族学证据。彭祖率子彭武、彭夷,开山有功,乡人将此山命名为"武夷山",以铭记其功,不忘其祖,则是后来二度创作的结果。①

---

① 朱平安:《"武夷"考》,《炎黄春秋》2010年第1期。

(二)字源学考证——"闽"是对蛇的图腾崇拜

"武"在甲骨文和金文中是从"止"(即趾的初文)、从"戈"的会意字,本义为人持戈而行,并非许慎《说文解字》所谓"止戈为武"。"夷"在甲骨文和金文中则是一个从"矢"、从"丝"的象形兼会意字,即箭头上系缚有绳子,本义是射鸟工具,也表示用带绳子的箭射鸟,如《玉篇》:"弋,缴射也。"《诗·郑风·女曰鸡鸣》:"弋凫与雁。"疏曰:"弋,谓以绳系矢而射之也。"后来字义转而指弋射的对象即鸟类,如《大戴礼记》曰:"十二月,鸣弋。弋也者,禽也。"亦非许慎《说文解字》所谓"从大从弓,东方之人也"。许慎认为"夷"乃"人负弓而行"之像,"夷"是一个从"人"从"弓"的会意字。

许慎《说文解字》有三个重大的缺陷:一是他没有见过最初的古文字,即甲骨文和金文。许慎解字的方法是"析形释义",即根据文字的形体来解释文字的意义,但他所依据的文字形体是已经高度符号化的小篆,而不是最初的象形文字甲骨文和金文,因此难免误解文字,如"为"在甲骨文和金文中均为"以手驭象"的会意字,本义为"役象以助劳",许慎却依据小篆形体解释为"母猴也"。二是许慎解字时有明显的王道政治理念,《说文解字·序》中就明确提出:"盖文字者,经艺之本,王政之始。"①文字的解释不过是为王道政治张目的工具而已。《说文解字·序》中即把"武""信"二字作为会意字,解释为"止戈为武"和"人言为信",带有鲜明的王道政治的思想观念。再如他说"王"是"天下所归往也。董仲舒曰:古之造文者,三画而连其中谓之王。三者。天地人也。而参通之者,王也。孔子曰:一贯三为王"。其实"王"字在甲骨文中是大斧头的象形字,是权柄的象征,王权的标志。古人有王道思想观念,作为经学基础的文字学被称为"小学",对经学微言大义的阐发被称为"大学"。三是对文字结构规律的认识尚有重大缺陷,构字体例也未能全面概括汉字结构的实际。如许慎将汉字的结构归纳为象形、指示、会意、形声、假借、转注六种体例,其实只有象形、指示、会意、形声四种结构,假借、转注只是用字之法而非造字之法,清代文字学家王筠即在其《说文释例》中提出"四体二用"说,正是针对《说文解字》的体例缺陷而言。从甲骨文和金文的实际情况来看,除了许慎提出的象形、指示、会意、形声四种体例之外,还应包括会意兼形声、会意兼象形

---

① 《说文解字》卷十五"序"。

和含声的象形等其他构字体例。体例不全也会导致对字义的误解,如对"闽"字的解释。

因此,若从甲骨文和金文的本义来重新解释,"武"和"夷"两个字则透露出重要的历史信息:古闽族尚处在原始的渔猎经济时代,渔猎经济的母系氏族时期正是图腾崇拜盛行时期。这也是全球性的普遍文化现象。

有人据此认为以"武夷"名其族,可见尚武的民族精神的说法,本书认为此说不足征信,一则是以后来吴越争霸的历史来反证远古时期闽越人的思想观念;二则是因为他们不知道图腾是最早的社会组织的标志和象征。

闽越人的蛇图腾崇拜,可以从许慎对于"闽"字的解释得到证实。许慎《说文解字·虫部》解释"闽":"闽,东南越,蛇种,从虫门声。""虫"字释为:"一名蝮,博三寸,首大如擘指。"王筠《说文句读》案:"蝮,大蛇也。"宋郑樵《尔雅注·卷下》曰:"江淮以南曰蝮,江淮以北曰虺,此蛇伤人最惨毒。"班固的《汉书》也记载闽北地区多有"蝮"这种毒蛇。说"虫"是大头毒蛇,这既符合"虫"字在甲骨文和金文中大头毒蛇的形象,也符合古代闽越人以大头毒蛇如蝮蛇、五步蛇、眼镜蛇之类作为图腾崇拜对象的民俗。可见,"闽"在先秦时期就是越族(苏浙闽粤沿海地区谓之百越)的一支——"东南越",或称"闽越",结合闽北民间在家中供奉毒蛇的民俗,"闽"字不当解为"从虫门声"的形声字。依《说文解字》体例,"闽"当解为"从虫从门门亦声"的形声兼会意字,表示在家中供奉蛇,其字义结构类似于"宗",即在家中供奉祖先牌位。有学者认为"示"乃祖先牌位的象形字的省写。也有学者认为"示"乃会意字,其中"二"为"天"的指示字,底下一横代表地,上边一横指示天;"小"则指示日、月、星三耀。因此,"示"字从"二"从"小",表示"上天垂像,示人吉凶"的意思。不管对"示"做祖先牌位省写的解释,还是做上天垂像,示人吉凶的解释,都表示"示"与祭祀、鬼神、祸福有关,在这一点上并无歧义。"蛇种"之谓,即以蛇为先祖,反映他们对蛇的图腾崇拜。

从文献记载来看,古代福建被称为"闽",后来与越族混杂,改称"闽越",其历史至少可以追溯到周代的"七闽"。据先秦典籍《周礼·夏官·职方氏》载:"掌天下之图,以掌天下之地,辨其邦国、都鄙:四夷,八蛮,七闽,九貉,五戎,六狄之人民。"孙诒让《周礼正义》曰:"闽,即今福建,在周为南蛮之别也。"闽与蛮、夷、戎、狄、貉诸族并称,系指先秦中原华夏族以外的我国其他少数民族。

(三)文献学考证——武夷山远古有多种图腾崇拜

正像武夷山是全球生物多样性分布的关键地区一样,武夷山的图腾崇拜也表现出多样性。

1.关于蛇的图腾崇拜

蛇图腾崇拜,广泛见于世界各地的历史记载。在美洲、澳洲和亚洲的许多国家均可寻到大量的蛇图腾崇拜痕迹,印度至今还有以蛇为神灵的民俗。我国古代的神话传说中也广泛存在蛇图腾崇拜,伏羲氏、女娲氏、神农氏、夏侯氏均为人首蛇身,此外还有许多以龙(龙图腾从蛇图腾演化而来)为徽号的氏族。

古代文献中关于闽越族以蛇为图腾崇拜的最直接的记载,是东汉许慎的《说文解字》。此外,其他文献亦多有记载,《庄子·逍遥游》和《汉书·地理志》均记载"越人断发文身",以蛇图腾形象文身,以保护自己,既是图腾崇拜的标志,也是原始宗教的基本内涵。

有人对闽越族的蛇图腾崇拜持怀疑态度,他们认为古籍中还有越人杀蛇食蛇的文献记载,如《逸周书·王会解》曰:"瓯人,蝉蛇,蝉蛇顺食之,美。"晋孔晁注曰:"东越,瓯人也,蛇特多,以为上珍。"《淮南子·精神篇》:"越人得髯蛇,以为上肴,中国得而弃之,无用。"①

第一条引文中的蝉蛇即鳝鱼,似蛇而非蛇。蝉通"鳝"。《逸周书·王会解》:"欧人蝉蛇。蝉蛇,顺食之,美。"朱右曾《校释》引《尔雅翼》:"蝉似蛇,无鳞,体有涎沫,今字作鳝,生水岸泥窟中。"

第二条引文中的"髯蛇"当为"蚺蛇"之误,蚺蛇乃是一种蟒蛇。《广东通志·物产志·蛇》引用《淮南子》曰:"越人得蚺蛇,以为上肴。中国得而弃之,无用。"其记述了这种蟒蛇吞鹿食人,为害之烈。人们之所以捕杀之,一是其严重危害人身安全,二是其胆汁有很高的医疗价值。

可见怀疑闽越族的蛇图腾崇拜,原因是对图腾禁忌的误解。禁忌是图腾崇拜的基本内涵,但作为生存意识和生态意向,目的在于维持生态平衡,并非绝对禁止捕杀并食用崇拜物,只是捕杀并食用时要举行一定的宗教祭祀仪式,以示感恩和敬畏而已。弗洛伊德的《图腾与禁忌》一书中提

---

① 赵勇:《千古之谜》,萧天喜主编:《武夷文化丛书》,福建人民出版社1993年版,第67页。

出图腾禁忌的十二原则:(1)禁止杀害或食用某种动物,可是,此种动物却可个别地被豢养和照顾。(2)某种动物因意外而死亡时,它将像其他族人的死亡一样受到哀悼和埋葬。(3)在某些情形下,禁食的禁忌只局限于动物身体的某一部分。(4)当某种通常已被赦免的动物,由于事实需要而必须加以杀害时,则常须举行请求宽恕的仪式,同时,制造了不同的技巧和借口来试图减轻破坏禁忌(也就是指此种谋杀)后所可能遭受的报复。(5)当动物被用为某一种仪式典礼的牺牲时,它将得到庄严的哀悼。(6)在某些庄严的场合和宗教仪式里,人们披上了某种动物的皮革。在此情形下,图腾崇拜仍然存有其作用,因为,它们是图腾动物。(7)部落和个人采用了动物的名称即图腾动物。(8)许多部落在他们的军旗和武器上画上动物的形态,人们将动物的形态绘到身体上。(9)如果图腾是一种令人害怕或危险的动物,那么,他们深信在部落中以它为名的人们能够免于遭受痛苦。(10)图腾动物能够保护和警告它的部落。(11)图腾动物能够对部落内的忠贞族人预言未来并作为他们的领导。(12)在图腾部落内的人民常深信他们和图腾动物之间乃是源自相同的祖先。①

认为图腾崇拜物绝对不能食用,如果食用就会与图腾起源说发生尖锐的矛盾。图腾起源说认为,图腾崇拜物作为物种往往对这个民族的生存具有决定性作用,亦即其主要的食物来源,只是在人们认为这个物种可能会受到灭绝性的生存危机时,才会把它确定为图腾崇拜物并加以保护。如果认为图腾禁忌意谓绝对禁止捕杀食用,那这个民族的生存就会受到巨大的威胁。结合古籍所载闽越人图腾崇拜,闽越人的图腾崇拜就其起源而言可以得出两个具有内在联系的结论:其一,图腾禁忌仅限于对于滥捕滥杀行为的禁忌,亦即出于维护生态平衡而采取的带有宗教信仰色彩的禁忌行为,并非绝对禁止捕杀并食用图腾崇拜物;其二,图腾崇拜反映古人的生存意识和生命意向,即对图腾崇拜物所代表的自然界的旺盛的生命力的崇拜。如"龟龄鹤寿"说就是生命意向的生动体现。蛇有树栖、陆栖和水栖"三栖"生活习性,这说明它对于生存环境具有超强的适应能力,古人认为蛇的蜕皮就意味着新生,象征旺盛的生命力。这样图腾禁忌就和人们的生存愿望有机统一起来了。

蛇是古越人的重要图腾,古越人后裔各支系均有崇蛇习俗。明邝露

---

① (德)弗洛伊德:《图腾与禁忌》,上海人民出版社2005年版,第67页。

《赤雅》卷上载:"疍人神宫画蛇以祭。"清《峒溪纤志》称:"其人皆蛇种,故祭祀蛇神。"清吴震方《岭南杂记》说:"潮州有蛇种,其像冠冕南面,尊曰游天大帝。龛中皆蛇也。"①

2.关于鸟的图腾崇拜

《搜神记》载:"越地深山中有鸟,大如鸠,青色,名曰冶鸟……此鸟白日见其形,是鸟也。夜听其鸣,亦鸟也。时有观乐者,便作人形,长三尺,至涧中取石蟹,就火炙之,越人谓此鸟是越祝之祖也。"②冶鸟显然是被神化的鸟,正像凤凰是人们幻想出来的,集众多鸟类的特点而有之的飞禽。把这种神鸟和越祝,即越族的神职人员的祖先联系在一起,显然具有鸟图腾崇拜意识。

《史记·五帝本纪》记载"天命玄鸟,降而生商",玄鸟就是燕子,按照《史记》的记载,帝喾妃子名简狄,外出洗澡,吞食玄鸟的卵而有身孕,生下契,契便是商人的祖先,玄鸟也因此而成为商族的图腾。商族是发源于东海之滨的东夷部落,武夷山的悬棺葬俗可以上溯到夏商时期(碳14测定最早年代在3850年以前),一号船棺中发现两枚卵石,这说明武夷山古闽越人的冶鸟和商族的玄鸟同属于东夷民族的鸟图腾。《山海经·海外南经》记载:"海外自西南陬至东南陬者……南山在其东南(当为武夷山脉)。自此山来,虫为蛇,蛇号为鱼(郭璞注曰:以虫为蛇,以蛇为鱼。按:可能即是水蛇)……比翼鸟在其东,其为鸟青赤,两鸟比翼……羽民国在其东南,其为人,长头、身生羽(郭璞注曰:能飞不能远,卵生,画似仙人也。按:所谓羽人当是以图腾崇拜物鸟类的羽毛为服饰的民族)。""羽民"和"卵生"显然与图腾崇拜有关。

武夷山地理位置独特,生态环境优越,被誉为"鸟的王国",是闻名于世的鸟类栖息地,这里鸟类繁多,且与古代闽越人的生存状态息息相关,因此,鸟图腾崇拜产生于此便在情理之中。

《山海经·南山经》:"丹穴之山……有鸟焉,其状如鸡,五彩而文。名曰凤凰,首文曰德,翼文曰义,背文曰礼,膺文曰仁,腹文曰信。是鸟也,饮食自然,自歌自舞,见则天下安宁。""凤凰"化身的鸡,名叫"金鸡",又叫"锦鸡"。"赤雉",是中国特有的美丽禽鸟。《春秋传·演孔图》又有"凤,

---

① 何星亮:《中国图腾文化》,中国社会科学出版社1992年版,第74页。
② 晋干宝《搜神记》卷十二。

火之精也,生于丹穴"的记载。据神话传说,凤就是从东方殷族的鸟图腾演化而成。

武夷山号称丹山,丹崖之穴不就是孕育凤凰的巢穴吗?鸟图腾崇拜是东夷民族特有的图腾崇拜,相传少暤氏就以"太阳鸟"为图腾。据学者们考证,太阳鸟崇拜源于候鸟报时,因为不同的季节有不同的候鸟,所述"天命玄鸟,降而生商"的玄鸟(燕子)就是季节性极强的候鸟,候鸟和太阳组合在一起,正有报时的寓意。

武夷山有关于金鸡的传说,金鸡的主要功能是报时,这也从侧面证明武夷山鸟图腾崇拜的存在。九曲溪畔有座山峰,人称鸡窠岩,与大藏峰连属。在峭拔的岩壁上,有草莱累累的"金鸡洞"。传说这只金鸡每天早上飞到武夷山最高峰的三仰峰上报晓,飞到哪里,就给哪里带来吉祥、幸福和安康。《八闽通志》云:"在大藏岩之半,有洞穴外狭内宽,木条纵横其间,如鸡窠然,有仙鸡鸣于此岩之上。"类似的记载还见于《舆地纪胜》《坤元录》《建安记》等书,朱熹《九曲棹歌》也有"金鸡叫罢无人见,月满空山水满潭"的诗句,可见"金鸡报福"的神话传说历时久远且深入人心。所谓金鸡,就是肢体修长、色彩美丽的锦鸡。它就是古代神话中凤凰的原形之一(按照相关图书的记载,凡是美丽的珍禽如仙鹤、孔雀等都曾经是神鸟凤凰的雏形,因为它们都寄寓着原始先民的美好愿望)。

3. 关于蛙图腾崇拜

古代闽越人崇拜蛙,这从武夷山著名仙人的得名可以获取一些信息。如武夷山道教的代表人物白玉蟾以"玉蟾"为名,因为其母梦中见玉蟾附体而孕,这显然与图腾崇拜有关,因为认为动物与人类有特殊的亲缘关系。董天工《武夷山志》记载汉代著名的神仙张垓"一日登大王峰石岩中,坐化。遗蜕至今存焉⋯⋯樵者尝见其上一金蟾蜍仰首向蜕,因号为张金蟾"。闽北民间长期有蛙崇拜,至今九曲溪的七曲溪畔还能看到蛙神庙遗存,这都是古代闽越族人蛙图腾崇拜的文化信息和历史遗存。

此外,武夷山还有鱼、龟等其他动物崇拜和樟树、柳杉等植物崇拜。从文献记载来看,古代闽越族的蛇、鸟图腾崇拜是中华民族的龙、凤图腾崇拜的雏形,为中华文明做出过自己特殊的贡献。

(四)民俗学考证——闽北至今仍保留图腾崇拜的民俗孑遗

闽北地区至今还保留着崇蛇、祀蛇、娱蛇习俗。在闽北民间信仰中,蛇象征繁荣昌盛和吉祥如意,闽北地区至今保留着蛇图腾崇拜遗风,人们敬蛇如神,建蛇王庙供奉蛇王;家中见蛇不打死而是放归田野。南平市的樟湖镇,每年农历七月初七,都要举行别开生面的迎蛇赛会。赛会期间,家家户户都要去野外捉蛇,参加赛蛇,捉到大蛇,皆大欢喜,有望获得大奖。赛蛇活动这天,人们奉蛇王出巡境内。清早在庙前排长队,鸣锣开道,号声阵阵,旗幡招展,游行队伍人持一蛇,或将蛇握于手中,或缠绕在臂上,或盘绕于胸前、颈前,更有甚者与蛇亲吻,千姿百态,其情景十分惊险、动人。游蛇结束,人们把蛇放归大自然。形成独具地方特色的崇蛇文化传统,堪称蛇图腾崇拜的民俗"活化石"。目前,樟湖镇还在积极申报"闽蛇崇拜民俗活动"国家级非物质文化遗产。

(五)考古学考证——图腾符号普遍存在于器物铭文中

图腾柱是图腾崇拜最典型的标志。武夷山闽越王城的考古发现中就有蛇图腾柱。在东南沿海其他地区,也发现了鸟和蛇的图腾柱。浙江绍兴出土一战国时古越人铜质房屋模型,屋顶立有一根图腾柱,柱顶塑一大尾鸠,这是从图腾柱演变而来的。闽浙在古代同属东夷部族,这也从侧面说明神话传说中的武族和夷族就是以"武"(龟蛇)和"夷"(鸟)作为图腾标识的。另外,古代闽越族是东夷的一支,考古学界关于东夷历史文化的研究表明,整个东夷(即中国东部的少数民族)都以蛇为图腾崇拜物。如山东和河南就发现大量的汉代画像石和画像砖,上面就有伏羲、女娲交尾的图像,伏羲、女娲都是人首蛇身。图像中的伏羲手执方矩,女娲手执圆规。交尾寄寓着性,与生殖、繁衍有关。女娲造人,是中华民族的始祖神。手执规矩寓意为天地自然立法,与万物的生长衍化有关。所以,伏羲女娲神话具有创世神话和始祖神话的双重含义。相传伏羲女娲是一对兄妹,这是原始社会群婚制的历史痕迹。武夷山的一线天就有伏羲洞以及伏羲开天辟地的神话传说,这与图腾就是把动植物当作氏族或部落的始祖的意涵一致。

武夷山闽越王城的考古发现中,很多器物,如瓦当、画像砖、石器和陶器上都有蛇纹图案。闽北新石器时代文化器物上有水波纹、三角纹、花栗纹等多种装饰花纹,据陈文华的考证,这些图案花纹多模仿蛇皮的花纹,闽越人用这些图案花纹装饰器物,表明他们以蛇为图腾。①

总之,图腾起源于"万物有灵"的原始观念。在一定的文化圈中,同一图腾信仰也就意味着同源共祖,图腾也是最早的社会组织的标志和象征。图腾崇拜就是祖先崇拜,图腾物禁忌就是物种保护,是人与自然和谐共处的必然产物。毋庸讳言,从动物的领地意识到人类的族类认同,都含有生存意识。古代闽越族的蛇图腾崇拜习俗源远流长,在漫长的民族融合中,逐步发展为中华各民族共同的图腾崇拜——龙图腾崇拜。

蛇在长期的民族融合中被确定为整个部落的徽号——闽,如前所述,这个族称至少在周代以前就出现了,大概在商周时期,蛇图腾已经取代龟、鸟等其他图腾而成为整个闽越族的共同图腾。与早期多种图腾崇拜不同,虽然由一种图腾取代其他图腾,但其他诸多图腾崇拜的文化内涵却被保留了下来。蛇图腾崇拜,在商周以降,不仅继承原始蛇图腾崇拜,还兼容其他原始图腾崇拜,蛇成为文化富集的图腾,龟图腾的生殖和长寿寓意,鸟图腾的和谐与吉祥寓意,都包含其中。这也正说明图腾崇拜的生命意向,因为蛇较之龟、鸟等更具有生命力,自然界中就有蛇食鸟的现象,民间传说认为,蛇吸食鸟时,头对着天空中的飞鸟吐信,空中的鸟便飘落下来,羽毛纷落,鸟儿直落蛇口。代表华夏民族图腾的龙凤,实际上就是这一形态,所谓"龙凤呈祥",恰恰是龙凤(蛇鸟)斗。

自从蛇图腾取代龟、鸟等其他图腾而成为整个民族的共同图腾崇拜物以后,鸟图腾崇拜成为神仙信仰的专利品——从金鸡(锦鸡)崇拜发展为仙鹤崇拜,成为羽化登仙的象征,蛇龟合一的"玄武"图腾崇拜也成为道教的专利品,原始图腾崇拜中的生命意向升华为道教的神仙意识,成为长生不死的象征。

重视远古文化的研究,绝非发思古之幽情,而是因为远古文化对民族和国家的文化发展具有潜在的价值导向和思维惯性的作用,正像东方文化"天人合一"和西方文化"天人对立"的价值观念和思维模式之间的巨大区别,正是形成于人类的原始思维阶段一样。因此,图腾文化中包含的原始思维,成为民族的文化基因(文化惯性)。它不仅决定着民族的价值趋向、思维模式和审美情趣,而且对民族的文化有广泛的渗透性和影响力。

---

① 陈文华:《几何印纹陶与古越族的蛇图腾崇拜》,《考古与文物》1991年第2期。

二、蛇图腾与宗教信仰——敬畏自然

图腾崇拜是早期氏族社会的宗教,是人类最初的精神信仰。

恐惧是神的第一个母亲,恐惧产生敬畏,必然导致崇拜。原始人深感自身渺小,转而寻求和崇拜人类自身以外超自然的力量。人类在寻求自身以外力量的过程中视动物同人有神秘的联系,对人起保护作用,"畏而敬之"常常成为原始宗教的心理基础。

象征也是迷信和巫术不可缺少的基因。蛇在生活中常见而又神秘,行动诡异,被视为具有非凡的神力;蛇有三栖(树栖、陆栖和水栖)生存状态,有超强的环境适应性,被视为非凡的原始力量;蛇蜕皮而获新生,具有旺盛生命力;蛇成为生殖崇拜的对象,和人类的生殖意识和生命意向紧密联系起来,被视为人类的祖先和保护神;蛇的出没能预示天气的变化,甚至认为蛇能兴云致雨;蛇虽无爪牙之利,然而却具有极大的杀伤力,常被认为是自然界可怕力量的标记;毒蛇,对人的生命往往造成威胁,所以蛇又是恐惧、恐怖的象征;蛇类恐怖狰狞、阴森可怕的形象也对人类具有强烈的心灵威慑力……凡此种种,都让原始初民们惊诧不解。因此,在许多民族的巫术活动中,蛇常常是神人交通的工具。

图腾崇拜是人类最初的宗教信仰,古代各地几乎都可见蛇图腾崇拜,人们认为蛇是非凡原始力量和奇异自然力的象征和标记。

作为原始宗教的图腾崇拜,起着重要的作用。图腾是最早的社会组织标志和象征。此外,使用图腾还具有团结群体、密切血缘关系、维系社会组织和互相区别的职能。使用图腾标志,得到灵物的认同,受灵物的保护。蛇图腾崇拜的宗教文化认同体现在以下四个方面:

1.旗帜族徽

中国的龙旗有深远渊源,据考证,夏族的旗帜就是龙旗,一直沿用到清代。罗马的古徽是母狼,后改为独首鹰,东罗马帝国成立后,改为双首鹰。俄国、南斯拉夫的国旗旗徽也是双首鹰,这表示他们是东罗马帝国的继承人。闽北建瓯的挑幡表演使用的幡旗据说是招魂用的,与古代闽越的宗教祭祀有关,幡旗的旗徽是一条蛇,是古代闽越人的蛇图腾,从闽越人的族徽演变而来。这些动物标志不是凭空想象出来的，它是源于原始的图腾信仰。

2．器物装饰

闽越人的服饰和器饰多为蛇纹图案，在相当长时期内，闽侯人甚至直至清末仍"自称蛇种"，并不讳言。他们在宫庙中画、塑蛇的形象，定时祭祀。在船舶上放一条蛇，名叫"木龙"，祈求行船平安，若见蛇离船而去，则视为不祥之兆。清代，福州一带的妇女，发髻上多插着昂首状蛇形银簪，其寓意亦为不忘始祖。

3．图腾文身

闽越人以蛇为图腾，不仅有关于蛇为祖先化身的传说和不准捕食蛇的禁忌，与原始宗教信仰相辅相成的巫术也相当盛行。闽越人流行断发文身，《汉书·严助传》说："（闽）越，方外之地，剪发文身之民也。不可以冠带之国法度理也。自三代之盛，胡越不与受正朔。"断发文身乃是闽越人特有的习俗，这实际上是模仿原始巫术，剪断头发，在身上文上蛇的图案，用以吓走水怪。如《汉书·地理志》载："（越人）文身断发，以避蛟龙之害。"颜师古注引应劭曰："常在水中，故断其发，文其身，以像龙子，故不伤害也。"文身正是闽越人蛇崇拜在文身习俗上的真实反映。来自大陆古越族的台湾高山族，至今还保留着蛇样的文身习俗。在相当长的时期内，闽越族的后裔一直保留着断发文身的习俗。今天闽越王城的旅游项目——闽越风情表演生动再现了这一习俗。

4．图腾舞蹈

古人还会装扮成图腾崇拜物的形象，模仿其生活习性和运动姿态，载歌载舞。南平地区樟湖镇每年农历正月初六至二十一闹元宵，按姓氏轮流，每天一姓当值，当夜幕降临，人们将制作好的"蛇灯"拿到蛇王庙前连接成长一二公里的"长蛇阵"。入夜时分，弯弯曲曲的竹制蛇灯，绕镇蜿蜒而行，家家户户燃放鞭炮烟火，在自家门口或巷口迎接，以祛灾祈福。在鼓声中，蛇灯犹如一条长长的火蛇腾跃在夜空，蔚为壮观，谓之游蛇灯，其实就是蛇舞表演，最初作用就是娱神、媚神。

在同为东方文化系统的印度，蛇类也扮演着重要角色。印度人崇拜蛇，将其视为"神"的化身，眼镜蛇尤受崇敬，被称为"努拉盘布"，即"善蛇"。"舞蛇女神"则被视为大地之母，预示着欣欣向容，子孙昌盛，人口繁茂。

三、蛇图腾与生殖崇拜——生命崇拜

武夷山是古代闽越族的重要活动区域,且有3000多年绵延不绝的历史积淀和文化传承,保留了许多古老习俗,其中的生殖崇拜就颇有意蕴。

蛇图腾崇拜的重要内涵和实质就是生殖崇拜。

1. 图腾崇拜是对自然界生命力的崇拜

蛇有水栖、陆栖和树栖三种生存方式,具有顽强的适应自然环境的能力;古人认为,蛇一蜕皮就获得一次生命,蛇类有旺盛的生命力。茹毛饮血、野处穴居的生存艰难,求生就是本能的生命意向。

蛇是穴居冬眠动物。《周易·系辞》曰:"龙蛇之蛰,以存身也。"这是因为蛇是冷血动物,温度降低到一定程度,它便死去,气温升高时,它又复生。蛇类之蛰伏是为了存身。古人非常了解蛇的生活习性。民间俗语"二月二,龙抬头",指到农历二月二(即二十四节气中的惊蛰),天气开始转暖,气温上升,青草将要发芽,蛇也度过漫长的冬眠期,得到了复生。民间传说,二月间的蛇,精力最旺,行走如飞,能从草尖上飞过。可见蛇经过冬眠,养精蓄锐,体力达到一年中的最佳状态。如此分析,不难看出,蛇的生死,与太阳有密切关系。这一原始文化因子在后世文化中主要表现为蛇对太阳的追求,"夸父追日"中的夸父擎蛇即为一例。双龙戏珠,也是特例。民间社火表演中往往有青黄两条龙,翻滚着奋力追逐那象征着太阳的红球,实质就是追求阳光,是对生的无限渴求,对死的畏惧。西北民间社火表演是有定时的,一般在春节后十一天"开演关",直到元宵节。二月二时复演,因有"二月二,龙抬头"之说,往往要把龙请到泉水边让它吃水(民间叫饮水),以求风调雨顺,庄稼有成。这里都有生命意向。

2. 蛇图腾崇拜反映了原始人类求生避害的生存意识

从图腾起源的心理机制来分析,蛇图腾崇拜是对蛇类"畏而敬之"的心理反映。南方地区湿热多雨,蛇患成灾。甲骨文中就有"无它乎"的文辞记载,"它"就是"虫"的异体字。"无它乎"就是"无蛇乎"的意思,这是问候语,就像经济困难时期人们见面相互问"吃饭了没有"。《韩非子·五蠹》就认为"上古之世,人民少而禽兽众,人民不胜禽兽虫蛇"。生活实践在原始人们头脑中留下深刻的印象,蛇患巨大带来灾难,人们深受其苦,日积月累,对蛇的恐惧演变成对蛇的敬拜。南方的民居常常是干栏式建筑,其主要功能也是防止蛇类侵害,考古发现,闽越王城殿基上有规律地分布着小型石柱,五块一组,石柱上仍然残留桩柱和炭化的栏木,这说明其时宫殿建筑也是干栏式建筑。当时蛇患成灾,人们有巨大的恐惧。从畏惧转化为敬拜,他们认为,只要在心理上对蛇类有族类的认同感,就能避免毒蛇的伤害,所谓"蛇毒不食子"。闽越习俗"断发文身",文身图案也多为蛇类,也一再表示与蛇类同宗共祖,同类勿残,希冀获得蛇神的庇佑。对蛇类的敬畏是生存意识的反映。

3.蛇图腾崇拜是原始人类的生殖崇拜

生殖崇拜指人们为祈求生殖,对男女生殖器官进行宗教崇拜与祭祀。生殖器崇拜包括女阴崇拜和男根崇拜,后来进一步发展为对生殖器象征物的崇拜。女阴崇拜是最早的生殖器崇拜,是母系氏族社会时代的产物。男根崇拜则是父系氏族社会的产物。武夷山同时拥有女阴崇拜和男根崇拜。五曲溪畔的晚对峰有块开裂的石头,民间唤为黄婆石,衍为女性生殖器。换骨岩对面有一块奇特的大石头,孤峭的石壁上,仿佛巨大女阴,仰向山间,老百姓叫作"和合岩",以求子。在武夷山,女性生殖崇拜不仅限于女阴崇拜,也包括母乳崇拜。在武夷山,凡双峰并耸且挺拔圆润者,常被称为双乳峰。这些都是生殖崇拜意识。大王峰西侧水光石边有一块长条状的巨石,高约五米,断裂在溪边。《武夷山志》载此石叫"儒巾石",宋理学家蔡沈在崖石上刻有"千岩万壑"四字。民间传说其为大王生殖器。大王热恋玉女,准备与其完婚,玉帝却令雷公炸断其生殖器,以阻通婚。民间百姓于是大呼"千万不敢"。至今,九曲溪的艄公在讲解"儒巾石"时,还会告诉游人说:"生男生女,繁衍子孙,是正经的事,孔子不是说过'不孝有三,无后为大'吗?"令人感到既富有正义感,又富有幽默感。

先民之所以热衷生殖器崇拜,完全是为了繁衍人丁、兴旺种裔。生殖器崇拜是远古社会的普遍信仰,当时生产力水平低下,婴孩的成活率极低,人的生存寿命也极短,繁殖成了保存种族(部落)免遭灭绝的重要手段。这就是"生生之谓大德"了。

我们说,图腾的基本内涵就是认为氏族或部落与特定的动植物有亲缘关系,把动植物(一般多为动物,盖因为动物更能体现出"生动"这一生命意向,或者因为动物是他们主要的食物来源)视为祖先。祖先崇拜的实质也是生殖崇拜。祖宗的"祖",就是从"示"(在甲骨文和金文中是祖先牌位的象形字,后来在古文字中演变为表示鬼神、祭祀、祸福的一个义符)从"且"(在甲骨文和金文中是男性生殖器官的象形字)的会意字。而"且"本身就是"祖"的初文。可见,祖先崇拜的实质是对祖先生殖能力的崇拜,因为这关乎种的繁衍,对于原始先民具有决定性的意义。作为图腾崇拜物的蛇(包括龟、鸟),至今也常常被视为男根的象征物。鱼、蛙则被视为女性生殖能力的象征物,因为鱼、蛙均为卵生,有极强的繁殖能力,且鱼的形状亦酷似女性生殖器官。至于蛙,原始人类常以之作为女性裸体雕塑的象征物,如仰韶文化中发现许多女性裸体雕塑,人体腹部突出,作蛙腹孕妇状,乳房、脐、臀部及四肢袒露,乳房丰满,用黑彩绘成乳头,阴部特征明显,双足外撇,双手作捧腹状。

武夷山的"茶洞"内有一个极为形象的龟头岩石,传说因为乌龟偷窥仙女洗澡而被点化于此。这个传说透露出龟头的性文化内涵。龟头是男性生殖器官的象征。所谓"洞",是由隐屏峰、清隐崖、玉华峰和天游峰环绕并耸、中间平衍的相对封闭的山坳,"洞"有女性生殖器官的象征意象,"洞"内"龟头"岩石耸立,旁有雪花飞溅的"雪花泉"等,这一组物象联系在一起,无不给人以生殖文化的启示。

在中国文化史上,占有极其显赫地位的伏羲与女娲的本始形象即为人首蛇身。伏羲、女娲形象的出现和流行就是上古时代蛇崇拜的变形。蛇具有顽强的生命力和旺盛的生殖力,成为永恒生命的象征。蛇也因此成为东夷部族的生殖图腾崇拜,伏羲、女娲神话即是这种崇拜意识的浓缩。

在世界范围内,象征着繁殖和生育的神灵形象往往被想象为蛇形的女神。就连《圣经》中教唆人类犯罪的蛇也有寄寓性的含义,与生殖、繁衍有关。

四、蛇图腾与神话传说——生命之源

武夷山关于蛇的神话传说很多,反映了原始社会的蛇图腾崇拜。这

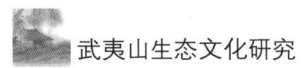

些神话传说往往具有生殖崇拜、始祖崇拜和创世神话等诸多文化内涵,且都有生命之源的哲学追思。伏羲女娲的神话传说具有创世神话和始祖神话的意蕴。

武夷山流传着蛇图腾崇拜的始祖神话,神话的中心是创造人类和保护人类,其思考的核心是人类的起源。

武夷山的神话系统中有女神造人说,这就是古越人始祖母"皇太姆"的传说。相传天上有一颗神星,降临到地上,化为一座山峰。这座山峰的形状就像一个亭亭玉立的少女,称为"玉女"。玉女用红霞做衣裳,用山花和绿树来打扮自己,饿了就吃天上的云雾和地上的黄精,渴了就喝天上的雨露和山涧的泉水,千万年后,变成了人。那时候地老天荒,没有人烟。天上的神,使她怀孕。她生了儿子,母子俩在武夷山居住,开辟了家园,繁衍了后代。这个远古越人的母亲,被古越人称为太姥或太武。"太姥"就是最早的母亲,也就是始祖母。"武"是古越人崇拜的图腾,"武"是一神物。相传就是这一神物使太姥怀孕的。太姥后来修炼成仙,登天而去,而武夷山远古越人就是她的后代子孙。

宋张君房所撰的道教典籍《云笈七签》记载了"幔厅招宴"的故事,故事的核心人物就有皇太姆,皇太姆称赴宴的众乡民为"曾孙",也从侧面证明皇太姆就是闽越人的始祖。

这则神话透露出两个重要的文化信息:一是民知其母而不知其父。这显然就是母系氏族时期,女性在这里成为人类生命缘起的象征。二是母系氏族时期正是图腾崇拜的盛行时期。神话中的"武"正是闽越古人崇拜的龟、蛇图腾的结合体即玄武,可见图腾崇拜的实质是生殖崇拜。龟头和蛇头都具有性和生殖的文化象征意义和内涵。

五、蛇图腾与艺术形象——生命审美

"形象生动"成为文学艺术最高的审美理想,"生动"体现出自然界生命的本质特征。

蛇以其灵敏的行动、优美的造型、婀娜的身姿、柔韧的肌肤、流畅的曲线、鲜艳的色泽、神出鬼没的习性而成为视觉艺术和造型艺术,如书法、绘画、雕刻、戏曲、舞蹈等久盛不衰的艺术形象。

"笔走龙蛇"是人们对草书书法艺术美的高度概括,以此形容书法的自然流畅。蛇形曲线赋予美以最大的魔力,它不仅想象自由,而且视觉舒畅。草书中大量的龙蛇意象及龙蛇线,一波三折、上覆下承、循环往复,不仅给人以美的享受,而且契合古代哲学"周行而不殆"的"道"的意蕴,具有自觉的超越意识。草书艺术的深厚魅力来自其所蕴含的"生动活泼"的生命审美情趣。

"挑幡"艺术几百年前就在建瓯民间流传。相传在明末,民族英雄郑成功招募抗清复明大军,横跨海峡,收复台湾。当时建瓯城郊大洲村的青壮年,纷纷应征入伍。收复台湾之后,部分将士于农历正月二十四凯旋,全村男女老幼欢欣鼓舞,奔走相告,家家户户设置酒宴,村里还搭台唱戏庆贺。将士们将带回的军旗置于长竿之上,尽情挥舞,以此纪念壮烈捐躯的弟兄和旗帜不倒的信念。从此,每逢正月二十四日,大洲村的百姓照例擂鼓鸣锣,将旗竿装点一新,舞动一番,以表庆祝和纪念之意。随着岁月的流转,便逐渐演化为建瓯民间特有的"挑幡"习俗和民间艺术。

建瓯挑幡是深受人们喜爱的民间传统表演,其绝妙的技艺堪称一绝。表演挑幡,先由一人将幡竿扶直,竖在表演者的足尖上。表演者屏息运气,足尖轻轻一挑,长幡便稳稳当当地跃至肩上,接着时而脚挑,时而头顶,时而齿托,时而鼻撑,随心变换。幡竿在剧烈的舞动中上下腾飞,左右盘旋,始终保持不倒,蔚为壮观。建瓯挑幡现在已被列入《吉尼斯大全》和国家级非物质文化遗产。

建瓯挑幡所用的幡竿,选用一根十多米长的粗大毛竹,削去枝叶,镂去竹节,外漆朱红油彩。竿顶扎上彩灯,彩灯之下另有一座用彩绸加工而成的城堡,四周缀挂着数只小铜铃,底部则悬挂一条长幅,幡幅上写有褒颂之辞。竿顶还装饰一面绘有蛇形图案的三角彩旗。全幡重达20公斤,整个外观典雅古朴,虎虎生气。

幡旗本来就有招魂的宗教含义,用来招魂的幡旗饰以蛇纹,自然与古代闽越人的宗教祭祀有关。幡旗以蛇为旗徽,从闽越人的族徽演变而来,而族徽源于图腾崇拜物。

招魂的最初动机是祈求亡魂附体而获得新生,它寄寓人们对生命的尊重,对生存的渴望,这和蛇图腾崇拜中的生命意识和生存意向是一致的。另外,闽北民俗"游蛇会"中的蛇舞表演,同样具有图腾文化认同的意味。

中国人民的吉祥观念源远流长,表达人们追求幸福快乐,向往和谐美好的情感愿望。中国人民赋予吉祥物以道德、审美的含义,通过艺术加工,使之深深打上民族文化的印迹。中国的崇拜文化,影响最大的动物就是"四灵"的龙、凤、龟、麟,它们都源于古代的宗教信仰——图腾崇拜,只是经过艺术加工之后,龙、凤、龟、麟等形象更加具有浪漫的色彩而已。

蛇舞表演多为女性,蛇是男根崇拜的象征物,因此,蛇舞表演蕴含着深厚的生殖崇拜意味。

六、蛇图腾与哲学思维——生命哲学

《周易》历史悠久,"人更三圣,世历三古"①,成为中国文化的"群经之首,大道之源",是中华民族的智慧结晶和中国文化的源头活水。"人更三圣",是说伏羲创八卦,文王演八卦,孔子系辞,发挥了八卦的哲学思想。伏羲神话和八卦思维有内在的联系。神话既非凭空虚构,亦非任意幻想,而是人类理性思维之前认知世界的原始思维方式。

伏羲女娲的"人首蛇身"形象本身就反映深刻的哲学思想:其一,人首蛇身表明"天人合一",即人与自然(蛇不仅是自然界的代表,还是自然界生命和生殖能力的象征)的和谐统一。其二,人首蛇身还表明人类的理性自觉。它与原始图腾崇拜的自然崇拜不同,更突出了人的主体意识,手持规矩,寓意为天地自然立法的思想。其三,伏羲女娲交尾寓意对立统一。伏羲女娲交尾图,以生动、直观、形象的方式"立象以尽意"地揭示对立统一的哲学原理。八卦中的阴阳爻本身就取象于男女生殖器官,蛇图腾崇拜不仅寄寓先民生殖崇拜的文化诉求,蛇的神出鬼没似乎也最能代表哲学变化无穷的意象。把伏羲女娲交尾作为创世神话来理解,具有宇宙生成论的哲学内涵。即《易传》所谓:"易有太极,是生两仪,两仪生四象,四象生八卦,八卦成万物。"②可以抽象地概括为"生生之谓易",即自然界就

---

① 《汉书·艺文志》。
② 《周易·系辞上》。

是生生不已的生命过程。所以基于人类与自然界生命有机整体联系的中国哲学具有鲜明的"生命哲学"的价值诉求。

　　武夷山伏羲洞有三处,第一处在隐屏峰峰腰,第二处在三才峰,第三处在灵岩。伏羲人面蛇身,是蛇的神化,不仅与闽越人的蛇图腾崇拜息息相关,而且与伏羲创画八卦有关。如隐屏峰峰腰的伏羲洞,洞广数丈,洞口岩上勒有"伏羲洞"三个大字,洞外梅竹掩映,洞内石块排列成八卦的形状,相传伏羲曾在这里作先天八卦图。

　　先天八卦图以图示的方式阐述构成天地万物的八种基本物质之间的对立关系,古人称之为"对待"或"对峙"。把八卦代表的天、地、风、雷、山、泽、水、火八类物象分为四组,以说明其阴阳对峙关系。《周易·说卦传》中将乾、坤两卦对峙,称为天地定位;震、巽两卦对峙,称为雷风相薄;艮、兑两卦相对,称为山泽通气;坎、离两卦相对,称为水火不相射,以表示这些不同事物之间的对峙。

　　后天八卦图以图示的方式阐述构成天地万物的八种基本物质之间的统一关系,古人称之为"流行"。八卦代表的天、地、风、雷、山、泽、水、火八类物象之间是阴阳的相互依存与互根互生的关系。从《周易·说卦传》中可以看出,万物的春生、夏长、秋收、冬藏,其转换点是四正四偶的八节,这就构成按顺时针方向运转的后天八卦图。八卦每卦有三爻,表示一年二十四个节气。后天八卦图从四时的推移、万物的生长收藏得出规律。

　　先天八卦图讲事物之间的对立关系,后天八卦图则是讲事物之间的统一关系。"对立统一"本来就是宇宙间万事万物的普遍规律,所以古人创立阴阳鱼对立统一的太极图。位于灵岩伏羲洞口的摩崖石刻把伏羲创画八卦和开天辟地的创世神话结合起来,曰:"混沌凿七窍,灵岩一线存。劈开天两柱,盘石壮乾坤。"

　　中国古代的宇宙观从来就是把自然界看成变动不居、充满生机、主客不分、具有生命体验意义的大化流行的过程。从原始的生殖崇拜文化中孕育而出的中国古代哲学,表现出鲜明的"重生"特征,即《易传》所谓"生生之谓易"。这种重生的哲学传统使得中国古代哲学又表现出另一个十分突出的特征,即宇宙本体论和宇宙生成论的合二为一,如上述太极图中的"太极"既是宇宙的本体,又是宇宙的本原。古典哲学的"重生"传统,反映了图腾崇拜中生殖崇拜和生命基因。

　　生殖崇拜广泛存在古典哲学中,和自然界的化生万物联系在一起,如

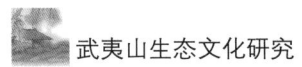

《易传》曰:"天地絪缊,万物化醇。男女构精,万物化生。"①不仅以男女媾精来比喻万物的化生,而且其中的阴阳爻象,据郭沫若考证,即取象于男女生殖器官。《老子》中亦有女性生殖崇拜的痕迹,如老子曰:"谷神不死,是谓玄牝。玄牝之门,是谓天地根。绵绵若存,用之不勤。"②老子把天地化育万物的功能比喻为女性的生殖能力。"谷神"的"谷"就是女性生殖器官的象征物。"谷神"则是喻指道生万物的神奇过程,"玄牝"则是女性生殖器官的直接表述。

把始祖神话、创世神话和图腾崇拜联系起来,不仅表明古代哲人的世界观是一种生动有情的世界观,而且表明中国古典哲学发轫于生殖崇拜并具有"重生"的文化传统。

七、蛇图腾与民俗文化——生存意识

闽北地区有崇蛇、祀蛇的民俗习尚,它是民族特定历史时代心理结构的反映。《括地志》说福建的林、黄等五姓,都是蛇种;《闽杂记》亦曰:"福州农妇多戴银簪,长五寸许,作蛇仰首之状,插于发髻中间,俗名蛇簪……簪作蛇形,乃不忘其始(祖)之义。"福州妇女认为自己就是崇蛇先民的后代。《闽琐记》记载福建妇女喜欢将头发一股股盘起,远看好似黑蛇盘曲,曰:"髻号盘蛇……乃见闽妇女绾发,左右盘绕,宛然首戴青蛇,鳞甲飞动,令人惊怖。"其发髻样式和蛇簪一样,表明闽越古人以蛇为图腾。

作为福建先民的闽越人早在远古时期就以蛇为图腾。汉代以后,福建的崇蛇和祀蛇习俗在古籍中多有记载。随着时光流转、历史变迁,闽越人在汉武帝平定闽越以后,逐渐消失并融合于汉民族之中,但作为闽越文化重要特征之一的崇蛇和祀蛇习俗,仍广泛流传于民间。时至今日,八闽大地都不同程度地存在崇蛇、祭蛇习俗。福建南平市延平区樟湖镇更是保存了众多比较完整、原始的崇蛇习俗。据《南平市志》等记载:相传古老时期,樟湖镇濒临闽江畔有一株千年古榕,树下群蛇汇集于此,当地百姓

---

① 《周易·系辞上》。
② 《老子·第六章》。

奉其为神,建蛇王庙,焚香烧纸,虔诚礼拜,逐渐形成传统节日,即每年农历正月初六到二十一的游蛇灯(又称赛蛇会)和七月初七的迎蛇会。明代文学家谢肇淛在《长溪琐语》中记载:"(福州)水口以上有地名朱船坂(即今樟湖镇),有蛇王庙,庙内有蛇数百,夏秋之间赛神一次。蛇之大者或缠人腰,缠人头,出赛。"这一古老习俗延续至今。通常农历六月间,这里的百姓家家户户到野外山上田里捕捉蛇,到迎蛇会那天,男女老幼到蛇王庙前参加比赛,捕到的蛇以大小论奖。再将大蛇装进"香亭"里,结彩挂花,抬着游行,其他人则手执活蛇随行。游蛇时,旗幡招展,鸣锣开道,蔚为壮观。参加游蛇的人,他们将蛇或握于手中,或绕于臂上,或盘于胸前,或缠于颈部,边走边舞。沿街布有水缸,让迎蛇的人把水洒于蛇身上,使蛇在得水之后仰首摆尾,张口吐信,活跃如龙。游蛇队伍所经之处,家家开启大门,点香火,燃鞭炮,恭敬迎送,场面十分有趣。迎蛇赛蛇之后,将蛇放回江中放生,回归自然。蛇王庙、迎蛇会和游蛇灯,共同构成樟湖蛇文化节的主要内涵,是闽越先民蛇图腾崇拜的历史印记和活化石,也是独特的闽越风情景观。

生殖崇拜在民俗文化中极为普遍,在民间艺术中也有丰富的体现。民间剪纸中的抓髻娃娃、佛陀妈妈和生命树等,染织、刺绣中的葫芦、蝴蝶等,民间年画、皮影、窗花中的鱼,剪纸、荷花灯中的蛇等,都直接或间接地通过形象符号表达对生育的崇拜和祝福。另外,生育崇拜还演变为多福、多寿、多子的吉祥观念。

闽北崇蛇习俗至今保留古代闽越人图腾崇拜中生殖崇拜和图腾禁忌,如蛇类放生,回归自然,不仅体现重生思想,而且具有环保意识。

八、蛇图腾与文学意象——生动为美

从全球文化的视野审视蛇意象,其文化意蕴拥有多层面的结构,包含女人与性、邪恶与凶残、自由与抗争、智慧与寂寞。西方基督教经典《圣经·创世记》中,引诱亚当和夏娃偷吃智慧树上的禁果的蛇,可以理解为使人类脱离黑暗走向光明的使者、伟大的智者。在希伯来人那里,蛇是"伟大的教师"和最早的"诗人哲学家",是人类生存智慧和生命更新的标志。

在古代文学作品中,既有像"水漫金山"这样脍炙人口的故事,也有像《农夫与蛇》那种令人发怵的寓言。无论"蛇"代表的是真、善、美,还是假、恶、丑,都在文学史上有着独特的审美价值,是各民族文学艺术永恒的创作题材。而具有"戒恶向善"价值取向的中国传统文化似乎更多地赋予图腾文化真、善、美的文学意象。当蛇图腾这种文化意蕴累积并沉淀在集体无意识中,就成为引发固定情绪和习惯性联想的程序化的文学意象。

中国文艺素有"文以载道"的传统。因此,"蛇"的文学形象常隐含着道德评判的色彩。《白蛇传》中爱憎分明、济危扶弱的白娘子就是美丽善良、受人喜爱的蛇精形象,青白二蛇无疑具有强烈的人格感染力量,简直就是仁、智、勇的化身了。

闽越人崇拜蛇图腾,将蛇视为吉祥的象征。武夷山关于《伏羲玉斧劈山崖》的神话是典型的创世神话,寄寓蛇以美好吉祥的文化意蕴。创世神话的核心是创造适合人类生存的自然环境,是远古人类关于天地万物来源的思考,其思维方式是直观自然和发挥想象。

武夷山九曲溪南麓,有一座大山崖,好像被斧头劈开似的,断裂两半,只漏下一线天光,人们称这座山崖为"一线天"。这条裂缝是怎么来的呢?相传在远古的时候,有位名叫伏羲的神祇来到武夷山,这里一片漆黑混沌,他见黎民生活凄苦,便留在武夷山的一个岩洞里住了下来,教他们织网捕鱼捉鸟。可是,夜晚岩洞里黑漆漆的没有一点亮光,洞外又寒风怒吼,群兽出没。这种恶劣的生存环境必须得到改善。于是伏羲就来到天宫,借了一把玉斧,返回武夷山,将这座山崖劈作两半。从此,伏羲就借助从裂缝漏进的月光,长年累月教百姓谋生之艺。为铭记伏羲的恩情,后人便把伏羲当年住过的岩洞叫作"伏羲洞",那座断成两半的山崖叫作"一线天"。后人有诗为证:"神工自天来,手持白玉斧。劈破两山崖,化作千丈堵。"这就是武夷山《伏羲玉斧劈山崖》的神话传说,神话中的伏羲就是人首蛇身。

学术界关于伏羲的文化内涵众说纷纭,但是有一点是公认的,即它是远古人类一切伟大发明的化身,亦即伏羲神话乃是创世神话。在这里,人首蛇身的伏羲神开天辟地,是光明的使者,教民生存之道,又是智能的化身。

此外,始祖神话中龟蛇合一的"神武"和放生神话中的水龟也都具有性、生殖、长寿和生命的象征意象;劝善神话中的仙鹤呈瑞、作法降雨和惩戒神话中的金鸡报时、预示丰收,也都具有吉祥、幸福、安康的象征意象。

九、蛇图腾与历史文化——生生不已

从单一图腾崇拜的蛇发展为多种图腾崇拜融合的龙,从一个侧面反映了中华民族的融合史。

兼并战争既是历史进步的推进器,又是民族融合的推进器。当历史将要跨入文明门槛的时候,战争一场接一场地发生。先是阪泉之战,整合了华夏部族内的秩序。接着又是涿鹿之战,确立了华夏族群在黄河中下游一带的主体地位。紧跟着,尧、舜、禹三代先后都对长江流域的苗蛮部族发动战争。战争的规模一次比一次大,一次比一次更推向南方,文献记载,舜到达江汉平原和禹统一丹江流域之说是有根据的,这几场战争,代表了黄河流域各部族之间及黄河流域的主体族群对长江中游文明的大撞击,对长江流域古文化的发展演变产生了深远影响,对华夏民族早期国家的形成与王权的最终确立也有直接作用。

然而,文化的渗透与权力的支配之间却存在着巨大的差异,一个被打败的部落或氏族可以从此听从于征服者部落的权力支配,但征服者绝不可能彻底消除被征服者的文化和信仰。《史记·五帝本纪》记载:"蚩尤没后,天下复扰乱,黄帝遂画蚩尤形象以威天下,天下咸谓蚩尤不死,八方万邦皆为弭服。"显然,蚩尤虽被杀,但其在东夷故地的强大影响力仍然存在,也受到了黄帝这个对手的尊敬。在汉越文化交流史上,就有一个有趣的现象:虽然从秦汉以来就开始了漫长的汉、越民族融合和文化交流,但是被征服的闽越人的民俗文化信仰不但没有被汉化,其文化反而改变了汉人的文化信仰。《汉书》记载汉武帝好神仙方术,祈求长生不死,"粤人勇之(按即越巫赵勇之)乃言:粤人俗鬼,而其祠皆见鬼,数有效。昔东瓯王敬鬼,寿百六十岁,后世怠慢,故衰耗。乃命粤巫立粤祝,祠安台,天坛。亦祠天神、帝、百鬼,而以鸡卜。上信之,粤祠鸡卜,自此始用"[①]。可见在汉代越巫非常活跃,其地位也非常重要。

涿鹿之战后,华夏、东夷两大部族集团融合的趋势加强了。这种融

---

① 《汉书·郊祀志》。

合,除血缘的族裔元素外,毫无疑问,还包纳文化的因子。东夷部族的蛇图腾意象在华夏族群中也相当流行,这有可能是经历涿鹿之战后东夷部族的图腾意识渗透到华夏部族中去的结果。毕竟,被打败的东夷部族是一个经济与文化发展几乎与华夏部族相当的族群,它没有理由在一次战争失利后短时间内丧失其所有的文化特性。当然,也不排除人们有意地把那些具备交通天人的神力、代表生命力和繁荣昌盛的蛇图腾进一步神化为早期的龙图腾。自战国到东汉,龙意象有凸现的趋势,逐渐从蛇的意象中摆脱出来,成为王权、神力的象征。如秦始皇就被称为"祖龙"。汉高祖刘邦"斩蛇起义"的故事也具有王权的象征意义。

秦汉以后,随着民族融合的加强,在东夷民族蛇图腾基础上形成的早期龙图腾,进一步融合其他民族的图腾崇拜,最后发展成为集各民族图腾崇拜为一体的、象征着民族融合与民族团结的龙图腾。因此,蛇图腾演变为龙图腾以及龙图腾的进一步丰富和发展的历史就是一部中华各民族的融合史。

在整个蛇文化的发展演变中,有两个特点是不容忽视的。第一,蛇文化是各民族文化相互影响与交流的产物,没有一种文化形态是不吸收其他民族文化而孤立地纯属于某一民族。这种相互的影响产生了不同的形态和不同的文化内涵。第二,本民族不同地区,不同时期,不同的价值观念和审美情趣发生变化,往往会使同一图腾的内涵因此而发生变异性。总之,蛇文化深深影响着中华民族,是中华文化重要的组成部分。

蛇文化的奇异性、多元性和融合性本身就是中华文化多元融合的象征。从民族融合的历史角度审视这一文化现象,可以说,这是民族融合的象征,因为龙图腾实为各民族图腾崇拜的高度融合。宋人罗愿对龙的特点的描述是"角似鹿,头似驼,眼似兔,项似蛇,腹似蜃,鳞似鱼,爪似鹰,掌似虎,耳似牛"。其中鹿、驼、兔、蛇、蜃、鱼、鹰、虎和牛原本就是多民族的图腾崇拜物。但龙图腾始终以蛇图腾为主体,则说明包括闽越族在内的整个东夷民族对中华文化的特殊贡献。分析和研究蛇图腾崇拜的内涵及其发展演变亦即对中国人生活方方面面和深度广度的影响,无疑有利于促进民族团结和文化融合,有利于促进社会和经济发展。

十、蛇图腾与生态文明——生态智慧

　　古代中国经历了两种经济结构,一种是"逐水草而居"的渔猎经济,另一种是"以农立国"的农耕经济。这两种经济和生活方式在古代社会长期共存并相互交流,因此,为中华各民族所普遍接受的龙蛇图腾,也必然反映古代渔猎经济和农业文明的文化内涵。据学者们考证,龙图腾包含至少12种动物图腾物,而这12种图腾物都与中国古代的渔猎经济和农业文明有直接的关系,龙图腾不仅是从蛇图腾发展演变而来,而且其主体形象从古到今也一直都是以蛇为主体。因此可以说,龙蛇图腾就是古代的渔猎经济和农业文明的形象标识。从生态文化的角度重新审视集众多图腾崇拜物为一体的龙图腾,这也许正是古人关于生物多样性之间对立统一、相互制衡的生态平衡思想的形象表达。

　　蛇看上去其貌不扬,形态让人望而生畏,但它在生态链中却起着极其重要的作用。蛇不但是各种田鼠的致命克星,它可以窜进鼠洞直捣鼠穴,将其一网打尽,而且蛇与人类结下了不解之缘,地球上凡有人群的地方都有蛇的足迹。如有种爱吃稗草的蛇,人们把它放在水田里帮助除草。蛇—鼠—稼—人之间形成生态平衡的食物链条。

　　时下全国有许多地方流行吃蛇肉,吃蛇胆,吃青蛙,吃果子狸。蛇肉、蛙肉,肉质鲜嫩无比,食之能清热解毒。那果子狸更是有一种野味特有的鲜香,肉香味甘,是食物之珍品、上乘佳肴。但你可知道滥食青蛙、蛇、果子狸等带来的灾难远不止引起鼠类、虫类的泛滥成灾,还会因其带有病毒性寄生虫而严重影响人的健康。

　　有人说:"对大自然来说,整个生态系统是一架飞机,拆掉任何一个零件都可能导致机毁人亡。"蛇、蛙、果子狸是老鼠、蝗虫的天敌。有蛇、青蛙、果子狸,老鼠、蝗虫等就会大量减少。

　　滥食蛇、青蛙,就会使天敌失控,田鼠泛滥成灾。滥食果子狸就会破坏生态,引起虫灾,后果不堪设想。据统计,我国因鼠害损失的粮食一年就有150亿公斤,相当于全年进口粮食的总和。自然界是公平的,你善待它,它也善待你,你糟蹋它,它也报复你。2007年搜狐新闻报道,洞庭湖周边20亿只田鼠肆虐泛滥成灾。老鼠横行霸道,成群成堆,对付它实在太难,老鼠肆虐过的地方像被收割过的土地,一片狼藉。老鼠成灾,其根源却在于我们吃掉了其天敌蛇,这样深刻的教训值得深刻反思。

十一、蛇图腾与养生文化——长寿象征

蛇与龟不仅在民俗文化中被视为长寿吉祥的象征物,而且在医疗保健方面确实具有神奇的养生功用。

首先,蛇类在天敌如林的自然界得以生存且历久不衰,自然有其生存之道。人们根据仿生学原理创造了各种强身健体的武术和气功,武当山道士创立的龟蛇形意拳就是行之有效的养生功夫。

其次,蛇在传统饮食文化和医药生产中也占有相当重要的地位,特别是以蛇为主要原料的药品和保健品的需要量正在日益增加。《本草纲目》就有大量以各类蛇入药的记载。蛇疗也是近年来新兴的以毒攻毒的治疗方法。

几千年之前,人类就知道毒蛇的药用价值。中世纪,欧洲各国的药店就出现"蛇绕拐杖"标志。现代欧美各国和联合国世界卫生组织也都用蛇徽作为医学标志。蛇作为图腾代表权力和权威,可以镇住所有邪恶的东西。世界卫生组织以蛇作为标志就是借助其震慑一切病魔的至高无上的威力。蛇蜕皮和冬眠等的特性,使得它成为再生与医疗的象征。

在欧洲,蛇是健康、吉祥的化身。古罗马画家笔下的健康女神吉吉娅,身边都有蛇,她还以杯盛食喂蛇。蛇类富含滋补功效,蛇毒可以疗疾。至今,欧洲大陆许多药店门口仍以蛇作为药店的标识。

十二、蛇图腾与政治文化——民生为本

古代的蛇意象,尤其是"双蛇交尾"的意象,由"性"而"生殖"而"后裔繁衍"而"祈雨求年"而"政治权利",具有内在的联系。正是蛇所代表的

"生殖繁衍"能力寓意"人丁兴旺",蛇演化为"龙"之后具有的"兴云致雨"能力寓意"农业兴旺",人口和粮食是称霸的物质基础,所以,"操蛇""委蛇"就成为霸权话语的物化形式。

蛇在古代似乎普遍具有权力的象征意义。古埃及神话说眼镜蛇艾约集中了所罗门的智慧,是君主的保护神;埃及君主皇冠上,镶有以黄金珠玉制成的眼镜蛇,以象征神圣皇权;在古希腊,蛇杖有权柄象征意义。因此蛇和蛇杖既是神性的证明,又是权力的标识。

早在我国夏朝,就有蛇图腾崇拜标识,在夏启传世画幅中,两耳各伸一条蛇,都正在吐信。在中国古代,操蛇和御蛇都具有标识"圣俗"二重权威性的意味,是古代霸权话语的物化形式,掌握或控制了它,便能掌握权力。委蛇是传说中的泽神,《庄子》就记载了这样一则故事:"桓公田于泽,管仲御,见鬼焉。公抚管仲之手,曰:仲父何见?对曰:臣无所见。公反,诶诒为疾,数日不出。齐士有皇子告敖者,曰:公则自伤,鬼恶能伤公……泽有委蛇。公曰:请问委蛇之状何如?皇子曰:委蛇,其大如毂,其长如辕,紫衣而朱冠。其为物也,恶闻雷车之声,则捧其首而立。见之者,殆乎霸。桓公辴然而笑曰:此寡人之所见者也。于是,正衣冠与之坐,不终日而不知病之去也。"①齐桓公田猎于大泽,见一"怪物",其大如毂,其长如辕,紫衣而朱冠,因而吓出病来。齐士皇子告敖解释说,这个怪物名叫委蛇,并告诉齐桓公"见之者,殆乎霸"。

为什么见到怪蛇,就能接近霸权呢?如果把蛇以及由蛇演化而来的龙联系起来,就容易明白。蛇是很可怕、很神秘的东西。英雄或圣王,往往有杀怪、斩蛇、降龙等所谓圣迹。所以,操蛇或特别是斩蛇的勋业就会被认为是权力或霸权的象征。蛇本身并不一定即"权力"的象征,关键在对蛇的掌握和控制,例如操、践、饰、食,乃至于杀。美洲也有很多此类的神话与图像,斩蛇、操蛇更具威灵。这当然是古代人的比附联想的原始思维。如同山高近天,"登山"犹如"升天"一般,难怪古代君王要以封禅泰山来表现君权神授了。

在这里,崇拜蛇与祈求繁衍、祈求甘雨相关,意在控驭不羁的自然力和无定的命运,并且诉求着财富、寿命或霸权话语。齐桓公遭逢"委蛇"就是这种思想观念的铁证。就连常见的伏羲女娲人首蛇身交尾像,都有标

---

① 《庄子·达生》。

识圣、俗二重权威性之意味。因为性和性的权力,也是生命与群团存在与发展的重要支配力量。因为财富、人丁、军事实力得不到保障与繁殖,所谓国力或政治都将成为空话。

"两蛇相交"同样是繁衍的意象,有原始生殖崇拜的重要内涵——一直到后来的伏羲女娲"人首蛇身"交尾像,都是如此。不管是单体还是合体的"相交",都跟祈雨巫术相关。《说文解字》中"珑,祷旱玉龙也"。

所谓"委蛇",是说掌握或控制了它,哪怕只是"遭逢"它,窥见它,都能够实现或接近"权力"。古代文献说见蛇而霸,特别是认识蛇并且以其名呼之,就可以驱遣它,完成功业。这当然是古代霸权话语的物化形式,在特定时空里可以当作圣、俗权威和合法性的"凭证"。

"性"的权力话语极其丰富多彩。巫王或巫酋的强弱兴衰、生死存亡,可以看作原初权力话语的重要符号或"元素"。更重要的,无论是食物、宝货、财富、军实,抑或人口、"情欲"、体能、技艺,还是由它们构成基础的"权力",都必须是可增殖、可扩延的。所以,初民往往选择生命力与活性极强的生物来作为权威与实力的符号或象征。在历史上,蛇、蜥、鳄等都曾经是龙的母型,由于生命力和繁殖力特别强大,常常成为图腾之首选。红山文化中蚌贝造型的蛇纹样就具有这种文化意向。再加上蛇类多有"冬眠"或者"蜕皮"的习性,这些都代表着周期性的"生命循环",使人"悬想"或"希望"人及其"权力"也能这样。

然而自战国到东汉,龙意象有凸现的趋势,逐渐从蛇的意象中摆脱出来成为王权和神力的象征。古代史书有大量关于龙蛇意象和帝王传奇的记载,封建社会第一位帝王秦始皇就被称为"祖龙",汉高祖刘邦也是因为其母感龙而孕,后又斩蛇起义,终而拥有天下成为帝王的。蛇意象真可谓是凶残奸诈的政治神话了。

武夷山城村闽越王城遗址考古中,发现蛇图腾柱,这是闽越人蛇图腾崇拜最直接的证据,具有霸权话语的文化内涵。

十三、蛇图腾与语言文字——生命信息

语言文字是文化的载体。蛇的双重特性在不同民族的语言文字中也有鲜明的反映。汉语中有许多关于蛇的成语和谚语,如美女蛇、打草惊蛇、杯弓蛇影、蛇蝎心肠、佛口蛇心、人心不足蛇吞象,反映出蛇是可怕的动物,是邪恶、狡猾和凶残的代名词。

蛇有时也以正面形象出现。从审美角度看,龙蛇是崇高和理性的象征,是极赋灵性的动物,著名画家齐白石曾经题写一副对联"开图草里惊蛇乱,下笔阶前扫叶忙",以蛇比喻书法的生动流畅和气势不凡。

中国文字的象形表意特征,使得汉字直观而形象地承载着深刻而丰富的文化内涵,如福建古称"闽",南方少数民族古称"蛮",西南少数民族被称为"巴"或"蜀",都与古代普遍存在的蛇图腾崇拜的文化习俗有关。如"巴"在古文字中本身就是一个大头蛇的象形字;"蛮",《说文解字》曰:"南蛮,蛇种。"此字可见南方地区远古时期亦广泛存在蛇图腾崇拜。"蜀"是一个会意字,上部是一个横置的"目"字,当与四川地区远古先民崇奉的纵目神人有关,"勹"乃是一个侧面而立的弓背人形,两形相合正是一个纵目神人的形象,文字将"目"特写夸张,正好符合神人纵目突出的特征,四川广汉的三星堆遗址考古就出土了一件珍贵的神人纵目青铜头像,反映了这一古老的民俗文化。"虫"即古文字的"蛇",说明西南地区远古时期也广泛崇拜蛇图腾。

中国文字中,有很多是飞禽走兽的独体象形字,如虎、羊、牛、犬、虫、马、鸟、隹(在甲骨文中是鸟的异体字),它们都曾经是古代的图腾崇拜物。以这些独体象形字作为形声字的义符(也称为形符),当与古代的图腾崇拜有关,也必然蕴含古代图腾崇拜的种种文化信息。

十二生肖中的动物在远古时期都曾经是各民族的图腾崇拜物,如白族虎氏族认为其始祖为雄性白虎,虎也不会伤害他们。当要出远门时,一定要选在属虎的那天(寅日),认为只有这样,做事才会吉祥如意。有的人从远方回来,也一定要算准日期,只有虎日才能进门。把牛视为远古创世神兽的有纳西族。在纳西族《东巴经·创世记》中记述一头在大海中由巨卵中孵出的神牛,角顶破天,蹄踏破地,造成天摇地动。纳西族人的始祖开天七兄弟和开地七姊妹将它杀死,用牛头祭天,牛皮祭地,肉祭泥土,骨祭石头,肋祭山岳,血祭江河,肺祭太阳,肝祭月亮,肠祭道路,尾祭树木,毛祭花草。于是,便有了晴朗明亮的天空日月,才有了万物生长的清静世界。从此,牛才作为神圣物用来做祭圣物,用来做祭祀天地山川的牺牲供品。纳西族十分崇敬牛神。"老鼠过街,人人喊打"这句俗语表明人们普遍对老鼠的憎恶。然而,远古时代的不少氏族、部落却认为自己的始祖是老鼠,并为自己是老鼠的后代而自豪,他们描绘、雕刻老鼠的形象,在仪式或节日期间隆祀厚祭,祈求鼠祖先的保护。中国的龙,具有图腾的基本特征,它是各民族共同崇奉的图腾神。《说文解字》解:"龙,鳞虫之长,能幽能明,能大能小,能长能短,春分而登天,秋分而入渊。"传说炎帝、黄帝、尧、舜和汉高祖刘邦的诞生及其形貌,都与龙有关,是龙种、龙子。古越人也以为自己是龙种,故断发文身,以像龙子。直至今日,我们还常说"龙的传人"或"龙的子孙",这些都是图腾祖先观念的残余。至于龙图腾神观念,更为普遍,大多数民族都曾把龙视为保护神。羊图腾在许多民族中也占有重要位置。古代典籍《山海经》中记述了远古的一种无口不食却长生不老的神羊。哈萨克族崇拜山羊神,称作"谢克谢克阿塔",认为天下山羊都归它掌管,祭祀山羊神是为了山羊的繁衍。崇拜的绵羊神称作"绍潘阿塔",统管天下绵羊,祭祀绵羊神是为了求得保佑,绵羊多产。柯尔克孜族崇拜山羊,称山羊神为"七力潘阿塔",此神是最早驯养野羊成为家畜之神。对马的崇拜多流传于北方游牧民族之中。保安族中流传有雪白神马的神话。满族有供奉马神习俗,清代文献中多有祭马神仪和修建马神庙的记述。达斡尔族人称神马为"温古",这种神马不准女人骑,可随处吃、走,不准人驱赶,甚至可以在田中随意吃秧苗。神马多为全白色,全尾全鬃,从不修剪,并常在鬃尾拴五彩绸作为标志。广西南丹县瑶族黄姓传说其始祖妣为母猴,母猴生下的后代力气都很大。后来,天上有十个太阳和十个月亮,白天太热,晚上太亮,人们就请黄家的子孙上天打太阳和月亮,后来打下了九个太阳和九个月亮,人们为此很感谢黄家兄弟,由于黄家兄弟是由猴妈生的,人们也就很感谢猴妈。后来为了纪念猴妈,大瑶寨的瑶族至今不仅黄家禁忌打猴吃猴肉,其他姓氏也同样禁忌。白族鸡氏族则传说他们的祖先是从金花鸡的蛋里孵化出来的,认为公鸡知吉凶,会保佑他们。在迁徙时,将东西装在背篓里,上面放一只公鸡。到达新迁地区后,公鸡在什么地方叫,就在什么地方安家。在他们看来,公鸡叫的地方,就是最吉利的。因此,由图腾崇拜物组成的成语和民俗活动,也都有与之相关的图腾文化属性和文化寓意。

近年来,许多文字学家和文化史学者对许慎的《说文解字》进行了深入的研究,认为《说文解字》的字义体系与中国古代图腾崇拜文化有紧密的联系,反映了我国古代各氏族图腾崇拜文化的四大特点:其一,以汉民族为主的"四灵"崇拜弥漫于整个中华民族传统文化中；其二，图腾崇拜是自然崇拜和祖先崇拜相结合的原始宗教文化信仰的表现；其三，图腾既是崇拜对象，又是氏族的象征和标志；其四，图腾崇拜有各种禁忌。总之，渗透了图腾崇拜的古文字体现出古代人类的生命意识和生命信息。

武夷山古称闽国，就源自蛇图腾崇拜，因此，蛇图腾崇拜在武夷山的旅游开发中具有标志性的意义，如地方名吃中的龙凤斗，就是鸡与蛇的炖汤；宗教文化中的蛇文化节，就是生态文化的直观展示；娱乐项目中的舞蛇斗蛇表演，惊险刺激，极富观赏性；旅游标识牌与蛇图腾柱的有机融合，也具有鲜明的地域文化的标识作用；旅游纪念品中的蛇形象更是丰富多彩；蛇文化主题酒店在武夷山也得到初步的创建，是展示蛇文化的重要载体。总之，旅游六要素，甚至旅游十要素，都可以围绕蛇文化进行深度开发，也必将在生态文明教育中发挥重要作用。

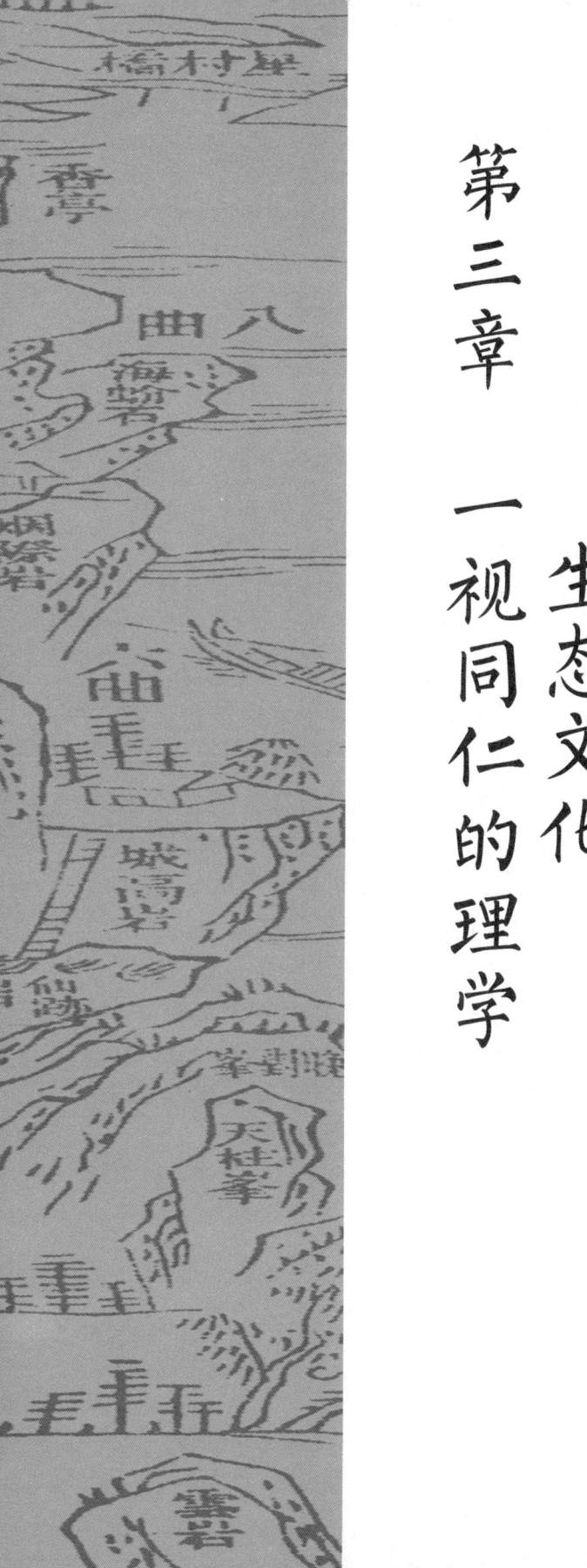

第三章 生态文化——视同仁的理学

"一视同仁"是朱子理学基本的生态价值。

朱熹是中国古代伟大的思想家和哲学家,也是中国文化的集大成者。朱子的思想学说长期被确立为官方哲学和国家的意识形态,广泛传播于世界各地,对中国乃至世界文化都产生极其深远而广泛的影响。

朱子哲学思想的生态价值集中体现在对自然界"一视同仁"的生命关怀。朱子生态哲学的基本结构是真、善、美有机融合的生命哲学。所谓"真"指从宇宙本体论的角度肯定自然界的生命价值,体现对自然界"生生之理"的理性自觉;所谓"善"指从体用论的角度肯定对自然界的生命同情,体现对自然界"生命意向"的情感体验;所谓"美"指从境界论的角度肯定了与自然界和谐统一的生命关怀,体现对自然界一视同仁的审美情趣。

因此,朱子的生态哲学是真、善、美有机统一的生命整体,最终目的是要建立以"天人合一"为价值取向、以理性自觉为重要特征、以道德实践为基本内涵的理想的生存方式,从而实现人与自然的和谐与统一。

一、朱子《仁说》的生态哲学内涵

朱子生态哲学的基本结构及其生态内涵集中体现在朱子的《仁说》篇,因此,本章拟通过对朱子《仁说》的诠释和解读来解释朱子生态哲学的基本结构及其内涵。

《仁说》是朱子哲学的纲领性文献,也是先秦以来儒家仁学的集大成之作。说其纲领性文献,盖因朱子阐发儒家思想,多取随经作注的方式,唯有重大理论问题,才会命题专门论述,如《论知行》《格物致知论》等,《仁说》亦是。说其集大成之作,则因朱子仁说不仅吸收了先秦儒家关于"仁"的若干思想,如孔子"仁者,爱人",孟子"仁者,人也"、"亲亲而仁民,仁民而爱物",《易传》"天地之大德曰生"、"生生之谓易",而且吸收了理学家张载的"心统性情"说和程颐的"天只是以生为道"说并加以创造性的改造。无可讳言,朱熹的仁学思想,也吸收了佛教本体论和道教生成论的思维模式,吸收了佛教"众生平等""普渡众生"和道教"道生万物""道法自然"等思想。因此,朱子的《仁说》极大拓展了"仁学"的内涵和境界。如果说先秦以来"仁"更多局限于人际伦理和爱有等差,那么朱子以后,"仁"已被拓展到天人之际且主张一视同仁,对儒家仁学做出度越前人的划时代贡献。

(一)从本体论上肯定了自然界的生命价值

"仁学"是儒家的核心思想,自然也是儒学集大成者朱子思想的核心内容。不过,朱子对儒家的仁学的诠释提到宇宙本体论的高度,同时将仁学的伦理关怀从人际扩展到天人之际,成为普遍的生命关怀,形成具有道德理性的生态哲学。

> 天地以生物为心者也,而人物之生又各得夫天地之心以为心者也。故语心之德,虽其总摄贯通,无所不备,然一言以蔽之,则曰仁而已矣。[①]

[①] 《晦庵集》卷五十七《仁说》,P92 至 P94 的楷体引文皆出于此,下同不赘。朱杰人等主编:《朱子全书》,上海古籍出版社 2010 年版。

朱子论"仁"的逻辑起点是从天人合一的宇宙本体论的高度将"天心"与"人心"贯通起来。所以贯通于天心人心者，即天地之间生生不息的"生道"，并以"生"释"仁"，生道即仁道。基于生命整体观的天人合一的价值取向，是理解朱子仁说的关键。不同于西方哲学将自然界理解为一个受自然因果律支配的、缺乏生命联系的物理世界，只能以实体论和结构论来看待自然。儒家一直将自然界理解为受普遍生命法则支配的、有广泛生命联系的活泼泼的生命世界，故常常以功能论（"天地之大德曰生"）和过程论（"生生之谓易"）来看待自然。如孔子曰"天何言哉，四时行焉，百物生焉，天何言哉"，老子曰"道生一，一生二，二生三，三生万物"，都是以功能和过程来论述自然界的生命存在。作为理性主义哲学家，朱子对"仁"的理解，不能不借助于概念分析和逻辑推理。既然人和物都是自然界的产物，那么"人心"就是"天心"的实现。相对于"人心"而言，"天心"具有本源性，"人心"则具有继发性。

从本体论角度来说，完全可以以物统人，因为古汉语里的"物"本身就是集合名词，分言之则有植物、动物、生物、人物、事物等，合言之则为"物"或"万物"。朱子将"人"与"物"齐出并举，显然具有逻辑分析的意义，其目的在于说明人在自然界的特殊地位和作用，即作为认识主体和道德主体的人，不仅具有道德理性，而且具有道德情感。

天心人心之说有目的性意义。就"天心"而言，天心乃生意（即生命意向）之所指，而非神学目的论。正如程颐所谓"天只是以生为道"。人是自然界的产物，人心就是天心的实现。《易传》所谓"继善成性"，张载所谓"为天地立心"就是自然目的的实现。人才是目的本身。就"人心"而言，人心则有主体性和自觉性的意义。人是知性主体，能够认知自然界的生生之理，人作为德性主体，能将这种生命认知内化为自觉的道德理性。朱子对《中庸》中"天命之谓性，率性之谓道，修道之谓教"的创造性诠释就为人的道德理性奠定了本体论的依据，天心与人心的一体贯通也得到气化论的合理解释："命犹令也。性即理也。天以阴阳五行化生万物，气以成形，而理亦赋焉。于是人物之生，因各得其所赋之理以为健顺五常之德，所谓性也。率，循也。道，犹路也。人物各循其性之自然，则其日用事物之间莫不各有当行之路，是则所谓道也。修，品节之也。性道虽同而气禀或异，故不能无过不及之差，圣人因人物之所当行者而品节之，以为法于天下，则谓之教，若礼乐刑政之属是也。盖人知己之有性而不知其出于天,知事之有道而不知其由于性,知圣人之有教而不知其因吾之所固有者裁之也。故子思此首发明之,而董子所谓'道之大原出于天'亦此意。"①。人性源于天性,二者具有本体上的同一性。

"天人合一"这一命题具有思维方式、价值取向和审美情趣三位一体的整体论的特征。从自然界的角度思考人的问题,包含自然界乃人类生命之源和价值之源的内涵,而从人的角度思考自然界的问题,也包含人在自然界的地位和作用的内涵。这正是中国式的整体生命哲学的本质特征。所以,"天人合一"也可以理解为一种生活方式或生存方式。朱子在这里以德论生,即赋予自然界的生命创造以价值之源的意义,不仅说明自然界本身内在的生命价值,而且说明自然界的生命创造还是人类的生命之源和价值之源。朱子等理学家直接将自然界的生命创造和生生之意理解为"善",而人的主体性就在于继承自然界的生生之意,将其内化为人类自觉的道德理性。至于"生理""性理"之"理",不过是说明其具有客观普遍性而已。所以,朱子从"心统性情"的本体高度提出"仁者,爱之理,心之德也"的命题,就是说,从逻辑上说,"仁"是心之性,即心的本体存在,"爱"是心之情,即心的作用和功能。因此,不能简单地将"爱"等同于"仁",即"仁"作为心的内在本性,是心之发用的情即"爱"的普遍"理"据,这就为人的道德情感建立起具有普遍意义的本体论的依据。简言之,即仁是爱的所以然之理而为心所当具之德。

更进一步,朱子运用"理一分殊"和"体用一源"的哲学原理,说明自然界生生之德的普遍意义及其作为人类道德之源的本体存在。

> 盖天地之心,其德有四,曰:元亨利贞。而元无不统。其运行焉则为春夏秋冬之序,而春生之气无所不通。故人之为心,其德亦有四,曰:仁义礼智,而仁无不包。其发用焉,则为爱、恭、宜、别之情,而恻隐之心无所不贯。故论天地之心者,则曰乾元坤元,则四德之体用不待悉数而足。论人心之妙者,则曰:仁,人心也。则四德之体用亦不待遍举而该。

如果说天心人心论从"心"的目的性意义上说明天人之际在"生意"

---

① 《四书章句集注·中庸章句》,朱杰人等主编:《朱子全书》,上海古籍出版社2010年版。

(生命意向)上的贯通与合一的话,那么在这里他进一步从天与人的物质存在上说明天人之际在"生气"(生命气质)上的贯通与合一。

朱子运用"理一分殊"和"体用一源"的哲学原理,说明天心虽有元、亨、利、贞四德,而四德归本于"元"。即分言之则为元、亨、利、贞四德,统言之则一元德而已。这个"元德"就是自然界的生气,其流行则为春、夏、秋、冬四季之序。人而禀赋于天德,亦有仁、义、礼、智四德,而四德归本于"仁"。即分言之则仁、义、礼、智四德,统言之则一仁德而已。"仁"作为道德本体,其功用则为爱、恭、宜、别之类道德情感(此处使用了"体用"这对范畴),而贯通其中的则是人类本能的恻隐之心。因此《易传》说到天地之心只说乾元坤元,而元、亨、利、贞四德不待悉数而圆满具足。论及人心之妙用,圣人也只以仁作为人心的本体存在,而仁、义、礼、智四德不待悉数而圆满具足矣。

这里的"元"与"元亨利贞"是"理一"与"分殊"、"体"与"用"的关系。同样,"仁"与"仁义礼智"也是"理一"与"分殊"、"体"与"用"的关系。而"理一"就存在于"分殊"之中,"体"亦存在于"用"之中。这就是"体用一源,显微无间"。

与西方哲学"本质"之于"现象"的二元对立的思维方式不同,中国哲学是一元论而非二元论的。目的在于让人们从形而下的生命体验中求得形而上的生生之理的普遍存在,从而实现理性自觉,这种理性自觉的过程也是道德情感的涵养过程。

总之,通过对天心人心及其具体表现的论述,朱子确立了"仁"即生生之理(简称"生理")的本体地位,也确立了自然界才是人类生命之源和价值之源的思想,这于当今生态文明建设有极为重要的理论意义和现实意义。当今全球范围内日趋严重的生态危机,从根本上说是"人类中心主义"价值观的必然结果。这种价值观无视自然界的内在价值,是造成资源浪费和生态危机的根源。

(二)从体用论上肯定了对自然界的生命同情

"生理"和"生意"是"仁"的两个不同层面的内容,如果说对于自然界"生生之理"的认识主要采用形而上的逻辑思维的话,那么对于自然界"生生之意"的认识则主要采用形而下的生命体验。

对"生生之理"的本体认识,目的在于"明体"而"达用",但"明体"一定能够"达用"么？在理学家看来，仅仅具有道德理性还不足以在现实层面实现"天地万物一体之仁"的境界。还要从现实的层面体悟感知自然界的生生之意。从心理结构而言，道德理性只解决了"知"的问题，还没有解决"情"和"意"的问题。所以，对自然界生生之理的哲学认识还有赖于真切的生命体验，而这种生命体验的目标诉求在于培养对于自然界深厚的道德情感。体验本身也是中国哲学独特的认知方式。中国古典哲学几乎没有纯逻辑推理和概念分析的所谓"认识"论，常常是伴随着生命体验式的"体验""体认""体会""感悟""感知"和"感觉"。"体"就是身体力行，"感"就是内心感受（或直觉）。朱熹认为"涵养中自有穷理功夫，穷其所养之理；穷理中自有涵养功夫，养其所穷之理，两项都不相离"，道德涵养与即物穷理是一个知行合一的认知过程。

朱子认为对儒家经典进行"语言训诂式"的解释还算不上是第一等的学问，只有对儒家经典进行"实践体验式"的体悟才是第一等的学问，因为真切的生命体验过程，不仅可以培养人们的道德情感，本身就是道德实践的过程，是学以致用的过程。

"仁者天地生物之心"的命题，按照朱子哲学的理性精神，本应表述为"仁者天地生物之理也"，朱子在这里以"心"代"理"，因为"心"字本身就有道德情感和道德实践的指向性，是情感意向色彩浓厚的概念。在他看来，仅仅有道德理性而没有道德情感和道德实践，这种道德理性就没有实现的可能性，只是"有体无用"之学，或是"凌空架虚"之学，而无究竟的实用。

总之，非"知"不能使"行"成为理性自觉，非"行"不能使"知"具有实践品格。人们应该探索出一种以"天人合一"为价值取向、以实践理性为基本特征、融道德理性和道德实践为一体的理想的生活方式。这才是理学家的终极目标。

> 盖仁之为道，乃天地生物之心，即物而在，情之未发，而此体已具。情之既发，而其用不穷。诚能体而存之，则众善之源，百行之本，莫不在是。

仁作为天道就是"天地生物之心"的本体存在，在物为性，就存在于事物之中，其情未发，其体已具，其情既发，妙用无穷。朱子在这里使用"体用"和"性情"（性情之说，是情上加性，以性规情，把情感纳入理性化的轨道，亦即"性其情"，同时为情提供本体依据）的范畴来阐明天地生物之心，这里的"性体"其实就是自然界生生之理,这里的"情用"其实就是自然界的生生之意。自然界是大化流行、生生不已的过程,呈现出无穷的生命意向。以"情"表"用",说明自然界本身就是有情的生命世界,生意就是自然界情感的体现,人类情感与之具有本体上的统一性。这是儒家一贯的立场,说明人类对自然界的生命关怀不过是自然界好生之德在人性中的体现而已。如果从生命关怀的立场加以体验并存养于人心,则一切善良的源端,一切善行的本源,莫不蕴含其中,从而进入天地万物一体之仁的境界。所谓"体而存之"就是天人合一的生命体验,而不是对自然界的对象性的认识。理是形而上之道,不可见;情是形而下之器,可感觉。对自然界生生之意的生命体验,就成为认识天理的方便法门。正如程颐所曰:"医书言手足痿痹为不仁,此言最善名状仁者以天地万物为一体,莫非己也。认得为己,何所不至?若不有诸己,自不与己相干,如手足不仁,气已不贯,皆不属己,故博施济众乃圣人之功用。仁至难言,故止曰:己欲立而立人,己欲达而达人,能近取譬,可谓仁之方也。己欲令如是观仁可以得仁之体。"[①]言若能从生气贯通处体验到人与天地万物一体的生命同感,自能做到一视同仁,博施济众。

人不仅是理性的动物,就其现实的存在性而言,人还是情感的动物,是情感的存在。要落实生态伦理,还要唤醒人们对自然界普遍的同情心。人的情感也是体用合一的存在,有"仁"之体,必有"爱"之用,"仁"之体也必然发为"爱"之用。"情之既发,其用无穷"就有对自然界普遍同情的含义。

这里的"众善之源"可以理解为朱子所谓的"所以然之故";"百行之本"可以理解为朱子所谓的"所当然之则"。"所以然之故"是"所当然之则"的本体规定,而"所当然之则"则是"所以然之故"的功用及其实现,两者是高度统一的,故朱子常常说"所以然之故与所当然之则",是"存在"与"价值"的统一,即"存在"的"必然"就蕴含着"价值"的"当然"。这又不同于西方哲学"事实"与"应当"二元对立的思维。因此,"众善之源"和"百行之本"皆是含天人而有之,即自然界的一切秩序和法则都是天地生生之德的必然体现,又是人类一切道德行为的基本准则。自然界的春生夏长秋收冬藏有其一定之序,这是自然界和谐秩序的必然体现,人类的恻隐、谦

---

① 《二程遗书》卷二上。

让、是非、羞恶之心亦有其一定之情,这也是人际关系和谐的必然体现。

> 此孔门之教,所以必使学者汲汲于求仁也。其言有曰:克己复礼为仁,言能克去己私,复乎天理,则此心之体无不在,而此心之用无不行也。

"仁"乃"众善之源,百行之本",这是孔门教化之所以必使学者汲汲于求仁的原因了。何以求仁,孔子提出"克己复礼为仁",就是说人们只要能克服人类的一己之私,才能恢复人类本性中廓然至公、天地万物一体之仁的境界,即"一日克己复礼,天下归仁焉"。这也就是理学家在功夫论中经常说的所谓"复性"的修养功夫,即通过居敬穷理,恢复人类本真之性。正因为私心物欲间隔了人与自然的生命联系,有了物我、内外之别,所以克尽私心物欲才能不断存养人们的善良本性,一旦善良的本性成为一身之主宰,则人情之私欲无所夺其本也。此亦孟子所谓"先立乎其大者,则其小者弗能夺也"。

王阳明认为,"天下之人心,其始亦非有异于圣人也,特其间于有我之私,隔于物欲之蔽,大者以小,通者以塞,人各有心,至有视其父子兄弟如仇雠者,圣人有忧之,是以推其天地万物一体之仁以教天下,使之皆有以克其私,去其蔽,以复其心体之同然,其教之大端,则尧舜禹之相授受,所谓道心惟微,惟精惟一,允执厥中"①。就是说,从理论上讲,人人都具有天地万物一体之仁的境界,但正是人的私心物欲间隔了人与自然的这种生命联系,使得人们不能冲破物我内外的界限。

朱子对孔子"克己复礼"的诠释无疑增加了新的时代内容,拓展了儒学的境界。因为先秦儒学中的"礼"主要还是人际行为规范。即使是孟子所说的"亲亲而仁民,仁民而爱物",其亲、仁、爱也是基于伦理亲情的道德情感的不断外推的过程,即所谓推己及人,推人及物。儒家虽然有博爱的思想,但强调"爱有等差",朱子这里的"克己复礼"则是要克服人类中心主义而实现普遍的生态和谐。总之,朱子将"仁"提高到宇宙本体的高度,提出"天地万物一体之仁"的命题,这是道德本体和自然本体的统一,表现出对于一切生命的普遍同情,这也是对自然界生命存在及其价值意义的尊

---

① 王守仁:《王文成全书》卷二《答顾东桥书》,文渊阁《四库全书》光盘版,上海人民出版社1999年版。

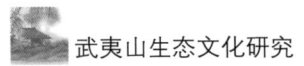

重,这涉及根本态度的转变。

朱子对自然界的生命体验不仅是玄学式的猜想,而且有自然科学基础。朱子对自然科学的探讨及其成就也是学界公认的,如他对宇宙论、天文学、气象学、动植物学、地理地质学等诸多领域都有杰出的贡献,以至于英国的中国科技史权威李约瑟博士在其《中国科学技术史》中认为"朱熹是一位深入观察各种自然现象的人"。朱子对各种自然现象进行了深入哲学思考,以至于韩国的金永植教授有《朱熹的自然哲学》的专著问世。他对自然界生生之意的生命体验,其逻辑前提在于他从理论上认识到自然界本身具有先天固有的和谐秩序和必然规律。

朱子说,"一草一木,皆天地和平之气",万物皆气化而成,和谐而生,无不表现出"和平"气象。"如一盆花得些水浇灌便敷荣,若摧折它便枯悴,谓之无知觉可乎?窗前草不除,又与自家意思一般,便是有知觉。只是鸟兽底知觉不如人底。草木底知觉又不如鸟兽底"。"动物有血气故能知,植物虽不可言知,然一般生意亦可默见,若戕贼之便枯悴,不复悦怿,亦似有知者。尝观一般花树,朝日照曜之时欣欣向荣,有这生意,皮包不住自进出来,若枯枝老叶,便觉憔悴,盖气行已过。问:此处见得仁意否?曰:只看戕贼之便雕瘁,亦是义底意思"①。在这里,朱子甚至用充满情感色彩的诗意语言描绘人的作为与自然界生意的关系,他认为动植物有生意是因为气血所致,这生意就是自然界的情感体现,如植物会用"欣欣向荣"和"枯萎憔悴"来表达自己的情感。"鸟兽草木之宜,自其一物之中,莫不有以见其所当然而不容已,与其所以然而不可易者"。即自然界的一草一木都有其"所以然之理"和"所当然之则",在朱子看来,自然界的生生不已不仅有其规律,自然界还是有情的生命世界(当代生命科学研究也证明了自然界的动植物具有某种感觉和情感),生命体验本身就是人与自然界情感交流的过程。因此,李约瑟认为朱熹的理学是有机的自然主义,是现代有机自然主义的先导,他的有机自然主义是科学的。

朱子曰:"《易》之为书,卦、爻、彖、象之义备,天地万物之情见。圣人之忧天下来世,其至矣!"②圣人之所以创作《周易》就是要人们通过对卦、爻、彖、象所蕴含的义理的玩索,不但可以感知天地万物的生命真情,还可

---

① 《朱子语类》卷四,朱杰人等主编:《朱子全书》,上海古籍出版社2010年版。
② 《周易本义·序》。

以体会圣人作《易》的忧患意识，即忧患人们不能与自然界保持和谐统一。因此《易传》才提出："夫大人者，与天地合其德，与日月合其明，与四时合其序，与鬼神合其吉凶，先天而天弗违，后天而奉天时，天且弗违，而况于人乎？况于神乎？""与天地合其德"就是要继承自然界的生生之德；"与日月合其明"就是要遵循自然界阴阳和谐规律；"与四时和其序"就是遵循自然界四序规律，做到"取之以时，用之有节"；"先天而天不违，后天而奉天时"就是按照自然规律办事，总之，要做到天人合一。只要人与物都得此"天地生物之心"，整个自然界就能表现出勃勃生意。

朱子对于自然界生命体验的伦理情感指向，始终徘徊在哲学与宗教之间。一方面他相信自然界具有神圣性，这是人的理性所不能认识的，只能诉诸信仰或"敬畏"之类的宗教情感；另一方面他又真诚地想在理性认识的范围内解决诸如自然目的性即天心的问题。之所以出现这种思想矛盾，我想是因为朱子是理性主义哲学家，企图唤醒人们的道德理性，发挥人的道德主体性，实现"参赞化育"的使命。将自然界的一切现象的解释归之于宗教神学，无疑会消解人的主观能动性，放弃人类的神圣使命。

> 又曰：居处恭，执事敬，与人忠，则亦所以存此心也。又曰：事亲孝，事兄弟，及物恕，则亦所以行此心也。又曰：求仁得仁，则以让国而逃，谏伐而饿，为能不失乎此心也。又曰：杀身成仁，则以欲甚于生，恶甚于死，为能不害乎此心也。

朱子列举《论语》中孔子论仁的言论，说明在实践中存养仁心，平时常怀恭敬之心，做事常存敬业之心，与人交往长存忠诚之心，这是在做事中存养仁爱之心。侍奉双亲做到孝敬，侍奉兄长做到恭顺，对待万物做到爱护（"恕"字从"心"从"如"，有将心比心，推己及物之意），这是在态度上存养仁爱之心。为了追求仁道，伯夷、叔齐甚至能做到让国而逃，谏伐而饿，他们之所以做出巨大牺牲，就是为了不失仁心。人最欲求的莫过于生，最厌恶的莫过于死，所以"杀身成仁"就成为仁的最高境界，所谓"杀身成仁"就是即使付出生命的代价，也不违背仁爱之心。尤其是这里提出的"及物恕"，即将心比心，就是在情感上将自然界视为人的生命统一体，所以才会有推人及物的伦理情怀。理学家张载甚至提出"乾坤父母"说，以天地为大父母，认为对自然界的破坏就是最大的不孝。

今天，生态意识得到普及，但只停留在认识的层面，还未深入人心，还缺乏对自然界的普遍同情,滥砍滥伐、滥捕滥杀、滥开滥采、滥排滥放仍然屡禁不止。也有人认为,自然科学的发展足以解决目前的生态问题,如生态修复工程,也就是说只要有科学态度即可,自然界是"无情"的世界,不必投入感情,这仍然是西方哲学的观点。且不说自然科学永远也不可能对自然界做出全面而科学的认识,一切科学认识都只能是局部的和暂时的。即便是有了科学的认识,是否就可以无视自然界的生命存在,无须爱护自然界呢?即使是西方哲学家如康德将宇宙划分为现象界和本体界,现象界才是科学认识的领域,本体界只能是宗教信仰和敬畏的领域,这种思想值得我们深思。

(三)从境界论上肯定了对自然界的生命关怀

冯友兰根据人们对宇宙人生的"觉解"程度,将人生境界从低到高划分为自然境界、功利境界、道德境界和天地境界。"自然境界"中的人几乎完全依靠自然本能生存;"功利境界"的人则以功利为价值导向;"道德境界"的人的道德情怀主要诉诸于人类自身。只有"天地境界"才是最高的境界,才真正有"天地万物本吾一体"的生态情怀。境界高低以人的"觉解"程度而定,可见境界的提高本身就是人类心灵不断超越的过程,"天地境界"更是要从心灵深处超越"人类中心主义"。在此境界中的人,不但了解社会,知道人是社会的一部分,应对社会有贡献,而且了解宇宙,知道人是宇宙的一部分,人应对宇宙有贡献。在道德境界中的人,是尽人伦尽人职,在天地境界中的人,则是尽天伦尽天职。天地境界中的人知天,事天,乐天,同天,超乎经验,超乎自己,达到物我一体、内外不分的同天境地。因此"天地境界"其实就是儒家极力推崇并孜孜以求的天人合一的圣人境界,理学家将其表述为"圣人气象"①。

蒙培元认为,整个中国哲学,包括儒释道在内,其实乃是一种境界学说。境界就是心灵的境界,人的心灵则具有整体性、内向性、功能性和情感意向性等特征。所谓"整体性"是说心无天人、物我、主客、内外之别,是绝对的主体,如道教的"心即是道"、佛教的"万法唯心",儒学的"万物皆备于我";所谓"内向性"是以提高内在德性为主而不是向外致思,如道教的"心斋坐忘"、佛教的"明心见性"、儒学的"反求诸己";所谓"功能性"是说

---

① 冯友兰:《三松堂集》(第四卷),河南人民出版社1986年版,第522页。

心灵具有创造性,如道教的"虚室生白",佛教的"境由心造",儒学的"心无限量";所谓"情感意向性"是说心灵是情感的存在,如道教的"逍遥神游"、佛教的"大慈大悲"、儒学的"一视同仁"。

冯友兰和蒙培元的心灵境界说,对于我们理解朱子的心灵境界学说具有重要的指导意义。

> 此心何心也,在天地则块然生物之心,在人则温然爱人利物之心,包四德而贯四端者也。

这里朱子用"仁"将"天地之心"与"人心"贯通起来,人的"爱人利物"之心就是天地"生物之心"的实现,从而实现为一种"心与理一"(心与理合一的前提是心中潜在的具有天地自然之理,人心可以感通天道)亦即"天人合一"的心灵境界,儒家所谓"圣人气象"亦即圣人境界。圣人不仅要"成人",而且要"成物",不但要成全人的德行,而且要成全万物的物性,使万物各成其性,各遂其生。这是心灵不断超越的过程,只有不断克服人类的一己之私欲才能达到天地万物一体之仁的过程。康熙皇帝曾赠匾"学达性天"给朱子的武夷精舍,在他看来,朱子学已经达到贯通人性与天命的天人合一境界。当然,圣人境界是道德人格的最高境界或者最高标准,按照孔子的说法,几乎没人能够达到这种境界,对于一般人来说,只能是理想,但人的自由意志和道德本心决定了人们愿意为之奋斗乃至于可以"杀身成仁"。

接下来,朱子围绕着人们对于程子有关"爱"与"仁"的错误理解的辨析,进一步阐发"仁者,爱之理,心之全德"这一命题,以此说明"仁"的精神境界及其内涵。

当时学界对程子的误解,概括起来有以下三者:其一,既然程子提出"爱情仁性"说,爱是情,仁是性,可见仁就不是爱;其二,既然程子以手足麻痹不知痛痒为不仁,可见仁只是一种知觉;其三,将"天地万物一体之仁"理解为"天地万物一体"就是"仁"。总之,这些误解的结果就是抽空"仁"的道德情感内容即"爱",只留下类似于佛教"性空"、道教"虚无"似的空壳。不仅使得仁学成为有体无用的凌空架虚之学,也必然导致实践上失去心性修养的下手功夫。

> 或曰:若子之言,则程子所谓爱情仁性,不可以爱为仁者非与,曰:不然,程子之所诃,以爱之发而名仁者也。吾之所论,以爱之理而

名仁者也。盖所谓情性者,虽其分域之不同,然其脉络之通,各有攸属者。则曷尝判然离绝而不相管哉?吾方病夫学者诵程子之言而不求其意,遂至于判然离爱而言仁,故特论此以发明其遗意,而子顾以为异乎程子之说,不亦误哉。

有人说,程子所谓"爱情仁性"说,将"爱情"与"仁性"并列对举,是否可以认为"爱"就不是"仁"。朱子认为不然。他说程子的"爱情仁性"之说,只是不以爱的"发用"来指称仁的"本体",因为若用"爱"的发用来指称"仁"的本体,在实践上就会导致以"爱"取代"仁"的弊端。爱是仁之用,仁是爱之体。在朱子看来,仁不仅包含道德情感,还包含道德理性,理学家重视理性就是要有对于"仁"的自觉。所以朱子直接以"爱之理"来指称"仁"的本体,即所谓"仁者,爱之理,心之全德也"。"仁"不仅是"爱"的本体依据,而且潜在地具有"心之全德"。所谓"性情"之说不过是"心"的基本结构,是逻辑分析的产物,一个是心之体,一个是心之用。一个是道德理性,一个是道德情感。虽然"分域不同""各有攸属",然而以心之整体功能即"心统性情"而言却是"脉络贯通",道德理性是道德情感的本体存在,道德情感则是道德理性的必然实现,爱之理乃仁之体,爱之发乃仁之用,不可离"爱"而言"仁",进行"判然离绝"而"不相管"的理解。那种判然离爱而言仁的说法,是对程子"爱情仁性"说的误解,可谓得其言而遗其意,是望文生义的表面理解,而不了解其深刻的思想内涵,这也正是朱子担忧的地方。离爱而言仁,抽空了仁的道德情感内涵,使得"仁"的学说变成"有体无用"的、类似于佛道以"空无"为本的凌空架虚之学。又不能将"爱"等同于"仁",使得"爱"失去"仁"的理性规范和本体规定,从而成为类似于"作用即佛"的率情任性。在现实生活中,一方面,作为理性主义哲学家,要对人心作形而上的本体追寻,其目的在于实现理性自觉,人是理性动物,理性自觉在人们的行为中具有重要的理论指导意义。另一方面,作为道德主义哲学家,又要对人心作出形而下的应用追寻,其目的在于实现情感伦理。人具有能动性,能在实践中实现自己的目的。

不管是程子还是朱子,都从本体论上极大提高了"爱"和"仁"的境界。即这里的"爱"不是"喜怒哀乐"中的具体情感,这里的"仁"也不是"仁义礼智"中的具体德目,而泛指道德情感和道德理性。

"仁爱"之辩,颇有程子"仁孝"之辩的意义。有人将《论语》中"孝悌也者其为仁之本欤"理解为"孝悌就是仁的本质",程子不同意,他认为"孝悌是推行仁学的立足点",即推行仁学当从孝悌做起,如孟子所谓"亲亲而仁民,仁民而爱物",不可将"仁"仅仅理解为"孝悌"。其目的都是为了将"仁"从先秦儒家"五德"中之一德提升为价值本体,而具有"心之全德"的意义。避免受到"仁者,爱人"的狭隘理解,将"仁"从人际伦理进一步推向天人之际的伦理关怀。这就为理学家提倡"天地万物一体之仁"的境界学说奠定了本体论的哲学基础。

不同于西方的理性传统,中国哲学偏重于情感传统。朱子对《中庸》中"已发未发"的解释是"其未发,则性也,无所偏倚故谓之中;发皆中节,情之正也,无所乖戾,故谓之和"。"性体"与"情用"的关系只是"隐"与"显"的关系。而《中庸》之所以用"喜怒哀乐"之"情"来说明"仁"的"已发未发"问题,说明"以用显体,以情显性"才是儒学的价值取向,只有形而下的"情和用"才具有心性修养的现实意义,才是下手的功夫处。可见,道德情感才是道德理性的真实存在和真实内容。

这一段主要意思认为,"仁"作为一种境界,不仅具有道德理性即认识论的意义,更重要的还具有道德情感即实践论的意义。

> 或曰:程氏之徒言仁多矣,盖有谓爱非仁,而以万物与我为一为仁之体者矣。亦有谓爱非仁,而以心有知觉释仁之名者矣。今子之言若是,然则彼皆非与?曰:彼谓物我为一者,可以见仁之无不爱矣。而非仁之所以为体之真也。彼谓心有知觉者,可以见仁之包乎智矣。而非仁之所以得名之实也。

有人认为程子不以"爱"为"仁",而以"万物与我为一"作为"仁"的本体;也有人认为程子不以"爱"为"仁",而以"心有知觉"来指称"仁",这些说法是否都是错误的。朱熹回答说,"万物与我为一"只是说明"仁"的境界要做到"无不爱"而已,而不是将"万物与我为一"本身看作仁的真实存在,"仁"的真实存在只能是道德情感的"爱";所谓"心有知觉",也只是说明心有认知功能,可以知道在仁的境界中包含着道德理性,而不是将"心有知觉"或"知觉之心"看作仁之所以得名之实在。总之,万物一体和心有知觉,都不是仁的真实存在,其真实存在只能是"爱"。

> 观孔子答子贡博施济众之问,与程子所谓觉不可以训仁者,则可见矣。子尚安得复以此而论仁哉?抑泛言同体者,使人含糊昏缓而无警切之功,其弊或至于认物为己者有之矣。专言知觉者,使人张惶

迫躁而无沉潜之味,其弊或至于认欲为理者有之矣。一忘一助,二者盖胥(全部)失之,而知觉之云者,于圣门所示乐山能守之气象,尤不相似。子尚安得复以此而论仁哉。因并记其语作仁说。

朱子认为,仁的境界是切己反思,不断提撕的过程,认真揣摩孔子"博施济众"之类道德涵养的内容,自然就会领悟到仁的境界。仁的境界是体用合一的整体,"一体"是仁之境界,"性善"是仁之本体。黄宗羲曰:"夫性固浑然天地万物一体,而言性者必以善言性,绝不以浑然天地万物一体言性,一体可以见性,而善非一体明矣。"只从"天地万物一体"上来说明仁的境界,而不深究仁之本体的"性善",就会成为空疏无用之谈。即朱子所谓"泛言同体者,使人含糊昏缓而无警切之功"。警切之功就是道德涵养的功夫,"警"即心不昏昧,要对道德本心保持高度的警觉,"切"即切己反思,还要结合自己的道德实践加以反思,这样才能达到天人合一的圣人境界。"泛言同体"的弊端在于容易"认物为己",即将自己混同于一物,从而失去道德主体性。从境界论上说,万物平等,但毕竟物有物理,人有人性,不能因为境界论上讲"天地万物一体"而泯灭了人对自然界的道德责任,失去人之所以为人者的特征。境界既是不断道德践履的过程,也是心灵不断超越的过程,境界是心灵超越的存在方式,道德情怀如"博施济众"之类,才是心灵的真实存在。朱子此论当有所指,如佛教亦有"一念三千",道教亦有"心即是道"之类泛言"天地万物一体"之论,但佛道对人的本性规定却是"空"和"无",认为整个宇宙都是虚假不实的,这种空疏迂阔、泛滥无归之论,何以能做到"天地万物一体"之"仁"呢?

也有人专门以心之知觉来界定"仁",这样的话又会使人在天理体认和道德践履的过程中陷于精神紧张和思想不安之中,而无"沉潜之味"。沉潜即朱子"主敬涵养"之类道德涵养的方法和功夫,这是优游涵泳、沉潜玩味的过程。若专以知觉来论仁,其弊端在于容易使人"认欲为理",即将"人欲",也就是自己的主观愿望或经验感知当成"天理"。这里的"欲"并非"淫欲""私欲"之类,是指人的主观欲望。在理学家看来,自然界就是天理流行、浑然天成的过程,如他说"曾点之学,盖有以见夫人欲尽处,天理流行,随处充满,少无欠阙。故其动静之际,从容如此"[①]这是"无私""无欲""无我"的廓然大公的天地精神,也是人与自然完全融合的"心与理一"

---

① 《朱子语类》卷六。

的境界,唯其无欲才能体悟到天理流行的境界。这是融道德精神(善)与审美体验(乐)为一体的精神境界,也是一个心灵自由的境界,如孔子所云"我欲仁斯仁至矣"。

所以朱子认为或泛言同体,或专言知觉,对于体悟"天人合一"的仁的境界都是失误。尤其是以知觉为仁,对于体悟圣人"乐山乐水"的审美愉悦且能持之以恒的精神境界,尤其有害。因为"乐山乐水"的审美体验不仅是求真向善,即不仅是认识论、伦理学的问题,更主要还是道德情感的审美愉悦。

在境界学说中,朱子实际上引用"理一分殊"的哲学范畴,一视同仁可谓"理一",这个大家容易理解,然而落实到每一个人的悟道实际,却是千差万别的"分殊",对"分殊"之理的日用伦常的体悟才是重要的,这体现出传统儒学"崇实黜虚"的价值取向。

当代的生态文明建设,不但对自然界要诉诸情感上的同情,还要提高人们的精神境界,不断克服"人类中心主义"的价值观念,回归到中国传统文化"天人合一"的价值理念,做到对自然界的一视同仁。在生态科学高度发展的今天,提高精神境界还有待于对自然界生态系统和生态规律的正确认识,认识到含人在内的自然界是有机的生命整体,是圆满自足的生态系统。自觉维护自然界生态系统的完整性和平衡性,不仅提倡对自然界的生态修复,更应当遵循"道法自然"的原则,提倡自然恢复,整个生态系统才能得到根本的改善。

二、朱子的生命体验与生态情怀

"生理"或"生生之理"即自然界生命创造的法则始终是朱子理学的核心内容。朱子虽然对"生理"及其相关概念进行了条分缕析式的逻辑思辨,但这种分析的意义仅限于认识论上的理性自觉。把对自然界"生理"的理性认识内化为人类的道德自觉和生命情感,还需要对"生意"即自然界生命创造的目的性进行深切的生命体验。对"生理"的理性自觉和对"生意"的情感体验,最终要实现为人与自然和谐相处的理想境界和生活方式,这寄寓了朱子现实的生态情怀。

1. "生理"的自觉

"理"是朱子哲学的最高范畴,它是包括人类在内的整个自然界的本体存在,因而又被称为"天理"。天就是自然界。那"天理"是纯粹形而上的哲学理念,还是有具体内容?如果有,它的核心内容和基本精神是什么呢?在朱子看来,"天理"就是自然界生生不息的生命法则,其高度哲理化的道德哲学和人生哲学即源此而生。

几乎所有的理学家都将"六经之首""大道之源"的《周易》作为直接的理论源头,这自然是因为在经学史上享有独尊地位的《周易》对中国传统文化思维模式和价值观念有深刻影响。《易传》不仅明确提出"生生之谓易","天地之大德曰生",而且提出"三才之道"和"顺天应人"。可见,《周易》不是纯粹形而上的哲学著作,生态哲学是其精髓。说《周易》是讲变化的哲学著作,所谓"易有三义",即变易、简易、不易,那也是讲生命变化之道的哲学著作。

蒙培元说:"'生'的问题是中国哲学的核心问题,体现了中国哲学的根本精神。"蒙先生所说的"生"有生成论、生命哲学和生态哲学三层含义,但其核心和实质仍然是生态哲学,且是广义的生态哲学。①《周易》开启了中国生态哲学的源头,从此"生"的哲学成为中国哲学发展的一条主线。道家所谓"道生一,一生二,二生三,三生万物"。儒家所谓"天何言哉?四时行焉,百物生焉。天何言哉"。佛教所谓"众生平等"和"普渡众生"。都是"生"的哲学的生动体现。

《易传》之"生"的学说是理学最重要的思想来源。周敦颐的"万物化生",张载的"乾坤父母"说以及"天地之心以生为本",程颐的"心者生道也",程颢的"天只是以生为道",无不以"生"为道为理。朱子作为"集大成者",当然也不例外。他虽然对"理"作了各种解释,但以"生"说"理"、说"仁"、说"性"、说"心"始终是其核心内容。朱子在其《仁说》中不仅对"生理"学说作了集中论述并提出著名的"天地以生物为心,人得夫天地生物之心以为心",揭示了"生"与"心"进而与"理"的内在和本质联系。这是朱子天人之学的关键所在。

可见,"生理"或"生生之理"才是理的核心内容,也是理的价值意义之所在。因此,朱熹虽然对其哲学最高范畴"理"进行了不同层面的逻辑分

---

① 蒙培元:《人与自然——中国哲学生态观》,人民出版社2004年版,第4页。

析,但其核心始终围绕"生生之理"展开,以"生道"的"广大流行"说明其"理"的客观普遍性。朱熹所讲的"自然之理",就其实质而言只是"生生之理"。自然界是"生生不息"的生命创造过程,其生命创造是有秩序有规则的,此即所谓"生理","理"字具有普遍性的意义。"自然之理"就是自然界发育流行的秩序或法则。中国哲学不是西方以认识论为基础的主客二元对立的哲学,而是以心性修养为基础的主客内在统一的哲学,亦即基于自然界生命有机整体的"天人合一"之学。因此,作为自然界万物本质规定的"所以然之理"和作为人类认识主体价值选择的"所当然之则",即存在与价值,正是在"生理"实现为"仁德"的基础之上得到了统一。在朱子学说中,固然有"心外有理"及"格物致知"之说,然而这只是从认识层面上说的,朱子承认有主客之分,因而有"穷理"之学。但就本体存在而言,"物理"最终通向"性理",从而实现"心与理一"。这种典型的"观物体道"的思维方式,基于人与自然的有机生命整体。以"生意""生理"说明仁德,是理解朱子德性学说的关键。

在天人合一思维模式下,将自然界的"所以然之理"内化为人心内在的道德理性,不是对象化的客观认识所能完成的,还需要下一番切己省察的生命体验功夫。因此,中国古代哲学没有西方哲学严格意义上的对象化的认识论,但有实践理性的天人合一的体认论、体验论和体悟论等,这里的"体"就是身体力行。朱子的"格物致知"之学是特殊的生命体验,其内容是要解决人与自然万物之间的关系问题,其根本目的则是通过"格物"而致天人合一之"知",实现人与自然万物的和谐与统一。从本体论看,在人为性,在物为理,都体现自然界的"生理"和"生意";从认识论看,人不仅是德性主体,又是认识主体,人可以通过对万物的认识,实现人的德性。从人与自然的生命有机整体联系看,朱子的"即物穷理",就只能是"穷"生命之理。所谓"凡天下之物,莫不因其已知之理而益穷之,以求至乎其极,至于用力之久,而一旦豁然贯通"。[①] 这里的"极"就是从已知的"物理"进而追溯到人与自然生命贯通之"生理",穷理的过程就是德性主体的确立过程。

朱子曰:"仁只是个浑沦底道理。如致知格物,所以求仁也。博学、审问、慎思、明辨、力行,亦所以求仁也……仁在事,若不在事上看,如何见

---

① 《四书章句集注·大学章句》,文渊阁《四库全书》电子版,上海人民出版社1999年版。

仁？"朱熹的知识之学,其目的就是为了"求仁"。仁本来就在人的心中,是"本心之全德",为何向外求仁呢？他认为,"仁在事",因此,要"在事上看",就是在事物中求得仁理。这有两方面意义。一方面,仁德是在处事接物中体现出来的,其间有很多具体内容,如家庭层面的父子、夫妇、兄弟关系,社会层面的君臣、朋友关系,还有人与自然界的万物之间的关系,都从不同的侧面体现了仁德。懂得了这些具体知识,抽象的仁德也就获得具体内容,人也获得道德上的理性自觉。另一方面,"生理"虽在人心而为仁德,但不能说人心之外的万物便无"生理",实际上,自然界的万物之中就存在"生理""生意",自然界就是"生生不已"的生命流行,活泼泼地,这就是"道体流行"或"道体之本然",其中有仁的内在依据。通过"格物穷理",便能认识、体会其中的意思,即仁的道理。

　　仁德是天生的,与生俱来的,如同孔子所说,是"天生德于予"。但仁德需要人自己去完成,去实现,亦如孔子所说,是"为仁由己"。除了"存心养性"的功夫之外,还要习得"格物致知"之学,朱熹的知识之学,自然包括对于自然界的对象化的知识,但其根本目的却是德性之学。朱熹认为,自然界生命流行,生生不已,充满生机、生意,这都是"生理"的体现,都要认识。通过这种认识,便能启发心中之德性。

　　人与万物之间,固然有主客、内外之别,在这个层面上,人是认识主体,万物是认识对象,构成认识与被认识的关系,人可以从中获得知识。但从根本上说,这不是对物理世界的认识,而是对生命的认识。从生命的层面上说,人与万物是相通的,人虽然是万物之灵,但万物也有生命,人与万物是一体的。故程颢曰："天地之间,非独人为至灵,自家心,便是草木鸟兽之心也。"只是人心不仅有灵明知觉,而且全具仁德。因此,"格物"不只是将万物作为控制、利用的对象去认识,而是认识其生命意义而关怀、爱护之。从这个意义上说,"格物"也就是"爱物"。因此,朱子曰："古人爱物,而伐木亦有时,无一些子不到处,无一物不被其泽,盖缘是格物得尽,所以如此。"又曰："格物须合内外始得……目前事事物物,皆有至理,如一草一木,一禽一兽,皆有理……自家知得万物均气同体,见生不忍见死,闻声不忍食肉,非其时,不伐一木,不杀一兽,不杀胎,不殀夭,不覆巢,此便是合内外之理。"

　　"格物"而至于"爱物",可说是真正实现仁德,也是"格物"的真正目的。这就不是一般得到知识,获得权力,宰制和掠夺万物,以满足自己的欲望,而是与万物情同手足,使万物"无一物不被其泽",实现人与万物的生命和谐。这是朱子"格物说"最有价值最有意义的地方,对现代人有极大的启示作用。过去的研究中,很少有人说到这层意思,只是当作通常的认识论、知识学来对待。所谓自家与万物"均气同体",是说人与万物都是自然界的生命,是"同气相求"的关系,"气"就是代表生命的。所谓"同体",说人与万物同以天地之"生理"为生命本体,同受仁德的恩泽,是生命整体。所谓"合内外之理",就不是以万物为被动的物理对象而认识之,以"格物穷理"所得之知识为工具而对万物实行控制、利用和奴役,而是体认到自家心就是万物之心,自家生命与万物的生命息息相关而不可分离。人之性与物之理,都从自然界的"生理"而来,在人为仁,在物为理。仁德是"生理"之全体实现,"实现"体现人的主体创造性,物理只是"生理"的很有限的部分的实现。人之所以为"贵",就在于通过"格物穷理",认识到万物的生命意义,将其仁德施之于万物,消除主客、内外的界限,以仁心对待万物,这就是"合内外之理"。

2."生意"的体验

自然界的化育流行,使得整个自然界成为充满勃勃生机的有情世界。宋人罗大经云:"古人观理,每于活处看。故诗曰:'鸢飞戾天,鱼跃于渊。'夫子曰:'逝者如斯夫,不舍昼夜。'又曰:'山梁雌雉,时哉时哉!'孟子曰:'观水有术,必观其澜。'又曰:'源泉混混,不舍昼夜。'明道不除窗前草,欲观其意思与自家一般,又养小鱼,欲观其自得意,皆是于活处看。故曰:'观我生,观其生。'又曰:'复,其见天地之心。'学者能如是观理,胸襟不患不开阔,气象不患不和平。"[①]罗大经引用《诗经》《论语》《孟子》《周易》和宋代理学家程颢的著作,说明古人"活处观道",就是要体悟自然界那种生生不已的生命意向。这既是一个生命体验的过程,也是一个道德涵养的过程。所以朱子《四书集注》中认为,对于"鸢飞鱼跃"的生意体验,最后要落脚到"为人处",这也是人们要特别"致思"的地方。因为按照"天地万物一体之仁"的精神,人与自然不仅是平等的,而且是一个生命整体。既然"天地万物本吾一体",那么观乎自然界万物的勃勃生机,本身就是对人类自身的生命体验,即罗大经所谓"观我生"。同样,对人类自身的生命体验,反过来就是对自然界生物的生命体验。在这个过程中,作为道德主体

---

① (宋)罗大经:《鹤林玉露》,文渊阁《四库全书》电子版,上海人民出版社1999年版。

的人,有感于自然界的勃勃生机,内心自会油然而生"爱物利物"之心。因为我与天地万物在生道上是"心相贯通"的。朱子曰:"心,生道也,心乃生之道。恻隐之心,人之生道也,乃是得天之心以生,生物便是天之心。"①

朱子提出"心与理一",并以此描述人与自然和谐统一的存在状态。朱子所说的理即理性,但它不是今人所谓的科学理性和工具理性,而是情感理性和价值理性。其根本目的不是将自然界视为认识对象,通过认识而控制、掠夺自然界,而是在人与自然之间确立内在的价值关系,实现人与自然的生命和谐;不是统治和征服自然界,而是尊重和关爱自然界,从中享受生命的乐趣,实现人类最理想的价值。在"合情合理"的生存状态中,人不仅是理性的存在,而且是情感的存在;人不仅是价值的创造者,而且是自然界"内在价值"的实现者,这种互为主体的关系是维持人与自然生态和谐的根本保证,因而是人类永续发展的根本保证。

天即自然界,是万物之源。理学家"二程"将天即自然界上升到宇宙本体论的高度,提出"天者理也",认为天就是理。同时提出:"天只是以生为道。"天作为最高存在,以生命创造为其道为其理,而生命创造是"生生不已"的过程。也就是说,天以生命创造的过程为其存在,从根本上说,理是生命创造的原理,这是一种功能化和过程化的生命学说。

为了进一步说明天地生物之"心",朱子又提出并发挥"生意"之说。"生意"是程颢最喜欢使用的词语,"万物之生意最可观",以此表示自然界的生命创造活泼泼地、与自家意思一般。朱子也很喜欢使用这个词语,并做了进一步发挥,以此说明天地生物之心以及与人心的关系,即人之仁心。

朱子曰:"心须兼广大流行底意看,又须兼生意看。且如程先生言:'仁者,天地生物之心。'只天地便广大,生物便流行,生生不穷……发明'心'字,曰'一言以蔽之',曰'生'而已矣。'天地之大德曰生',人受天地之气而生,故此心必仁,仁则生矣。"②

程颢体贴出"理"字,而理的根本意义是"生",即"天只是以生为道",而道即是理即是心。朱子又发明"心"字,其根本意义也是"生",即"天地以生物为心而人得之以为心"。但以"生意"说明天地生物之心,进而说明

---

① 《朱子语类》卷九十五。
② 《朱子语类》卷五。

仁，则突显"生"的目的性和情感意义。按朱子所说，"意者心之所发"，"意"与"情"又有直接关系，"情又是意底骨子"，"意因有是情而后用"，就是说，意是从生命情感发出来的意向活动，有目的性意义，故曰："情是会做底，意是去百般计较做底。"意属于意识活动，是人特有的，朱子用"心"字贯通天人，又用"生意"说明其意义，这实际上是说，人与自然之间，有生命情感和目的性的内在联系，而不是机械式的外在联系。

一方面，"天地以生物为心者也，而人物之生，又各得夫天地之心以为心者也。故语心之德，虽其总摄贯通无所不备，然一言以蔽之，则曰仁而已矣"[1]。就是说，人心是天地之心的实现，仁德是天地之德的实现，其间贯穿"生意"，即生命情感和目的性原则。另一方面，"仁则生矣"，仁心又是完成自然界生命创造的关键，这正是仁的根本意义。人心之仁以"生物"为其职能，这也就是"为天地立心"。正是在这个方面，突显人的主体性与创造性，突显人在自然界的地位与作用。仁虽然来源于天地之心之德，但却是人的精神创造，所谓"实现"，就是一种创造，"继善成性"是要人去完成的。总之，人既是天地之心的实现者，又是其创造者，由此构成"共生"的关系。

所谓心的"广大流行意"，正说明天地"别无勾当"，只是生物。"广大"是其空间形式，"流行"是其时间形式，从空间和时间上解释天地之心，说明天地并非真有一个心，天地之心，只是自然界生生不已的生命创造过程，即"天地以生物为心"。所谓"生意"，显然有情感、意向、目的等意义，这是无情之情，无目的的目的，也就是无心而有心，即"天地生物之心"。"生意"之说，其实指自然界是一个活生生的生命体。

朱子认为，自然界是有"生意"的，自然界的"生意"不仅存在，而且与人的生命息息相关。但是，要通过生命体验去体认，不只是客观认识、对象认识的问题。这就直接关系人类对待自身、对待自然的问题，关系人类生存的问题。

朱子曰："仁，鸡雏初生，可怜意与之同。意思鲜嫩，天理著见，一段意思可爱，发出即皆是，切脉同体……孔子教人仁，只要自寻得了后自知，非言可喻。只是天理，当其私欲解剥，天理自是完备。只从生意上说仁，其全体固是仁……今不可于名言上理会，只是自到，便有知得。上蔡所谓，

---

[1] 《晦庵集》卷六十七。

饮食知味也。"①

以"生意"贯通天人而说仁，从根本上说其实就是生命体验的问题。"生意"即"生底意思"，不能用概念语言说明，"今不可于名言上理会，只是自到便有知得"，"如上蔡所谓'饮食知味'也"，即只能在自身生命中去体认。只从概念上说明什么是"生"，什么是"生意"，并不能真正知道其"意思"。要真正知道其"意思"，只有如同"饮食知味"一样，"自到"后才能做到。食物只有亲口吃了，才能知道其中的味道，如同佛家禅师所说，"如人饮水，冷暖自知"，要知道自然界的"生意"，也只能从自家生命中去体会，不可"坐而论道"，在"名言"上打转。因为"生意"就是人类生命的本真所在。所谓"自到"，就是亲自体验和实践，感同身受，这才是真知、真智慧。其所谓"私欲解剥，天理完备"之说，并不是取消人类的合理欲望，而是去掉超出生活需要而无限膨胀的个人私欲，天理即生理之仁就会全部实现。

从概念上虽然"不能说"，但是还要说。这个说，实际上是情感语言，生命语言。"天理"是什么，就是"生理"。"生理"又是什么，是生命创造之理，必有情感在其中，发出来就是"生意"。"生意"要从生命情感及其意向性、目的性上去理解，因此不能从"名言"上去说。这是生命体验的问题，不是纯粹的认识问题。他所说的"可怜""鲜嫩""可爱"，就是从生命体验中说出来的情感语言，这种体验随时都牵动着人的情感，是生命最基本的存在方式。人类并不生活在概念中，而生活在大自然中，与自然界的生命有不可分割的联系。情感交流是这种联系的重要形式，情感体验是这种联系的真实体现。从哲学上说，这是建立在生命情感之上的价值关系，绝不仅仅是主体与客体、认识与被认识、控制与被控制的关系。认识中的自然是不完全也是不真实的。

生命体验之所以重要，不仅在于这是儒学认识事理的独特方法，更因为这个过程本身就是情感熏陶和心性涵养的过程，而其目的最终则是人类对于自然界情感理性和价值理性的确立，这是在生态危机日趋严重的今天最值得深思的问题。

3."生活"的理想

对于生生之理的理性自觉，对于生命意向的情感体验，最重要的是达到生活方式上的天人合一境界。天人合一的境界，在朱子理学中表述为

---

① 《朱子语类》卷六。

"心与理一"。

朱子的"心与理一"有两个层面上的意义,从认识论的层面上说,朱熹认为心外有理,理在物中,因此提出"格物穷理",即要经过认识,打通人心与物理之间隔,实现人心与物理之贯通;从本体论的层面上说,朱熹认为理本来就存在于心中,是心之所以为心者,即心的本体存在。即所谓"心即理,理即心"。

境界就是心灵存在的方式和状态。境界既不是纯粹的客观认识,有明显的主观性;又不是纯粹的主观意识,有其客观性。朱子追求的正是"心与理一"的境界,是主客观的统一。实现这一点,就要消除一切私心私欲,做到"圣人之心,表里洞然,无有一毫之蔽"。朱子和其他理学家都以圣人境界为人生的最高理想。所谓圣人境界,就是天人合一境界。这既有形而上的超越性一面,又不离人的现实存在。人生的最高境界就表现在日用常行之中。

朱子和其他理学家经常用"心"字来表述圣人境界。如朱子曰:"圣人之心,浑然一理。盖他心里尽包这万理,所以散出于万物万事,无不各当其理。"① 可见,人生的最高境界为"浑然一理",即"心与理一"的境界。

所谓"浑然",有两种含义。一种含义是心中无私欲障蔽而全体是理,也就是心理合一,浑然无间。这是仁者之心,即仁的境界。"仁者理即是心,心即是理。有一事来,便有一理以应之,所以无忧。"这就是朱子追求的最高境界。实现"心与理一",人就成为无私欲障蔽的纯粹的人,便没有得失利害的考虑和计较,自然无忧,自无烦恼。不仅如此,有了这种境界,就可以从容自如地应对复杂烦难的事物而处之有道,即所谓"泛应曲当,用各不同"②。因此说境界即人的"心境",或看待世界的主观态度。

从实践理性出发,理学家更是将境界看作理想的生活方式,在处理生活问题时有实际作用。本体境界必然发而为用,在实际生活中发挥作用,包括一言一行,待人接物,处理问题,随时随地都能表现出来。有了这种境界,便有了大本大原,自然心胸开阔,见世间事皆琐琐不足道矣。因为能超越世俗之见,超越营营逐利之心,超越自我,心中包容整个世界,故能"体事而无不在"。这个"体",不只是体认之意,是身处其中,体验、体恤并

---

① 《朱子语类》卷二十七。
② 《朱子语类》卷二十七。

实践其事，这才是境界的实际作用。所谓"天下事皆此心发见"，是说天下事无一不在吾人心灵境界的关照之下呈现出来。既然天下事都在吾人心灵境界之下呈现出来，吾人自然会以身体之，从而实现其意义和价值。境界既是心灵的境界，也是身体的实践活动。

"浑然"的另一种含义是，"心与理一"还是各种意义构成的整体境界，其中主要的是真、善、美的境界。真、善、美是朱子哲学，也是整个中国哲学所追求的理想境界。真、善、美的境界在朱子理学中表现为诚、仁、乐三个概念构成的相互贯通、相互融合的整体精神境界，和生命的审美体验结合在一起。

不同于西方哲学主要以"求真务实"为基本内涵的科学理性，朱子和儒家哲学主要以"趋仁向善"为基本内涵的价值理性。虽然东西方都以追求真善美为人生最高的精神境界，但西方文化偏重于以真统美兼善，而东方文化则偏重于以善统真兼美。

一是关于"诚"的境界：孔子提出"仁"的学说，主要突显其价值层面的意义。孟子提出"诚"的学说，主要突显其存在层面的意义。朱子认为"诚"与"仁"是"一理浑然"之境，是"仁"的价值意义和"诚"的存在意义都得到提高。分而言之，则是"以其实有，故谓之诚。以其体言，则有仁义礼智之实；以其用言，则有恻隐、羞恶、恭敬、是非之实"①，这是说，诚有体用之别，以其体言就是仁义礼智（总说则为仁）之实，以其用言则是恻隐、羞恶、恭敬、是非之实。仁是诚的真实内容，诚是仁的存在基础。

朱子认为诚的基本含义是"真实，无妄"，反面即是"虚妄、欺枉"。人人都有诚的本体存在，但只有圣人才能做到心中之天理"自然流行"从而体现诚的境界，即天人合一境界。一般人则由于人欲之私、虚妄之蔽，不能真正达致诚的境界。要达致诚的境界，就要克服人的虚伪和欺诈，虚伪和欺诈则来自私欲，朱子认为，自欺是人最大的弊病，人而欺骗自己，则无所不欺。所以要去"妄"而实现诚的境界，就要做到毋自欺和慎独。有了诚的境界，就能排除人欲之私，虚妄之蔽，贯通天人之际，实现天人合一。

二是关于"仁"的境界：仁是儒学的核心。在原始儒学中，仁多表现为具体的德行，如孟子的亲亲、仁民、爱物。朱子则将仁提到本体论的高度，

---

① 《朱子语类》卷六。

对仁做出新的规定:"仁者,爱之理,心之德。"①仁是爱的所以然之理,也是本心所具之德性,这样就使"心与理"统一,即天人合一的境界。这里所说的"心之德",朱子进一步解释:"仁者,本心之全德。"②"全德"包含其所有的德行,混而言之为"仁",分而言之则是仁包含义、礼、智其他三德。朱子经常用"天道流行""天理流行"说明仁的境界,这是表里如一,内外无间,接人待物,应事出世,"一视同仁"的境界。

要实现仁,人需要修养,修养的要害是克去私欲。正是私欲使心与仁有了间隔,不能使心之全体呈现出仁,做起事来自然不合于仁。只要除去私欲,其心便全体是仁。"仁与心本是一物。被私欲一隔,心便违仁去,却为二物。若私欲既无,则心与仁便不相违,合成一物。心犹镜,仁犹镜之明。镜本来明,被尘垢一蔽,遂不明。若尘垢一去,则镜明矣。"③

仁就是善,仁的境界即善的境界。仁体现的是情感理性,善体现的是价值理性。仁是生生不已的生命世界,善则从生命的目的性而言。人类和自然界的生命创造向着完善的目的发展,善的境界,以实现生命创造及化育为其功能。朱子所谓"善,谓化育之功"。朱子解释《易传》"元者善之长"说:"元者,生物之始,天地之德莫先于此。故于时为春,于人则为仁,而众善之长也。"④可见,朱子以仁为众善之长,视为各种善的源头。仁之所以为善,就在于对生命的爱、对万物的爱,使其完成生命的创造与化育,使"物各得其宜,不相妨害""以仁为体,则无一物不在所爱之中"。这才是"天理流行"的真义。

朱子认为人的所有德行都是从自然界的"生意"中生发出来的,是真正的生命哲学,"生意"就是生命的"意思"。朱子以仁释生意,则有意境、境界的意思。"生意"是生命的目的性意义,其意义只能在生命体验中才能领会。以生意为仁,又以仁为恻隐之心(即爱),以义、礼、智为恻隐之心的不同作用,这就说明,仁是充满生命活力的意义世界、价值世界,这正是善之所以为善者。仁即善的境界,最终只能在人的生命活动中体现出来。

三是关于"乐"的境界:"乐"是具有审美体验形式的精神境界。在朱

---

① 《晦庵集》卷五十七。
② 《朱子语类》卷二十五。
③ 《朱子语类》卷三十一。
④ 《周易本义·文言传》,文渊阁《四库全书》电子版,上海人民出版社1999年版。

子的审美境界中,既有表现人格美的"孔颜之乐",也有表现艺术美的诗歌之乐,但朱子最推崇的则是"曾点之乐",因为它反映人与自然的和谐之美。

"曾点之乐"典出《论语》:一次,孔子与弟子子路、曾点、冉有、公西华一起谈论各自的理想。子路、冉有、公西华三人各自从事功方面谈自己的志愿,唯曾点与众不同,说道:"莫(暮)春者,春服既成。冠者五六人,童子六七人,浴乎沂,风乎舞雩,咏而归。"孔子喟然叹曰:"吾与点也。"此后,"吾与点也"就成为宋儒特别是朱子谈论"境界""气象"的最重要的话题。

朱子注曰:"曾点之学,盖有见夫人欲尽处,天理流行,随处充满,无少欠阙。故其动静之际,从容如此。而其言志,则又不过即其所居之位,乐其日用之常,初无舍己为人之意。而其胸次悠然,直与天地万物上下同流。各得其所之妙,隐然自见于言外。视三子之规规于事为之末者,其气象不侔矣,故夫子叹息而深许之。"①

朱子在《论语集注》中对"吾与点也"作了很长篇幅的推演发挥,以此阐述自己的生态审美思想,可见朱子对这一问题的高度重视。

所谓"天理流行,随处充满",就是天人合一的审美境界,要达到这种境界,必须克尽人欲,没有人欲之蔽,方能做到"心与理一"。生生之理就能流通于天人之际,人的心中随处充满生意。用今天的语言表达就是克服工具理性,克服人类中心主义,才能达到天人合一的审美境界。

所谓"乐其日用之常,初无舍己为人之意",表明这种生态审美境界就体现在日常生活之中,而不是纯粹的认识论问题,更不是坐而论道的向壁空谈,即"学不得""不可学"。而要从自家心灵深处去体会,且要"着实做将去",在生活实践中去体验,这样才有真实的内容和现实的意义。

所谓"胸次悠然,直与天地万物上下同流"说明"吾与点也"之乐是超功利的,没有任何计较和打算,是人与大自然融为一体的审美境界,完全达到自由的境界,如孔子所言"从心所欲而不逾矩",所谓"不思而得,不勉而中"也。亦即张载所谓"大其心则能体天下之物,物有未体则心为有外。世人之心止于闻见之狭,圣人尽性不以见闻梏其心,其视天下无一物非我"②。

---

① 《四书章句集注》卷六《论语集注》。
② 《张子全书》卷二。

朱子所说"天理流行"指人与人、人与自然的整体和谐之美,曾点只是"举其一事而言之","这道理处处都是:事父母,交朋友,都是这道理;接宾客,是接宾客的道理;动静语默,莫非道理;天地之运,春夏秋冬,莫非道理。人之一身,便是天地,只缘人为人欲隔了,自看着意思不见。如曾点,却被他超然看破这意思,夫子所以喜之。日月之盈缩,昼夜之晦明,莫非此理"①。事父母,交朋友是人间之事,即人与人的关系;天地之运,春夏秋冬,是自然之事,即人与自然的关系。但都是一个道理,即"天理流行"。其实,自然之理,即人心之理,表现在"处事接物"之中。这是"自然道理流行发见,眼前触处皆是",故能"从容优裕悠然自得"。所谓"人之一身,便是天地",就是从天人合一的境界上说。人有这种境界,不仅"触处皆乐",而且能使"万物各遂其性",就是顺万物之生,遂万物之性。朱子称之为"尧舜气象",即圣人境界。这既是善的境界,又是美的境界,既是道德义务,又是美的享受,具有生态美学的意义。

总而言之,一个人只有自觉做到"天地万物一体之仁"的"大公无私"的境界,才能与天地万物同体而生,实现天人合一。朱子"存天理,灭人欲"的命题在此得到生态伦理的佐证。

三、从武夷山摩崖石刻看朱熹的生态思想

武夷山是享誉全球的双遗产地,不仅有历史悠久、积淀丰厚的文化遗产,还有保护完好、山清水秀的自然遗产。她不仅是三教名山,更是全国著名的自然保护区。武夷山的自然环境至今仍然保留着近似于原生态的自然美。"世界遗产地,纯真武夷山"就是人们对武夷山的由衷赞美和文化认同。武夷山优美的自然风光、良好的生态环境无疑得益于武夷山三教文化的人文滋养,两者之间有必然的内在联系。在武夷山的三教代表人物中,不管是道教南宗五祖之一、对道教内丹文化做出杰出贡献的高道白玉蟾,五代以来闽北地区唯一成佛、对佛教禅宗思想做出特殊贡献的扣冰古佛,还是作为一代学术宗师、对儒学文化做出划时代贡献的理学大家

---

① 《朱子语类》卷四十。

朱熹,都有自觉的生态保护意识和深沉的生态伦理思想。朱熹在武夷山生活、著述、讲学近半个世纪,已经将他的生命和思想深深融入这一片青山绿水,其生态思想也必然体现在镌刻于碧水丹山之间的摩崖石刻上。

武夷山摩崖石刻的一个重要特征便是情景交融、道物互观,将优美的自然山水和深沉的人文感悟有机融为一体。本书拟选取几方具有代表性的摩崖石刻,从其深层的文化意蕴揭示朱熹的生态思想。

朱子的生态伦理思想有显著特征,强调"知行合一"。非"知"不能使"行"成为文化自觉,非"行"不能使"知"具有实践理性。其目的是以重新建立以"天人合一"为价值取向、以实践理性为基本特征、融道德理性和道德实践为一体的理想的生活方式,从而实现人与自然的有机和谐与统一。因此,朱子的生态思想,就其基本结构而言,首先是悟道明理的道德理性的确认,其次是循道遵理的道德情感的养成,终则是智性与德性相统一的理想生活方式的确立。

1. 大化流行我参赞——"逝者如斯"释义

武夷山九曲溪碧水弯弯,川流不息,清澈明净,一尘不染。她不仅孕育这方山水的勃勃生机并赋予万物以灵性,她还是自然界生生不息的象征和万物生命的源泉。临流悟道,我们对自然界无私的生命创造报以深深的敬畏。

"逝者如斯"是镌刻于六曲响声岩壁的哲理刻词,学术宗师、理学大家朱熹亲笔题写。石刻临流当空,举目可见。"逝者如斯"典出《论语》:"子在川上曰:逝者如斯夫,不舍昼夜。"有人说这句话是说,时光就像流水一样日夜不停地流去了,似乎是孔子对于壮志难酬的无可奈何的感叹。但结合孔子一生孜孜以求的人生实践,这句话其实是孔子积极进取的人生态度和百折不挠的进取精神的生动写照。

朱熹这方石刻,志在追思前贤,奋发有为。朱熹在《论语集注》中对此加以发挥,赋予生态文化的内涵。他对"逝者如斯"作了如下注释:

> 天地之化,往者过,来者续,无一息之停,乃道体之本然也。然其可指而易见者莫如川流,故于此发以示人,欲学者时时省察而无毫发之间断也。程子曰:"此道体也。天运而不已,日往则月来,寒往则暑来。水流而不息,物生而不穷,皆与道为体,运乎昼夜,未尝已也。是以君子法之,自强不息。及其至也,纯亦不已焉。"又曰:"自汉以来,

儒者皆不识此义。此见圣人之心,纯亦不已也。纯亦不已,乃天德也。有天德,便可语王道,其要只在谨独。"①

自然界,其动态是大化流行的永无止境的。在这个大化流行的过程中,自然界不仅创造自然万物,也创造了人的生命。因此,人不仅是大化流行的结果,人作为万物之灵还是大化流行中承前启后的重要一环。作为自然界大化流行的结果,人乃自然之子,应该对大自然执以母亲般的敬畏和感激之情;作为大化流行的重要一环,人类还应当承担起"参赞化育"的道德责任,就是孟子所谓的"仁民爱物"。就"爱物"而言,就是要尽物之性,任其自化,顺物之情,爱其生意。

对于自然界大化流行的认识,意在追溯人类生命的源泉,确立人类生命的存在价值,这是朱熹生态思想得以确立的哲学基础。

从朱熹的注释看,自然界的演化是往来相续,永不停息的过程,这便是道体之流行。作为形而上的道体,隐微难识,只有借助其化生万物的功能来体现。这就需要"观物体道",即通过对自然事物的深切体察来感悟道体之流行,其显而易见者莫如川流不息。在中国哲学中,山水常常成为自然界的表征和自然界的生命存在形式。水是生命之源,川流不息无疑最具有生生不息、大化流行的象征意义,所谓"云行雨施,品物流行"。"大化流行"具有时空意象,"大"而充斥天地,包含三才。"流"而往来相续,永无止境。孔子所以临流兴叹,意在提醒人们时时省察天道流行,不可毫发之间断。

天道流行的本质是什么,朱熹揭示说,天道运行不息就是生生不已的不断创造生命的过程。在这个过程中,自然界的万物(含人在内),就其生命统一体的本质而言,是与道体合一的。自然界万物的生化无穷就是道体流行的生动显现。

中国古代的宇宙观从来就不像西方文化的那样,把自然界仅仅看成缺乏生机的、寂静不变的、纯然客观的认识对象,而把自然界看成变动不居的、充满生机的、主客不分的、具有生命体验意义的大化流行。《周易》所谓"生生之谓易","天地之大德曰生"。《道德经》所谓"道生一,一生二,二生三,三生万物"。《论语》所谓"天何言哉? 四时行焉,百物生焉。天何言哉",都在于说明自然界是生生不已的大化流行的过程。

---

① 《四书章句集注》卷五《论语集注》。

在这个大化流行的过程中,自然界不仅赋予天地万物以生生之大德,也赋予人以"仁民爱物"的道德良心。朱熹曰:"天地之大德曰生,人受天地之气而生,故此心必仁,仁则生矣。心须兼广大流行底意看,又须兼生意看,且如程先生言:仁者天地生物之心,只天地便广大,生物便流行,生生不穷"①。又曰,"仁者天地生物之心,而人、物所得以为心,则是天地人物莫不同有是心,而心德未尝不贯通也。虽其为天地,为人物,各有不同,然其实则有一条脉络相贯。故体认得此心,而有以存养之,则心理无所不到,而自然无不爱矣"②。天理良心是一体贯通的,识得此理,便会物我一体,内外不分,用"天地万物一体之仁"去接人待物。

遗憾的是,自秦汉以来,学者们都没有认识到圣人"发以示人"的深刻意蕴。不知道圣人与道合一、纯然无私的精神境界,正是天地生物无私之心的体现。纯然无私的道德境界,才是王道政治的基础。可见王道政治就是天人和谐的理想社会,其核心内容,就人的道德践履而言,就是要做到"慎独"。慎独就是要克尽人欲,尽复天理。诚能如此,便会效法自然,自强不息地致力于"爱人利物"的道德践履。故朱子曰:"世之忍心无恩者,只是私欲蔽锢,不曾认得我与天地万物心相贯通之理。故求仁之切要,只在不失其本心而已。若夫博施济众,则自是功用。"③朱子进一步引用伊川先生的"谷种之说"来说明天地生物之心便是仁德的价值源泉和本体,爱人利物则是仁德的现实功用:"尝以伊川谷种之说推之,其心犹谷种,生之性便是仁。阳气发动,乃情也。盖所谓生之性即仁之体,发处即仁之用也。若夫博施济众,则又是种之成实而利及于人之谓。"

自然界不仅缔造人的生命,还赋予人以道德良心。因此,不管是作为认识主体还是作为道德主体,人类在自然界的大化流行中,是非常重要的一环,占据非常重要的地位。人类不仅应当认识到自然界乃是人类生命的源泉,更应当推己及人,推人及物,以爱己之心爱人爱物。不仅要做到

---

① 《朱子语类》卷五。
② 《朱子语类》卷九十五。
③ 《朱子语类》卷九十五。

尽心—知性—知天,更要做到存心—养性—事天①,把道德理性和道德践行有机结合起来,确立人类的道德主体地位。

2.万物生意最可观——"鸢飞鱼跃"释义

武夷山被中外生物学家称为"鸟的天堂""蛇的王国""昆虫的世界""研究两栖类爬行动物的钥匙""世界生物之窗"。1987年和1992年武夷山又分别被联合国教科文组织接纳为世界"人与生物圈"保护区和"全球生物多样性保护区"。武夷山是生态原始、环境优美、资源丰富的天然生物宝库。"鸢飞鱼跃"这方摩崖石刻正是对这个天然生物宝库勃勃生机的生动描述。

"鸢飞鱼跃"这方摩崖石刻镌刻于武夷山九曲溪一曲溪北的水光石上,语出《中庸》,是子思在谈到君子之道费而隐的问题时引用《诗经·大雅·旱麓》中的两句。原文云:

> 君子之道费而隐。夫妇之愚,可以与知焉。及其至也,虽圣人亦有所不知焉。夫妇之不肖,可以能行焉。及其至也,虽圣人亦有所不能焉。天地之大也,人犹有所憾。故君子语大,天下莫能载焉;语小,天下莫能破焉。《诗》云:"鸢飞戾天,鱼跃于渊。"言其上下察也。君子之道,造端乎夫妇;及其至也,察乎天地。

朱熹在《中庸集注》中对此加以发挥,赋予生态文化内涵。他解释道:"君子之道,近自夫妇居室之间,远而至于圣人天地之所不能尽,其大无

---

① 《孟子·尽心上》曰:"尽其心者,知其性也。知其性,则知天矣。存其心,养其性。所以事天也。殀寿不贰,修身以俟之,所以立命也。"朱熹《孟子集注》曰:"心者,人之神明,所以具众理而应万事者也。性则心之所具之理,而天又理之所从以出者也。人有是心,莫非全体,然不穷理,则有所蔽而无以尽乎此心之量。故能极其心之全体而无不尽者,必其能穷夫理而无不知者也。既知其理,则其所从出,亦不外是矣。以大学之序言之,知性则物格之谓,尽心则知至之谓也。存,谓操而不舍;养,谓顺而不害。事,则奉承而不违也。殀寿,命之短长也。贰,疑也。不贰者,知天之至,修身以俟死,则事天以终身也。立命,谓全其天之所付,不以人为害之。程子曰:'心也,性也,天也,一理也。自理而言谓之天,自禀受而言谓之性,自存诸人而言谓之心。'张子曰:'由太虚,有天之名;由气化,有道之名;合虚与气,有性之名;合性与知觉,有心之名。'愚谓尽心知性而知天,所以造其理也;存心养性以事天,所以履其事也。不知其理,固不能履其事;然徒造其理而不履其事,则亦无以有诸己矣。知天而不以殀寿贰其心,智之尽也。事天而能修身以俟死,仁之至也。智有不尽,固不知所以为仁;然智而不仁,则亦将流荡不法,而不足以为智矣。"

外,其小无内,可谓费矣。然其理之所以然,则隐而莫之见也。盖可知可能者,道中之一事,及其至,而圣人不知不能。则举全体而言,圣人固有所不能尽也。侯氏曰:'圣人所不知,如孔子问礼问官之类;所不能,如孔子不得位、尧舜病博施之类。'愚谓人所憾于天地,如覆载生成之偏,及寒暑灾祥之不得其正者。"侯氏认为:"子思引此诗以明化育流行,上下昭著,莫非此理之用,所谓费也。然其所以然者,则非见闻所及,所谓隐也。故程子曰:'此一节,子思吃紧为人处,活泼泼地,读者其致思焉。'"①

自然界的化育流行,使得整个自然界成为充满勃勃生机的有情世界。鸢飞戾天,鱼跃于渊,一上一下,一天一地,既是自然界大化流行的生动体现,也是自然界勃勃生机的生动体现。从大化流行的角度看,人与自然万物同为自然之子,乃如一母同胞。因此,对于自然界勃勃生意的生命观照,就是对人类自己生命价值的意义追寻,观照和追寻的结果便是道德情感的确立,即对自然界的勃勃生机的诗意欣赏和对自然界生命存在的普遍同情。这是朱熹生态思想得以确立的情感基础。

所谓"君子之道",贵在道德践履。道德践履不仅要有道德理性上的自觉,更需要道德情感上的自愿,自觉自愿,知行合一,方能功德圆满。

朱子认为,君子之道,其大无外,其小无内,近而日用人伦,远至天地自然,无不囊括,然而隐藏于其中的所以然之理,即生生之理的本体则隐微而莫能见者。故子思引用此诗,以鸢之上飞于天,鱼之下跃于渊,以明自然界的"化育流行",上下昭著,这就是所谓的"费"(按:费者,用之广也。隐者,体之微也)。莫非此生生之理的功用。正如明人季本所言:"鸢飞戾天,鱼跃于渊,岂弟君子遐不作人。天地发育万物,生意无所不至,故鸢之飞则至于天,鱼之跃则至于渊,皆自然之生理而吾道之所察也。君子有作人之德,则人皆兴起,无不化而为善,如鸢鱼之飞跃于天渊,则为察矣。"②因此,对于自然界生生之理的体悟,只能从活处体悟。

宋人罗大经云:"古人观理,每于活处看。故诗曰:'鸢飞戾天,鱼跃于渊。'夫子曰:'逝者如斯夫,不舍昼夜。'又曰:'山梁雌雉,时哉时哉!'孟子曰:'观水有术,必观其澜。'又曰:'原泉混混,不舍昼夜。'明道不除窗前草,欲观其意思与自家一般,又养小鱼,欲观其自得意,皆是于活处看。故

---

① 《四书集注·中庸集注》,文渊阁《四库全书》电子版,上海人民出版社1999年版。
② 《诗说解颐·卷二十三》。

曰:观我生,观其生。又曰:复,其见天地之心。学者能如是观理,胸襟不患不开阔,气象不患不和平。"①

可见,活处观道就是要体悟自然界生生不已的生命意向,这既是生命体验的过程,也是道德涵养的过程。朱子认为对于"鸢飞鱼跃"的生意体验,要落脚到"为人处",这也是人们要特别"致思"的地方。按照"天地万物一体之仁"的精神,人与自然不仅是平等的,而且是生命整体,万物就像自家身体一样,不可缺少,更不可损伤。既然"天地万物本吾一体",观乎自然界万物的勃勃生机,本身就是对人类自身的生命体验,即罗大经所谓"观我生"。同样,对人类自身的生命体验,反过来就是对自然界生物的生命体验,即罗大经所谓"观其生"。在这个过程中,作为道德主体的人,有感于自然界的勃勃生机,内心自会油然而生"爱物利物"之心。因为我与天地万物在生道上"心相贯通"。朱子曰:"心,生道也,心乃生之道。恻隐之心,人之生道也,乃是得天之心以生,生物便是天之心。"②

朱熹曰:"大抵天地之心粹然至善,而人得之,故谓之仁。"③仁就是内心具有的恻隐之心,它是自然界在化育万物过程中表现出的"粹然至善"的目的性在人性上的实现。它是人的道德天性亦即人的本性,是人内心固有的,亦即《中庸》所谓的"天命之谓性"。"故体认得此心,而有以存养之,则心理无所不到,而自然无不爱矣",对此仁心需要切身的体认,在日用人伦的实践中加以涵蓄存养,就能做到"无不爱"。故罗大经云:"学者能如是观理,胸襟不患不开阔,气象不患不和平。"因此,朱熹更进一步说道:"此心何心也?在天地则块然生物之心,在人则温然爱人利物之心,包四德而贯四端者也。"④人的道德情感源于自然界生物的目的性,这种天赋之德不仅包容仁、义、礼、智四德,而且贯通恻隐、羞恶、谦让、是非四端。"盖仁之为道,乃天地生物之心,即物而在,情之未发而此体已具,情之既发而其用不穷,诚能体而存之,则众善之源,百行之本,莫不在是。"⑤在这里,自然界还具有道德本体的意义。

仁者天地生物之心。天地自然本无心,以心言德,在于说明自然界生

---

① 《鹤林玉露·卷一》。
② 《朱子语类·卷九十五》。
③ 《晦庵集》卷三十五。
④ 《朱子文集·卷六十七》。
⑤ 《朱子文集·卷六十七》。

物的目的性;而以德言心,则在于说明自然界的内在价值。人与自然界是有机统一、浑然不分的生命整体。诚如朱子所言:"鸢飞戾天,鱼跃于渊,言上下察也。君子之道,造端乎夫妇,及其至也,察乎天地。此是子思在天举一物,在地举一物,在人举夫妇,鸢与鱼其飞跃虽不同,其实则一物为之耳,夫妇之道,亦不出乎此,是皆子思发明一贯之道也。"①天地生物之心流转于人便是仁爱之心。因此,对天地生物之心的明察体悟的过程也就成为人的道德情感的养成过程。在这个道德情感的养成过程中,还需要对自然界有敬畏之心。"涵养须用敬,进学则在致知……是知圣门之学别无要妙,彻头彻尾只是个敬字而已。"②如此则"固习之熟,则隐显混融,内外合一,而道在我矣"③。进入天人合一、物我一体的精神境界。

对自然界的敬畏还只是态度和情感,要真正做到爱物利物,还有"尽性"的问题,即还要认识到人与物,就其生命存在而言,在本质属性上是平等的。《中庸》曰:"唯天下至诚,为能尽其性;能尽其性,则能尽人之性;能尽人之性,则能尽物之性;能尽物之性,则可以赞天地之化育;可以赞天地之化育,则可以与天地参矣。"朱熹注释曰:"天下至诚,谓圣人之德之实,天下莫能加也。尽其性者,德无不实,故无人欲之私而天命之在我者。察之由之,巨细精粗无毫发之不尽也。人物之性,亦我之性,但以所赋形气不同而有异耳。能尽之者,谓知之无不明,而处之无不当也。赞,犹助也。与天地参,谓与天地并立为三也。此自诚而明者之事也。"④就是说,从存在上说是"物我一体",从价值上说,则是"物我共性"。能尽人之性,才能尽物之性,这是将心比心的过程,只有这样,才能真正确立人的道德主体地位。人的道德理性就在于人能做到"自诚而明"。

从大化流行的角度看,不仅人与自然界万物是血肉相连的生命整体,人与自然界万物是平等的。人不仅不是自然界的主宰,而且负有爱人利物的道德责任。人有主体性,这个主体性就是道德主体性,就是《中庸》所谓的"参天地,赞化育",主动参与并赞助自然界完成生育万物的道德责任。因为"心具天德,心有不尽处,便是天德处未尽",故朱子曰:"以仁为

---

① 《晦庵集·卷四十》。
② 《晦庵集·卷四十一》。
③ 《晦庵集·卷四十五》。
④ 《四书集注·中庸集注》,文渊阁《四库全书》电子版,上海人民出版社1999年版。

体,则无一物不在所爱之中"。①

3.乐山乐水返自然——"仁静智动"释义

九曲溪两岸有大量文化遗存,如架壑船棺、古崖居、紫阳书院、叔圭精舍、桃源道观、止止庵、永乐禅寺、摩崖石刻、诗词歌赋、故事山歌等。这些文化遗存赋自然山水予生命和灵魂,这本身就是人与自然和谐相处的历史见证。泛舟九曲,船在水上飘,人在画中游,动中有静,静中有动。见仁见智,尽在其中。在这里,自然与文化浑然天成,定会让游人在轻松与惬意之中,进入物我两忘、天人合一的境界。这一切似乎都在诠释着"仁静智动"这方石刻。

"智动仁静"镌刻于一曲水光石上。石刻背山面水,山静水动,咸蕴其中。"智动仁静"语出《论语》:"知(通智)者乐水,仁者乐山。知者动,仁者静。知者乐,仁者寿。"

孔子认为有智慧的人可以从水的灵动变化中得到智慧的启迪从而喜欢水,有仁爱之心的人可以从山的博载厚施中得到爱心的启迪从而喜欢山,并且认为仁者可以长寿。这是典型的"君子比德"思想。但对于"仁"与"智"的确切内涵,孔子并未做出解释。

朱熹在《论语集注》中对此注释为:"知者达于事理而周流无滞,有似于水,故乐水。仁者安于义理而厚重不迁,有似于山,故乐山。动静以体言,乐寿以效言也。动而不括故乐,静而有常故寿。程子曰:'非体仁知之深者不能如此形容之。'"②

朱熹认为,智者所以为智,在于他们通达事理而无所偏滞,其性通达无滞类似于水,故而乐于观水明理;仁者所以为仁,在于他们安于义理而见异不迁,其性沉稳厚重类似于山,故而乐于观山明道。"动"与"静"乃山水之本然如此,而"乐"与"寿"则是观水明理和观山明道的必然结果。为什么呢?智者动而不括,自由自在,率情任性,故而快乐;仁者静而有常,心平气和,固守德行,故而长寿。朱熹援引程子之语曰:"非体仁知之深者,不能如此形容。"然在这里,朱熹仍然未指明"仁"与"智"的确切内涵。但他在另一处援引《中庸》和《孟子》等诸家之说,对"仁静智动"作了如下解释,以明体道之深:

---

① 《周易本义·卷一》。
② 《四书章句集注·论语集注》。

仁静知动,易中说:"仁者,见之阳也;知者,见之阴也。"这样物事大抵有两样,仁配春,知配冬。中庸说:"成己,仁也。成物,知也。"仁在我,知在物。孟子说:"学不厌,知也。教不倦,仁也。"又却知在我,仁在物。见得这样物事皆有动静仁知。动静,自仁之静,知之动而言,则是:成己,仁也。成物,知也。自仁之动,知之静而言,则是:学不厌,知也。教不倦,仁也。仁者静,或谓寂然不动为静,非也。此言仁者之人,虽动亦静也。喜怒哀乐皆动也,仁者之人岂无是数者哉。盖于动之中未尝不静也。静谓无人欲之纷扰,而安于天理之当然耳。若谓仁有静而不动,则知亦常动而不静乎。通老问:仁知动静,合二者如何?曰:何必合此,亦言其多耳。不成仁者便愚,知者便一向流荡。要之,安静中自有一个运动之理,运动中自有一个安静之理,方是,知便有个快活底意思,仁便有个长远底意思,故曰知者乐,仁者寿。①

对于观物体道者而言,任何事物都有仁静智动的问题。静与动是相对的,仁与智之内涵则是确定的。无人欲之纷扰而安于天理之当然者即谓之仁者静,是虽动亦曰静;认识天理之流行而顺应无滞则谓之智者动,是虽静亦曰动。何为仁?何为智?成己即修己成德谓之仁;成物即体仁爱物谓之智。仁者静不废智者动,智者动亦不废仁者静,可以相互发明,即仁者安于义理亦当深知天理流行,应于物则大化流行,生生不已;智者达理无滞亦当明察天理流行之中其生物无穷之生理是永恒不变的。

因此,朱子曰:"知者动,然他自见得许多道理,分明只是行其所无事,其理甚简,以此见得,虽曰动而实未尝不静也。仁者静,然其见得天下万事万理皆在吾心,无不相关,虽曰静而未尝不动也。动不是恁地劳攘纷扰,静不是恁地块然死守。专去理会人道之所当行,而不惑于鬼神之不可知,便是见得日用之间,流行运转,不容止息,胸中晓然无疑,这便是知者动处。心下专在此事,都无别念虑系绊,见得那是合当做底事,只恁地做将去,是先难后获,便是仁者静。"②又曰:"知对仁言,则仁是体,知是用……大抵仁都是个体,知只是个用……动则能和故乐,静则能久故寿,非深于仁知者,不能形容其德……圣人论仁知,或以为成己成物,或以为安仁利

---

① 《朱子语类·卷三十二》,文渊阁《四库全书》电子版,上海人民出版社1999年版。
② 《朱子语类·卷三十二》,文渊阁《四库全书》电子版,上海人民出版社1999年版。

仁,或以为乐山乐水,各有攸主,合而一之恐不可也……仁者见之谓之仁,知者见之谓之知。百姓日用而不知,故君子之道鲜矣……窃意以为,天地之理,动而阳则万物之发生者,皆其仁之显著,静而阴则其用藏而不可见,其显诸仁则是其德之发见,其藏诸用则万物各得以为性,是业之成也。"①或仁或智,或仁智合言,动静不过是对其体用关系的形容而已。至于仁智的深意,或谓成己成物,或谓安仁利仁,或谓乐山乐水,则各有所主,不可混而言之。

成己也罢,成物也罢,安仁也罢,利仁也罢,最终都要落实到对理想的生活方式的追求上。"乐山乐水",就是人类与大自然亲如一家、和谐相处的最高境界。因为乐山乐水"正是仁智之人热爱大自然的写照,是人与自然和谐相处、从中得到无限乐趣的合伦理与审美为一的境界。山水之乐无疑是自然美,但是只有当个体的生命情感融入大自然的山水之中,进入情景交融的状态,才能感受到乐……仁者不仅'爱人',而且热爱大自然,山水是自然界特别是大地的象征,是一切生命的源泉与栖息地,对山水的热爱充分体现仁者的情怀,也是仁者的生命依托。孔子很重视乐,把心中之乐看成是人生的最高追求;但乐不仅仅是一种主观感受,而是'天人合一'境界的最高体验,以山水为乐,就是这一境界的体现。一个对大自然缺少关爱的人,一个情感淡漠的人,就很难有这种体验,有这种乐"。②

因此,朱熹在谈到"天人合一"的境界时说道:"故程子谓浴乎沂,风乎舞雩,咏而归,言乐而得其所也。盖孔子之志在于老者安之,朋友信之,少者怀之,要使万物各得其性,曾点知之,故孔子喟然叹曰:吾与点也。"(《朱子语类·卷六十三》)孔子的弟子曾点在谈自己的"志趣"时说,他愿意在暮春时节,陪同五六位成年人,六七位童子,在沂水旁边洗洗澡,在舞雩台上吹吹风,一路唱歌,一路回来。这时孔子长叹一声:"吾与点也!"他表示同意曾点的志向。可见,"天人合一"才是儒家最高的精神境界。

不仅朱熹,几乎所有的理学家,不但在价值诉求上追求"天人合一"境界,而且对天地自然怀有宗教般虔诚的敬畏感,之所以如此,就因为"天"即自然界,是一切生命之源,也是一切价值之源。这种神圣感实际上赋予人更加现实的使命感,这就是热爱和保护大自然,热爱和保护大自然中的

---

① 《朱子语类·卷三十二》,文渊阁《四库全书》电子版,上海人民出版社1999年版。
② 蒙培元:《孔子天人之学的生态意义》,《中国哲学史》2002年版第2期。

一切生命。这才是人类最理想的生活方式。

武夷山这三方摩崖石刻都具有深刻的生态文化内涵,从不同的角度看,都可以得到生态哲学、生态伦理和生态美学的启发。混而言之,都具有一种内在的逻辑联系:

其一,从自然界化育流行的过程中,体认人类的生命之源,认识人乃自然之子,理应尊重并顺应自然。

其二,从自然界万物生意的勃发中,体验人类的生命价值,认识人乃万物同胞,理应热爱并保护自然。

其三,从人类乐山乐水的精神境界中,追寻人类理想的生活方式,认识自然乃我家园,理当与自然亲和相处。

儒家思想的重要特征就是本体论、认识论和伦理学的三位一体和高度统一。高度的道德理性,自觉的道德实践,审美的价值诉求,即真、善、美的完美结合构成朱熹生态思想的完整内容。

在今天生态环境日益恶化,天人关系日趋紧张的时代背景下,这是最值得我们深入挖掘的珍贵的思想资源。

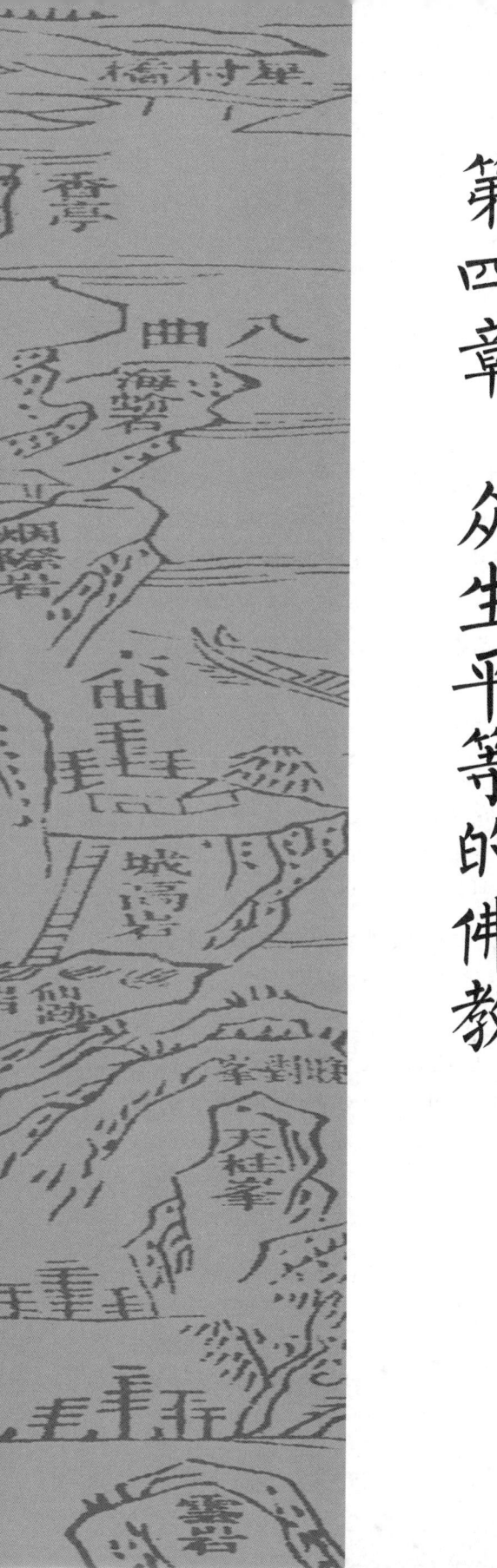

第四章 生态文化
众生平等的佛教

"众生平等"是佛教生态文化的基本价值。

佛教"众生平等"的价值理念是基于"缘起论"世界观和"正依不二"环境观而形成的生命观,因而具有高度自觉性和虔诚性,并能一以贯之于佛教文化的各个层面。在观念层面,提出"众生平等"的价值理念;在制度层面,提出"戒杀放生"的环保戒律;在行为层面,提倡"禁欲节俭"的生活方式,在物质层面,提出"慈悲为怀"的生态保护,形成完整的文化系统,有文化结构上的系统优势。人间佛教"庄严国土,利乐有情"的主张更具有当下的现实关怀。

"佛以治心"是佛教文化的目标诉求,尤其是佛教提倡的"心净则国土净,心安则众生安"的价值理念,"起心动念"的根源上提出治理环境污染,维持生态平衡的净心之法,尤为可贵。虔诚的信仰、严苛的戒律、执着的修行、禁欲的生活,这些都是佛教区别于世俗文化的重要特点,也是佛教生态文化的现实意义。

佛教是世界三大宗教中理论最完备、信众最广泛的宗教,对教、俗两界都具有极为深刻的影响。因此,深入挖掘佛教文化中的生态价值,对于我们建设生态文明无疑具有重要的理论价值和现实意义。

第四章 众生平等的佛教生态文化

一、重新认识佛教文化的当代价值

佛教是世界三大宗教之一，对人类文化产生过深远的影响。佛教提倡众生平等的价值观和普渡众生的伦理观，这对当今的生态文明建设以深刻启发。学界过去一直把佛教文化视为宗教迷信，因此对佛教文化的世俗应用缺乏研究，这需要我们重新认识佛教文化的当代价值。

(一)对佛教的排斥和批判

佛教有生命智慧和人文关怀，因此，对中国的雅文化和俗文化都产生过广泛而深刻的影响，这是中国思想文化史上不争的事实。作为宗教文化，佛教在价值取向、思维方式和审美情趣上有超越世俗文化的地方，往往不能为人们所正确理解，所以意识形态领域长期以来对佛教持排斥和批判的态度，这也是不争的事实。如认为"一念三千""三界唯心"是宣扬唯心主义，这其实说明精神信仰有巨大能量，也是对人的主观能动性的高度肯定，如果我们认为"胸怀祖国，放眼世界"是思想境界的表达，那么，"三界唯心"和"一念三千"也就不难理解。中国古代有唯心论，但却没有近代意义上的唯心主义，因为唯心论是讲境界学说的，唯心主义则是讲世界观的。"佛以治心"，这是佛教文化的重点和核心，因此对人的心灵问题格外地关注。又如，认为佛教的"四大皆空""万法唯识"宣扬虚无主义，这其实是佛教独有的"缘起性空"的世界观和存在论，佛教并不否定现象界的"有"，而主张现象界的事物是因缘和合的结果，因而是流转不定、变幻无常的，如露如电似梦幻泡影，没有独立真实的自性，佛教的"空"指现象界的"有而非真""现而不实"，僧肇在《不真空论》中说："不真，故空。"这里的"空"并非日常所谓空无一物的"空"，而是"缘起性空"，目的在于破除人的我执法执，求得心灵的自由和解脱。再如，认为佛教的退隐深山、丛林修炼是逃避现实的消极出世思想，其实，丛林修炼只是佛教徒修行生活的部分而非全部，且其目的在于清心寡欲，净化心灵。与小乘佛教的"个人解脱"不同，大乘佛教并不主张放弃现实关怀，而主张"普渡众生"。近代以来的人间佛教更是明确提出"庄严国土，利乐有情"的当下关怀。还如，认为佛教"人生苦海"说是佛教悲观颓废的思想表现,其实"八苦"旨在说明人生痛苦的根源,最终目的则是"离苦得乐"。予人以乐谓之慈,拔人于苦谓之悲,这是佛教对"慈悲"的解释,且有"无缘大慈,同体大悲"的大爱。

对佛教的误解大概有三个原因:一是对佛教文化的片面和肤浅认识所致。佛教有极为深邃的思想智慧和极为缜密的思辨哲学,不进行系统深入的学习和研究,难以把握其精神实质。二是佛教思想与意识形态的矛盾所致。佛教提倡和平忍让思想,与意识形态长期奉行的斗争哲学格格不入。三是市场经济既定思维模式所致。市场经济时代,竞争意识成为普遍的既定思维模式,很难理解"以出世之精神,做入世之事业"的佛教文化价值。总之,不管是意识形态,还是学术研究,都有工具理性,企图将主张心灵超越的宗教文化纳入现实的意识形态之中,不把佛教作为文化现象去分析其存在的合理性。因此,重新认识佛教的文化价值,首先要改变既定思维,对其进行科学的分析和理性的判断。

可喜的是,目前学术界越来越多的人从过去既定思维走出来,重新认识佛教的文化价值,高度重视这份宝贵的文化遗产在生态文明建设中的价值和意义。

(二)中外名人对佛教的高度评价

近现代以来,中外许多著名人物都高度评价佛教。这些人中有伟大的政治家,他们认为佛教有辅佐政治之功;有伟大的哲学家,他们认为佛教有缜密的思维和深邃的智慧;有伟大的科学家,他们认为信仰是一切科学的原动力;有伟大的思想家,他们认为佛教的智慧之花将永不凋谢;有伟大的圣贤者,他们认为佛教代表全人类最高的伦理水平;有伟大的医学家,他们认为确有独立于肉体之外的灵魂存在。这些评价涵盖自然科学、社会科学和人文科学三大领域。

古今中外有识之士、学者名流对佛教佛法的高度评价,绝非信口开河,而是他们长期社会实践和科学研究的经验总结。由此可见,佛教文化在社会主义生态文明建设中必然会发挥重要的作用。

作为宗教,佛教自然有心灵解脱和精神超越的价值诉求,但也不乏现实的人文关怀,美学家朱光潜认为佛教是"以出世的精神,做入世的事业"①,这个看法是适当的。民国时期创立人间佛教的太虚大师更是提出:"仰止唯佛陀,完成在人格;人成即佛成,是名真现实。"②这充分说明人间关怀才是佛教的真实意趣和价值导向。很难想象一个只以个人解脱为价值诉求的宗教能赢得广泛的世界影响,并与哲学、历史、政治、文学、艺术,乃至于自然科学,广结善缘。因此,积极改造佛教的出世和超越思想,强调其现实的人生关怀,将其心灵解脱和精神超越的价值诉求引向现实生态问题的解决并以此提高人们的精神境界,完全可以构建起佛教的生态文化体系。佛教文化是所有宗教文化中最具生态情怀的宗教文化,"众生平等"的生态理念,"戒杀放生"的生态戒律,"禁欲节俭"的生活态度,"慈悲为怀"的生态保护,"净土世界"的生态理想,只有将这些信仰和戒律落实到世俗的生活方式和道德实践,才能形成圆满自足、有机融合的生态文化体系,才能对生态文明建设起到现实的推动作用。

(三)宗教文化的独特价值

信仰危机是文化教育中的重要缺陷。与世俗文化相比较,佛教文化有虔诚的信仰、严格的戒律、执着的修行和圆融的智慧。佛教文化对于世俗生态文化有纠偏和补遗之作用,具体表现在以下四个方面。

1.虔诚的信仰

宗教诉诸信仰,信仰的确立在文化建设中具有核心和基础的地位与作用。信仰是人类重要的精神支柱,信仰赋予人价值和意义,为人生指明航向;信仰树立人的生活信念,给人以道德力量;信仰使人获得精神的满足,给人以希望;信仰使人实现精神自由,给人以崇高和神圣。因此,如上所述,往圣先哲无不重视宗教的价值和意义。孔子认为"民无信不立",有人解释为"诚信",其实还有信仰的成分在。先秦儒学对大自然怀有深沉的"敬畏"意识,此后的儒学如宋明理学为提高人的精神境界,对佛教思想也多有吸收和利用。

中国传统文化长期以来推崇儒家学说,贬斥佛教道教,使得国民长期缺乏精神信仰的心理积淀,缺少对崇高精神的心灵皈依和虔诚信仰,未有培养出人们发自内心深处的对自然、社会、人生的"敬畏"情感。在工具理

---

① 朱光潜:《朱光潜全集》第十卷,安徽教育出版社1993年版,第532页。
② 宗性法师:《人间佛教思想文库——惟贤卷》,宗教文化出版社2017年版,第40页。

性盛行的今天,更是采取实用主义的态度对待宗教,如许多信众带着强烈的功利目的信奉宗教,这是对宗教崇高精神的玷污。

宗教信仰是人类普遍的文化现象。宗教信仰所确立的理想信念和情感皈依,是人类对于宇宙自然、历史文化的整体性的超越意识,纯洁而清高,是人类把握世界和生命的独特方式,充分体现人的主观能动性和精神对物质的反作用,它对人生的重大影响主要表现在:人们通过教义的学习和教规的实践,使宗教信仰的理念和精神逐渐渗透到人们的价值理念和行为方式之中,成为塑造心理与培养人格的力量。就生态文化而言,"众生平等"的价值理念是对包括儒道在内的中国传统文化"重生"价值理念的高度概括和提升。

2.严格的戒律

宗教的本质在于净化心灵,具有弃恶向善的价值导向。因此,任何宗教都会有严格戒律。佛教尤其注重戒律,以此作为生活的准则、行为的规范和修持的方法。佛教传入中国之后,祖师大德除了奉行僧团生活外,更因"马祖创丛林,百丈立清规"而产生具有中国色彩的"丛林清规"。佛教戒律包括"戒行"和"诛心"两方面内容。世俗的法律偏重于事后惩戒,佛教的戒律不仅重视事后的行为惩戒,更加重视事前的心理防范,从"起心动念"就做到弃恶向善。孙中山说:"法律防范犯罪于已然,佛法防范犯罪于未然。"世俗社会常常以"善后"一词敷衍塞责,可对于生态环境而言,往往只有"善前",没有"善后",物种灭绝了,如何"善后"?佛教不仅以虔诚的信仰、睿智的思辨称著于世,更以知行合一躬身实践佛法,坚定持守佛教戒律而取信于人,这是佛教文化在当今生态文化重建中的重要启示。教界人士之所以深受世俗信众的崇拜和敬仰,一个重要原因就在于教界人士对教理教义的躬身实践,能做到心口如一,身体力行。如佛教戒律规定"不杀生",教徒就力行素食并主张放生积德;戒律规定"不淫邪",教徒就终生不娶,出家而过丛林修行生活;佛法提倡"众生平等",教徒就能平等对待一切众生,佛教典籍甚至有"舍身饲虎"的故事传世。生态环保也要做到言必信,行必果。

佛教严格的持守戒律,还体现在社会实践之中,将此作为修行的方法。六祖慧能提出"佛法在世间,不离世间觉"的思想,甚至主张"担水劈材,道在其中"。怀海禅师提倡"一日不作,一日不食",于是"农禅并重"的清规戒律相延为僧人的修行传统。农禅并重不仅破除千百年来佛教徒托钵乞食、不劳而获的教理,有助于消除分别心和我慢心,实现平等的人际关系。再到后来又有"人间佛教"的"当下国家,利乐有情"的人间关切和现实关怀。

传统世俗文化由于缺乏宗教般的严格戒律,缺乏制度建设的刚性要求,即使有先进的理念,也往往付诸说教清谈,空疏自用。提倡依法治国,但缺乏西方"法律神圣"的自觉意识,因为西方有数千年的宗教心理积淀,其"法律神圣"思想根植于对宗教戒律的世俗化运用,因而具有高度的虔诚性和自觉性,因法律的外在束缚积久又会积淀为自觉的心理习惯。今天的有法不依、执法不严,甚至以言代法、权大于法现象,皆因缺乏这种心理积淀。

3.执着的修行

佛教的宗教信仰不是空洞无用的玄学体系,而是重在践履的生活哲学和实践哲学。所谓修行就是在生活实践中修持佛法,参悟法理。因此,许多高僧大德都一生持戒,守身如玉,过着节衣缩食、禁欲简朴的生活,但又能精神精进,青灯黄卷,皓首穷经,为实现佛法佛理,牺牲一切。西行求法的法显和尚和玄奘法师都是一生戒行超凡,智慧圆融,思辨敏锐,为佛教事业献身,为中国文化续命,为中印文化交流和佛教文化传承做出度越前人的杰出贡献者,他们不仅是历代高僧大德的典范和楷模,且是佛教文化崇高、圣洁的精神象征。无论是卓越的学术成就,还是崇高的弘法精神,都为我们留下了宝贵的文化遗产和精神财富。

高僧法显是中国佛教史上第一个到印度求法的僧人。法显跋山涉水,历时十三年,周游了三十一个国家,写出不朽之作《佛国记》。法显和尚在翻越帕米尔高原时已经是六十七岁高龄,他始考察印度河、恒河流域的佛教文化,七十八岁从海上回国,八十岁开始翻译带回来的经典,写作《佛国记》。他还是一位卓越的佛教革新人物。

玄奘法师历经磨难,矢志不渝,青灯黄卷,毕生弘法,生动诠释了信仰的伟力和人格的崇高,这就是以身许佛的献身精神。他"乘危远迈,杖策孤征"(《大唐大慈恩寺三藏法师传·序》),西行五万里,历时一七年,求取真经,立志弘法济世;他不慕荣华,青灯黄卷,皓首穷经,译成佛经千余卷,致力法脉绵延;他开宗立派,创立唯识宗,"截伪续真,开兹后学",使佛教在中国得以发扬光大;他焚膏继晷,研血为墨,穷究佛法佛理,为佛教研究和文化传承做出划时代的贡献。当代文化急功近利,物质诉求多,精神追求少,缺乏立志勇气,更缺乏献身精神。

4. 圆融的智慧

中国佛教的圆融观具有丰富的内容。圆者,圆满具足,无所欠缺;融者,融会贯通,无所执着。前者是佛性论,后者是般若学。中国佛教的圆融观是佛性论与般若学融会贯通,并与信众思想紧密结合的产物。圆融智慧是佛教的根本智慧。

佛教典籍常用"和合"一词,有将不同因素整合一体,或使人们和睦共处等意。前者经常被用来解释佛教的基本原理"缘起性空",后者则多用以表示佛教理论体系及僧伽内部的和谐统一。佛教认为任何事物都不是孤立的抽象存在物,而是无穷无尽的因果链条上的环节,是因缘和合的产物,因而在本性上都是空的,没有永恒不变、确定不移的自性。佛教僧团也是因缘和合的产物。随着佛教的发展,僧团也在逐渐壮大,强调僧团和合共住、团结一致的思想随之兴盛,"和合"也就成为佛教思想极力维护和宣扬的价值观。佛教传入中国后,佛教的和合观念与中国固有的"和"文化传统相互呼应,获得充分阐发的机遇。

佛性指众生的本自具足的觉悟之性,是众生可以最终成佛的内在依据。大乘佛教认为,一切众生,皆有佛性,相互之间没有任何差别,这就最大限度地肯定其他生命的存在价值和发展前途,有利于营造相互尊重的社会文化氛围。体现在人与自然的关系上,就是反对人类为了自身的利益而伤害和杀戮其他形式的生命。既然承认一切众生悉有佛性,就要以慈悲为怀,严持五戒十善,广修六度万行,在普度众生的活动中证成佛果,将自利建立在利他的基础上。因此,佛性论体现出庄严、神圣、厚重的责任心,显示出积极、主动的品格。

般若学是大乘佛教的智慧学,究其主旨不过"缘起性空"而已。般若学教人放下贪婪、痴迷和自我,从而获得身心的大自在。在般若学的浸润下,中国佛教充满生动、空灵、鲜活的智慧,具有广泛的适应性。中国佛教将佛性论的神圣责任和般若学灵动智慧融会贯通,形成中国佛教特有的圆融智慧,这是佛教界对中国传统"和"文化精髓的吸收和利用,也是中国佛教对人类思想史的一大创造性贡献。

佛教所谓的"智慧",并非世俗所谓以知性为基本内涵的"智能"。它有价值取向,即戒恶向善;它有心性诉求,即持守信仰;它有现实关怀,即普度众生。因此,佛教的圆融智慧有助于克服思想中的思维定势,培养人们创造性和批判性思维。这种思想智慧有利于净化人类心灵、维护社会稳定、和谐人际关系和保护生态环境,其积极作用是世俗文化所不可替代的。

现代社会存在的全球性的生态危机,是世俗人类文化危机的体现,有待于具有禁欲思想和超越精神的宗教文化的纠偏补助,方能走出困境。

二、众生平等的价值理念

佛教认为修习佛法,信念至为重要。六祖慧能说:"一念迷佛即众生,一念觉众生即佛",全在"起心动念"之间。所以佛法修习的程序不同于儒学的知而后行,而是信而后觉,即所谓的信、行、觉、解,信念的确立至为重要。从文化结构而言,影响人们言行的最深层的当属观念层面的文化,具有根源性和持久性的特征。对于生态文明建设而言,当以教育为先,理念为重,不能再出现所谓"先污染,后治理"的盲动主义,对于生态环境的破坏而言,不存在所谓"善后"。正是在这一点上,佛教文化的信念先行赢得人们的认同。

(一)"缘起性空"的生态世界观

不同于中国古代哲学的生成论,如道生万物,也不同于西方哲学的结构论,如本体现象,佛教有独特的缘起论。因此,"缘起性空"就成为佛教的基本理论。其他如"正依不二"的环境观,"众生平等"的价值观,"圆融无碍"的智慧观等,都奠基于此,都是缘起论思想的展开。佛教的环保思想也起源于释迦牟尼佛对"缘起"的觉悟。佛教认为,法不孤起,仗因托缘,任何事物都不是孤立独存的抽象存在物,而是无穷无尽的因果链条上的环节,是因缘和合的产物,因而在本性上都是空的,没有永恒不变、确定不移的自性。生活中,离不开阳光、空气、水等资源,《毗尼母经》卷五中,佛陀就明示:"若比丘为三宝种三种树,一者果树,二者花树,三者叶树。"《增一阿含经》卷十中,佛陀也说:"圆果施清凉,桥梁度人民,近道作圊厕,人民得休息。"种植花果树木,净化空气、保护水源、利人利物、利他自利,自然能增长功德。

反观当今的生态危机,环境污染,资源枯竭,人口暴涨,生态平衡遭到严重的破坏,不仅破坏自然环境的和谐,而且破坏人与自然的和谐,已经严重威胁人类自身生存。从佛教缘起论的角度看待地球,地球的存在也不是独立、永恒的,而是由种种因缘条件和合而成的"果",地球成为地球的"因"和"缘"都消失了,地球的存在就成问题。地球是人类生息长养的场所,如果全部环境被严重污染,全部资源被使用枯竭,人口暴涨严重突破地球的承载能力,只要其中的一个条件消失,地球就不再是人类生息长养的地球了。有人比喻说地球就像一架高速运行的飞机,一个小小的螺丝钉的缺失都可能导致机毁人亡。同样,自然界中的一草一木,一禽一兽,都是地球这个因果链条上的一环,都占有生态位,都有内在目的性,发挥着稳定生态系统的内在价值。从这个意义上说,地球上不存在所谓"害虫害兽"和"益虫益兽"。这都是人类中心主义的说法,"害"和"益"都是相对于人而言的。所谓"害虫害兽",只能说生物因为人为的原因而过量繁殖,从而失去生态系统的平衡,自然界本身是有自我组织和自我修复能力的。现代文明之所以走到全球性的生态危机日趋严重的这一步,主要原因在于人类不将地球视为与人类休戚相关的生命统一体,而视为与人类相对立的另一个异己,为了满足人类的一己私欲而无所不为,佛教的缘起论,针对人类的实践而言,第一宗旨是要人类抛弃"我执",跟宇宙生命中存在的"法"相一致,从而走向人和自然融合协调的道路。

(二)"正依不二"的生态环境观

佛教认为人类社会与自然万物相互依存,因而提出"依正不二"的生态环境观。"正报"是我们内在的身心世界,"依报"是外在的自然环境,两者相互依存。《维摩经》云:"随其心净,则佛土净。"自然环境的好坏与人的观念、思想和醒悟不可分离。人类的身心和谐,能促成自然环境的和谐;反之,人心不善,制造恶业,必然环境恶劣、灾害不断。佛教尊重生命、尊重自然,"天下名山僧占多",佛教徒开垦荒地,建造寺院,植树造林,美化环境。既戒杀生灵,又善待动植物,使人类与动植物之间和谐共处,融为一体。寺院所在之处,溪水潺潺,鸟语花香,绿树成荫,生机盎然,正是"正依不二"生态环境观的生动体现。

"依正不二"的环境观,根源于佛教的缘起论。佛教认为世界是缘起的,其存在和毁灭是来自因缘的聚散,发展规律正如佛陀告诉我们的:"此有故彼有,此生故彼生,此无故彼无,此灭故彼灭。"这一偈颂揭示事物存在的内在联系。人与人的关系、人与自然的关系、自然与自然的关系,都是一荣俱荣,一损俱损。破坏大自然,和大自然对立,无疑会使人类自取灭亡。

大自然孕育人类,过去我们总是将自然比作母亲。尤其在人类生活的早期,万物有灵的思想曾经盛行于世界各个民族,这也使自然生态得到很好的保护。今天,随着科学的发展,自然的奥秘被不断地呈现在我们面前。人类变得狂妄,与此同时,自然也失去安宁。但无论以什么样的态度对待自然,都无法改变人类与自然的关系。毕竟,我们生于斯,长于斯。我们建造了钢筋水泥的城市,制造了现代科技的产品,但无论现在还是将来,我们的生活还是离不开脚下这片土地。现代化环境虽能为生活带来诸多便利,但却不能滋养我们的心灵。只有回归自然,才会使我们感到真正的放松,才会缓解紧张生活带来的压力。尽管人类越来越了解宇宙,但至少到目前为止,还没有发现比地球更适合人类居住的星球。所以,地球是我们唯一的家园。

佛教徒不但实践对外在自然环境的保护,还重视对人们内在心灵环境的保护。勤修戒定慧,熄灭贪瞋痴。无缘大慈,同体大悲,就是最好的心灵环保。人与人因为有我而争斗;族群之间因不平等而冲突;教派当中因不能包容而摩擦;国家之间因为利益而发动战争。由此可见,根治世界的乱源和扫除天下的乱象,就必须从净化人们的心灵做起。只有实践佛教的无我、慈悲、尊重、平等、中道和智慧的教义,才能实现构建和谐世界的伟大目标。佛陀建立僧团,以"六和",即身和同住、口和无诤、意和同悦、戒和同修、见和同解、利和同均作为和谐共住的基本原则。推广开来,也应当成为世界大同的基本原则。武夷山的扣冰古佛常说"以茶净心,心净则国土净;以禅安心,心安则众生安"以此来开悟众人。

我们正处在风云变幻、纷争迭起的时代。自然灾害不期而至,人为灾难随处可见。政治上,以强凌弱;经济上,贫富不均;宗教之间,摩擦冲突;种族之间,歧视仇恨。所有这些难以得到合理而彻底解决的问题,都是因为彼此不能平等对待而互相伤害所招致。佛教的六和敬思想,对于我们构建和谐社会,具有现实的指导意义。大力倡导人与自然"依正不二"的和合共生思想,人与人"于诸众生,视若自己"的平等理念,国家与国家、民族与民族"此有故彼有,此生故彼生"的缘起理念,互相促进,共同发展,携手并进,互助共赢,就一定能够迎来光明灿烂的美好明天。

(三)"众生平等"的生态价值观

佛教生命伦理的核心思想是众生平等。"众生平等"是对自然界内在价值的充分肯定,是对"人类中心主义"的否定。佛教将自然界中万物分为两类:一类是"有情众生",即具有情感的生命,如人、动物;一类是"无情众生",即不具有情感的东西,如植物土石、山河大地。"众生"的内容也不会一成不变的,随着中国传统文化向前发展而不断扩展其外延,最后界定为宇宙万物。根据缘起论观点,世界上没有任何事物可以离开因、缘而独立产生和存在,每个人都与众生息息相关,宇宙间的生命实质上是整体,众生具有存在的同一性、相通性。佛、菩萨观照众生与己身具有同一的本性,由此生出与众生的绝对平等心,生出为众生同乐拔苦的慈悲心。牛头宗的公案说"青青翠竹,尽是法身;郁郁黄花,无非般若",武夷山的高僧大德圆悟克勤的"青郁郁,碧湛湛,百草头上漏天机;华(花)蔟蔟,锦蔟蔟,闹市堆边露真智"也都在表达此意。佛教大师僧肇亦言:"天地与我同根,万物与我一体。"人与自然万物互相融合这样的观点与现在西方有识之士的不谋而合。英国历史学家、哲学家汤因比发挥佛教的"无情有性"说。他说:"宇宙全体,还有其中的万物都有尊严性。它是这种意义上的存在。大地、空气、水、岩石、泉、河流、海,这一切都有尊严性。如果人侵犯了它的尊严性,就等于侵犯了我们本身的尊严性。"①那些因病毒和自然灾害而失去生命的人,他们的尊严不就是受到严重侵害吗?不就是自然界的无情报复吗?主张人类应当成为大自然生命共同体的平等一员和"善良公民",而不应当是大自然中狂妄的"主宰"。许多宗教认为宇宙间的一切生命都是平等的,包括人在内的每一个生命个体既不要自卑,也不要自傲。佛教主张一切众生皆有佛性,实际上已包含各生命体平等的思想。佛教认为构成整个生命群体的个体生命,彼此之间要慈悲戒杀生。佛教的"缘起论"更是把诸种生物置于六道业力轮回之中,认为宇宙万物都是依因托缘即关系和条件而生,人与人、人与动物、人与植物,都是息息相关、相辅相成、相互转化的。各种生物在求生方面,在追求安宁幸福方面

---

① (英)汤因比、(日)池田大作:《展望21世纪汤因比池田大作对话录》,荀春生、朱继征、陈国梁译,国际文化出版社1999年版,第413页。

并没有根本的不同,在佛性上更是平等的。佛教生态伦理所包含的物种平等观念非常契合现代社会新的环境价值理念——生物中心主义的平等。"生物中心主义的平等"的基本要义是:"在生物圈中的所有事物都有一种生存与发展的平等权利,有一种在更大的自我实现的范围内,达到他们自己的个体伸张和自我实现的形式的平等权利。"每一种生命形式在生态系统中都有发挥其正常功能的权利,都有"生存和繁荣的平等权利"[①]。

"众生平等"的生态价值观阐发了尊重生命的理论,由此而引出佛教的戒杀、素食、放生等一系列生态戒律,对于保护动植物具有直接的积极作用,起到保护大自然生态平衡的作用。武夷山佛教名山莲花峰就有一方摩崖石刻:"望西远眺,有牛、羊、龟、鹿、蛇、蛙。或为佛光之所设,或为佛影之所蕴,生机何其盎然也。"这是描写莲花峰崖壁上酷似动物的象形石,但石刻却把它和佛教好生之德联想起来说明自然界的勃勃生机与佛教"众生平等"和"普渡众生"的生态思想之间的内在联系。武夷山白云寺的禁伐令摩崖石刻也说明佛教"众生平等"和"普度众生"的教义被武夷山的僧人落实到生态伦理的实践中。

(四)"佛国净土"的生态理想观

佛教重视个体生命及存在物的价值,认为所有自然物都具有内在价值。在生态环境保护的实践中,只有承认自然界中其他生命物种的内在价值,才有利于人类尊重生命、善待生命,维护生态系统的平衡和健康运行。佛教主张一切事物皆有佛性,便是对生命存在价值的肯定。因此,佛教的"众生平等"不仅强调"有情众生",即动物的平等,还强调"无情众生",即草木花卉、山川大地,乃至一微一尘都具有佛性,有其存在的价值,都是平等的。充分反映了佛教对自然界万物的敬重、慈悲、怜悯和护惜。尤为重要的是,佛教还认为,生态危机的根源在于心态危机和心灵污染,主张通过净化人心来净化环境,以实现人间净土。众生平等是佛教生命伦理的思想核心,清净佛土则是佛教理想的生态国,对众生感官和精神都产生至高无上的快感。最有代表性的清净之地是阿弥陀佛净土,亦称西方极乐世界。正如《佛说阿弥陀经》所指出的:"极乐国土,有七宝池,八功

---

① 王正平:《环境哲学——环境伦理的跨学科研究》,上海教育出版社2014年版,第172页。

德水,七重行数,池中莲花大如车轮,充满其中……彼佛国土,常作天乐,黄金为地。昼夜六时,雨天曼陀罗华……彼国常有种种奇妙杂色之鸟,白鹤、孔雀、鹦鹉、舍利、迦陵频伽、共命之鸟。是诸众鸟,昼夜六时,出和雅音。"由此可见,佛教有理想的生态国,在这一生态国度里,各种各样的生命体,众生平等,均有其应处的位置和存在的价值,佛教的生态伦理便是保持生命体的多样性以及每个事物的自我存在的可能性。

阿弥陀佛可谓佛教中最有名的环保专家,他在修行时发四十八大愿,为建设清净安乐的世界,历经久远时日,成就无污染的西方极乐世界,其中的公共设施,黄金铺地是都市的规划;七宝楼阁是居家的规划;七重行树是公园的规划;八功德水是水源的规划。不但便利民众,而且美好庄严。尤其在净土世界里,没有三恶道的众生,都是持守净戒的善人,没有空气污染及水源、噪音、暴力、毒气等各种污染,气候清爽宜人,人人身心健康,寿命无量,是彻底推行环境保护的最佳典范。其他如药师佛的琉璃净土、弥勒佛的兜率净土,以及三世诸佛的清净国土,无不是规划完善的美好居处。

三、持戒护生的生活方式

上述"缘起性空"的世界观、"正依不二"的环境观、"众生平等"的价值观、"佛国净土"的理想观,都为佛教僧侣们所普遍信奉,武夷山的佛教自然也不例外。只是在研究武夷山佛教文化时,颇感地方文献不足,原因就是佛教重视"修行"而非"修学",且有"不立文字"、重"悟"轻"辩"的传统,就连佛教代表人物的扣冰古佛的形貌,在仅有的几种传记文献如《五灯会元》中,也是语焉不详。武夷山有五百多方摩崖石刻,关涉佛教的摩崖石刻寥寥无几,且每方石刻也只有数字而已,就很能说明问题。这就只能根据高僧大德们的"修行"实践来反证其思想观点。这大概是地方文化研究普遍存在的缺憾,特此予以说明。

戒律作为佛教"三藏"之一,小乘"三学"之首,大乘"六度"之一,在佛教修行中占有基础性的重要的地位,如"三学"的"戒、定、慧",依戒资定、因定生慧、缘慧解脱,"六度"是"三学"的扩充,从"布施、持戒、忍辱、精进、禅定、智慧"看,其中四项都有关戒律,可见戒律在佛法修证中的重要地位。

戒和律不同,诸恶莫作谓之戒,众善奉行谓之律,由此可见戒恶向善是佛教戒律的基本精神。佛教有严格完备的戒律,比丘的具足戒有250条,比丘尼的具足戒有348条,佛教还根据其他信众如居士的具体情况制定了相应的戒律。从思想(内在诛心)和行为(外在戒行)两个方面来提高教徒们的思想觉悟和精神境界,确保佛教"普度众生"神圣目的的实现。佛教传入中国后,中国化的佛教禅宗,又根据佛教戒律,制定了禅宗的清规,著名者如唐代的《百丈清规》,合称"清规戒律"。持戒作为修持佛法的基础和获得解脱的重要保证,向来被佛教看重,佛陀认为信仰佛教者首先得守持戒律,"一切众生,初入三宝,以信为本;住在佛家,以戒为本"(《菩萨璎珞本业经》)。要信徒"以戒为师",在衣食住行和人伦关系等方面努力修持净戒,以保持佛法长住。佛陀自己的完善人格在很大程度上也通过持戒谨严而体现出来。佛教之所以能流传数千年而至今不绝,在现代社会中仍有相当影响,与戒律的作用分不开。

武夷山佛教名山莲花峰有一方摩崖石刻:"戒、定、慧颗颗功德圆满,贪、嗔、痴种种烦恼尽消"。从佛学生态文化角度来诠释的话,那就是:人类对待自然界的种种贪(贪婪的征服和掠夺)、嗔(无视自然界的生存价值)、痴(痴情于山珍海味的口腹之欲)必待人类自觉的戒(戒杀放生)、定(静虑思过)、慧(生存智慧)方能根绝。

佛教徒出家入教以受戒始,终生持戒并有严格的破戒惩罚措施,所以佛教的戒律也对教俗两界产生重要的影响。从世俗生活的角度看,戒律被视为禁欲主义。但从佛教修行的角度看,戒律有助于解脱烦恼,因为烦恼来之欲望的不能实现。不能禁欲守戒,因此而来的烦恼,在佛教看来都是"自寻烦恼"。从生态文明建设的现实关怀而言,不要求人人持戒守律,过严格禁欲的生活,而以此为启迪,克制欲望,减少对资源的浪费和对环境的破坏。佛教的持戒生活规定繁多,以下仅列举戒杀放生、素食节食和衲衣俭朴三个方面,略见其生态保护之虔诚。

(一)戒杀放生

以儒释道为主流的中国传统文化,都有重生惜杀的思想观念,如老子提倡以"慈"待物,故曰:"圣人常善救人,故无弃人。常善救物,故无弃物。"孔子提倡以"爱"待物,故亦有"子钓而不纲,弋不射宿"和"君子远庖厨,凡有血气之类,弗身践也"的记载。中国化的佛教自然继承并发扬道家的"慈"和儒家的"爱",不仅提倡众生平等的价值观,而且将其贯彻在制度建设的层面,提出"不杀生"的戒律。世界几大宗教包括基督教、伊斯兰教等都不约而同地将"不杀生"作为首要戒律,绝非偶然,因为在一切权利中,生存权才是最根本的权利,生命都不存在了,遑言其他。不杀生体现了佛教生命伦理的实践精神。

因为佛教奉行"众生平等"的生态价值观,所以,戒杀放生是佛教对待生命的基本态度。佛教中提出放生戒杀的首推《梵网经》,其中有云:"若佛子以慈心故,行放生业。一切男子是我父,一切女人是我母,我生生无不从之受生,故六道众生,皆是我父母,而杀而食者,即杀我父母,亦杀我故身。一切地水是我先身,一切火风是我本体,故常行放生,生生受生,常住之法,教人放生。若见世人杀畜生时,应方便救护,解其苦难。"[①]中国佛教中的放生起缘,本于这段经文开始,强调世间众生都是人父,都为人母,杀生即为杀父母,也等于自杀,因此要行放生之业。六道众生包括畜生,为什么也使佛教徒的父母呢?这是因为从缘起论的观点看,一切众生都是"正依不二"的互生关系。戒杀护生是对一切有情生命的尊重,所以佛教戒律对于动物的保护,有着积极的慈悲思想。《大智度论》也强调,"诸余罪中,杀业最重,诸功德中,放生第一",将戒杀放生视为第一功德,即在佛教看来,世间万物都是有生命的,人、动物、植物的生命都极为宝贵,人之所以能成为世间万物的主人,缘于其有着驾驭生命的思维能力,但并不能以此作为杀生的理由。小至细小的尘土,大至广袤的宇宙,其中的一切生灵,都共处于同一生命流中。天台宗称"一切众生皆有佛性",万物与人一样,都有可能领悟佛性,达到最高境界。可见,普度众生不仅是慈悲心肠,更是佛教对生命的终极关怀。因此,在"众生平等"的基础上,人类善与恶的标准就是对待生命的态度。杀生是最大的罪恶,不杀生、放生、护生是最大的功德,即尊重生命、珍惜生命是佛教中"善"的最高标准,放生更是可以使无数生命重现生机,具有无量之功德。当人类社会不断向前发展,越来越多的人意识到,"放生"行为不仅局限于佛教中的大慈大

---

① 鸠摩罗什:《佛教大乘戒律经典·菩萨阶位修学法宝》,赣城光孝寺内部刊物1942年。

悲,它本身也是一种积极向上的生态观和自然观。然而,我们也看到,随着"放生"理念的盛行,放生规模越来越大,"放生"行为开始功利化和简单化,一些人为了消灾祈福往往急功近利,捕生放生成为产业链,护生变成杀生,其结果则劳民伤财,一些放生行为甚至直接导致当地的生态失衡,给人民群众的生产生活造成极大的损失。《梵网经》中说"若佛子!以慈心故,行放生业","放生"本身是为了培养众生的"慈悲"之心,只有放生者真正明白护生的道理,才能使所放之生命终止后转生善道,这才是"放生"进而达到"护生"的真正目的。

尊重生命、爱护生命是佛教戒律第一要义,五戒十戒这些基本戒律都以不杀生为首戒。"不杀生"毕竟只是消极伦理,主张积极"护生"才是积极伦理。所以武夷山凤山寺就有一幅楹联"无力放生先戒杀,有心为善莫欺天",类似于我们说的底线伦理。

从佛教戒律出发,佛教自然地倾向保护森林、绿地、保护水资源……这在《四分律》①及诸经典籍中,都有保持简朴生活和尊重自然生态的做法。依缘起观点来看,如果人人持守戒律,奉行十善,互助互信,关心自他,尊重生命,维护自然,做好生活教育,共同为居住的世界贡献心力,必能创造身心清净的家园,使社会大众免于痛苦和灾难,进而实现建设人间净土的理想。

(二)素食惜生

佛教徒重视心灵的修养和净化,因此,对物质生活持禁欲主义的态度,极其节俭。衣求蔽体,食求果腹,一句话,饿不死冻不坏即可。"托钵乞食,树下一宿"即其写照。在印度,佛教徒有托钵乞食的传统,以此降伏慢心,破除对美食的贪求,专心修行。此外,佛还规定比丘不许耕田、掘池、伐木,害怕伤害生命,这也是托钵乞食的原由之一。佛教传入中国之初,僧人们仍然遵循着不事生产、托钵乞食的传统。但,一是中国人有勤劳自给的传统;二是僧人越来越多乞食不便,三是"三武一宗法难"后,僧人遁入山林也无食可乞,所以僧人耕地种田,过起自耕而食的生活。后来的《百丈清规》将"农禅并举"作为基本戒律,奉行"一日不作一日不食"。

---

① 《四分律》是中国佛教最具影响、流行最广的佛教戒律。因其分为四部分,故名《四分律》。参见学诚法师《四分律删繁补阙行事钞校释》,宗教文化出版社2015年版。

佛教初入中国,僧人对食物没有什么特别要求,甚至可以吃所谓的"三净肉"(不见杀、不闻杀、不为我杀)。由于佛家提倡"戒杀放生",佛教徒就自觉改为素食。素食是从南北朝时期的梁武帝时开始的,素食一直是汉传佛教的传统。最初的不吃荤并非不吃肉,"荤"字从"草",是指韭菜、大蒜、大葱之类辛辣发性的蔬菜,后来改吃素食以后,吃荤才特指吃肉之类。佛教吃素是悲悯众生的表现,体现出对生命的尊重。故《梵网经菩萨本戒》曰,"不得食一切众生肉,食肉得无量罪",《涅盘经》亦曰"食肉者,断大慈悲种"。佛教提倡"慈悲戒杀",与儒家传统的"仁德"思想契合,助长了吃素之风。当然,素食也是佛教的养生智慧。

(三)衲衣惜物

早期印度佛教徒生活异常艰苦,僧人们穿着特别简朴的衣服,名曰"粪扫衣",即用破布制成的衣服,这就是"百衲衣"的前身。碎布来源有二:一是墓地间收集来的,一是大街上或布店边捡来的。僧人穿粪扫衣是因为靠布施度日,岂敢奢求,何况简朴是利于修行净心的美德。但破布毕竟有限,随着僧人的增多,不得不接受信众供养,佛陀为僧尼穿的衣服制定了戒条,内容包括颜色、尺寸、样式和季节。据说佛在摩揭陀时看到方格形的稻田很整齐,于是他要阿难陀根据稻田的样式设计僧衣,这就是"福田衣"的来源。做僧衣时要把布料剪成数块,把布料的价值降到最低,这样就可以减少僧人的贪心。有时信徒供养僧人很昂贵的布料,僧人也不便拒绝。所以在用之前,要把布料裁剪成数块以降低布料的商品价值。这样他们缝制的衣服就与出家的本意相合,这种衣服对俗人和小偷都不适合,也免得僧衣被人偷走。中国的僧人为了表示"苦修",破除对穿着的贪求,继承印度佛教的传统,常拾取别人丢弃的陈旧杂碎的布片,洗涤干净后,加以密缝拼缀而成衣,通称为"衲衣",也称功德衣、无畏衣,形似袈裟。因其用许多方形小块布片拼缀制成而得名"百衲衣"。

以上佛教的持戒修行的俭朴生活,之所以采用历史叙述的方法表述,是想说明:佛教的戒律也有从无而有、从有而变的过程,并非一成不变的教条,而根据不同的政治、经济和文化背景,做出适应性的改革,体现出佛教圆融的智慧;要贯彻佛教净化人心、提高精神境界的教义,不能仅仅停留在持守观念上,而是要付诸行动,知行合一。建设生态文明,也要落实在行动上,当前的生态危机,并非众生不懂得保护生态环境的重要性,每个人置身其间,感同身受,无须多言,这几乎是常识性的问题。全球性的生态危机愈演愈烈,从行为文化层面讲,就是私心作祟、纵欲不戒的结果。

四、慈悲为怀的生态实践

楼宇烈教授认为,大乘佛教的主要精神就是"悲智双运,福慧并修"。"悲"和"福"体现的是大乘佛教度人利他的慈悲精神;"智"和"慧"体现的是大乘佛教自度自利的智慧解脱。"悲智双运"是从大乘佛教的教义和宗旨讲的,"福慧并修"则是从修道者的修行方向和方法谈的。

(一)慈悲为怀的大乘精神

"慈悲为怀"是佛教的根本精神。佛陀生前曾立下誓愿"三界皆苦,吾当安之","此生利益一切人天"。佛陀的这一誓愿,体现佛教关怀众生、利乐有情的伟大的慈悲精神。按照佛教经典原本的解释,"慈"和"悲"从两个不同的方面来体现佛教对众生的关怀。慈是与众生乐,悲是去众生苦。如《大智度论》中说,"大慈与一切众生乐,大悲拔一切众生苦;大慈以喜乐因缘与众生,大悲以离苦因缘与众生"。佛教视"苦"为一切世间法的根本相状,求道修证就是要脱离此无边之苦海。所以,在拔苦与乐的慈悲精神中,亦以拔苦为根本。佛教的这种慈悲精神,在大乘佛教中得到最充分的发扬,甚至被视为佛教的最根本精神。如《观无量寿佛经》中说:"佛心者,大慈悲是。"《大智度论》中则更明确宣称:"慈悲是佛道之根本。"在大乘佛教所崇仰的那些佛、菩萨中,无一不有自己的誓愿,然救世济众则是他们共同的誓愿。此中,尤以地藏菩萨救度众生的誓愿最大,最为感人。据《地藏菩萨本愿经》记载,地藏菩萨发愿说:"若不先度罪苦,令是安乐,得至菩提,我终未愿成佛。"所以,后人为地藏菩萨所作的对联曰:"地狱未空誓不成佛,众生度尽方证菩提。"大乘佛教中有许多救苦救难的佛、菩萨,除以上提到的释迦牟尼佛和地藏菩萨外,阿弥陀佛和观世音菩萨等也是受广大信众崇拜的救苦救难的佛、菩萨。应当指出的是,大乘佛教通过佛、菩萨体现出来的这种慈悲精神,并不是让人们通过祈祷去期待佛、菩萨来救度自己,而是要信众按照佛、菩萨的慈悲精神去实践。上述"福慧并修"中的修"福"业,即是要求信众通过对大乘佛法"六度"(六波罗蜜)中"布施""持戒""忍辱"等修法的实践,以实现利他的慈悲精神。中国的禅宗强调"明心见性,见性成佛"和"即心即佛",认为"自性迷,佛即是众生;自性悟,众生即是佛",倡导"自性自度",更是把实践济世利生的慈悲精神视作悟得"自性佛"的体现。

此外,大乘佛教的慈悲精神,不单是对人类社会,它也遍及于一切有情之生命,乃至所有无情之山水土石。佛教对有情生命之慈悲,不仅体现于"不杀生"的戒律中,更体现于为救有情众生之生命,可以不惜牺牲自己的生命。在佛教典籍中有大量记载佛、菩萨为救助有情众生,不惜自我牺牲的故事。其中的"割肉喂鹰""舍身饲虎"是人们熟知的故事,表达对慈悲利他精神的理想和升华。佛教对无情山水草木的慈悲,则体现为对人类生存环境的良好保护。中国有句俗话"天下名山僧占多"。中国的佛教寺庙大多建在风景幽雅、环境优美的名山中,他们对优美环境的保护也做出重要的贡献。

现代人如能从佛教的不杀生和同情、爱惜一切有情众生之生命,以及积极保护生存环境等慈悲精神中学到一些东西的话,对改进当今世界面临的严重的生态失衡和环境破坏有所裨益。

(二)普度众生的生态保护

"普度众生"的生态伦理观是对"人类中心主义"价值观的精神超越,远比世俗的生态保护境界要高。"扫地不伤蝼蚁命,爱惜飞蛾纱罩灯"一联道出佛教对动物的深切关怀与无尽慈悲。然而长期以来由于传统文化的断绝与当今"科学主义"的盛行,说起动物保护,总以为那是来自西方的舶来品。其实,中国本土的儒家、道家和中国化的佛教都有深刻的生态保护意识和虔诚的生态伦理道德。

佛教主张六道轮回,即在未解脱之前,生命在天、人、阿修罗、畜生、地狱、饿鬼六道中轮回,依据自身的行为业力获得来世相应的果报。不同的众生由于修行的高低而有差别,但由于生命本质是平等的,不同的众生之间能够相互转化。在转世再生的信仰基础上,因果轮回使得所有生命都具有"血缘关系",也使得包括动物在内的其他生命不仅与人有着平等的地位,还有密不可分的亲属关系。

佛教慈悲为怀,保护动物是题中应有之义。佛教经典再三劝导信众应该保护动物，不得伤害动物。如《佛说阿难四事经》曰："当以慈心育养幼孙，见禽兽虫蛾……当常念，随其所食，令时酥息，莫得如杖伤绝其命。"《大智度论》中明确表示："诸余罪中，杀业最重，诸功德中，放生第一。"《地藏十轮经》说："设使能戒诸杀生，诸众恭敬成无上，恒时无病延寿命，安乐畅适无损害，一切生生世世处，深信如来之行境，现见佛法及僧众，速得无上菩提果。"作为佛教徒最基本戒律的五戒中，第一条就是"不杀生"。规定是不可以杀害一切有情识的生命，包括所有的动物，而且要做到"不自杀、不教他杀、不见杀随喜"，就是说不仅自己不能去杀害动物，而且不能教唆、命令、劝诱他人杀害动物，甚至连见到他人杀害动物在心里表示赞同欢喜都是有罪的。可见，佛教对于杀戮动物是全面禁止的。

佛教徒不杀害生命，对一切生命平等相待的精神，甚至推广到人类通常恨不得斩尽杀绝的所谓猛兽和害虫上。这从生态平衡的角度看是有道理的，被人视为猛兽和害虫的动物，有些是人类活动侵犯了动物的生存领地，有些是对人类有害，对生态系统并无危害，而且有助于生态系统的自我组织和自我平衡。

传说武夷山的扣冰古佛在深山修行时，觅得半山岩壁石洞为安身之处，古佛常在深山洞中坐禅念佛，米尽粮绝，即以野菜野果充饥，山中多猴虎，动物也通人性，人兽相处久了便无畏惧，遂有"猕猴献果，虎伺左右"。这一方面是说佛法广大，感动群顽；另一方面也说明人与自然的和谐相处。人与动物和平相处，不仅是佛教的理想，而且在许多高僧那里也得到部分的实现。

除了消极的不杀生之外，众生平等的思想还逐渐形成一系列独特的更加积极的实践方式，集中体现为素食、放生行为。放生是用钱买来被捕的飞禽走兽鱼鳖等，将其放归森林、旷野或者湖泊，使其重获自由。

放生让佛教徒的保护动物行为，从消极地不伤害生命变成积极地拯救生命。佛教放生是积累功德、消除罪业最有效、迅速的手段。《梵网经菩萨戒本》说，"是菩萨应起常住慈悲心、孝顺心，方便救护一切众生"，因此广大佛教徒以很高的宗教热情投身这种活动，武夷山几乎所有的佛教寺庙每年都有定期的放生活动，僧俗两界都有人参加，放生活动与佛事活动同时举行，规模越来越大，影响也越来越大，产生良好的生态效应。武夷山的历史上有许多以诗闻名的诗僧，如释超全、释衍操常常通过诗文来劝导世人爱护动物。

今天,在中国,动物保护意识逐渐兴起,然而动物遭受严重虐待的局面依然严重,动物保护的宣传还受到许多人怀疑,动物保护立法一时不能实现。在此情况下,随顺今天的具体因缘,真正回到佛教慈悲护生的精神上来,开展各种形式的救护生命活动,有重要的现实意义。要做到以下三点:第一,日常生活化。放生不仅是舆论宣传活动,也不仅是宗教节事活动,而应当日常化、生活化,才能收到真正的实效,也才能使生态保护理念深入人心。第二,科学规范化。放生也是一门科学,要根据不同的生态环境,如地域、气象、水质、温度等,最好在科研人员的指导下进行,来投放适应当地生态环境的物种并控制合理的数量,如果投放的生物不适合本地环境,或是数量过度,尤其是要防止外来物种的生物入侵,否则就不是放生,还可能适得其反,成为杀生行为了。第三,法律制度化。放生行为一定要接受生物保护法、生态防治法等法律法规的约束和指导,克服盲目性。

(三)心灵环保的至高境界

"境由心造",所谓"心净则国土净"。人类所生存的环境,不只是生物的自然,它同时反映出人的道德自觉与宗教实践的"人化自然"。佛教的教义,历来重视净化人的内心,扫除贪、嗔、痴三毒,使心灵解脱自在,达到"无我"的境界。"心灵环保"的环保理念,是建立在《维摩诘经》中的净土思想之上的,佛教对净土的描绘体现佛教的理想生态观。其中最有代表性的是阿弥陀佛净土。净土是菩萨善行的果报,它的实现在根本上依赖众生的努力。中国佛教特别重视提高自身的道德修养,改善自己的行为,创造人间净土,这就是《维摩诘经》倡导的"众生心净则佛土净"。禅宗更将其发挥为"净土在世间,莫向西方求",重视现实世界的价值及其改造。

佛教的生态意识,使得人跳出人类中心的窠臼,向生命中心乃至生态中心的环境伦理的方向迈进,将人类的道德关怀从人类自身扩展到多种生物,甚至整个自然界。环保理念的落实到位,还须从家庭环保、社区环保等做起,佛教"心净则行净,行净则众生净,众生净则国土净"的思想则启示我们,生态意识最终要归向于每个人的心灵环保。当下,应该不断地自我告诫:人类不应该完全停留在征服自然、利用自然和改造自然的思想框架下,更要加强贯彻落实尊重自然、保护自然和建设自然的环保理念。如此人类才有希望。

1983年,世界环境与发展委员会向联合国递交的报告《我们共同的未来》中明确指出:我们面临的首要"问题不是科学和技术的,科学方面我们有知识,技术方面我们有工具",我们今天面临的生态危机并不是生态系统自身原因造成的,也不是科学技术的发展造成的,科学技术本身对自然没有善恶的观念和功利的追求,它听命于发现和制造它们的人类。今天的生态灾难是人类无节制的贪欲和企图控制自然、改造自然的行为造成的,人类的行为则来源于他们根深蒂固的理念,它对人们的生活方式和价值观念产生极大的影响,引导人们的一系列行为,所以"需要新的社会、道德、科学和生活概念,这些概念应由今世和后代人新的生活条件所决定。生态文明便是人类在面对环境污染和生态危机时,对人与自然关系的反思结果。倡导文明生产、绿色消费、厉行节约、历事练心,才能创造出生态文明。环境问题,不是天灾,而是人祸。有思路才能有出路。"境由心造",人类所面对的依报世界是由人类的共业所造成的,改变生存环境必须从改变每个人的心境开始。提升每个人的心灵境界,增强生态环境的责任感,我们责无旁贷。

第五章 生态文化 顺应自然的道教

"顺应自然"是道家和道教基本的生态价值。

道教以《道德经》为基本经典。老子《道德经》提出"道法自然"的哲学思想,"道法自然"的实质是顺应自然,最终目的是"回归自然",实现人与自然的和谐。

老子在观念层面提出"道法自然",价值诉求在于顺应自然规律,不要妄作妄为。制度层面提出"无为而治",价值诉求在于顺应民心之自然,不要苛政扰民。行为层面提出"见素抱朴",价值诉求在于顺应人性之自然,少私寡欲,不要私心用智。器物层面提出"慈俭待物",价值诉求在于顺应物性之自然,待物以慈,用物以俭,做到物尽其用,不要暴殄天物。在修心养生上提出"返璞归真",价值诉求在于摈弃人欲,回归自然,虚心静养,回复到生命的本真状态。

人类只是地球上无数物种中的一种,地球不过是宇宙中的一粒尘埃。人类的任何物质进步和科技发明,都不可能改变自然法则,切莫狂妄自大,更不要奢望征服自然、主宰自然。这就是道家道教生态哲学的当代价值。

诚如中国社科院著名哲学家蒙培元所说：老子在中国哲学史上第一次明确提出"自然"这一重要范畴，讨论了人与自然的关系问题。他以"回归自然"为其哲学的根本宗旨，为中国古代的生态哲学做出重大贡献。"回归自然"不是要人类回到自然本能的原始状态，而是要人类回归到少私寡欲、天真纯朴的状态。在道家看来，随着物质文明的不断进步，人自然纯朴的天性逐步丧失，只有回归自然纯朴的本性，才能实现人与人、人与自然的和谐相处。

一、重新认识道家哲学的当代价值

美国著名人文主义物理学家，诺奖得主卡普拉说："在诸伟大传统中，据我看道家提供了最深刻并且最完善的生态智慧。它强调在自然的循环过程中，个人和社会的一切现象以及两者潜在的一致性。"① 所谓"最深刻"指老子哲学从宇宙本体论的角度提出"道法自然"的生态理念；所谓"最完善"指老子哲学将"道法自然"的哲学理念贯彻到文化结构的各个层次，贯彻到人类面临的一切问题。从文化结构看，老子从观念文化的层面提出"道法自然"的生态哲学观；从制度文化的层面提出"无为而治"的生态政治观；从行为文化的层面提出"少私寡欲"的生态消费观；从器物文化层面提出"慈俭爱物"的生态伦理观。在天人关系上主张顺应自然，道法自然；在社会关系上提出顺应民意，无为而治；在人际关系上提出顺应和谐，谦让不争；在身心关系上提出顺应人性，见素抱朴。这就形成系统的生态哲学，对后世产生深远影响。

在过去一个相当长的时期内，尤其是十年"文革"期间，老子哲学备受垢病和批判，认为是客观唯心主义哲学，是没落奴隶主的思想意识，整个思想充满消极保守、无所作为的颓废情绪。形成这样的认识，同当时的"斗争哲学"和"人定胜天"思想有关，也同改革开放以来，接受西方文化的思维方式和价值观念有关。西方文化的世界观是机械分析的物理世界，长期奉行二元对立的思维方式和人类中心主义的价值观，中国古典哲学

---

① 薛宗源：《道学与丹道》，宗教文化出版社2016年版，第1页。

的世界观是有机整体的生命世界,奉行天人合一的思维模式和人与自然和谐的价值观。因此,以西方文化的思维方式和价值观来解读老子哲学,就会出现信息不对称,就难免误解误读。过去将"道法自然"理解为否定人的主观能动性。"道法自然"的实质是按照自然法则办事,将"无为而治"理解为消极保守和无所作为。"无为而治"的实质是顺应人心之自然,不妄为不强为,将"处雌守柔"理解为缺乏竞争和积极进取。"处雌守柔"的实质是谦虚礼让与和谐相处;将"无知无欲"理解为反对知识,愚民政策。"无知无欲"的实质是提倡价值理性,警惕工具理性,避免知识的误用;将"道不可道"理解为故弄玄虚的神秘主义。"道不可道"其实是整体直觉的感悟的思维模式,将"万物齐一"理解为否定人的主体地位。"万物齐一"其实是主张自然界的万物与人类在价值上的平等;将庄子的"同与禽兽处,族与万物并"理解为倒退到原始自然状态。"同与禽兽处,族与万物并"其实是主张保护自然界的生存环境,将"逍遥游"理解为逃避社会与小资情调。"逍遥游"其实是追求精神超越和思想自由。总之,以不同的思维模式和价值取向去理解老子哲学就会得出不同的结论。

老子生态哲学的最高理念是"道法自然",即老子所谓的"人法地,地法天,天法道,道法自然","道法自然"的最高理念派生出老子哲学的生命关怀、批判精神、辩证思维、理性思维和养生模式五个显著特征,正确理解这些特征,是正确理解老子生态哲学内涵的关键。

(一)生命关怀

老子生态哲学表现出对自然界和人类社会深切的生命关怀。蒙培元认为中国传统文化是深层的生态哲学(包括物质生命和精神生命),所谓深层的生态哲学就是天人一体的生命哲学。生命哲学涉及文化发展,是要为人类提供一套安身立命的生命关怀,不是为了抽象知识的学习和空洞理念的追求。中国古代的生命哲学不同于西方近代的生命哲学,主张用情感和意志等揭示生命的本质属性,从而实现个性独立和自由,而是通过对生命意义和生存价值的追寻,现实人与自然的有机统一与和谐相处。诚如蒙培元在《人与自然——中国哲学生态观》中所言:"'生'的问题是中国哲学的核心问题,体现了中国哲学的根本精神。"[①]中国古代"生"的哲

---

① 蒙培元:《人与自然——中国哲学生态观》,北京人民出版社2004年版,第14页。

学包括三层含义。

1. 生成论哲学而非西方式的本体论哲学

中国古典哲学将自然界理解为动态的生命过程,而非西方那样理解为静态的物理世界。老子说"道生一,一生二,二生三,三生万物。万物负阴而抱阳,冲气以为和"。

2. 生命哲学而非西方式的机械论哲学

中国哲学认为,自然界包括人在内,是一个有机的生命整体,自然界不仅有生命,而且不断创造新的生命,因此,自然界具有生命创造的"内在价值",而不仅是供人类利用的外在的工具价值。自然界不仅是人的生命来源,而且是人的生命价值的来源,人类的生存价值就是实现"天道""天德"等自然界的"内在价值"。在实现自然界的内在价值上,儒道两家的途径不同。儒家主张通过人的积极参与去"参赞化育","裁成天地之道,辅相天地之宜"。道家认为,既然自然界无所不能,无所不为,人类只要顺应自然之道就好,顺应自然就能使自然界的内在价值得到充分的实现,就能达到"无为而无不为"的目的。

3. 生态哲学而非西方式的物理哲学

生态哲学是在生命意义上讲人与自然的和谐关系。人与自然界的和谐相处,共生共荣,是中国哲学的一贯主张。一方面人类需要从自然界获取生活资料,以维持人类的生命;另一方面,人类需要承担起保护自然的义务和责任,使人类的家园更加美好。因此老子曰"吾有三宝,持而守之,一曰慈,二曰俭,三曰不敢为天下先"。对自然界要持慈爱、节俭和顺从的态度。

尊重人类和自然的生命是中国传统文化基本的价值取向,天人之际正是在这一点上实现目的性的和谐与统一,即《易传》所谓人"与天地和其德",天地之德即生生不息的自然界的生命目的性。尊重生命不仅是世俗的政治和法律的首要的价值理念,也是神圣的宗教信仰的首要的价值理念,无论是佛教、道教、基督教、伊斯兰教,都将不杀生作为首要的戒律,这就为人类文化的发展指明价值目标,即现实的生命关怀,这是老子的伟大之处,也是中国古典哲学的伟大之处。

(二)批判精神

老子生态哲学表现出对于历史文化深刻的反思和批判精神。反思批判是理性精神的重要体现,是生态哲学思维的本质要求。无反思批判的文化必然陷于故步自封而失去生命活力和发展动力。老子批判人性的异化,为人类可持续发展指明道路——见素抱朴,少私寡欲。老子认为,随着人类物质文明的不断进步,人类纯朴自然的本性逐步异化为自私多欲。"大道废,有仁义;智能出,有大伪;六亲不和,有孝慈;国家昏乱,有忠臣"。"失道而后德,失德而后仁,失仁而后义,失义而后礼。夫礼者,忠信之薄而乱之首也",人类纯朴的自然本性丧失之后,才出现仁义之类的伦理规范,仁义之类伦理规范丧失之后,才有了礼法(中国古代社会的国家管理是礼法杂糅,礼制有与法制同等甚或凌驾于法制之上的地位,故而"礼法"并称)之类的强制约束,所以说礼法之类社会约束的出现,意味着人类忠信本性的浇薄和社会动荡的开始。总之,人类社会发展表现出"背道而驰"的情景,越走越远。所以老子提出"无为而治"的政治主张,"无为而治"就是顺应民心之自然,老子所以说:"圣人无常心,以百姓之心为心。善者,吾善之;不善者,吾亦善之,德善。信者,吾信之;不信者,吾亦信之,德信。圣人在天下,歙歙焉,为天下浑其心。百姓皆注其耳目,圣人皆孩之"。理想的统治者不要有既定不变的政治模式或先入为主的意愿,而要以老百姓的意志为转移,即要顺应民意,这才是好的政治。有常心就是有我执,无常心就是无我执,无我执而后才能做到与人为善,和谐相处。对于善与不善之人,信与不信之人,以无差别的善良和诚信待之,就能使天下都归于善良和诚信。所以说高明的统治者总是收敛自己的个性和欲望,不能用分别心去对待百姓,而要用混沌无差别的道心去治理国家。百姓专注于视听之辨,高明的统治者要他们变得像小孩子一样混沌淳朴。"无为而治"命题有深刻的社会历史背景和美好的人文理想寄托,但它首先是文化反思和历史批判的产物。"无为"是对"有为"的批判,"有为"又特指违背人民意愿的"强为"和违背自然规律的"妄为"。关于前者,老子说:"民之饥,以其上食税之多,是以饥。民之难治,以其上之有为,是以难治。民之轻死,以其上求生之厚,是以轻死。夫唯无以生为者,是贤于贵生。"这里的"有为"特指统治者的贪婪欲望与残酷剥削,这是人民贫穷饥饿和犯上轻死的原因;关于后者,如老子曰:"致虚极,守静笃,万物并作,吾以观复。夫物芸芸,各复归其根。归根曰静,静曰复命。复命曰常,知常曰明。不知常,妄作凶。知常容,容乃公,公乃全,全乃天,天乃道,道乃久,没身不殆。"只有虚心静观,才能发现自然规律的清静无为。遵守清静无为之道就是明智之举,否则就会"妄作凶"。自然之道就是包容、公平、全能、天然之道,顺应自然之道就会"没身不殆"。其实,儒佛两家对于人性的异化也有认识,也都触及"复性"说,只是不像老子这样自觉和彻底。

文化反思和批判,是社会进步的自救机制,就如同人类生命体中的排毒系统,是维持机体健康的自然法则,人类的文化反思和批判只不过是自然界自我调理、自我修复机制在人类自身的体现而已。

(三)辩证思维

老子生态哲学充满辩证法的思想智慧,往往表现出"正言若反"的特征,这正是老子思想的深刻之处,也是难以被人们理解,或常被人们误解之处。辩证法就是研究事物相互关系和其运动发展变化规律的学说。老子认为自然之道是物极必反,因此,为了保证事物的本质属性不致于走向反面,老子提出"处雌守柔""谦让处下",这正是对自然之道的顺应。老子说"反者道之动,弱者道之用"(《道德经·四十章》),即道的运动规律是循环往复,这是物极必反的必然结果,既然万事万物都会物极必反,为了保持事物的本质属性,就得处雌守柔,防止事物走向极端而转化为对立面。这也是"道常无为而无不为。侯王若能守之,万物将自化……不欲以静,天下将自定"的道理。老子被奉为中国哲学之祖,因为老子不仅具有清醒的理性精神,而且具有深刻的辩证思维。老子哲学的辩证法不是纯粹的思辨哲学,有强烈的现实关怀。有些人认为"无为而治"是因为人的精力有限,只能是有所为而有所不为,所以"无为"是"有为"的前提条件;有些人认为"无为而治"是权力下放,发挥下属的积极性和创造性,只有在上者"无为"才能换来在下者的"无不为",先秦法家解老的"君逸臣劳"亦出于此。这些解释是对"无为而治"的技术层面的应用,有一定的道理。但我认为,老子辩证法最深刻的价值在于为人类指明发展方向,即人类发展应当遵循"正—反—合"的循环式发展之路,而非工业革命以来的"线性"发展道路,线性发展道路是一条不归路。老子的理想社会是"返璞归真",但绝非某些人认为的是要人类回到原始的野蛮状态,而是希望人类能有理性而节制的生活方式或生存状态。《老子》中有大量"返""归""复""还"的措辞,如"(道)大曰逝,逝曰远,远曰反""反者道之动,弱者道之用""万物并作,吾以观复""归根曰静,是谓复命"。人性异化是中外哲学普遍的认识,所以中国哲学(包括儒释道在内)都有类似的"复性"说。老子认为人的自然本性是天真纯朴、无私无欲,这是理想状态。求生的欲望却使得天真纯朴、无私无欲的自然本性不断异化为奸诈智巧、自私多欲,这是现实状态。老子是理性主义哲学家,自知人类社会的发展不可能完全实现理想状态,所以提出"见素抱朴,少私寡欲"的主张,这是介于理想与现实之间的理性主义,也是现实主义的人性回归之道,显出由无私无欲到自私多欲,再到少私寡欲的正—反—合的循环式的辩证发展之道。关于社会和国家管理,老子既不主张完全的无政府主义,也不主张强权政治(往往表现出横征暴敛的强为和随心所欲的妄为),而是提出"无为而治"的理性政治模式。"无为而治"这一命题在老子思想中,不仅表现为处理人与人、人与社会关系的基本原则,也是处理人与自然关系的基本原则,这其实是"道法自然"的另一种表述方式。

马尔库塞指出,现代工业社会成功地压制了人们内心中的否定性、批判性、超越性的向度,使这个社会成为单向度的社会,生活于其中的人成了单向度的人。这种人丧失了自由和创造力,不再想象或追求与现实生活不同的另一种生活。① 循环式发展是自然界的基本法则,自然也就是人类社会应当遵循的自然法则。人作为生物体自然不免物质追求和欲望的满足,人同时又是理性动物,天性具有追求生命和谐的潜意识,所以才会遵循"自反式"的运动规律。

(四)理性精神

老子生态哲学有鲜明的理性精神,其理性思维涉及人生的目的和意义,人活着既不能一如生物般地情欲宣泄,也不能一如神人般地完全禁欲,理性意味着克制,使人类把自己的情欲控制在合理的范围内,实现自由纯真的天性的理性回归。作为具有高度理性自觉的哲学家,老子能将其"道法自然"(实为"顺应自然")的基本哲学理念贯彻到底,使其思想学说具有高度的逻辑一致性。这一命题本身就具有高度的理性精神,一是老子对人性异化反思批判的必然结果;二是对自然界具有的趋向于生命和谐的自然目的性的坚定信念,自然生态系统的内在价值彰显出自然物,特别是生命体所具有的主动适应与能动创造,朝着复杂多样化和丰富精

---

① (美)赫伯特·马尔库塞:《单向度的人——发达工业社会意识形态研究》,刘继译,上海译文出版社2006年版,第4页。

致化方向协同进化趋势。所以老子提出"孔德之容,唯理是从"的理性精神。老子进一步指出:"道生之,德畜之,物形之,势成之。万物莫不尊道而贵德。道之尊,德之贵,夫莫之命而常自然。"道之尊崇,德之珍贵,不仅因为道生成万物,德蓄养万物,还在于之所以能生成蓄养万物全在于其顺应自然,即对于自然界生命本真的顺应,理性精神的最高境界是崇尚真理。"道"为自然之真,"德"为人文之真。

将顺应自然的理性精神贯彻到社会和国家管理的政治层面,老子提出"无为而治"的理性政治模式,其核心思想是顺应民意,即老子所谓"圣人无常心,以百姓之心为心",高明的统治者,只要怀有善意和诚心,就不要抱有人为和既定的政治模式,顺应民心民意就是最好的政治模式,因此,王弼注《老子》曰"无为者,无违也",无违于人心民意。老子推行"无为而治"还有一个原因,认为老百姓有自我管理的自治能力:"我无为,而民自化;我好静,而民自正;我无事,而民自富;我无欲,而民自朴。"统治者只要能做到无为、好静、无事、无欲,老百姓就能做到自化、自正、自富、自朴。自然顺化、自然纯正、自然富裕和自然朴实,这不就是自治的能力吗?所以老子说:"圣人处无为之事,行不言之教。万物作焉而不辞,生而不有,为而不恃,功成不居。夫唯不居,是以不去。"高明的统治者只要遵循顺应自然的治国理念,推行身教重于言教的治国方略,就一定能治理好国家。无为而治正是顺应自然之理的必然要求,自然界不辞辛苦地帮助万物生长,生养万物不据为己有,促进万物不依赖万物,大功告成不居功自傲。正因为不居功自傲,谁也不会把他的功劳抹杀掉。

将"顺应自然"的理念落实到行为文化的层面,老子主张顺应人性之自然,人的自然本性淳朴厚道、无知无欲,有一颗赤子之心。老子曰:"含德之厚比于赤子。蜂虿虺蛇不螫,猛兽不据,攫鸟不搏。骨弱筋柔而握固,未知牝牡之合而朘作,精之至也。终日号而不嗄,和之至也。知和曰常,知常曰明。益生曰祥,心使气曰强。物壮则老,谓之不道,不道早已。"道德涵养深厚的人就好像是刚刚出生的婴儿(赤子),他们从来不危害自然界的一草一木一禽一兽,所以自然界的毒蛇猛兽也不伤害他。婴儿看似骨弱筋柔但却充满力量,不知男女合和之事却阴茎勃起,终日哭叫却嗓子不哑,是因为他们精气充沛、元气调和。知道调和精气就是常道,按照常道行事就叫明智,利益养生即是祥和,以心运气即能使身体强壮。事物发展得过于强壮,即加速他的老化。不遵循道的规则,就会早亡。老子在这里用养生的道理说明顺应自然的意义,在老子看来,人类作为自然之子,已经远离父母,丧失纯真自然的天性。因此,老子为人类指明发展道路,即"见素抱朴,少私寡欲",迷途知返,回归自然朴素的本性。这里的"朴"和"素"都指称自然之道。今天人们片面追求物质享受,物欲横流,有违理性原则,应当迷途知返。

将顺应自然的理性原则落实到器物文化层面,老子提出应物以"慈"以"俭"的思想。老子曰"我有三宝,持而宝之,一曰慈,二曰俭,三曰不敢为天下先",即我有三件宝贝,希望人类能够持守并珍视之:一是以慈爱之心善待天下万物,二是以节俭之心珍惜天下万物,三是以谦卑之心与自然相处,不要做自然界的主宰者。这段话充满了慈母的恩爱、女性的温柔,自然界就是这样对待人类的,我们反过来也以这样的情怀和心态去对待自然界,就一定能得到自然母亲无私的奉献和馈赠。当然,理性思维也不是人们都能理解的,老子对此亦有清醒的觉察,他说,"吾言甚易知,甚易行。天下莫能知,莫能行……知我者希,则我者贵",甚至还出现"上士闻道,勤而行之;中士闻道,若存若亡;下士闻道,大笑之。不笑不足以为道"的尴尬局面。除非人人都是理性之人,否则,理性思维往往成为理想思维甚或空想思维。但有理想就有希望,有希望就会有前途。

(五)养生模式

道家长于养生,所以老子不仅用养生道理比附说明治国之道和生态理念,也把养生目标视为生态哲学的价值目标,形成独特的养生思维模式。在老子看来,社会发展模式涉及社会进步的标准是财富的不断增加和欲望的不断满足,还是应当为人类的线性增长设立一个理性的极限,即底线原则。超过养生需求的物质增长和欲望满足即为非理性和不健康的生存方式和生活方式。因为这种生活方式不利于养生,反有损人类健康。道家长于养生,养生贵在调心,寻求恬淡虚无,清静无欲。老子认为最好的生存方式应当合乎养生原则,姑且称为"养生模式"。因此,老子常常把养生模式和政治模式、行为模式及物质生活联系起来,形成道家个性鲜明,风格独特的"养生模式"。

在政治模式上,老子提出"清静为天下正""治人事天莫若啬""道常无为而无不为"都具有养生和政治的双重含义。不从养生学的角度理解老子的政治学说,很难把握其精神实质,如"道常无为而无不为,侯王若能守万物将自化"。如何"无为"却得到"无不为"的结果？手段和目的的巨大矛盾应当作何解释？其深刻的内涵就是"顺应自然"，养生调心主张"恬淡虚无"，应放弃一切人为的思虑营谋，在恬淡虚无的气功态下，气血完全顺应身体之自然而运行，自然就会收到自我调理和自我修复的养生功效，这就叫"人无为而天有为"，有深刻的辩证法思想。中国古代农耕经济是自然经济，顺应自然成为发展生产的基本原则，对农业生产过多干预的人为政治是弊政。

在行为模式上，老子提出"柔弱者生之徒，坚强者死之徒"，因为柔弱代表顺应自然的原则，大风过后，看似坚强的参天大树被连根拔起，貌似柔弱的小草却能完好保留下来，因为坚强的树木不能顺应，迎风而立，故被摧毁折断了。柔弱的小草却能顺应，风吹草偃，所以能够躲过大风的摧折。所以老子认为，为人处世也当学会"处雌守柔""谦让处下"，他提倡"知其雄，守其雌，为天下溪。为天下溪，常德不离，复归于婴儿"，"天下莫柔弱于水，而攻坚强者莫之能胜，以其无以易之"。

在生活方式上，如对于物质生活，老子主张不过分追求物质享受，提倡"知足常乐"。老子曰"罪莫大于可欲，祸莫大于不知足，咎莫大于欲得，故知足之足，常足"，"甚爱必大费，多藏必厚亡，知足不辱，知止不殆，可以长久"。养生政治模式也是理性健康的生活方式。人不仅有欲望而且欲壑难填，那么，物质生活的消费有没有，或者要不要一个理性的生活标准？在老子看来，不但应当有一个标准，而且这个标准就是养生标准，合乎养生的物质消费和生活方式才是理性健康的生活方式，挥霍奢侈的物质消费和纵欲无度的生活享受不仅不利于养生，反而有害于身体健康。这种以养生为标准的生活方式，相对于今天线性增长的生产模式和消费主义的生活方式，无疑是理性的，也是积极健康的。物质增长和生活消费应当有一个极限，突破这个极限，人类就会面临生存危机和生态危机。不得不承认，随着物质生产的不断丰富，非理性不健康的生活方式已经成为慢性病滋生和发展的根源。《吕氏春秋》曰："始生之者，天也；养成之者，人也。能养天之所生而勿撄之谓天子。天子之动也，以全天为故者也。此官之所自立也。立官者，以全生也。今世之惑主，多官而反以害生，则失所为立矣。譬之若修兵者，以备寇也。今修兵而反以自攻，则亦失所为修之矣。"（《吕氏春秋·本生篇》）自然界创生了万物的生命，有待于人去养成生命，所谓"生成"者，即天生之而人成之。所以，天子作为天（即自然界）

的儿子,其职责应当是顺应自然养育生命,而非违逆扰乱自然秩序。国家所以设立官职,目的在于保全顺应生命,而今的昏君,设立许多官职反而残害生命,失去设立官职的本意。《庄子》亦曰:"天之所助,谓之天子。"可见,养生政治就是古代王道政治的核心内涵。

二、"道法自然"就是顺应自然

学界对于老子"道法自然"这一核心命题,存在诸多似是而非的理解,究其原因,"以西释中"和"以今释古"是两个突出的思维误区。心物二元是西方哲学的思维传统,心物一元或体用一源则是中国哲学的思维传统。在西方话语霸权盛行的今天,"以今解古"往往就表现为"以西释中"。

(一)何谓"自然"

"自然"在老子哲学中是体用合一的哲学概念,是指自然界及其自然而然的本质属性。自然界被称为自然,就是因为其运行不待人为的自然而然。

中国古代哲学的自然观不同于西方近代哲学的自然观,西方将自然界视为客观认识对象,是受因果必然性支配的没有生命的机械的物理世界。中国古代哲学认为自然界包含人类在内,是生机勃勃、生生不已的生命过程,大自然有超越于物理世界自然规律之上的某种神秘性,有自组织、自平衡、自我调理、自我修复的功能,如老子所说的"道常无为而无不为"。因此可以说中国哲学的自然观是过程和功能哲学。而西方哲学的自然观则是还原论和实体论的哲学,将活生生的生命世界还原为无生命的物理世界,将有机整体世界分析为本体与现象、物质与精神、人类与自然等二元结构。

与此相适应,中国古代对大自然的认识也不同于西方文化的概念分析、逻辑推理之类的理性思维,而是诉诸于切身的生命体验,中国古代哲学称之为体验、体察、体会、体悟、体认、感觉、感悟、感知等,这是一种对生命世界的整体把握和直觉认识,这种认知方式取决于本体论上的天人合一,即人类和自然界有机不分的生命整体,就像我们身体有痛有痒,完全能够自我感知一样,但这种感知往往具有模糊性和不确定性,因此其体认、感悟的结果往往只能意会,不能言传。中国哲学诉诸价值理性和情感理性,即尊重自然和关爱自然,西方哲学则诉诸认知理性和工具理性,即认识世界和改造世界。就价值诉求而言,中国哲学承认自然界有内在价值,主张顺应和敬畏自然,西方哲学只承认自然界有为人所利用的工具价值,主张控制和掠夺自然。

(二)何谓"道"

"道"是自然界(含人在内)有机整体的生命存在及其运行法则。老子哲学的"道"是整体论的混沌概念,包括不同层次的内容,而又浑然一体,有机相融。用老子的话说就是"朴","朴散则为器"(《道德经·二十八章》)是说混沌的道被分解之后才会有具体的事物,就像原木被分解后做成各种器物一样。《庄子》中有一则寓言:"南海之帝为儵,北海之帝为忽,中央之帝为混沌。儵与忽时相与遇于混沌之地,混沌待之甚善,儵与忽谋报混沌之德。曰:人皆有七窍,以视听食息,此独无有,尝试凿之。日凿一窍,七日而混沌死。"这则寓言故事饶有寓意:自然界是一个生命整体,自然界的功能在于生态系统的整体作用,如果将其生命的有机组成部分人为地割裂开来,那就意味着有机整体的解析和生命世界的消亡,所以《老子》开篇便说"道可道,非常道。名可名,非常名"。在中国古代哲学家看来,对于自然界的有机生命存在,只能诉诸生命的感悟和体验,而不能诉诸概念化的对象认识,因为任何概念化的对象认识都是相对的而不是绝对的,都是局部的而不是整体的,都是特殊的而不是普遍的。用任何相对的局部的认识代替绝对的整体的认识都如同盲人摸象,难免以偏概全,是不可取的。所以老子只是从其存在状态,将宇宙万物做了"有"和"无"两种抽象的表述。"无,名天地之始,有,名万物之母",即"无"是天地万物始生之前的整体概念,而"有"则是天地万物生成之后的整体概念。"有无相生",可以互相转化。对宇宙万物执着于"有",或执着于"无"都是错误的。这里的"名"即是概念的意思。"两者同出而异名,同谓之玄,玄之又玄,众妙之门"。即"无"和"有"同出于"道",是道的两种存在状态,即微观和宏观存在状态,它们都是认识世界的众妙法门。但是,概念表达是哲学家表述思想认识的必由之路,所以虽说道不可道,名不可名,但又不得不道,不可不名,于是老子说"吾不知其名,字之曰道,强为之名曰大",他对道的各种存在状态进行了形象的描述。现在中国古代哲学的研究,普遍采取"以西释中"的方法,之所以这样做,一是西方话语霸权的现实存在,二是西方分析哲学在概念表述上的准确性和确定性。对老子的"道"做一分析,其"道"具有如下基本内涵。

1.道是宇宙本体

本体论是中国哲学特有的概念。本是根本、本原;体是整体、全体。有本即有末,有体即有用,故中国本体论哲学从根本上说是生命过程及其功能学说。老子曰:"有物混成,先天地生,寂兮廖兮,独立而不改,周行而不殆,可以为天下母。"道是一种混沌的物质存在,它在天地产生之前就存在了,它永恒广大却无声无形,独自做着循环往复的运动,是创生天地万物的母亲。"道之为物,惟恍惟惚。惚兮恍兮,其中有象,恍兮惚兮,其中有物。窈兮冥兮,其中有精;其精甚真,其中有信"。在混沌恍惚之中,似乎有形象呈现,有精微之物存在,而且越来越真实,在它里面包含宇宙中一切信息。道是有无相生的整体,"无,名天下始。有,名万物母。故常无,欲以观其妙;常有,欲以观其徼。此两者同出而异名,同谓之玄,玄之又玄,众妙之门"。"无"指称天地混沌未开之际。"有"指称宇宙万物本原。所以,常从"无"的状态中领悟"道"的奥妙,常从"有"的状态中观察"道"的端倪。"有"与"无"两者来源相同而名称相异,都称得上玄妙深远。玄妙深奥又玄妙深奥,是宇宙万物天地之奥妙的总括。"谷神不死,是谓玄牝,玄牝之门,为天地根。绵绵若存,用之不勤。""道"就像幽谷一样空旷无涯,但却充满生机且生生不息,就好像神奇的母亲一样,我们管它叫作"玄牝","玄牝"就是道。"道"就是天地万物生生不息的根源。冥冥之中它好像是客观存在的,"道"是永不枯竭的。这个作为宇宙本原的道,在庄子那里被界定为"气"。庄子曰,"人之生,气之聚也。聚则为生,散则为死……故万物一也……通天下一气耳"。

2.道是过程和功能

功能是在过程中展现的,过程也必然表现出某种功能。老子曰"道生一,一生二,二生三,三生万物"。一为元气,二为阴、阳气,三为阴、阳、和气,阴阳二气的对立统一运动滋生了天地万物。清轻者上升而为天,重浊者下降而为地,天地氤氲万物化醇,而凡生于天地之间者(含人在内)皆"和实生物"的必然结果。这是一个生生不息的运动过程,万物也正是在这个生生不已的过程中得以发育生长。道"独立而不改,周行而不殆,可以为天下母",道的运动呈现出独立长存从不改变,循环运行永不停息的发展之路。朱子后来所谓"道体流行""天理流行""生生不息"之说,亦是将宇宙自然界理解为一个大化流行、生生不已的生命创造过程。即老子所谓的"道生之,德畜之,长之,育之,成之,熟之,养之,覆之,生而不有,为而不恃,长而不宰"的过程。不过,道创生万物既非神的主宰,亦非人的主宰,是一个自然而然的合目的性的过程,即"道常无为而无不为"。

3.道是规律和法则

"反者道之动,弱者道之用。""反者道之动",历来解释者有两种观点:一是说矛盾的对立物各自向着自己的对立面转化;二是说事物运动变化的规律是循环往复。其实这两种解释意思是相同或相通的。因为老子承认运动,承认运动循环往复、周而复始,所以才会有对立面向自己反面转化的可能。"弱者道之用",是说既然道的运动表现出物极必反的规律,为了保证事物不会因为物极必反而改变了自己的本质属性,那就得去强用弱,处雌守柔。柔弱并非消极,它是一种理性选择,一种方法和策略,因为自然界常常表现出"弱柔胜刚强"的客观规律性。柔弱同样也有积极性的一面,因为柔弱反映了生命活动的顺其自然原则,只有柔弱才能做到对环境的顺应。将道的运动规律自觉用于处理人与自然、人与人、身与心的关系,规律就变成人处世的法则,因此老子说:"孔德之容唯道是从","万物莫不尊道而贵德"。德者,得道之谓也。道是自然法则,德为人事法则,道德并称即天人合一,顺应自然。作为规律和法则的道具有客观性(实存)、普遍性(空间)、永恒性(时间)和绝对性,所以成为人们必须遵循的必然法则。

(三)"道法自然"是老子哲学的根本精神

"道"是老子哲学的最高概念,然而老子又提出"道法自然"的命题,似乎将"自然"凌驾于"道"之上,常常使人迷惑不解。那么,"道"与"自然"之间到底是什么关系?对于"道法自然",其实老子自己已经作了解释,即"万物莫不尊道而贵德。道至尊,德之贵,莫之命而常自然",道德的尊贵,就在于它是不以人的意志为转移(即莫之命)的客观规律,有不待人为的自然而然的属性。"法"即法则之意,就是说道是以自然为其法则的。"人法地,地法天,天法道,道法自然",正是老子哲学的总纲。老子是中国哲学史上第一个使用"自然"概念并引入哲学范畴的思想家。这里的"自然"既是自然界本身,又是自然界的运行状态及其属性。"自然"照其字面意思就是"自然而然""自己如此"。在老子的哲学中,"自然"是与"人为"相对立的概念,在老子看来这是一种不同于人为而又高于人为的状态,是事物按照自身的本质规定和运行规则而自生、自长、自化、自成、自衰、自灭的过程。如上所述,中国古典哲学的自然界是天人合一的生命整体,自然界有趋向于生命和谐完善的目的性,所以,道法自然具有追求人与自然、人与社会、人与人、身与心的和谐的价值诉求,从而构筑起自然界、人类社会和个体生命的和谐秩序。王弼《老子道德经注》曰:"法,谓法则也。人不违地,乃得全安,法地也。地不违天,乃得全载,法天也。天不违道,乃得全覆,法道也。道不违自然,乃得其性。法自然者,在方而法方,在圆而法圆,于自然无所违也。自然者,无称之言,穷极之辞也。用智不及无知,而形魄不及精象,精象不及无形,有仪不及无仪,故转相法也。道顺自然,天故资焉。天法于道,地故则焉。地法于天,人故象焉。所以为主,其一之者主也。"道法自然就是不违背自然规律。人法地即因地制宜,地法天即因时制宜,天法道即天地万物都有其客观规律,道法自然即客观规律是不待人为的自然法则。从农耕社会的自然经济角度,似亦不难理解道法自然:人法地,就是按照自然地理条件安排农业生产,旱地宜种耐旱作物如高粱,水田宜种水生作物如水稻,不能违背自然地理条件;地法天,就是一切农作物都是按照春、夏、秋、冬的自然气候条件即天时完成其生、长、化、收、藏,也不能违背自然天时;天法道,即自然天象天时也有其不以人的意志为转移的客观规律,人必须遵守客观规律而不能违背之;道法自然,即客观规律之所以是客观的,就在于它是自然界的根本属性。

(四)"顺天应人"是老子哲学的基本价值

有些学者将"道法自然"中的"道"仅仅理解为人际行为准则,"自然"也仅限于人文自然,并不包括自然界,并将老子哲学的价值仅限于人间性和个体生命的关怀,也就是说老子哲学并不包括自然哲学。这一理解完全不符合老子思想实际,这恰恰是人类中心主义的流露。有人过分强调人类社会的特殊规律,似乎人类社会可以不受自然规律的束缚,可以任意妄为。老子哲学的确具有人间性和个体生命的关怀,但这种人间性和个体生命的关怀是有其形而上的本体论依据的。老子哲学不仅包含深刻的自然哲学思想，并且以其作为人文社会哲学的理论基础，这正是老子哲学的深刻之处。如果说老子自然哲学主要是讨论自然之"道"的话，那么将自然之道作为理论基础而应用于人文社会领域而得出的规律性认识就是"德"。道是德的本体，德是道的末用，这就是《道德经》的基本结构。如果将"道"的研究理解为基础理论的研究，那么"德"就是应用理论的研究。德者，得道之谓也，即"德"就是"道"的体悟和应用而已。也正是在这一点上，我们认为老子哲学具有"一以贯之"的逻辑一致性。如将自然界的"自然原则"应用到国家管理上，提出"无为而治"的理性政治模式，具体内涵就是"圣人处无为之事，行不言之教"。应用到养生实践上，提出"致虚极守静笃"和"为腹不为目"。所以说老子哲学具有鲜明的"顺应自然"的价值旨归。许多章节的行文结构和文字表述都呈现出"天地（天、地、道）……；是以圣人（人、侯王）……"之类顺天应人的思想结构。如"天下皆知美之为美，斯恶已，皆知善之为善，斯不善矣……是以圣人处无为之事，行不言之教"，"天地不仁以万物为刍狗，圣人不仁以百姓为刍狗"，"天之道损有余而补不足，人之道则不然，损不足以奉有余"，"天地之所以长且久者，以其不自生故能长生。是以圣人后其身而身先，外其身而身存"，"五色令人目盲五音令人耳聋……是以圣人为腹不为目"，"少则得，多则惑……是以圣人抱一为天下式"，"重为轻根静为躁君，是以圣人终日行不离辎重"，"知其雄，守其雌，为天下溪……是以圣人后其身而身先"，"天下神器，不可为也，为者败之，执者失之。是以圣人去甚，去奢，去泰"，"道常无为而无不为，侯王若能守之，万物将自化"……所有这些，无不表现出"孔德之容，唯道是从"的"顺天应人"的理性精神。"顺"是理性自觉的表现，而"应"则是主体选择的结果。这说明老子对自然界和谐有序的生命秩序的坚定信念，对自然界趋向生命完善的内在价值的充分肯定，对二元对立思维模式的否定，对人类中心主义价值观的否定，这正是老子生态哲学的当代价值之所在。

（五）"道法自然"的生态价值

"道法自然"的生态价值主要表现为以下三个方面。

1. 本体论上的天人合一与生态哲学上的顺应自然

道是宇宙万物（人也是一物）的本体。既然天人一体，就应当遵循同一律，即老子所谓的"万物莫不尊道而贵德"。人是自然界的产物，自然应当服从自然规律,按照客观规律办事。环境污染和生态危机是人类违背客观自然规律、胡作妄为的结果。顺应自然规律也意味着承认自然界趋向生命和谐的内在价值,而不仅仅是承认自然界的工具价值。在老子看来,自然界具有全知全能的性质,即老子所谓"道常无为而无不为",人类的智慧则在于顺应自然,只有这样才能促成人类关爱自然的理性自觉,从认识论角度提供生态保护的理论基础。

2.生成论上的万物一源与生态伦理上的善待自然

道是万物的本源。既然万物同生于道,万物的地位就是平等的,即庄子所谓的"万物一齐",既然万物皆为自然之子,就应当受到同等的尊重。道生万物也意味着自然界的万物具有同样的生存权利,而承认并尊重自然界的生存权利,不仅是现代生态伦理学的理论基础,也是现代生态伦理学的基本内涵。如今在世界范围内建立自然保护区和人与生物保护圈,就是庄子所谓"同与禽兽处,族与万物并"的至德之世的理想实现。对自然界生存权利的尊重,将奠定生态伦理学的情感基础,解决人类对于自然界的态度问题。就生态保护而言,情感态度内在地具有行为意志指向。

3.发展观上的万物和谐与发展道路上的可持续发展

老子曰:"道生一,一生二,二生三,三生万物。万物负阴而抱阳,冲气以为和。"第一句是说自然界表现为一个生生不已的生命过程。第二句是说之所以生生不已,是因为冲和之气所致,即阴阳对立双方的和谐与统一,是万物得以生成发展的基本规律。这其实就是西周末年"和实生物"思想的另一种表述。老子将"冲气以为和"的思想置于"道生万物"的过程哲学之中,表明自然界的生命具有一种趋向和谐和完善的必然趋势,这就为人类历史的发展提供了一条可持续发展的道路。可持续发展的实质就是和谐发展,既要强调人与人、人与社会之间的平衡与和谐,也要强调人与自然之间的平衡与和谐。今天我们提出构建社会主义和谐社会和环境友好型社会,老子的和谐思想和其他各家的和谐思想都会成为我们建设生态文明社会的精神资源。

三、"无为而治"就是顺应民意

西方生态政治学是西方深层生态学的政治学应用。深层生态哲学不仅重视人与自然关系调整,还把人与人的关系调整看作整体生态系统不可或缺的组成部分,从整体生态系统平衡的角度规范政治制度和政治决策。西方生态政治的基本理论如生态保护、平等观念、基层民主、非暴力观念、生态女性以及和平政治理念,在老子哲学中都有朴素的表达,如"慈俭待物""天道公平""小国寡民""反兵弭战""处雌守柔"等。因此,深入研究老子生态政治思想,对于建设当代生态政治具有重要的理论启迪。

(一)"唯道是从"的理性政治思想

老子在中国政治思想史上的突出贡献在于:他以哲学家"唯道是从"的理性精神,剥去三代以来"天命论"的人格外衣,恢复自然以"不言""无知""无欲""不有"的本来面目。提出"道法自然"思想,否定了神权政治的理论基础,树立了人的主体意识。老子也不满于儒家以"法先王"为基本特征的"人治论"的政治观念,提出"圣人抱一为天下式"的政治理想,强调了政治的理性精神,在先秦诸子中独树一帜。"一"是对道的统一性的规定。"抱一"即循道而行。"式"即法式、准则。就是说,顺应时势变化,按照客观规律办事,知常达变,就能治理好天下。

道的根本特征和原则就是"法自然"。将这一原则用于政治,就是要求统治者施政治国要做到"无执",即不要执着于既定的政治模式,而善于根据时势的变化和民俗所向不断调整其治国方略,做到"与时迁移,应物变化,立俗施事,无所不宜"(《史记·六家要旨》)。老子曰:"圣人无常心,以百姓心为心",施政治国应充分体察民心所向、民俗所立,并在此基础上循循而善诱,树立纯朴的民风,如此则"我无为而民自化"。

理性政治既克服了神权政治的虚妄性和欺骗性,又克服了人治政治的随意性和非理性,强调了政治原则的主观能动性和客观规律性。能动意味着创造,规律意味着秩序,这就成为构建和谐社会的政治哲学基础。

(二)"修身治国"的养生政治思想

"修身"一词在《道德经》一书里有"蓄德"和"养生"两方面的内涵,和"治国"有相同和相通之处。治国之道乃养生之道的延伸和运用,养生之道乃治国之道的原则和方法。在老子看来,养生的基本原则完全可以作为政治原则来运用。所以他说"贵以身为天下,若可以寄天下。爱以身为天下,若可以托天下",即一个把自己的生命看得比整个天下还要贵重的人,那么就可以把天下国家寄托给他去管理。自从老子明确把养生与政治联系起来以后,这种独具特色的"修身治国"论就一直是中国古代政治思想史上颇有影响的政治理论。老子"修身治国"思想表现为:

1. "清静为天下正"——政治清明思想

养生需要清心寡欲,为政亦需要清静简约,切忌政治上的繁扰动乱,否则再好的政治理想也难以实现。倘若人君以天下行其私,纵使严刑峻法也不能消弭人们的反抗而达到长治久安,故老子曰:"其政闷闷,其民淳淳;其政察察,其民缺缺。"统治者明察秋毫,以欺诈伪善对待百姓,老百姓亦将失去纯朴的民风,而以欺诈对上。他还用烹饪小鱼来比喻说明政治清明的道理,"治大国若烹小鲜",治理大国就像烹饪小鱼儿一样,最忌翻挠。因此他提出"清静为天下正"。政治清明一直就是古代的政治理想,诚能做到政治清明,自可收"捶拱于庙堂之上,抚民于四海之内"的理想局面。

2. "治人事天莫若啬"——爱惜民力思想

治人即治理国家,事天即颐养天年,治理国家和颐养天年都要遵循"啬"即收敛爱惜的原则。精、气、神乃养生之本,称为人体三宝。民力、民财、民时乃治国之本,亦可称为国之三宝。善养生者,当蓄精、养气、存神,无使放逸;善治国者,当爱惜民力、节约民财、珍惜民时,不为奢纵。老子曰"治人事天莫若啬",韩非子解释道:"夫能啬也,是从于道而服于理者。啬以治人,则深根固蒂而国安矣;啬以事天,则长生久视而性命全矣。"老子讲的"圣人去甚、去奢、去泰","我有三宝:一曰慈,二曰俭,三曰不敢为天下先","祸莫大于不知足,罪莫大于可欲",都是这一思想的反映,诚如此则"我无事而民自富"矣。

3. "上善若水利不争"——以德怀民思想

养生除了清静寡欲,甚爱三宝外,还要涵养道德,与人为善,保持和谐的人际关系。治国也一样,不仅要做到政治清明,无苛政扰民,无重税敛财,爱惜民力,使民以时,还要以德怀民。只有以德怀民,才能不赏而劝,不罚而戒,使民从之似流水,应之若风从。如何才能做到以德怀民呢?老子以水设喻,提出"上善若水,水善利万物而不争,处众人所恶,故几于道。居善地,心善渊,与善仁,言善信,正善治,事善能,动善时,夫唯不争,故无尤"。汉代河上公在其《老子注》中对此诠释为:"上善之人,其性若水。在天为雾露,在地为泉源,利物而不争功。众人恶卑湿垢浊,水独静流居之也,水性几于道同。流注而下,润物无声,乐居人下。水深空虚,渊深清明。万物得水以生,与虚不与盈也。期讯而至,不失其信。无所不洗,清且平也。曲直随形,顺其自然。夏散冬凝,应期而动,不失天时。壅之则止,决之则流,听从人也。水性如是,故天下无怨尤者也。"

细审以上所言,详考《老子》全文,求得内证,至少可以得出如下的德治原则,即普济博施、为而不争、不伐无矜、引咎自责、仁德怀民、虚心谦恭、取信于民、公平正直、顺其自然、顺应时势。

有人认为老子《道德经》作为儒家对立面而出现的,《道德经》主张道法自然,追求个性自由与隐居生活,反对社会规范,反对以德治国。这种看法是极其片面的,老子是说过"绝仁弃义,民复孝慈。绝圣弃智,民利百倍,绝巧弃利,盗贼无有",但这是带有政治反思色彩的社会批判理论。老子并不反对以德治国,正好相反,他反对的只是假借圣、智、仁、义之名以行其奸的虚伪政治和功利主义,反对将其工具化而走向极端和反面,正所谓"上德不德,是以有德;下德不失德,是以无德",不以德为德,即因其自然,诚实无欺,这才是上德。那些一天到晚将圣、智、仁、义挂在嘴上,满脑子男盗女娼、虚伪奸诈的人,正是对道德仁义的利用,至于巧和利,在老子看来那就是私心用智的结果。

(三)"天道公平"的社会平等思想

社会公平思想,是古今中外许多思想家追求的社会理想,社会公平首先表现为财富分配上的平等。从历史看,贫富两极分化,社会就不会稳定,也无公平可言。因此孔子说:"不患寡而患不均,不患贫而患不安。"老子认为"天之道,损有余而补不足。人之道则不然,损不足以奉有余。孰能有余以奉天下,惟有道者"。老子认为天道的"损有余而补不足"是公平的,而人道的"损不足以奉有余"则是不公平。这表现了老子对损下益上的剥削制度和财产分配不公的强烈不满和批判。这种"损不足以奉有余"的社会不公,主要表现为统治者徭役之繁,赋税之苛,所谓"民之饥,以其上食税之多,是以饥。民之难治,以其上之有为,是以难治。民之轻死,以其上求生之厚,是以轻死"。人民的饥饿贫困、轻死犯上都是统治者横征暴敛、穷奢极欲造成的。他希望出现一个"损有余而补不足"的公平和谐的社会。社会不公意味着人的生存状态的恶化。

(四)"罢兵反战"的国际和平思想

谋求和平,反对战争,也是中国传统文化悠久的思想传统。《大学》提出"修身、齐家、治国、平天下",《尚书》提出"协和万邦",《墨子》提出的"兼相爱,交相利"和"非攻",都是推己及人,一体善待,追求和平的理想社会。老子主张以俭慈立国,以仁德怀民,必然对当时的兼并战争和社会动荡有强烈不满。他说"天下有道,却走马以粪(种田);天下无道,戎马生于郊"。战争是不道的,它给人民带来灾难,但根源却是统治者的贪欲造成的。"罪莫大于可欲,咎莫大于欲得,祸莫大于不知足"。战争不仅给老百姓带来巨大痛苦,统治者亦往往因此而丧命失国,"师之所处,荆棘生焉,大军过后,必有凶年"。因此他主张"以道佐人主者,不以兵强天下",高明的统治者"取天下常以无事"。下面一段话集中表现了老子的战争观:"兵者,不祥之器,非君子之器。不得已而用之,恬淡为上,故不美也。而美之者,是乐杀人也。夫乐杀人者,则不可得志于天下矣……杀人以众,以哀悲莅之。战胜,以丧礼处之。"可见老子并非一味反对战争,但他认为要用严肃的态度对待战争:一是不得已而用之;二是虽则战胜,仍以丧礼处之,示不嗜杀;三是仅靠战争是不能得志于天下的。可见,老子并不反对正义防卫的战争。和谐社会的构建,不仅是国内政治、经济、文化和社会生活的和谐,还必须谋求国际和平,因为国际和平是国内和平的外部环境。

战争贯穿整个人类发展历程,直到近现代由于新式武器发明和应用所带来强大的破坏性、毒害性甚至放射性,战争对环境造成的灾难,如大气污染、水体恶化、生物死亡、物种灭绝、土地沙化,是难以恢复的。所以,社会人文生态环境的恶化,丝毫不亚于自然生态环境恶化给人类带来的生存危机。

总之，老子的和谐社会思想，对于在新的历史条件下，构建社会主义和谐社会具有多方面的理论启迪和现实意义，应当深入研究并发扬光大。例如除上述内容外，我们还可以创造性地运用"无为而治"思想于社会生活的方方面面：政治上，实行简政放权、权力下放、还政于民、地方自治等，以克服目前权力高度集中的弊端，权力集中易于导致政治腐败；经济上，放弃计划、实行市场调节、拾遗补缺、自然平衡等，以克服目前的国家资本主义经济，国家资本主义经济容易导致经济垄断，阻碍民族资本的发展和对外经济交流；文化上，实现多元发展，推行双百方针，思想自由，全面发展，克服长期以来形成的文化大一统局面和一元化的文化体制，释放文化活力，服务当代社会等。

四、"见素抱朴"就是顺应人性

老子主张以天道统摄人道，既可使天道与人道统一，又可使社会关系和谐。"遵道"就是顺应自然，与自然和谐相处，"贵德"则是顺应人性，实现人际和谐。

(一)人性自然说的理论预设

在人性论上，道家既不主张儒家的性善论，也不主张法家的性恶论，而是主张性自然论。他认为人的本性是淳朴自然的，即老子所谓"见素抱朴，少私寡欲"，故亦可谓之"性朴论"。人性论是理论预设，但在中国的文化哲学中有基础性的重要地位，各家各派学说都是建立在自己人性论的基础上的。老子之所以主张人性纯朴，既是为了避免儒家性善论在现实政治中可能出现的"伪善奸诈"，也不愿看到法家性恶论在现实政治中可能导致的"冷酷无情"。

道家之所以不主张儒家的性善论，是因为老子认为提倡人性善不免于虚伪和标榜，甚而被人利用以逞其奸。如老子说："大道废，有仁义。智慧出，有大伪。六亲不和，有孝慈。国家昏乱，有忠臣。"就是说，淳朴自然的本性丧失了，于是就提倡仁义。智慧的出现使得人们诚实的天性丧失了，被奸诈智巧所取代。亲族不和而导致孝慈沦丧，所以才会有孝慈的倡导和标榜。只有昏君奸相当道的乱世,才能显出忠臣的作用来。老子认为,与其提倡和标榜仁、义、礼、智、孝、慈,不如回复人类自然的天性。故老子曰:"绝圣弃智,民利百倍。绝仁弃义,民复孝慈。绝巧弃利,盗贼无有。"没有聪明人,愚钝之人便不会受到欺骗而人人获利。没有仁义之类的虚名,人们自然会恢复纯真的孝慈之心。崇尚智巧功利则难免陷于争夺而沦为盗贼。故老子曰:"三者以为文不足,故令有所属:见素抱朴,少私寡欲。"老子认为圣智、仁义、巧利这三者不过是一种文饰而已,不足以治天下,他希望人们另外有所属意:崇尚自然而谨守朴素,去其私念而绝其贪欲,如此则天下自无事而长太平。

道家不主张法家的人性恶,因为老子认为以人性恶为基础的刑法政治同样违背人的自然天性,同样不能达到理想的政治局面。相反,法治往往成为统治者束缚人民、满足自己私欲的工具。故老子说"法令滋彰,盗贼多有",如果法令成为维护统治者的统治工具,只能是法令越多反抗越多。如果严苛的法令威胁到老百姓的生存,他们甚至会轻生犯禁。"民不畏死,奈何以死惧之。"

道家认为,理想的政治应当提倡自然人性说并加以因势利导,正如司马谈在《论六家要旨》所云:"道家无为,又曰无不为。其实易行,其辞难知。以虚无为本,以因循为用。无成势,无常形,故能究万物之情。不为物先,不为物后,故能为万物主。有法无法,因时为业。有度无度,因物与合。故曰:圣人不朽,时变是守。道家使人精神专一,动合无形,赡足万物。其为术也,因阴阳之大顺,采儒墨之善,撮名法之要,与时迁移,应物变化,立俗施事,无所不宜,指约而易操,事少而功多。"(《史记·太史公自序》)"因阴阳之大顺,采儒墨之善,撮名法之要"就是要能超越于门户之见,善于吸收各家之长为我所用。"以虚无为本"就是不要执着于某种既定不变的政治模式。"以因循为用"就是因任顺应老百姓的民意。"与时迁移,应物变化,立俗施事,无所不宜"就是根据时势的变化和民心之所向,通过树立淳朴的民风民俗,自然就能治理好国家社会政治。就因为道家能做到顺其自然,所以才会有"指约而易操,事少而功多"的局面。

(二)人性自然说的基本内涵

那么,道家所谓淳朴自然的人性,其基本内涵是什么?通观《道德经》一书,主要表现在以下几个方面:

一是"返璞归真":"朴"就是"真",纯朴是对天真的状态描述,就像尚未剖开的璞玉一样,混沌未分;"真"也是"朴",天真是对纯朴的价值判断,道家之所以主张人性自然纯朴,是因为这才是人的真实性格。因此,道家的最高境界是所谓的"真人"。

二是"见素抱朴":没有染色的丝绢谓之素,没有砍伐的树木谓之朴,就是说还保持着先天的纯朴,没有受到后天的污染和破坏(或者说是"异化")。这是对人类天性的生动描述。

三是"比于赤子":老子以"含德之厚比于赤子"来形容得道之人的境界就像母亲怀中的赤子一样。他们无意于伤害自然,自然界的毒虫猛兽也不会伤害他们,这是人与自然和谐相处的生动描述。

四是"少私寡欲":从人的生物属性看,人不可能无私心,但不能只有私心。人不可能无欲望,但不能只有欲望。以理节情,以智节欲,不仅是人类的理性行为,也是自然界的普遍法则,如自然界的动植物普遍具有特定的发情交配和传花授粉期,如自然界的生殖隔离与自然选择等,这是自然界保持生态平衡的内在规律。人类因有思想意识反而自私和多欲,应当回复"少私寡欲"。

五是"无知无欲":老子曰"常使民无知无欲,是夫智者不敢为也",就是说常使得老百姓返朴守淳,奸诈智巧之人则无所用其心也。人之所以被人所用,不过威逼、利诱二者,若淳朴之人不为利动,何以威逼利用之?故老子曰"圣人之治,虚其心,实其腹。弱其志,强其骨",高明的统治者教导百姓克服欲望,意志刚强,如此自能身强体壮。

总之,道家的人性自然说看似自然简朴,但却具有丰富的思想内涵。

(三)人性自然说的生态价值

老子以天道统摄人道,既使天道与人道统一,又使社会关系和谐。"遵道"就是顺应并与自然和谐相处,"贵德"则是顺应人性自然,保持人际和谐。老子自然人性说的生态价值主要表现在以下三个方面。

1.克服私心贪欲,谋求和谐社会

自私和贪欲是社会不和谐的人性根源。故在理和欲(道德理性和物质欲望)关系上,老子主张"以道制欲",提倡"孔德之容,惟道是从"。老子认为天道无私无欲。因此,人的自然本性应当是"见素抱朴""少私寡欲"。但历史的发展却揭示"失道而后德,失德而后仁,失仁而后义,失义而后礼"的人性不断异化的过程,违背了朴素无私的自然本性。世俗人性的奸诈虚伪、自私多欲造成生态破坏、人际紧张和身心失衡等诸多的社会不和谐现象,破坏了社会的和谐发展。所以说"夫礼者,忠信之薄而乱之首",一旦人类朴素无欲的自然本性丧失了,一切的礼法都将形同虚设,甚至会造成新的动乱。当今人性的自私多欲,表现在消费上就是奢侈消费和一次性消费的盛行。

2.克服工具理性,提倡价值理性

老子对人类的"私心用智"有高度的警惕和超前的预见,主张以"为道"主宰"为学"。老子曰"为学日益,为道日损,损之又损以至于无为,无为而无不为"。"为学"即求学,是一个见闻知识不断增加的过程,故曰"日益";"为道"即求道,则是一个不断减损人类私欲的过程,故曰"日损",损之又损,以至于"无为",即回归到朴素自然的状态,即老子所谓"从事于道者同于道"的境界,与道合一,则无为而无不为矣。人类知识的不断增加往往会导致欲望的不断增加,老子主张以道德驾驭知识,免得知识异化为谋利的工具。所以"为学"与"为道"之间的关系,实际上是认识理性与道德理性之间的关系问题。进入现代社会以后,认知(或科学)理性已经工具化为技术理性,认知(或科学)本身不再是目的,而以满足人的欲望为目的,这就是我们常说的工具理性。而中国古代哲学提倡情感理性,情感理性具有道德意义,如道家对待自然的"慈"和"俭"。情感理性实质上是价值理性,价值是由情感需要决定的。它不仅在人与人之间,而且在人与自然之间建立起普遍的伦理关系,人类对自然界有伦理义务和责任。如果用价值理性来主宰工具理性,就能保证科学技术的正确运用。如果用工具理性来主宰价值理性,就会对自然界造成破坏。以价值理性引导并规范工具理性应当成为生态文明建设的基本思想。尊重自然界的内在价值,尊重自然界生物的生存权,日益形成人们的共识。

3.遵循生命法则,顺从自然法则

老子曰:"人之生也柔弱,其死也坚强。万物草木之生也柔脆,其死也枯槁。故坚强者死之徒,柔弱者生之徒。是以兵强则不胜,木强则兵,强大处下,柔弱处上。"认为"处雌守柔"不是无原则的妥协退让,而是基于生命智慧的生存之道,有生命力的韧性,有和谐的内在价值。老子尝用"含德之厚比于赤子"来说明柔弱胜刚强的生命智慧。赤子"骨弱筋柔而握固。未知牝牡之合而朘作,精之至也。终日号而不嗄,和之至也"。"柔弱"往往是精气充盈、和气充沛,生命力旺盛的外在表现。

柔弱之所以能胜刚强,是因为只有柔弱才能做到顺应,灵活多变,若水流无常形。唯有顺应才能做到主动协调而达到和谐状态。也只有事物的和谐才能促进其生长而立于不败之地。其他如"大智若愚""大方无割""大象无形""大巧若拙"之类,都寓意柔弱胜刚强的道理,所以老子才说:知其雄守其雌,知其白守其黑,知其荣守其辱。《道德经·二十八章》现实生活中争勇斗狠、争强好胜者,最终都没有好的结果。人类对自然界的主宰、征服、掠夺,已经造成严重的生态危机,人类也受到自然界的无情报复。因此,生态女性主义才被人们所接受,而老子哲学充满着对自然界慈爱和顺从的生态女性主义的脉脉柔情。

4.谦让不争且低调,人际关系和谐

人性自然原则,在处理人际关系上的应用,主要表现在以下三个方面,充满辩证法的智慧:

一是不争。老子曰:"上善若水。水善利万物而不争,居众人之所恶,故几于道。居善地,心善渊,与善仁、言善信,政善治,事善能,动善时。夫唯不争,故无尤。"上善之人其性若水,在天为雾露,在地为泉源,善施利于万物而不争功,处于众人所厌恶的卑湿垢浊之处,所以说水性几乎与道相同。水流地润下,心似深渊,普施恩惠,信守诺言,曲直随形,无所不到,夏散冬凝,顺应时势。唯其不与万物争功,所以天下也没有尤怨于水者。

二是谦让。老子曰:"天长地久。天地所以能长且久者,以其不自生,故能长生。是以圣人后其身而身先,外其身而身存。以其无私邪,故能成其私。"天地自然不是为了自己,而是为了生养万物而存在,所以才会天长地久。有道之人,也应当效法天地自然,谦让处下,这样才能成就自己的事业。

三是低调。老子曰:"曲则全,枉则直,洼则盈,敝则新,少则得,多则惑。是以圣人抱一以为天下式。不自见故明,不自是故彰,不自伐故有功,不自矜故长。夫唯不争,故天下莫能与之争。"有道之人往往不自见、不自是、不自伐、不自矜,却能做到不见自明、不是自彰、不伐自功、不矜自长。低调做人,高调做事,是为启发。

五、"俭慈爱物"就是顺应物性

老子"道法自然"的思想贯彻到器物文化层面,或者说贯彻到人们对待物质生活的态度上,那就是老子所谓"我有三宝,持而宝之,一曰慈,二曰俭,三曰不敢为天下先",具体表现为以下三个方面。

(一)以慈待物,尊重自然物性

老子对待自然的基本立场和态度是,人要遵循自然法则而善待万物,生养万物,尊重万物,使万物各得其所,各遂其生。儒家主张以仁待物,即同情、尊重和爱护万物,其最高境界就是"天地万物一体之仁"。道家老子则主张以慈待物(儒道合为仁慈),即以慈爱之心对待和养育万物。仁是生生之道的体现,慈也是自然之道的体现,"自然"的基本功能就是生养万物。故老子曰:"我有三宝,持而宝之,一曰慈,二曰俭,三曰不敢为天下先。慈故能勇,俭故能广,不敢为天下先故能成器长。"

慈,是一种情感态度,也是一种价值立场。以慈待物,就是在人与自然界之间建立一种价值关系,实现人与万物之间的和谐统一。不是将自然界作为征服的对象,以满足人类无止境的欲望。"慈故能勇"的"勇"是当仁不让、见义勇为的道德之勇,策略上讲就是柔弱胜刚强的勇。老子常用水比喻这种"利物而不争"品德。"天下莫柔弱于水,而攻坚强者莫之能胜","上善若水,水善利万物而不争","衣养万物而不为主"。人与万物都是自然的儿子,都有生存的权利,不能因为满足人的欲望而破坏自然。

慈,有一种生态女性之美,一种慈母对待儿女的恩爱。道对万物"生之蓄之,生而不有,为而不恃,长而不宰,是谓玄德",都是对自然母亲的赞美。"生之蓄之"既是"自然"的功能,也是治国者应有的态度与做法。治物与治国,其理一也。治国需要爱民,治物需要爱物。

如何对待自然界,首先是一个情感态度即德性的问题,而不是科学技术即知性的问题。没有对自然界的尊重和善意,再多的科技知识,也处理不好人与自然的关系问题。有人寄望于自然科学的发展来改善生态环境问题,仍不免于与虎谋皮。老子把"为道"置于"为学"之首,思想深刻,而且具有预见性。中国古人在如何认识、利用、改造和征服自然方面没有发展出科学技术,但在尊重和爱护自然方面却留下了大量宝贵的精神财富。

《庄子》中有一段关于"至德之世"的描写:至德之世"万物群生,连属其乡,禽兽成群,草木遂长。是故禽兽可系羁而游,鸟鹊之巢可攀援而窥。夫至德之世,同与禽兽居,族与万物并,恶乎知君子小人哉!同乎无知,其德不离;同乎无欲,是谓素朴。素朴而民性得矣"(《庄子·马蹄》)。这就是以慈待物的生动描述,表现出人与自然和谐相处的诗意栖居的生活乐趣,也表现出人类无知无欲的天真纯朴之性。过去常把庄子的"同与禽兽居,族与万物并"说成是一种倒退的历史观,是要人类回到原始本能的自然状态,而缺乏从生态伦理角度去解读庄子。今天全世界不同国家不同地区,设立了无数个自然保护区,仅中国至2019年,各级各类自然保护区已达2750处,其中国家级自然保护区有474个;各类陆域自然保护地面积有170多万平方公里,占国土总面积的17.7%。不正是对庄子"同与禽兽居,族与万物并"生态理论的实践吗?!

(二)以俭用物,提倡理性消费

俭,就是节俭、节约,是针对奢侈而言的。奢侈还是节俭完全取决于人的欲望。所以白玉蟾在《道德宝章》中对老子的"俭"直接注释为"少私寡欲"。在老子看来,俭朴节约的物质生活至少有三个方面的好处:一是有利于改善老百姓的生活,所谓"俭故能广",是说如果统治者能够节俭,老百姓的生活日用就不会匮乏;二是有利于培养人们艰苦朴素的美德,提升人们的道德素养,与俭朴节约相对应的,自然就是奢侈浪费;三是有利于养生,所谓"甚爱必大费,多藏必厚亡",对于物质生活的过分追求,必然耗费精神,有损健康。从生态文明建设的视角看,采取俭朴节约的生活态度,不仅有利于促进人际关系和谐,也能从根本上解决人与自然的关系问题。

"见素抱朴,少私寡欲"是理性的消费理念。因为自私多欲必然导致对自然界和物质财富的无穷贪念,不仅生态破坏,而且造成身心失衡和人际失和等诸多的社会不和谐现象。"持而盈之,不如其已。揣而锐之,不可常保。金玉满堂,莫之能守。富贵而骄,自遗其咎"。如今的广告宣传和产品营销以不断刺激人们的物质欲望为基本手段,使得商品消费远远超出基本生活的需要,有些甚至纯属吃喝玩乐的奢侈享受。

"知足不辱,知止不殆"也是一种理性的消费行为:人性的自私多欲表现在行为上就是贪婪无度。"罪莫大于可欲,祸莫大于不知足,咎莫大于欲得。故知足之足,常足"。人的欲望无穷,所谓"欲壑难填",因此,老子提出:"名与身孰亲?身与货孰多?得与亡孰病?甚爱必大费;多藏必厚亡。故知足不辱,知止不殆,可以长久。"对养生而言,名望和财货都在其次,养生为大,名利次之。养生观就是消费观。

六、"清静养生"就是顺应环境

环境养生,亦称生态养生,是武夷山道教养生文化的重要特色和优良传统。老子提出"致虚极,守静笃"的养生观,希望在回归自然中实现"返璞归真"养生方式。武夷山是世界文化与自然双遗产地,有极为丰厚的人文和自然文化资源,挖掘道教生态养生文化资源,有利于开发丰富多彩的养生旅游项目。

(一)空气清新——气养

环境污染造成近年来出现蔓延全国大面积的雾霾天气,对人体健康形成极大危害。雾霾的组成成分非常复杂,包括数百种大气颗粒物,其中危害人类健康的主要是直径小于10微米的气溶胶粒子,如矿物颗粒物、海盐、硫酸盐、硝酸盐等,它能直接进入并粘附在人体上下呼吸道和肺叶中,引起呼吸系统、血管系统等疾病,近年来高发的癌症也与雾霾有关,雾霾导致的交通事故更是屡见不鲜了。人们虽然采取诸如减少外出和户外锻炼等措施,但并不能从根本上遏制雾霾对人体造成的伤害。因此选择空气清新的名山大川从事休闲养生旅游成为时尚,也成为旅游业的新业态。

武夷山自古就以空气清新、气候宜人、花香四溢、阳光充足的特点,成为人们休闲养生的首选。就气温而言,武夷山冬无严寒,夏无酷暑,气候温润,四季宜人。年平均气温17℃~18℃,适合户外运动养生,消暑、避寒是国家级旅游度假区的主要旅游诉求,也是长期户外休闲、运动的理想之地;就空气而言,武夷山空气清新,负氧离子平均含量每立方厘米10万个以上,因此,非常适合吸氧养生;就日光而言,武夷山由于空气清新使得阳光特别充足,非常适合开展日光浴,适宜的日光浴有杀菌、代谢、增钙、补维作用;以花香而言,武夷山植被茂密,多芳香类花草树木,常年香气袭人,中医认为"香善走窜",即芳香的气味有通经活络、开窍醒脑之功效,所以武夷山也适宜开展香浴旅游体验。

武夷山旅游景区和自然保护区有"天然氧吧"之称,武夷山可以考虑在保护区的龙川大峡谷、裕龙大峡谷,青龙大瀑布等负氧离子含量最高的地方设立户外吸氧区并开展相应的旅游养生项目。在武夷宫、止止庵、桃源洞等道观,结合气功养生,开展室内养生旅游。

(二)饮食养生——食养

食养就是通过调整饮食来养生,传统膳食讲究"五谷为养,五果为助,五畜为益,五菜为充,气味合而服之,以补精益气"(《本草纲目·卷一下》)的膳食配伍平衡原则,即要保持食物来源的多样性,以谷类食物为主,要多吃蔬菜、水果和畜类。但改革开放以来,我国民众的饮食结构却越来越西化,导致高热、高脂、高蛋和低矿、低维、低纤的"三高三低"问题。

道教高度重视食养的重要性,坚持平衡饮食和自然疗法。道教治病、养生,主张药疗和食养并用,先食后药,即先食疗,若无效,再药疗。补虚也主张药补不如食补。根据道法自然的思想,道教主张日常饮食应有节制,反对暴饮暴食和过分肥腻。主张多食四季时鲜,多食野生菜蔬花果。另外,道教还很注意食物配伍禁忌。总之,强调饮食均衡、饮食有节、饮食制宜、饮食禁忌、饮食保健、饮食疗养等,道教提倡素食养生,不仅清香可口、五色俱全,而且低脂肪、低胆固醇,含有多种维生素和营养成分,食之易消化吸收,能提高人体免疫功能,加速新陈代谢,增强体质。

"辟谷"也称断谷、绝谷、休粮、却粒。辟谷并非什么都不吃,只是不吃粮食,但要服食如大枣、茯苓、巨胜(芝麻)、蜂蜜、石芝、木芝、草芝、肉芝、菌芝、黄精、天门冬之类药物,这些药物均有滋养身体、补益气血之功效,故曰"辟谷食气"。道教饮食倡导素食,以为人禀天地之气而生,气存人存,主张人们应坚持身体内的清爽干净,而谷物、荤腥等都会毁坏人体内"气"的清爽干净。因而,陶弘景《养性延命录》云"少食荤腥多食气"。道教把食物分为三、六、九等,以为最能败清净之气的是荤腥及"五辛",所以忌食鱼肉荤腥与葱、姜、韭、蒜等辛辣刺激的食物。道教注重素菜搭配和营养全面,加强体质、预防疾病、增长聪慧。素食的营养价值十分丰厚,长期食素可以增强聪慧和身体素质,已为现代医学所证实。人体正常的生命活动,需求七大营养物质,蛋白质、脂肪、糖、维生素、水、膳食纤维和无机盐,这七种营养物质,皆可从素食中取得。素食不只富含植物蛋白质、糖、水、脂肪,更含有丰厚的多种维生素、无机盐和膳食纤维。蔬菜所含有的多种维生素是肉食所无法比拟的。蔬菜中含有的大量膳食纤维可以促进人体胃肠蠕动和毒物排泄,不只可预防瘦削、减少人体对脂肪的吸收,还可以预防糖尿病、高血压、心脏病、高血脂、恶性肿瘤等疾病的发作。

适应养生旅游的市场需求,武夷山的道观寺庙注重素食养生的开发,每个道观寺庙都形成各具特色的素食养生之道,丰富了旅游市场。

(三)贡茶产区——茶养

武夷山自古就是中国贡茶产区。茶叶中含有成百上千种化合物,大致可分为蛋白质、茶多酚、生物碱、氨基酸、碳水化合物、矿物质、维生素、色素、脂肪和芳香物质等,具有醒心、明目、健神、消食、止渴、杀菌、去垢、利尿、消化、止痢、消暑、醒酒、降压、减肥、抗辐射、防癌、抗衰老等多种营养和保健功能。目前科学研究发现,饮用茶叶有百利而无一害。武夷山道士们长于茶道养生,把茶叶的养生和医疗作用开发到极致。道教的养生方法多种多样,要以回归自然、返璞归真为基本准则,其中服用仙茶是至为重要的养生之道,认为久服可以返老还童、长生成仙。

茶道养生有物质上的药养食养和精神上的性养两个层面的内涵。道教很早就了解茶叶具有轻身换骨的养生功效,因此饮茶与成仙的观念就密切联系起来。陶弘景《茶录》云:"苦茶轻身换骨,昔丹丘子、黄山君服之。"[①]丹丘子是传说中的汉代仙人,是最早涉茶的道教人物。曾任崇安县令(今武夷山市)的陆廷灿在其《续茶经》中也有大量茶道养生的记载,说明道教与茶道的关系非常久远。壶居士《食忌》说饮茶可以羽化成仙,恰似卢仝《走笔谢孟谏议寄新茶》诗云:"五碗肌骨清,六碗通仙灵,七碗吃不得也,唯觉两腋习习清风生。"武夷山著名诗僧释皎然《饮茶歌送郑容》吟咏:"丹丘羽人轻玉食,采茶饮之生羽翼。名藏仙府世空知,骨化云宫人不识。云山童子调金铛,楚人茶经虚得名。霜天半夜芳草折,烂漫缃花啜又生。赏君此茶祛我疾,使人胸中荡忧栗。"诗歌反映了道士们通晓茶效,

---

① 古茶即茶。

领悟茶趣,深知茶味,颇得茶助。皎然在《饮茶歌诮崔石使君》中云"孰知茶道全尔真,惟有丹丘得如此",肯定其时道士们懂得茶道的真谛,所谓"一饮涤昏昧,再饮清我神,三饮便得道"。由于道士饮茶、识茶,古代常有皇帝向得宠道士赐茶。也有道士以茶自喻,宁可"自落"山林幽居,不肯在上都为官,饮茶不仅有利于养生,茶性正好契合茶人淡泊名利的平常之心,亦有助于修心养生。难怪武夷山道教代表人物白玉蟾在其著作《茶歌》末尾有"味如甘露胜醍醐,服之顿觉沉疴苏。身轻便欲登天衢,不知天上有茶无"的压轴佳句名传千古。

　　道教追求长生不老,认为清静无为是养生要旨,这与道家创始人老子、庄子的思想一脉相承。老庄认为清静无为有助于养生长寿,养生的关键是淡泊名利,洗却宠辱,看破生死,保持心地纯朴专一,奉行清心寡欲、与世无争的养生之道。道教吸收道家思想,要求人们追求精行俭德、淡泊自守,企求人寿年丰、世事和平,达到清静之境。道教认为心是一身之主,百神之师,静则生慧,动则生昏。虚静可以推天地、通万物,因此"静"也成为道教的显著特征。茶道精神与道教思想是相辅相成的。茶清静淡泊,朴素天然,无味乃是至味。茶须静品,只有在宁静的意境下才能品出茶的真味,感悟品茶的要义,获得品饮的愉悦。静品才能使人安详平和,实现人与自然的完美结合,进入超凡忘我的仙境。道教和茶道在"静"的方面高度契合。无论是宫观道士的品茶礼仪,还是现代兴起的无我茶会,闻名于世的日本茶道,都体现着清静自然的哲学思想。历代文人雅士煎茶、咏茶,追求品饮之中蕴含的超凡脱俗、返璞归真的境界,这正是文人雅士受道教思想和道教文化潜移默化影响的真实体现。白玉蟾的《水调歌头·咏茶》就体现了这种清净无欲的茶道养生精神:"二月一番雨,昨夜一声雷。枪旗争展,建溪春色占先魁。采取枝头雀舌,带露和烟捣碎,炼作紫金堆。碾破春无限,飞起绿尘埃。汲新泉,烹活火,试将来,放下兔毫瓯子,滋味舌头回。唤醒青州从事,战退睡魔百万,梦不到阳台。两腋清风起,我欲上蓬莱。"

　　武夷山可以利用丰富多彩的茶文化,开展茶文化养生旅游,如茶文化养生会所、茶道养生讲座、茶食品茶饮料等。

(四)医疗保健——药养

　　药养在道教称之为"服食"或"服饵",一类是服用丹砂、金、银、玉等矿物性药物,炼丹术是其代表。另一类是服用各类动植物药物,如菖蒲、五味子、地黄、茯苓,留下不少很有价值的养生药方。根据《武夷山志》记载,武夷山有许多仙草灵药,道士们善于烹制药膳。传说武夷山彭祖"茹芝饮瀑,遁迹养生",活了八百多岁,依然不见衰老。灵芝含有机锗、多糖体、氨基酸、灵芝酸、甾醇等,补中益气,增智慧,久服轻身不老。灵芝中的佼佼者要数赤芝,有抗癌功效。目前武夷山已经批量生产并深加工成各种养生保健品。如皇太姥"采黄精以饵(药物)"并称"黄精时采采,饮此便轻身"。黄精具有补气、养阴、健脾、润肺、益肾功效,用于治疗脾胃虚弱,体倦乏力,口干食少,肺虚燥咳,精血不足,内热消渴等症,对于糖尿病很有疗效。仙人徐春熙"采百花草,食之,由是绝粒"。百花草能清热解毒、消炎止血,常用于治疗感冒发热、疔疮湿疹、外伤出血、烧烫伤及妇女非子宫性阴道出血。知微子"尝采药武夷,结茅一曲之毛竹洞,饵松饮水,得冲举术"。饵松即服食松柏叶实,传说久服可以延年成仙。松柏具有很好的软化血管、降低血压、消除或降低胆固醇以及降血脂等方面的作用,因而对心脑血管性疾病,如高血压、高血压后遗症以及冠心病等有很好的预防和治疗作用。陈冲素"食青灵芝,即绝粒,后仙去"。其他如石菖蒲、茯苓、鹧鸪肉等,《武夷山志》认为石菖蒲具有"久服轻身,益智不老"的作用。俗话说"山上百草皆为药",武夷山人经过长期实践,总结了利用草药治病的大量膳食,如八珍炖兔肉、莲子红菇汤、甲鱼炖当归、猪肝煮枸杞、红菇炖番鸭等。彭祖药膳也是武夷山著名药膳,以菜肴为载体,辅以药疗的宴席。菜肴都采用武夷山各种野生动植物,合理佐以名贵中药材,精工细作而成,不仅味美可口,而且能养身健体。饮食是重要的旅游吸引物,也是重要的文化载体。

(五)运动保健——动养

道教非常重视运动保健,除了云游仙游之外,还提倡导引、按摩等运动养生。导引就是通过四肢、身体运动,引导身体中的邪气,将其排出体外。导引作为养生健身术,战国时期已经比较普及,道教将其作为长生方术,或作为强筋健骨、去病除劳养生术。武夷山的著名神仙彭祖就"善于补导之术","补"即为药补食补,"导"即为形导气导。华佗发明的五禽戏,模仿五种动物的动作,就是形体导引的一种。气功动功可归于行气导引,风行全世界的道教养生太极拳即是其中的一种。现在流行的健身舞蹈和现代体操,也可以归于导引的范畴。按摩是指用手对身体各个部位施以推、搓、揉、捏、击、拉等进行治疗和保健的方法。道教认为按摩可使气血通畅，驱除邪淫，从而达到去除疾病、聪耳明目、舒筋健骨的作用。不仅如此，按摩通过对皮肤、肌肉、血管和神经的压迫作用，可以激发其活力，还可以进而强壮脏腑，同时还可以达到健肤去皱的美容效果。

常言道"生命在于运动"。古代道士之长寿，不仅在于恬淡无欲的生活态度，还在于长于运动养生。道士同和尚一样，经常采用云游四方的方式去访道问仙。白玉蟾八十岁归隐武夷山之前，就云游了大半个中国。史传常言他"独立往来，日行二三百里"。平生"蓬头跣足，一衲弊甚"，每往来于名山大刹，神异莫测，时称其入水不濡，逢兵不害。今天在武夷山景观区，还清晰可辨古代道士们开辟的上山蹬道。

在空气清新、花香四溢的青山绿水之间云游徜徉，无疑是非常美妙的健身运动。为了满足休闲养生旅游的需要，武夷山近年来已经开发出"岩骨花香""绿野仙踪""九曲滨溪"等漫游道，今后还可开发出更多集养生、观光和文化体验为一体的漫游道，如登山、漂流、攀岩、探险等，进一步拓展运动养生项目。

（六）气功养生——术养

武夷山道教文化底蕴深厚，气功养生资源丰富，有外丹术，即炼丹、采气和服药之类；有内丹术，即藏精、惜气、敛神之类。道教代表人物白玉蟾为"内丹术"做出杰出贡献。内丹术将养生保健和修心养性有机结合，充分利用武夷山得天独厚的生态环境，形成"生态养生"的养生文化传统。在大自然中修炼气功，人与自然界进行充分的信息交流和能量转化，从而达到强身健体、祛病治病、延年益寿、益智开慧的目的。气功是通过内向性的运用意识，打通周身气机、通经活络、调和阴阳的健身活动。

气功养生在道教称为服气之道或行气之道。道教非常重视气，认为行气的本质在于获得气，所以也称服气、食气、吞气、炼气。《抱朴子·内篇·至理》说："夫人在气中，气在人中，自天地至于万物，无不须气以生者也，善行气者，内以养身，外以却恶，然百姓日用而不知焉。"行气的方法、派别非常之多，一般要点是呼吸细慢匀长，吸多呼少，结合闭息等。行气的出现也很早，先秦典籍和出土的战国时期文物都有具体记载。行气也叫吐纳，其基本理论是认为气有清浊、生死，吐纳即吐故纳新，吐出浊气、死气，吸进清气、生气。有吐纳六字气法等。

在当今医疗费用昂贵,看病难,且不免医药副作用影响的背景下,气功养生是非常经济实用的、适合全民健身的养生方式。可在景区和保护区选择最佳地段,如止止庵、桃源洞、天心寺等处,设立游人气功学习体验中心。这也是养生旅游的必要项目。

(七)怡性养生——心养

中医有"内伤七情"之说,说人的极端(即伤)情绪会造成气机失调而患病。心平气和只能靠提高自己的人文素养,培养自己的道德品质,休闲可致养生。"休"是"美好","闲"是"娴静",所以休闲旅游不是简单的闲暇休息,而是高品位的文化审美。除了解除身体疲劳,恢复生理平衡之外,还有获得精神上的慰藉,使生命获得真、善、美的价值意义。儒家的"仁者静而寿"、道家的"返璞归真"和"心斋坐忘"、佛家的"明心见性"和"心净无欲"都具有休闲养生或怡性养生的意思。

教界人士长期的修身养性,养成恬淡自然、朴素无欲的生活方式,如白玉蟾可谓琴、棋、书、画、诗、酒、茶无不精通。他的长寿获益于他的内丹养心。武夷山可利用丰富的文化资源,筹划建设琴、棋、书、画、诗、词、歌、舞等养生项目。

(八)返璞归真——隐养

武夷山山清水秀,自古就是人们首选的隐居避世、炼养身心之地。据武夷山《平川彭氏族谱》记载,武夷山的神仙彭祖就因"慕闽地不死之国,遂挂冠辟谷焉"。远在江苏徐州的彭祖因为羡慕福建是长生不死之地,于是辞官不做,到武夷山辟谷食气,修炼神仙。

终南山据说现在就有五千多名隐士,隐居深山,自耕而食,恬淡寡欲,率性自然,已经成为一部分当代人的生活方式。"仙"字从"人"从"山",寓意人到山中自成仙。广西长寿村巴马村就吸引了许多候鸟族游客长期定居养生。养生不仅有一套诸如调心(恬淡虚无)、调息(细匀深长)、调形(松静自然)的养生技术和方法,更加注重改变人们的生活方式,在日常生活中实现养生的目的。

总之,武夷山道教生态文化极为丰富,尤其是其"道法自然"(是为顺应自然)的生态理念和回归自然、返璞归真的生活态度和精神境界,对于克服目前人类中心主义价值观,奢侈浪费的生活观和消费观都有深刻的思想启迪。

第六章 生态文化

护山治水的政治

"护山治水"是政治生态文化的基本价值。

制度文化,作为物质文化和精神文化的中介,在协调人与人、人与社会以及人与自然的关系,使之达到平衡方面,具有决定性的作用,深刻地影响着人们的物质生活和精神生活。

武夷山政治中的生态文化,有悠久的历史积淀和丰富的文化内涵。历朝历代政府非常重视生态保护和环境治理。在武夷山,仅仅古代官府护山治水的摩崖石刻就有十余方。这些官府文告涉及禁止乱砍滥伐、保护动植物和维护正常生产和贸易秩序等。

改革开放以来,武夷山市政府又制定了国家级自然保护区、国家级旅游度假区、国家级风景名胜区、国家级生态旅游示范区、国家级生态示范市以及世界文化与自然遗产等保护性规划十余项,此外,还出台大量护山治水、保护物种、维护生态和打击盗猎盗伐、毁林植茶、破坏水土犯罪等方面的系列规章制度和法律法规,为保护武夷山的生物多样性和良好的生态环境做出重要贡献。

第六章 护山治水的政治生态文化

一、生态政治的基本理念

凡以人类社会与自然界关系为研究对象,以保护生态环境、维护生态平衡为价值旨归的政策法律设计及其运行方式,称为生态政治。生态政治不同于政治生态,政治生态的价值取向在于维护政治运作系统的平衡、公平与合理,而生态政治的价值取向则在于维护生态系统的平衡、和谐与安全。这里说的政治生态文化指蕴含于政治中的生态文化。

就文化结构各层面的特性而言,观念文化最保守,器物文化最活跃,而制度文化最权威。政治制度的变革往往成为划分历史阶段的内在依据,因为政治制度从根本上决定着经济、文化、军事、外交等其他制度,并以国家意志甚至暴力手段强制推行之。也因此,生态文明的建立,需要生态政治的推动和维护。这也是近年来国内外重视生态政治研究的学理依据。

生态政治是西方学者首先提出来的文化概念和理论,就其内涵而言,西方生态政治学是西方深层生态学的政治学应用,与传统"人类中心论"的政治学说只偏重于人与人的关系调整不同,在深层生态哲学指引下的"生态中心论"的政治学说在重视人与自然关系调整的同时,还把人与人的关系调整看作整体生态系统的重要组成部分,从整体生态系统平衡的角度规范政治制度和政治决策。因此,生态政治的基本理论和观念可以概括为以下七个方面:

其一,生态保护观念。生态政治学认为维护全球生态是重要的政治使命,据此,绿党以实际行动实践着自己的政治抱负,掀起一波又一波的社会环境运动,将目标直指那些破坏生态环境的企业和行业、不利于环保的政府行为及法律上的漏洞。以生态环境保护为主旨的绿党政治在西方工业国家大行其道,拥有相当广泛的社会基础。

其二,社会责任观念。生态平衡必然作用于社会平衡,因此生态政治学实施社会责任的目标亦十分明确:(1)提倡人与人之间的平等关系;(2)提倡人与自然之间自主、对等的物质交流;(3)反对利己主义和消费主义,维护集体的利益。

其三，基层民主观念。生态政治学认为西方代议制民主并不反映民意，不能保障公民充分享受政治权利。因此，生态政治学的基层民主观念主要包括以下内容：(1)反对建立等级结构，提倡建立自治性的基层权力组织；(2)实行直接民主，让公民直接参与决策和公共管理；(3)实行政治轮换原则，避免权力和信息过于集中而产生的弊端。

其四，非暴力的观念。生态政治学认为非暴力是生态社会的基本状态，既反对个人暴力，也反对国家和社会暴力，甚至认为，核时代的战争结果只能是玉石俱焚，所以应当废除军队，核军备竞赛更是遭到其坚决反对。同时，生态政治学也不赞同暴力革命并崇尚甘地的和平斗争方式。

其五，权利分散观念。生态政治学主张公共管理权分散化，提出"小即是好"的理念，认为民族国家拥有巨大的集中权力，不可避免地会参与国家间的经济和军备竞赛，使暴力合法化，使战争危险加剧，从而严重威胁人类和地球生态系统的安全。较小的"居民单位"则有利于营造既符合生态要求又符合人类生活要求的灵活又安全的环境，其建立标准可以由生态和文化的差异来决定，推动这一模式最终成为"全球模式"。

其六，和平政治观念。首先生态政治学反对超级大国的霸权主义行径，谴责其使全世界都笼罩在战争阴影之下；其次反对进行武装防御，主张在生态文化地区发展社会防御，减少居民受损程度；最后认为发达国家对发展中国家的剥削导致其严重的贫困化，最终将引起世界经济体系的崩溃和全球安全危机的出现，因此它主张发达国家要无条件地增加对发展中国家的援助，后者获得发展，世界和平才能实现。

其七，生态女权观念。生态政治学致力于建设人与人之间关系平等的生态社会，因此，男女之间的不平等就意味着整个社会的不平等。它指出，在现行的政治制度中，大多数国家实行对妇女歧视和剥削的家长制，必须建立一种没性别歧视，女权受到高度尊重的新制度。

中国古代没有，也不可能提出"生态政治"之名，但却不乏生态政治之实。上述七条内容都能在中国传统文化中找到对应的文献资料，如生态保护之与佛教的慈悲为怀，社会责任之于儒家的修齐治平，基层民主之于儒家的乡校议政，非暴力观念之于墨家的兼爱非攻，权力分散之于道家的小国寡民，和平政治之于儒家的协和万邦，生态女性之于老子的处雌守柔等等。

总之，生态政治学有完整的理论系统，它是反映西方社会生活"新规范"的一种别具特色的政治表现形式,也是西方"深层生态学"在政治上的必然反映。西方生态政治的价值理念和政策制定,对我们国家正在建设的生态文明社会有诸多启示意义。

二、我国古代的生态政治传统

中国古代长期处于农耕文明之中,未遭遇西方国家工业文明所必然引起的环境和生态危机,但这并不能说明中国古代就没有生态文化,也不能说明中国古代就没有生态政治的价值理念。恰恰相反,由于农耕文明更加依赖于生态环境,"靠天吃饭"的"自然经济",所以中华文明很早就提出"天人合一"的价值观念和思维方式,而且这一价值理念和思维方式为包括儒、释、道在内的各家各派学说所认同,从而形成历史悠久、积淀丰厚的生态文化。回顾中国历史上的生态政治建设与运作,恢复优良文化传统,不仅可以为我们正在建设的生态文明提供价值引导和思想智慧,而且有助于建立我们的民族自信和文化自觉。

历史上的环境问题主要是人类活动,特别是农牧业生产活动,引起的对森林、水源及动植物等自然资源和自然环境的破坏。从远古时期起,我们的祖先就有保护自然生态环境的思想,这种思想,在我们今天不断接受西方工业文明所带来的天人"二元对立"的思维方式和价值理念的人们看来,也许常常是不自觉的,甚至带有浓厚的迷信色彩。但我认为这恰恰是一个农耕民族发自内心的敬畏自然和感恩自然的童心表现,这也恰恰是我们这个时代最缺乏的对于自然界这个生命家园的基本感情。

第一,三皇五帝时期。中国古代早在三皇五帝时期就已经有了专门的环境保护机构,名曰"虞",这甚至是世界上最早的"环保部"。"虞"既是机构名,又是官衔,其很大一部分职能与今天的环保部相同,但职责范围更大,包括山、林、川、泽的保护与治理。第一任虞官名叫伯益,他甚至还是一位环保专家,所以成为大禹治水的得力助手。他发明水井,保证人类饮用水源免受污染;他还是动物保护权威,《汉书·地理志》说"伯益知禽兽"。"虞"作为环保机构被保留了下来,并且在周代的编制更大,分工更细化,有山虞、川衡、林衡、泽虞等四个平行部门,统归"地官司徒"领导。

秦汉时,"虞"被"少府"替代,三国之后,又恢复"虞官"。唐、宋、明、清诸时期,朝廷均设有虞衡司。

第二,周代。周代人们不仅具有保护环境的意识和活动,还颁布了世界上最早的环境保护法《伐崇令》,规定:"毋坏屋,毋填井,毋伐树木,毋动六畜。有不如令者,死无赦。"此法距今已三千多年,是世界最早的环境保护法。内容是保护水源、森林和动物的法令,而且当时的环保法执行起来极为严厉。《管子·地数》说:"有动封山者,罪死而不赦。有犯令者,左足入,左足断;右足入,右足断。"破坏封山行为是死罪,不得赦免;有违犯禁令的,左脚踏进,砍掉左脚;右脚踏进,砍掉右脚。这种为保护环境而剁断肢体的残酷惩罚,其实在殷商时期已出现。后来古人对破坏环境的处罚有所放松,但也绝不轻饶。如在唐、宋两代,随便烧荒者一旦被抓到,要被"笞五十";"伐毁树木"的,则以偷盗罪论处。保护水源方面的规定也很多,如唐宋法律上都有规定"有穿穴垣墙以出秽污之物于街,杖六十"等。西周政府把对人类居住环境的考察和保护列入朝政范围。《国语·周语》述周制说:"国有郊牧,疆有寓望,薮有圃草,圃有林池,所以御灾也。"这说明当时人们认识到郊牧、圃蔽、林囿可以用来救饥荒,防灾年。著名的政治家管仲,将诸侯之君能否严格地防守山、林、原、泽的资源而不受破坏,作为判断可否立为天下之王的标准。《管子·轻重甲》说,"为人君不能谨守其山林菹泽草莱,不可以立为天下王"。这就足以说明人们对保护山、林、原、泽等生态资源和环境的重视程度了。《管子·八观》还说:"山林虽近,草木虽美,宫室必有度,禁伐必有时。"

此外,西周以来的"天人感应"思想也深刻影响当时的生态政治,如《周礼》中天、地、春、夏、秋、冬六官之设,就有"顺天应人"的思想。《礼记·月令》也表现出顺应自然、遵循自然规律安排农事生产的思想等。"天人感应说"认为,人心与天地、民意与天意、人事与天道、政治社会秩序与宇宙运行秩序存在潜在联系,人类的行为,尤其是政治行为,与天象及物象息息相关,可以相互影响,相互感应。人会上感于天,天会下应于人,政治失常,就会出现灾异;政通人和,就能和气致祥,或者天降祥瑞。历代圣贤大儒对于天人感应说都有不同程度的认可或解说,拨去笼罩在天人感应说身上的历史迷雾和思想误解,还原其中的深层生态意识,对于道德环境、政治环境、社会环境、自然生态环境之建设和改良,都具有重大意义。

第三,春秋战国时期。春秋战国时代,对生物资源的保护已具有明确的目的,具体的规定,范围也相当广泛,并始终同经济发展相联系,达到了前所未有的高水平。《逸周书·文解传》中说:"山林非时不升斤斧,以成草木之长;川泽非时不入网罟,以成鱼鳖之长。"《逸周书·大聚解》:"禹之禁,春三月,山林不登斤斧。"即春天正是万物生长的季节,则禁止砍伐树木。《礼记·王制》说"草木零落,然后入山林",即冬季树叶凋零之后再进山伐木,而且不能任意砍伐,故曰"木不中伐不粥(通鬻)于市,禽兽鱼鳖不中杀不粥于市"。此即明白说树木、禽兽、鱼鳖之类不到一定年龄和尺寸不得滥伐乱捕并于市场交易。《礼记》中的《曲礼》《檀弓》《月令》《玉藻》《祭义》《坊记》等篇都有较详细的记载和论述。《礼记·月令》记述上半年孟春正月到季夏六月均有保护林木鸟兽龟鳖等生物资源的禁令。从孟春"毋杀孩虫,胎夭飞鸟""禁止伐森,毋覆巢"到仲春"毋竭川泽,毋流破坡,毋焚山林",再到季夏"树木方盛,命虞人入山行木,毋有斩伐",月月都有明文规定。《祭义》还记载曾子论孝时说:"树木依时伐焉,禽兽依时杀焉。夫子曰:'断一树,杀一兽,非以其时,非孝也。'"可见孔子和曾子认为滥砍滥伐乱捕乱杀是对自然界的"不孝"。把孝扩大到自然界,自然有对自然界的敬畏和感恩之情。孟子对自然界的生态环境和自然资源非常重视,他清楚地认识到,人类的一切生活资源都来源于自然界。所以在他提倡的"王道"和"仁政"思想中,不仅要求统治者对人民实行仁道,还包括对自然界所有生命的爱护,对自然界生命法则的尊重。如孟子曰:"不违农时,谷不可胜用也;数罟不入洿池,鱼鳖不可胜食也;斤斧依时入山林,林木不可胜用也,是使民养生送死无憾也。养生送死无憾,王道之始也。"①其中"不违农时"是农业社会的基本准则,有顺其自然的意思;"数罟不入洿池""斤斧依时入山林"则意味着有节制地利用自然资源。战国时的荀子有一段著名的保护言论:"草木荣华滋硕之时,则斧斤不入山林,不夭其生,不绝其长也;春耕、夏耘、秋收、冬藏,四者不失时,故五谷不绝,而百姓有余食也;污池渊沼川泽,谨其时禁,故鱼鳖优多,而百姓有余用也。"②不难看出,荀子的保护思想是与经济建设密切结合的,其保护的目的,也在于发展生产,保障供给。管仲在总结前代帝王处置山林川泽的经验教训的基础上,明确提出并实行保护生物资源的政策。他主张采用法律手段保护

---

① 《孟子·梁惠王》。
② 《荀子·王制》。

生物资源,建立管理山林川泽的机构。他认为,保护生物资源,并不是把山林川泽封禁起来,不让人们利用,而是按照规定的季节开放,有计划地利用。先秦关于保护生物资源的思想对后世产生巨大的影响,在以后得到进一步的发展。

第四,秦汉时期。秦汉时期,保护生物资源的行动已由自发阶段进入相当自觉的阶段,理论上也达到相当高的水平。秦代的《田律》除了规定春季不准乱砍乱伐外,还有多条环保规定,其中包括不得堵塞河道,即所谓"雍堤水";不是夏季不准焚烧草木灰当肥料,即所谓"不夏月,毋敢夜草为灰"。后代相关环保法令中,便保留了"禁烧"等诸多"春禁"条令,如《唐律·杂律》规定"非时烧田野者"要被严惩。南北朝还出现"禁烧"保护草原和地表植被的规定。《北齐书·文宣帝纪》记载,北齐天保九年(558年)春,皇帝高洋下诏规定:"限仲冬一月燎原,不得他时行火,损昆虫草木。"诏令明确说只能在仲冬(十一月)一个月内烧荒,其他季节一律禁止。汉代的淮南王刘安发展了先秦的环境保护思想,提出农、林、牧、渔协调发展的思想。认为"教民养育六畜,以时种树,务修田畴,滋植桑麻。肥晓高下,各因其宜。正陵阪险不生五谷者,以树竹木,春伐枯槁,夏取果萌,秋畜疏食,冬伐薪蒸,以民为资。是政生无乏用,死无转尸"。这种协调发展的思想仍值得我们今天借鉴。汉代著名学者董仲舒在《春秋繁露·王道通三》中指出:"古之造文者,三画丽连其中,谓之王。三画者,天地与人也。而连其中者,通其道也。取天地与人之中以为贯而参通之,王者孰能当之。"他又在著名的"天人三策"中提出"天人感应"论,认为如果君主逆"天",不施德政,就会激起天的震怒,引发水、火、虫、旱、地震等灾害。我们在这里剔除其神秘主义的成分,即可窥见其重视协调人与自然之间关系的重要性的思想。但由于南北朝时五胡乱华,大量胡人长时间占据"黄土高原"和北方土地,导致胡人的密度突然加剧,再加上长时间和南方汉人的拉据战,需要大量木材。而"黄土高原"提供了这一方便,导致黄土高原的环境遭到一定程度的破坏,从此"清河"变为"黄河",黄河变浑浊正是从这里开始的。

第五,唐宋时期。唐代和宋代对环境管理和生物资源的保护仍给予一定程度的重视。唐代不仅把山林川泽、苑圃、打猎作为政府管理的范围,还把城市绿化、郊祠神坛、五岳名山纳入政府管理的职责范畴,把京兆、河南二都四郊三百里划为禁伐区或禁猎区,这样在管理范围上超过先秦。宋代,特别是北宋,相当重视生物资源的保护,注重立法保护,甚至以皇帝下诏令的方式,一再重申保护禁令;同时,还命令州县官吏以至乡长里长之类的基层官吏侦察捕拿违犯禁令的人,可见其认真程度及执法之严。从宋代起,人们对围湖造田导致蓄、泄两误,滥砍乱伐导致水土流失的问题已经有所觉察,表明当时的有识之士对新出现的环境问题相当敏感。

第六,元明清时期。元朝对环境的破坏是历朝历代甚至世界上罕见的,明朝总体上重视环境保护,清朝不重视环境,人口激增,给我国环境带来巨大灾难。

元朝对环境的破坏是历朝历代甚至世界上罕见的,蒙古人对适合耕地的环境进行大面积的破坏和荒废。由于蒙古人不适应汉人农耕经济模式和山水自然环境,所以强制破坏积累万年之久的森林和水土,大面积地改变原有环境的作物和物种,大面积的放牧加剧了北方土地的荒芜化。《农织记》所载"茹鹳尸滥,山野林秃",表明对物种和环境结构的破坏相当严重。清代人口猛增,又开发东北、西北及江南许多草原或山地,垦为农田,造成草原退化、沙漠扩展及林木破坏与水土流失,环境遭到进一步破坏。当时的有识之士已经看到问题的所在,提出切中时弊的警告。清代施行禁海,害怕汉人和倭人相互勾结,对木材进口进行严格控制,导致本国普遍乱砍乱伐。清代散文家梅曾亮记述并分析了安徽宣城水土流失的状况及原因,指出开垦山地造成水土流失并殃及平地农田。但是,所有这些警告并未引起清王朝的重视,不合理的垦殖继续进行,给中国的环境带来巨大的灾难。新中国成立之后,盲目垦荒,扩展农田,造成土地沙漠化严重,历史一再重演,应吸取教训,保护环境。

第七,近代。近代以来,伴随着"西学东渐",尤其是新文化运动以来,西方思潮大量涌入,形成西方话语霸权,二元对立的思维模式和人类中心的价值观念深入人心,加之工业化和科学技术的高歌猛进,传统的田园牧歌式的生活离我们愈来愈远。人们日益从与自然和谐的共生共荣关系中分化出来,异化为自然的对立面。现实生态政治的诸多缺陷,可概括总结为无法、无天、无情、无义、无趣。所谓"无法"指缺乏严格的环境保护的法律约束意识,或有法不依,执法不严;所谓"无天"指缺乏对自然界的价值认同,不承认自然界的内在价值;所谓"无情"指缺乏对自然界应有的情感关怀,只把自然界当作改造和掠夺的对象;所谓"无义"指缺乏对自然界的伦理义务,只知道向自然界伸张自己的权利和欲望。所谓"无趣"指现代工业化生产已经使得人们远离自然,没有了古代人类那种乐山乐水,诗意栖居的审美趣味和诗情画意的生活情趣。

日趋严重的环境危机迫使我们重新反思传统文化"天人合一"的思维模式和价值观念,克服生态危机,重建生态文明,走可持续发展的道路。

三、武夷山的古代生态政治

如上所述,在文化结构中:观念文化最保守,难以改变,一旦形成先进的理念并延为传统,其影响必将深远而长久。制度文化最有权威,它上可以改变人们的思想观念,下可以影响人们的行为方式和物质文化;行为文化是习惯性的,一旦约定俗成则具有一定的约束性和自觉性;物质文化是最活跃的,因为它主要涉及人们的物质生活,不会直接影响政治制度的变革和思想观念的转变。因此,制度文化对于社会进步、生产方式和生活方式有着直接的和强制性的约束。

文化创造,以其现实的目的性而言,在于确立人类理性自觉的思维模式和道德自律的行为模式。只有当理论思维诉诸实践之后,才能发挥其文化功用。在武夷山,已经发现的历代官府和乡民保护自然山水和动植物的禁令、乡规的摩崖石刻和碑刻达十三方之多。这说明,古代武夷山的生态文化,不仅停留在观念文化的形态层面,而且落实到制度文化和民俗文化的实践操作层面。中国传统文化有丰富的生态理念,但传统文化往往有知而不行、空疏自用的弊端,重视高台教化,轻视制度建设即是一例。而在武夷山,人们将儒、释、道三教重视生态伦理的崇高理念落实到制度的层面,做到令行禁止,这是非常可贵的。兹以保护自然生态环境和保护茶农茶僧生存环境的官府文告摩崖石刻为例说明之:

(一)护山理水文告石刻

在小九曲的金谷岩壁,有一方官府文告的摩崖石刻,是建宁府崇安县为禁止在武夷山捕鱼采樵而颁布的禁令。全文如下:

第六章　护山治水的政治生态文化

建宁府崇安县为奉宪严禁事

　　照得武夷九曲溪，自唐宋元明历遵衔帖，永禁捕鱼。为此申饬：下至山前灏（即山前的广大水域），上至平川源，凡三十里内，不许放药毒鱼及鸬鹚、网罟入境。如敢故违，许地方士民、僧道等协拿送县以凭枷责示众，各宜遵守。

康熙丙子年三月

会道司奉令县正堂孔、捕厅何

同勒石永禁

　　崇安县衙禁渔令摩崖石刻强调：武夷山自唐朝被敕封为名山大川之后，备受历朝历代政府的特殊保护，严禁樵采、渔猎、张捕。今后更应令行禁止，世代相袭，以保护武夷山的自然环境。勒石示众，以示永禁，表明政府维护自然生机、改善生态环境的决心和信心。

　　这方官府文告以摩崖石刻公布于众，显然有"广而告之"的普法用意，是建宁府崇安县为禁止在武夷山捕鱼采樵而颁布的禁令。这说明，古代武夷山的生态文化，不仅停留在观念文化的层面，而更落实到制度文化和民俗文化的操作层面，因此有现实意义。从大量的纪游性的摩崖石刻可以看出，武夷山自古就是国内著名的旅游风景区，九曲竹筏漂流是古代武夷山旅游的必选项目，禁止捕鱼采樵的禁令摩崖刻石在背山面水的崖壁之上，不仅有生态旅游的审美价值，无疑也有生态教育的意义。

（二）禁伐禁捕民约石刻

　　武夷山下梅村是福建省第一批历史文化名村名镇，之所以成为历史文化名村，其中重要原因就是拥有丰富的生态文化积淀，如依山傍水的生态民居建筑、返璞归真的生态民俗文化、敬畏自然的农业耕种方式，还有保护自然山水动物植物的乡规民约。下梅村北主峰芦峰下的间山有一方清代乾隆年间留下来的摩崖石刻"阖乡共禁"，全乡村民共同严禁滥砍滥伐、捕鱼打猎。在其不远处就是保护完好的水口树和生态林，对于水口树和风水林，村民至今仍然严格遵守"禁樵禁捕"的乡规民约。"风水林"过去被称为"神木""神山""龙山"，虽带有封建迷信色彩，但客观上却起到保护自然的作用，有些已具有现今自然保护区的功能。闽北各乡村普遍建有风水林，因此也普遍有类似的乡规民约，多有张榜公布或镌刻于山石之上者，起到宣传和警戒的作用。1987年，武夷山自然保护区被联合国教科文组织认定为"人与生物圈"世界自然保护网成员。1992年,福建武夷山与四川峨眉山一起被联合国列为我国仅有的两个全球生物多样性保护区。1999年12月,武夷山被列入世界自然与文化遗产名录。所有这一切,绝非浪得虚名,都是历代政府积极保护生态环境的必然结果。

(三)寺院环保文告石刻

在武夷山白云岩白云寺后的白云洞侧有一方清代乾隆七年(1742年)镌刻的摩崖石刻,题刻全文如下:

给登白云洞勒石永禁

崇安县正堂加一级翟,审得谢观□、□(阙文,下同)文秀铭、周奴、罗伯玉、吕妙、陈旺、叶登、郑荣、林兴使、陈兆、范三、叶凤生等,强砍白云洞僧异山松杂木是实,除追贷木价重惩外,合行勒石严禁。

为此,仰该地附近各乡居民人等知悉:尔后不得任意强砍白云洞山木,如有不遵此禁者,许该地乡练、联首及本庵主持、僧人持□禀赴县,以□□□,按律议究,决不轻贷,□至碑者。

乾隆柒年贰拾日

这里的崇安县正堂即乾隆三年(1738年)任崇安县令的翟渊,治邑有徽政。书写勒石者则为白云寺的僧人。唐天宝七年(公元748年),朝廷敕封天下"名山大川",武夷山名列其中,嗣后"全山禁樵采"。县令翟渊于乾隆七年,就白云岩林木被盗伐事,严惩肇事者,并颁布法令,重申全山禁伐令。

所谓靠山吃山,靠水吃水,武夷山村民生火煮饭取暖都靠砍伐灌木杂草。可见古代地方政府保护山林,有严格的制度并坚决执行的。常言道法不责众,从石刻内容看这绝不是一起偶发事件,而是群起为之,亦可见其治理之难度,但崇安县政府绝不姑息,不禁令人赞叹。从内容不难看出这是一起僧告官究,涉及僧俗利益和信仰冲突的涉教案件。案件的处理,说明佛教"众生平等"和"普度众生"的教义被武夷山的僧人落实到生态伦理的实践中,也说明僧俗之间人文生态环境得到改善。

(四)茶禁事类文告石刻

武夷山的摩崖石刻中,还有许多保护茶农和茶僧利益的茶禁类的摩崖石刻。这不仅维护了武夷山茶叶生产的正常秩序,也是对茶农和茶僧生存环境的保护。如武夷山九曲溪的四曲溪北的金谷岩麓,就有一方清康熙五十三年(1714年)留下的茶禁事摩崖石刻,全文如下:

提督福建全省陆路等处地方军务总兵官、左都督加八级杨,为敕禁事

照得武夷山为僧道焚修之地,一应寺、观、庵、院及附近居民,向无田园可耕,专藉种茶以供香火、衣食,各官买茶自应赴牙行,照时价公平买卖。访得建协上下衙门弁目、兵人等,每于春末夏初,差役执票,径赴各岩采买,或短其价值,或需索供应,为害滋甚,合行严禁。

为此,示仰建协各营大小弁目人等悉知,嗣后茶叶照时价赴牙行平卖,不许仍前给票擅差衙役,径赴各岩采买,苦累僧道、居民。倘敢故违,一经察出,定行察究。特示。

康熙五十三年肆月　日给　沾恩僧众勒石

文中的军务总兵官是时任陆路提督的杨琳,他饬禁勒索茶农、茶僧的政府文告则是被那些沾恩的僧众镌刻于石壁之上的。文中内容是说,各级官府衙门,常常于武夷山采茶时节,不遵守市场交易的平等规则,往往派衙役直接到茶山以低于市场价强买强卖,甚至公然勒索。得到举报后,陆路提督杨琳对其进行了严厉处罚,并因此而发布茶禁令。得到好处的僧众将政府的茶禁令镌刻于崖壁之上,不仅有依法保护自己权利的意思,更有广而告之,维护生态环境的积极作用。

四曲溪北的金谷岩麓也有一方清康熙五十三年(1714年)留下的茶禁事摩崖石刻,全文如下:

崇安县正堂孔,为严禁蠹棍买茶短价以苏积累事

照得崇邑山川,武夷为胜。昔系仙真栖隐,今为缁羽焚修。地产茗茶,藉资清供。即出之居民种植,辛勤终岁,亦为薪水所资。时价交易,原无滋扰之事。本县到任以来,间或需茶一二,悉照时价公买,不敢以口腹累人。即或上宪购买原论茶之高下,照值平价,并无丝毫短少。无如地方与蠹棍,向有藉名官价买茶之弊,地方苦累不已。本县深悉此害。久经敕谕,诚恐冥顽不法未得革心,合再示禁。为此,亦仰本山主持、僧道以及居民人等知悉。如有不法棍徒,仍借官买名色,不依时值,亏短勒买,致累僧道、居民者,许即指名报县,以凭拿

究。即本县亦决不出票买茶,以滋扰民。敢有牙行、书役等仍敢作弊者,定照律治罪,断不少假,各宜改辙,毋遗后悔。特示。

康熙三十五年贰月　日给,沾恩僧道勒石

文中时任崇安县令孔兴班系孔子后裔。这是崇安县衙为保护茶农、茶僧利益,严禁无赖之徒依势向茶农茶僧低价勒买茶叶的公示题刻。从其内容可知,武夷山的高层官员倒是能体察民情,严格遵守平等买卖的市场规则。对于下属机构的勒索和贱买,也能做到令行禁止,并摩崖刻石,广而告之,各宜遵守。

类似摩崖石刻,在七曲溪北金鸡社岩壁,有明万历四十三年(1615年)的两院司道批允免茶租告示,是现存山中最早的一道关于保护茶农利益的官府文告,以及清康熙三十五年(1696年)留下的,同样位于四曲溪北的金谷岩麓,福建按察使司白某,鉴于崇安县屡次发生蠹役依势勒买贱价茶叶之事,特发布法令,严禁此风蔓延,山中僧道将告示镌刻于岩壁者的文告题刻等。说明当时官府不仅重视自然生态环境的保护,亦非常重视社会生态环境的治理。

(五)保护环境民约石刻

在武夷山幔亭峰北的三姑石上,有清咸丰八年(1858年)镌刻的一方摩崖石刻,内容如下:

三姑兰汤恪遵坚壁清野

上谕,于咸丰八年春月金择幔亭峰,筑围捍寇,所有山上竹木茅芦,概议留蓄避寇之时应急。嗣后不得妄行樵伐,兼之堡内搭蓬,发寇未到时及败之后无人看守,不得拆断私毁。倘不遵者,查出公行重罚,抗则鸣官究治。

咸丰八年九月吉日,三姑、兰汤阖乡公白

这本来是为了躲避太平天国,即上文所谓"发寇",三姑、兰汤的乡绅们雇人在三姑石麓构建围子,以抗拒太平军进攻时立的乡规民约,本义是保护围堡建筑,但执行时也顺带保护了周围山上的植被,可谓一举两得。

(六)县主示禁碑刻

我们在田野调查时,发现三姑度假区角亭村村民,在基建挖地基时,发现一方清光绪年间的县主示禁碑刻。虽然年代久远,字迹斑驳难辨,更有字迹脱落者。但经过整理,仍不难看出是当年村民为了保护自己的茶园、果林、菜地不被盗采盗伐而联名举报,后县令下达禁令,被村民镌刻于石碑上。碑名"县主示禁",内容如下:

钦加同知衔补用直隶州署理崇安县
正堂加十级记录十次出示禁事

　　本年十月二十三日,据南乡八角亭村陈其昌等十四人联名佥禀,称伊等居村洲地宽阔,或植茶叶,或栽□□,以备饥馑,或植树竹以保地坊。近有不法棍徒,盗砍竹木,窃取果蔬,任意伤残,是在防不胜防。佥请示禁,等缚到□据此除批示外合得出示,为此示仰该处居民船户守牧人等,知洲地□□杂粮,村民墙植□□芝容盗砍窃取,□□自知之。□□□□,拘案讯办,决不宽贷,各宜遵守。

　　　　光绪三十三年十一月十六日　　给□□梁思诚、梁金奴等

这方县主示禁碑刻记载的不过是村民为了自己果林、茶园、蔬菜不被盗砍窃取而上报官府,请求官府保护的普通民事纠纷。难能可贵的是,村民已有自觉的维权意识,能运用法律手段保护合法利益不受侵犯。更难得的是,就连路旁田边的植被都在官府的保护之列,当时茶园山林的保护亦可想见。

四、武夷山当今的生态文明建设

　　改革开放以来,武夷山的生态文明建设引起上至党和国家,下至地方政府和居民百姓的高度关注。自从1978年设立第一批国家级自然保护区以来,几乎年年都有生态保护和生态旅游的举措出台:一是各种类型的生态保护区和生态旅游区的创建;二是制定各种类型的生态保护区和生态旅游区的保护性规划;三是对各种类型的生态保护区和生态旅游区保护性规划的实施和验收。所有这些建设项目都通过国家相关部委和国际组织的评估和验收,说明武夷山在生态文明建设上取得了巨大的成就。仅国家层面的生态建设项目,举其要目如下。

(一)1979年武夷山被列为国家重点自然保护区

中华人民共和国的自然保护区分为国家级自然保护区和地方各级自然保护区。《中华人民共和国自然保护区条例》第二条定义的"自然保护区"为"对有代表性的自然生态系统、珍稀濒危野生动植物物种的天然集中分布区、有特殊意义的自然遗迹等保护对象所在的陆地、水体或者海域，依法划出一定面积予以特殊保护和管理的区域"。《条例》第十一条规定，"其中在国内外有典型意义、在科学上有重大国际影响或者有特殊科学研究价值的自然保护区，列为国家级自然保护区"。

1979年，武夷山自然保护区被国务院列为全国五个重点自然保护区之一。自然保护区的定义分为广义和狭义两种。广义的自然保护区，是受国家法律特殊保护的各种自然区域的总称，不仅包括自然保护区本身，而且包括国家公园、风景名胜区、自然遗迹地等各种保护地区。狭义的自然保护区，是以保护特殊生态系统进行科学研究为主要目的而划定的自然保护区，即严格意义的自然保护区。武夷山自然保护区属于后者。国家级自然保护区的建设目标是资源本底清楚，管护设施完备，管理队伍专业，管理制度健全，规划科学合理，社区协调发展，资源管护、科学研究、环境教育等功能得到充分发挥，保护成效显著。总体要求是有利于生物多样性和自然遗迹的保护和管理。自然保护区建立的意义有四：其一，保护自然本底。自然保护区保留了一定面积的各种类型的生态系统，可以为子孙后代留下天然的"本底"。这个天然的"本底"是今后在利用、改造自然时应遵循的途径，为人们提供评价标准以及预计人类活动将会引起的后果。其二，储备物种资源。保护区是生物物种的储备地，又称储备库。它也是拯救濒危生物物种的庇护所，即俗称的建立"生物基因库"。其三，开辟科教基地。自然保护区是研究各类生态系统自然过程的基本规律、研究物种的生态特性的重要基地，也是环境保护工作中观察生态系统动态平衡、取得监测基准的地方。当然它也是教育实验的好场所。其四，发挥美学价值。自然界的美景令人心旷神怡，而且良好的情绪可使人精神焕发，燃起生活和创造的热情。所以自然界的美景是人类健康、灵感和创作的源泉。

（二）1982年武夷山被列为国家重点风景名胜区

国务院《风景名胜区条例》认为国家级风景名胜区（原称国家重点风景名胜区）指具有观赏、文化或者科学价值，自然景观、人文景观比较集中，环境优美，可供人们游览或者进行科学、文化活动的区域。自然景观和人文景观能够反映重要自然变化过程和重大历史文化发展过程，基本处于自然状态或者保持历史原貌，具有国家代表性的，可以申请设立国家级风景名胜区。1982年，武夷山被列为国家重点风景名胜区。

《国家级风景名胜区规划编制审批办法》第四条规定：编制国家级风景名胜区规划，应当坚持保护优先、开发服从保护的原则，突出风景名胜资源的自然特性、文化内涵和地方特色，实现风景名胜资源的永续利用。第十条第六款规定划定分级保护范围，提出分级保护规定；明确禁止建设和限制建设的范围，提出开发利用强度控制要求；提出重要风景名胜资源专项保护措施和生态环境保护控制要求。第二十四条风景名胜区规划组织编制机关应当至少每五年组织专家对规划实施情况进行一次评估。评估报告应当及时报国务院住房和城乡建设主管部门。

在国家级风景名胜区开发建设过程中，武夷山贯彻国务院《国家级风景名胜区规划编制审批办法》，于1995年制定《福建省武夷山国家级风景名胜区总体规划》，并于2001年组织专家进行修订，对景区内的生态保护提出明确要求，如第十一章《专项规划》中就包括风景资源保护、绿化、道路交通、环境保护、景区内村庄和居民点、土地利用、给排水、电力通信等专项规划。其中的《风景资源规划》认为：风景资源保护是武夷山风景区可持续发展的前提，关系风景区的存亡兴废，是总体规划的基础。风景区资源保护应遵循总体规划提出的"保护、保护、再保护；绿化、绿化、再绿化"的原则，保护一切风景资源和环境质量。具体内容包括：其一，保护地带设置。设立九曲溪上游水源保护地带。其二，分级保护。设立一、二、三级保护区，并制定分级保护措施。其三，分类保护。包括景区景点保护、植被动物保护、文物古迹保护、安全防火措施等。《绿化规划》提出"全面绿化"并根据不同地带选定适宜的树种。《道路交通规划》遵循因循自然的原则，交通工具采用无污染的电瓶车，设立原始自然的步游道。《环境保护规划》包括大气保护、防噪声污染、固体废物处理、水体保护、水土保护和环保宣传等。《居民点规划》对在风景区的核心区内，其生产生活对风景区的景观和风景资源保护有较大影响,在武夷山申报世界遗产地的整治过程中,对其居民点进行拆除,集中搬迁到后来的国家级旅游度假区安置,不仅化解了村民生活与景区资源保护的矛盾,也为后来的旅游度假区建设以及居民生活的改善奠定了基础。在落实规划的同时,还教育群众自觉保护风景区一山一水,一草一木,制订乡规民约。1981年崇安县政府颁布《关于加强武夷山风景区保护管理的通知》,严禁任何单位和个人在风景区内毁林种茶,凿石取土,狩猎放牧,对已建的砖瓦窑、烧炭窑,限期拆除。

(三)1987年武夷山被列入世界人与生物圈计划

联合国教科文组织"人与生物圈计划"是联合国教科文组织科学部门于1971年发起的政府间跨学科的大型综合性的研究计划。生物圈保护区是其核心部分,具有保护、可持续发展、提供科研教学、培训、监测基地等多种功能。其宗旨是通过自然科学和社会科学的结合,基础理论和应用技术的结合,科学技术人员、生产管理人员、政治决策者和广大人民的结合,对生物圈不同区域的结构和功能进行系统研究,预测人类活动引起的生物圈及其资源的变化及这种变化对人类本身的影响。为合理利用和保护生物圈的资源,保存遗传基因的多样性,改善人类同环境的关系,提供科学依据和理论基础,以寻找有效的解决人口、资源、环境等问题的途径。世界人与生物圈有三个特点:第一,它是受保护的典型环境地区,其保护价值需要国内、国际的承认,它可以提供科学知识、技能及人类对维持它持续发展的价值;第二,各保护区组成一个全球性网络,共享生态系统保护和管理的研究资料;第三,保护区既包括一些受到严格保护的"核心区",还包括其外围可供研究、环境教育、人才培训等的"缓冲区",以及最外层面积较大的"过渡区"或"开放区"。开放区可供研究者、经营者和当地人之间密切合作,以确保该区域自然资源的合理开发。中国已经有28个自然保护区被批准为世界生物圈保护区网络成员。

1987年,武夷山自然保护区被联合国教科文组织列入世界生物圈保护区。该保护区面积约为5.7万公顷,主要保护亚热带森林生态系统及珍贵动植物。按照联合国教科文组织的解释,生物圈保护区是用以"展示和推广人与自然和谐",具体来说,一个生物圈保护区必须有一块被立法保护的核心地区,周边必须有缓冲区域,缓冲地区之外还须有过渡区域。

通过良好的管理,生物圈保护区的生态系统和生物多样性必须得到良好保护。除有保护功能外,生物圈保护区更有促进资源可持续利用的发展功能和开展研究、检测、教育、培训和信息交流等后勤支持功能。另外,保护区还必须通过特殊的区域设计来发挥这些功能。

(四)1992年武夷山被列为全球生物多样性保护区

"生物多样性"是生物(动物、植物、微生物)与环境形成的生态复合体以及与此相关的各种生态过程的总和,包括生态系统、物种和基因三个层次。生物多样性是人类赖以生存的条件,是经济社会可持续发展的基础,是生态安全和粮食安全的保障。

近年来,随着转基因生物安全、外来物种入侵、生物遗传资源获取与惠益共享等问题的出现,生物多样性保护日益受到国际社会的高度重视。目前,我国生物多样性下降的总体趋势尚未得到有效遏制,资源过度利用、工程建设以及气候变化严重影响着物种生存和生物资源的可持续利用,生物物种资源流失严重的形势没有得到根本改变。

为落实公约的相关规定,进一步加强我国的生物多样性保护工作,有效应对我国生物多样性保护面临的新问题、新挑战,环境保护部会同二十多个部门和单位编制了《中国生物多样性保护战略与行动计划》(2011—2030年),提出我国未来二十年生物多样性保护总体目标、战略任务和优先行动,其中的生物多样性保护优先项目有:(1)制定生物多样性保护与持续利用激励措施;(2)制定大型工程项目对生物多样性影响的评估指南;(3)修改和完善生物多样性保护相关法律法规;(4)建立生物遗传资源获取与惠益共享制度;(5)土地利用领域生物多样性保护规划和示范工程;(6)城乡建设领域生物多样性保护与利用规划和示范工程;(7)生物多样性保护纳入经济社会发展规划示范工程;(8)优先区域生物多样性调查与编目;(9)主要河流湖泊水生生物资源调查与编目;(10)城市园林中迁地保护的生物物种资源调查与编目;(11)少数民族地区传统知识调查与编目;(12)生物多样性监测网络建设与示范工程;(13)农业野生植物保护点监测预警系统建设;(14)湿地保护和恢复示范及重要湿地监测体系建设;(15)传染性动物疫源疫病对生物多样性的影响评估;(16)全国生物多样性信息管理系统建设;(17)跨国界野生动物自然保护区建设与管理示范工程;(18)海岸及近海典型生态系统保护与生态修复工程;(19)自然保护区建设管理工程;(20)红树林生态系统恢复工程;(21)典型煤矿区退化生态系统恢复治理示范工程;(22)典型荒漠生态系统自然保护区建设与生态恢复工程;(23)自然保护区周边地区社区发展示范工程;(24)西北生态脆弱地区替代生计示范工程;(25)生物物种资源迁地保护体系建设;(26)农作物种质资源收集保存工程;(27)珍稀濒危野生动物物种拯救工程;(28)珍稀濒危野生植物物种拯救工程;(29)畜禽遗传资源鉴定、评价与开发利用工程;(30)作物种质资源鉴定、评价与开发利用工程;(31)珍稀濒危野生药用生物物种的引种驯化和替代品开发工程;(32)生物物种资源查验技术体系和平台建设;(33)生物物种资源出入境监管体系建设;(34)外来入侵物种监测预警及应急系统建设;(35)转基因抗虫棉对生物多样性影响的监测和防控;(36)转基因林木对生物多样性影响的监测和防控;(37)气候变化对生物多样性影响评估及对策;(38)生物多样性保护宣传工程;(39)民间团体参与生物多样性保护机制建立及示范。

　　武夷山自然保护区被联合国列为全球生物多样性保护区,这是我国仅有的两个"全球生物多样性保护关键地区"之一,另一个是同为世界文化与自然双遗产地的峨眉山。生物多样性为人类的生存与发展提供了丰富的食物、药物、燃料等生活必需品以及大量的工业原料。生物多样性维护了自然界的生态平衡,为人类的生存提供了良好的环境条件。生物多样性是生态系统不可缺少的组成部分,人们依靠生态系统净化空气、水,改良土壤。科学实验证明,生态系统中物种越丰富,其创造力就越大。自然界的所有生物都是互相依存、互相制约的。每一种物种的绝迹,都预示着很多物种即将面临死亡。

(五)1992年武夷山被列为国家级旅游度假区

　　国家级旅游度假区指符合国际度假旅游要求,以接待海内外旅游者为主的综合性旅游区,有明确的地域界限,适于集中配套旅游设施,所在地区旅游度假资源丰富,客源基础较好,交通便捷,对外开放工作已有较好基础。与国家级风景名胜区等自然保护区域不同的是,国家旅游度假区属国家级开发区。

　　1992年,为进一步扩大对外开放,开发利用中国丰富的旅游资源,促进本国旅游从观光型向观光度假型转变,加快旅游事业发展,中华人民共和国国务院决定在条件成熟的地方试办国家旅游度假区,武夷山成为首批国家级旅游度假区。武夷山国家旅游度假区位于武夷山东南部,北连市区,西隔崇阳溪与武夷山风景区相邻,规划面积为十二平方公里,分为五大功能区,即旅游接待区(为游客提供吃、住、行、游、购、娱等综合服务)、休闲度假区、高尔夫度假区、综合娱乐区、特色游览区(包括河滨公园区、武夷植物园、民俗风情区、武夷文化博览区、中医康复区、乡村集市风貌区、观景园区、水上活动区、山地公园等)。

2006年5月,相关部门编制出《武夷山国家旅游度假区整体整治规划》,根据旅游业的发展趋势以及度假区本身存在的问题,提出"整治、整合、规范、提升"八字方针,明确指出生态优先、景观优先和文化优先的规划原则。明确度假区的目标定位:(1)生态型休闲度假区——青山、绿水、田野、清风;(2)活力型度假胜地——特色购物、体育休闲、内容丰富的主题公园;(3)文化型旅游目的地——促进朱子理学文化、茶文化、闽越风情文化的挖掘与融合;(4)地方特色型旅游休闲地——文化特色、自然特色、建筑特色的综合体现。与1995年的总体规划相比较,整治规划有三个明显的改变或提升:一是突出生态保护的职能,使之与世界双遗产地和国家级自然保护区相匹配,如增加三个绿化生态观景带,即滨水共享休闲绿带、中部丘陵景观带和东部生态防护带;二是对此前五个功能区的功能进行了细化和量化,增加园林景观用地;三是突出闽北地区特有的自然和文化特色。

(六)1999年武夷山被列入"世界遗产名录"

1999年12月1日,武夷山被联合国教科文组织世界遗产委员会列入《世界自然遗产和文化遗产名录》,武夷山世界遗产地区域总面积达999.75平方公里,是目前全国面积最大的世界遗产地,是泰山、黄山、峨嵋山之后,我国第四个列入世界双重遗产的单位,成为全世界二十三个双重遗产地之一。

武夷山世界文化遗产的内容十分丰富:(1)架壑船棺,距今3750余年,是目前国内外发现的年代最早的悬棺遗址。(2)古汉城遗址,距今2355±70年,西汉闽越国时期的王城,面积达48万平方米。(3)朱子理学文化,构成中国宋至清代处于统治地位的思想理论,影响远及东亚、东南亚和欧美等国。(4)摩崖石刻,现存430幅,由宋至清,是武夷山古文化和古书法艺术的宝库。(5)古崖居遗构,远古人类依山傍崖、筑巢而居的历史遗存。(6)茶文化。武夷山自古就是中国茶叶主产区,也是古代著名的贡茶产区,茶文化博大精深。(7)宗教文化。武夷山自古就是三教名山,有道观遗址遗迹99处,佛教寺庙遗址遗迹108处。(8)余庆桥。闽北是中国古代风雨廊桥的博物馆,各种廊桥现存180多处,是研究古代造桥技术的珍贵实物。

武夷山世界自然遗产的内容:(1)武夷山具有独特、稀有、绝妙的自然景观,属罕见的自然美地带。武夷山九曲溪自然风光独树一帜,是山与水完美结合的典范。(2)武夷山是人文与自然和谐统一的突出代表。武夷山独特和优越的环境,吸引了历代高人雅士游览隐居、著述授徒,前赴后继,继往开来。自然山水陶冶了人们的性情,启迪了人们的智慧,人类的活动又传播发展了武夷山,为自然山水增辉添彩,达到天人合一的境界。(3)武夷山是全球生物多样性保护的关键地区,是尚存的大量古老和珍稀濒危物种的栖息地,是代表生物演化过程以及人类与自然环境相互关系的突出例证。(4)武夷山保存了地球同纬度带最好的中亚热带原生性森林生态系统,是当前世界最优秀的亚热带林区之一,有着大量完整无损多种多样的林带,是中国亚热带森林和中国南部雨林最大和最具代表性的例证。(5)武夷山已知植物3700多种,古树名木具有古、大、珍、多的特点。武夷山是珍稀、特有野生动物的基因库。武夷山已知的动物种类5100多种,有46种列入国际濒危物种,11种列入世界一级保护,属中国特有的有49种。武夷山还是世界著名的模式标本产地,已被中外生物专家采集的野生动植物模式标本1000多种。另外,武夷山负氧离子资源极其丰富,其综合指数是全国最优秀地区之一。

武夷山世界遗产管理局,武夷山景区管委会,武夷山自然保护区,武夷学院的科研和管理人员,严格遵循"科学规划、统一管理、严格保护、永续利用"的原则,加强景区保护、管理、利用,同时积极开展相关学术研究。2009年,"中国世界遗产保护武夷山高峰论坛"在武夷山召开,国内外著名文物保护专家、古建筑专家、文史学者、景区管理人员汇聚一堂,探讨世界遗产的保护、管理和利用问题。与会专家学者对武夷山的世界遗产保护、管理和利用献计献策,极大推动了武夷山的世界遗产保护工作,会后出版了《中国世界遗产保护武夷山高峰论坛文集》,这成为武夷山世界遗产保护的智库。

(七)2005年武夷山被列为全国生态示范市

中国典型城市生态市建设规划研究项目是为借鉴国内、外生态城市规划建设研究成果与经验,研究建立具有可操作性、特色鲜明的生态市建设规划体系,制定生态市建设规划的宏观战略与实施方案,并通过组织培训以加强政府规划建设生态城市和推动城市可持续发展能力。

2005年,国家财政部在国内选择万州、包头、武夷山三座城市开展研究工作。其中,福建武夷山是中国东南部沿海地区寻求生态保护与旅游开发协调发展的代表性城市,内蒙古包头是中国北方地区寻求工业发展与生态保护相协调发展的代表性城市,四川万州是中国西部地区寻求生态恢复与重建的代表性城市。该项目由世界银行无偿资助主要研究经费。这一项目主要从可持续发展角度,对三座城市如何建成生态城市进行规划,从而对我国其他城市的生态规划起到示范作用。该规划的完成和实施将为我国的城市生态环境保护和生态环境建设产生积极而巨大的推动作用。武夷山则作为世界文化与自然双遗产地,其人与自然和谐相处的价值理念更是具有全球范围的典范价值和普遍意义。

"生态城市"是在联合国教科文组织发起的"人与生物圈计划"研究过程中提出的重要概念。生态城市是经济高度发达、社会繁荣昌盛、人民安居乐业、生态良性循环四者保持高度和谐的人工复合生态系统,简单地说就是社会—经济—自然人工复合生态系统,蕴含社会、经济、自然协调发展和整体生态化的人工复合生态系统。具体地说,社会的生态化表现为:人们拥有自觉的生态意识和环境价值观,人口素质、生活质量、健康水平与社会进步、经济发展相适应,有一个保障人人平等、自由、接受教育、人权和免受暴力的社会环境;经济的生态化表现为:采用可持续发展的生产、消费、交通和住居发展模式,实现清洁生产和文明消费,推广生态产业和生态工程技术。提高资源的再生和综合利用水平,节约能源、提高热能利用率,降低矿物燃料使用率,研究开发替代能源,提倡大力使用自然能源;环境的生态化表现为:发展以保护自然为基础,与环境的承载能力相协调。自然环境及其演进过程得到最大限度的保护,合理利用一切自然资源和保护生命支持系统,开发建设活动始终保持在环境的承载能力之内。

生态城市具有和谐性、高效性、持续性、整体性、区域性、结构合理、关系协调七个特点。(1)和谐性:不仅人与自然共生共荣,人类回归自然,更重要的是人与人的和谐,充满人情味,文化气息浓郁。(2)高效性:改变"高能耗""非循环"的运行机制,提高一切资源的利用率,物尽其用,地尽其利,人尽其才。(3)持续性:保证城市社会经济健康、持续、协调发展。(4)整体性:兼顾社会、经济和环境三者的效益,不仅重视经济发展与生态环境协调,更重视人类质量的提高,在整体协调的新秩序下寻求发展。(5)区域性:只有平衡协调的区域,才有平衡协调的生态城市。生态城市是以人与自然和谐为价值取向的,广义而言,建立全球生态平衡。(6)结构合理:符合生态规律的生态城市应该是结构合理。合理的土地利用,好的生态环境,充足的绿地系统,完整的基础设施,有效的自然保护。(7)关系协调:关系协调指人和自然协调,城乡协调,资源利用和资源更新协调,环境胁迫和环境承载能力协调。

2005年,武夷山编制了《中国典型城市生态市规划——武夷山分册》,在对武夷山生态系统现状调查和评价的基础上,运用复合生态系统、生态系统服务功能、循环经济、环境承载力、绿色GDP等最新生态理念,分别制定了武夷山市生态空间体系、生态产业体系(工业、农业和旅游业)、生态环境体系、生态文化体系等专项规划,每一项规划都制定了具体的发展目标和指标体系,还提出武夷山市在快速城市化过程中可能的生态风险的应对措施,最后是生态市建设规划的实施保障。这个典型生态市规划覆盖武夷山全境域和全行业,涉及人们生产方式和生活方式的根本转变,为武夷山的生态市建设指明了方向。

2011年,作为福建生态省创建的一部分,武夷山市又制定了《武夷山市生态市建设总体规划纲要》,在《中国典型城市生态市规划——武夷山分册》的基础上,提出更高的目标,尤其突出生态系统保护的基础性地位。

(八)2013年武夷山被列入国家生态旅游示范区

2013年,武夷山成为国家级生态旅游示范区,这既是对武夷山景区生态保护工作的肯定,也向武夷山的生态文明建设提出更高的要求。众所周知,武夷山境内拥有首批国家重点风景名胜区、国家重点自然保护区、国家旅游度假区、国家森林公园、国家重点文物保护单位、中国历史文化名村名镇、世界文化与自然双遗产地、全球生物多样性保护关键地区、中国最佳绿色生态景区、全球十大幸福之地、世界最快乐十大旅游地之

一、最佳资源保护的中国十大风景名胜区、中国旅游品牌十大景区、首批中国优秀旅游城市、全国首批5A级旅游景区、中国茶文化艺术之乡、全国十大文明旅游风景区、全国三绿工程茶叶示范县、中华十大名山、中国特色魅力城市两百强等二十多个"国际绿卡"和国家级品牌称号。武夷山世界文化与自然遗产丰富、典型已如前述。所有这一切就是武夷山成为国家生态旅游示范区的生态资源。在创建生态旅游示范区过程中,武夷山市委市政府提高思想认识,加大组织领导,投入大量的人力、物力、财力和智力,尤其在科学编制规划方面,武夷山市根据"整体优化、生态优先、生境范围、市场导向、容量控制"等规划原则,制定了《旅游发展总体规划》和《武夷山生态旅游规划》,明确了生态环境保护目标,依据环境资源的容量核定游客流量,并让游客从中体验生态文明。同时修订了《武夷山风景名胜区总体规划》《福建武夷山国家级生态保护区示范建设方案》《武夷山国家森林公园旅游开发规划》《九曲溪上游生态旅游区整合建设规划》等近三十个规划和方案的编制,形成独特、完整的生态旅游建设规划理论、技术指标体系、生态环境体系、经济社会协调发展体系和生态文化体系,从组织管理、行政执法、保护管理、科研监测、宣传教育、社会发展等六个方面全面提高生态资源管护能力,认真履行《保护世界文化与自然遗产公约》,履行国家承诺,建立健全各项规章制度,提高科技管理水平,强化管理队伍建设,基本建立起"严格保护、统一管理、合理开发、永续利用"的生态保护管理体系。

为此,武夷山近年来不断加大生态建设投入,生态环境状况明显改善,针对目前茶产业迅速发展,个别人乱开垦茶山、蚕食生态林,致使九曲溪上游生态环境受到影响的情况,武夷山市两年前就在九曲溪上游星村镇设立武夷山世界遗产保护管理委员会办公室和武夷山市行政执法局世遗行政执法大队,近百人的管理队伍负责九曲溪上游流域森林资源、野生动植物保护和河道管理、水土保持等工作的日常巡查,对九曲溪上游进行常态化监管,旨在将"美丽九曲"进行到底。武夷山还投入2300多万元,开展九曲溪上游农村环境综合连片整治项目,覆盖上游所有建制村,着重建设农村生活垃圾收集清运和农村生活污水收集处理达标排放的相关设施。村民生活污水通过管网收集到生态湿地处理系统,经由厌氧生物滤池加生态湿地工艺,处理之后的污水清澈洁净,最后再汇入九曲溪。一个占地2.1万多平方米的生态湿地处理系统,一天处理150吨污水,可以解决2000人的生活污水问题,也为九曲溪上游的水源保护立下功劳。经过连片整治,如今,沿九曲溪上游主河道两侧500米内无生活污水直接排入溪里,建设区域最大化地实现雨污分流,出水水质达一级B标准。

(九)2013年武夷山汉城遗址成为国家考古遗址公园

2013年,距今2200多年的武夷山汉城遗址正式获国家考古遗址公园立项。全国仅31处遗址列入国家考古遗址公园立项名单,福建占两处,另外一处是三明万寿岩遗址,这也是福建省文保单位首次入围。武夷山闽越王城遗址是中国长江以南保存最完好的汉代古城址,其选址、建筑手法和风格上独具一格,是中国南方城市的典型代表,体现业已消逝的闽越国文明。早在1961年,该城址就被福建省人民委员会列为第一批省级重点文物保护单位;1996年11月,古城被列入第四批全国重点文物保护单位;1999年12月,古城又被联合国教科文组织世界遗产委员会批准列入"世界文化和自然遗产名录",也是全国唯一进入"世界遗产名录"的汉代王城遗址,其价值得到全世界的肯定,为全人类所同有共享。2006年12月,入选国家"十一五"大遗址保护总体规划确定的一百处重要大遗址名单。

遗址面积约14.3平方公里,包括核心区闽越王城宫城遗址,城周边官署遗址、作坊遗址、窑址、墓葬区等。武夷山汉城遗址可以说是一座2200多年前的"现代化"城市,古城内曾发现发达的地下排水系统。这些陶制的下水管道,最长近1米,直径30多厘米,在房屋建造之初就埋在下面,尤其是直接烧好的两头带子母扣的弯管,呈70度角,更是解决了拐弯的问题。城墙上还留有排水口,城市里的"污水"可直排城池外。除了排水管,地面上还留着当年的花纹铺地砖、陶制水井,还有体现居住者身份的"万岁"瓦当以及两米多长的花纹空心砖、玉器、铁制生产工具、铜制兵器、陶制生活用具等各类珍贵文物。福建闽越王城博物馆现有馆藏文物标本4600多件,现有"闽越国历史文物特展",展厅面积1300多平方米,已展出汉代金、银、铜、陶瓷等600多件珍贵文物,其中已定为国家一级文物的有15件,二级文物的有30多件,一、二、三级文物的共计205件。有一些文物不仅为全国所仅有,而且足以说明闽越文化的地域特色和已经达到的发展水平。如48厘米的佩剑,是全国地下考古发现同一时期最长的佩剑,能印证古代闽越人的尚武精神和骁勇善战;15公斤重的铁铧犁,说明闽越人在汉代先进文化影响下从狩猎经济向农耕经济的转变,这么重的铁铧犁显然是祭祀神农用的祭品,说明他们对农业的重视;馆藏文物里青铜器铁器和陶器两类器型并存,说明汉族与闽越族的文化交流,前者属于汉文化的影响,而后者则属于闽越国自己传统的器物;考古发现同一时期的13口汉井中的12口均已干涸,唯有闽越王城遗址的古代汉井依然有水,且水质清纯,达到一类饮用水的标准;等等。

城村汉城遗址揭示了闽越文化的物质基础,开启了揭示闽越文化之谜的大门,为全面了解和研究闽越国的社会历史文化,特别是福建古代史提供了丰富的实物资料。城村汉城遗址不仅是福建地区保存最完整的古城,也是全国保存最完整的汉代古城之一。在同时期西汉王朝分封的诸侯王城古遗址中,也是目前保存最好的,因此具有极高的历史、科学、艺术价值,是不可多得的重要的古文化遗产。其整体布局及建造方式对后世中国南方的城市以及日本等东、南亚国家的城市和建筑产生深远的影响。

国家考古遗址公园,同时兼具科研、教育、游憩等功能。人们能在公园游览、观赏考古成果的同时,"探秘"考古挖掘现场,因为公园本身就是一个不间断进行考古的场所,这也是国家考古遗址公园的最大亮点。作为爱国主义教育基地,武夷山古汉城遗址博物馆立足本省,面向全国,以国内、国际游人参与的古越文化展示、研究旅游为目标,以考古、建筑、美术、社会学、环境学及影视拍摄等各学科专业人士及青少年学生社会实践活动为主体,进而发展大众参与的多种旅游、教育活动。博物馆以弘扬中华历史文化为宗旨,突出活动的历史性、文化性、趣味性、参与性,以丰富多彩、雅俗共赏的历史文化活动,展示历史文化信息,寓教育于活动之中。

(十)2014年武夷山被列为全国第一个"生态文明先行示范区"

2014年3月10日,国务院正式印发《关于支持福建省深入实施生态省战略加快生态文明先行示范区建设的若干意见》(以下简称《意见》),使福建省成为中共十八大以来,国务院确定的全国第一个生态文明先行示范区。中共十八大把生态文明建设放在更加突出位置,十八届三中全会要求深化生态文明体制改革,加快建立系统完整的生态文明制度体系。国家在强化生态文明建设顶层设计和总体部署的同时,选择一批有代表性的地区开展先行先试,总结实践经验,推广典型模式,发挥引领示范作用。福建生态文明建设有着良好的基础,生态省建设取得积极成效,节能降耗水平居全国前列,森林覆盖率保持全国首位,水、大气、生态环境质量均保持优良,创造了南方红壤区水土流失治理、集体林权制度改革、生态补偿等一批先进典型,打造出"清新福建"品牌,为建设生态文明先行示范区奠定基础。因此,福建省才得以被国务院批准列入全国第一个生态文明先行示范区。国务院要求福建省要充分发挥生态优势和区位优势,坚持解放思想、先行先试,以体制机制创新为动力,以生态文化建设为支撑,以实现绿色循环低碳发展为途径,深入实施生态省战略,着力构建节约资源和保护环境的空间格局、产业结构、生产方式、生活方式,成为生态文明先行示范区。

《意见》赋予福建生态文明先行示范区建设四大战略定位:

一是国土空间科学开发先导区,优化生产、生活、生态空间结构,率先形成与主体功能定位相适应,科学合理的城镇化格局、农业发展格局、生态安全格局。

二是绿色循环低碳发展先行区,加快"绿色转型",把发展建立在资源能支撑、环境可容纳的基础上,率先实现生产、消费、流通各环节绿色化、循环化、低碳化。

三是城乡人居环境建设示范区,加强自然生态系统保护和修复,深入实施造林绿化和城乡环境综合整治,增强生态产品生产能力,打造山清水秀、碧海蓝天的美丽家园。

四是生态文明制度创新实验区,建立体现生态文明要求的评价考核体系,大力推进自然资源资产产权、集体林权、生态补偿等制度创新,为全国生态文明制度建设提供有益借鉴。

《意见》还对各项建设中的节能、减排、空气质量、水质、森林覆盖、土地利用率等提出明确的量化指标。福建省在生态文明示范区建设中率先提出"清新福建"的建设目标,并在植树造林、节能减排、水土流失治理、生态保护、宜居环境建设、水环境综合整治等方面投入近100亿元。对落后的老项目要下决心关停淘汰或改造升级。福建省还将在未来几年内进一步淘汰铁合金、水泥、造纸、制革、印染、铅蓄电池、煤炭等行业落后产能,进一步优化产业结构,提高竞争力。

武夷山作为福建省的绿色腹地,在生态文明示范中更是率先垂范。如武夷山被列入福建省实行生态保护优先绩效考评的县市,主要得益于良好的生态环境和丰富的生态资源。武夷山在"十二五"发展规划中提出

"优美武夷、活力武夷、人文武夷、和谐武夷、幸福武夷"这一战略部署,告别"唯GDP论",打好绿色生态牌,提出相应的植树造林、节能减排、水土流失治理、生态保护、宜居环境建设、水环境综合整治等生态建设目标和具体标准。

(十一)2016年武夷山被列为全国九个国家公园体制试点单位

2016年12月,经中央全面深化改革领导小组审议通过,武夷山市成为首批九个国家公园体制试点单位,包括青海三江源、湖北神农架、福建武夷山、浙江钱江源、湖南南山、北京长城、云南香格里拉普达措、东北虎豹和大熊猫国家公园。"国家公园"概念源自美国,指国家为了保护一个或多个典型生态系统的完整性,为生态旅游、科学研究和环境教育提供场所而划定的需要特殊保护、管理和利用的自然区域。因此,国家公园是以生态环境、自然资源保护和适度旅游开发为基本策略,通过较小范围的适度开发实现大范围的有效保护,既排除与保护目标相抵触的开发利用方式,达到保护生态系统完整性的目的,又为公众提供了旅游、科研、教育、娱乐的机会和场所,是一种能够合理处理生态环境保护与资源开发利用关系的行之有效的保护和管理模式。选择武夷山地区作为研究的重点,是因为其遭遇中很多与中国保护区当今面临的众多严峻挑战和机遇一致,有代表性。国家公园的管理目标是保护国家级和世界级自然景观区,为精神、科学、教育或旅游等服务;尽可能按自然状态,长久保存典型的自然地理区、生物群落、基因资源及其生物属种,维持生态稳定性和多样性;保持该区域的自然状态或接近自然状态,对宗教、教学、文化娱乐等旅游活动进行管理;禁止损害保护目标的资源开采或土地占用活动;维护有价值的生态学、地貌学、宗教或美学方面的特征;考虑当地人民的需求,包括对管理目标并无影响的生活资源利用。

总结武夷山当今生态文明创建活动,具有以下四个特点:一是具有先天的生态优势,良好的生态环境,生物多样性丰富,这从许多项目都是全国"第一""首批"可以看出;二是创建工作是一个持续推进、循序渐进的工程,这从许多生态保护规划的不断"修改""整治"方案中可以看出;三是具有全国乃至全球性典范价值和普遍意义,如许多项目要么是"世界遗产",要么是"国家级示范区";四是生态文明取得预期的成效,这从如上所述的全球生物多样性保护关键地区、中国最佳绿色生态景区等20多个"国际绿卡"和"国家品牌"称号方面可见一斑,绝非浪得虚名,而是经过各级政府和相关权威机构检查、验收和评选的结果。

武夷山,在古代就受到历代中央和地方政府的特殊保护,又受到当今党和政府的高度重视,不仅留下空气清新、山清水秀的生态自然遗产,也留下历史悠久、积淀丰厚的生态文化遗产。作为我国仅有的四个世界文化与自然双遗产地的武夷山,在中国乃至世界的生态文明建设中具有极为重要的示范价值和普遍意义。

第七章 生态文化

传情达意的文学

"传情达意"是文学的基本功能,也是文学的基本生态价值。

生态文学对自然界的"传情达意"可以概括为四个字——生、动、情、趣。"生"就是对自然界的生命之源和生命价值的感悟;"动"就是对自然界生生不息的生命运动和生命意志的体验;"情"就是对自然界的敬畏之情和感恩之情的抒发;"趣"就是对人与自然和谐相处的诗意生活和理想生活方式的审美趣味。当然这是理性分析的结果,在古典文学中,这些往往涵容于情景交融、情理交融的生命整体感悟的混沌之美。

生态文学虽然诉诸情感化的语言和形象化的意境来表达对自然界的生命感悟、生意体验、生态情怀和生活情趣,但却有深刻的哲学和历史内涵。因为,中国古代哲学本质上讲是生命哲学,中国古代史学也以"究天人之际"为己任,且国学本身没有文、史、哲的学科分野。因此,我们要善于揭示出生态文学"情趣"背后的历史"真趣"和哲学"理趣"。

一、传情达意是生态文学的价值诉求

文学的特质是重情,哲学的特质是尚理,历史的特质是证实。《尚书·尧典》曰"诗言志,歌咏言",陆机《文赋·卷一》曰"诗缘情而绮靡",严羽《沧浪诗话·诗辨》曰"诗有别趣,非关理也",可见,文学的重情特质决定了其价值诉求的"传情达意"性。不过,中国古代生态文学的价值取向更多是对自然界生命创造和生命价值的诗意赞赏。西方现代生态文学的价值诉求更多则是对生态危机的理性自觉和哲学反思。在中西方文化充分交流的背景下产生的当代生态文学则具有两者兼容的特性,既有对生态危机的理性反思,也有对自然价值的诗意赞美,表现出情理并重的文化特质。

(一) 西方现代生态文学是生态批评的结果

西方现代生态文学是生态批评和文化反思的结果,其情感取向是痛苦。

作为生态自觉和文化反思的现代生态文学,诞生于19世纪五六十年代,以1854年梭罗的《瓦尔登湖》和1962年卡逊的《寂静的春天》的问世为代表。

前者以人与自然和谐相处,追求恬淡、宁静、简朴的回归自然的生活方式而开启人们对现代远离自然、物欲横流的生活方式的反思,其中一段这样写道:

> 我愿意深深地扎入生活,吮尽生活的骨髓,过得扎实、简单,把一切不属于生活的内容剔除得干净利落,把生活逼到绝处,简单,最基本的形式,简单,简单,再简单……最富有的时候,你的生活也是最贫穷的。吹毛求疵的人即便在天堂也能挑出瑕疵。一个安心的人在哪都可以过自得其乐的生活,抱着振奋乐观的思想,如同居住在皇宫一般。犯不着千辛万苦求新,无论衣服还是朋友。把旧的翻新,回到它

们中去。万事万物没有变,是我们在变。①

后者以化肥农药的使用给整个生态系统所造成的巨大威胁,对近代工业革命以来的科学技术和环境污染进行深刻反思。其中写道:

> 与核战争灭绝人类的可能性一样,人类整个生存环境的污染也是我们这个时代面临的一个主要问题。一些危害性潜能巨大的有害物质会在动植物的体内组织中累积,这些有害物质甚至能够穿透细胞组织而改变遗传性的物质,而这些遗传性物质正是未来生活所需要的……如果我们想把大自然中的生物留给子孙后代,我们就必须了解这些生物的完美性和脆弱性,以及生态系统中的每一个环节。②

这两部生态文学作品的问世,引发人们的关注,促发全球范围内环保意识的觉醒。这一类的生态文学可以称为"自觉的生态文学",她是在全球生态危机的背景下,伴随着人类生态意识的觉醒和对现代文明的深刻反思而产生的一种新型文学形态。它以语言艺术构筑的形象描写人与自然关系的现实,表达人类对待自然应有的伦理信念、情感态度及行为规范,引领人们进入人与自然和谐共生的审美的理想境界。

简言之,生态文学是反映生态环境与人类社会发展关系的文学。我国生态文学研究的开拓者之一的王诺认为"生态文学是以生态整体主义为思想基础,以生态系统整体利益为最高价值的,考察和表现自然与人之关系和探寻生态危机之社会根源的文学",这是从思维方式、价值观念和问题意识三个方面所给出的颇具哲学意味的定义。

(二)中国古代生态文学是崇尚生命的产物

中国古代的生态文学是敬畏自然和崇尚生命的产物,因此其情感取向是快乐的。

"生态文学"作为专用名词出现虽然是当代的,但是并不意味着中国古代就没有生态文学作品,只是说古代的生态文学作品不具有当代生态批评的哲学自觉,也不可能使用当代生态文学和生态批评的专业术语。

---

① (美)亨利·大卫·梭罗:《瓦尔登湖》,徐迟译,上海译文出版社2011年版,第52页。

② (美)蕾切尔·卡逊:《寂静的春天》,吕瑞兰、李长生译,上海译文出版社2007年版,第71页。

毋宁说中国古代的生态文学作品更多诉诸于对自然生命的诗意赞赏,田园诗歌和山水游记是其基本表现形态。与"批判反思"的现代西方生态文学不同,中国古代的生态文学以"传情达意"为审美理想和价值诉求。仅仅诉诸对自然界的理性认识,在古人看来往往可能导致"私心用智"的工具理性而造成对自然界的破坏。中国古人认为自然界不仅是天人合一的生命整体,而且自然界自有其独特的情感和思想表达,如花草树木的"欣欣向荣"和"枯萎憔悴"无不是生命意向即古人所谓"生意"的表达。所以更需要人们进行深入的观察和体验,并在与之进行情感对话即"传情"中,实现对自然界生命意义和生命价值的审美思考即"达意"。这里的"情"既有对自然界的感恩之情,也有对自然山水审美的怡悦之情。这里的"意"既有对自然界生命意义的价值肯定,也有对自然界勃勃生意的诗意赞赏。中国古典哲学"天人合一"的思维方式和价值观念,使得中国古代文学也必然有"天人合一"的审美情趣,这种情趣往往是超功利的纯精神的心理满足和情感寄托。

(三)当代生态文学有情理交融的价值取向

当代生态文学既是生态危机理性反思的结果,又是人文价值情感回归的必然,因此其情感取向是情感理性。

广义的生态文学应当包括身与心、人与人、人与社会、人与自然和谐相处的价值诉求和审美情趣,因为"生态"就是人的"生存状态",人类的生存不仅有人与自然的关系,还有身与心、人与人、人与社会的关系。将"生态"说成是"人的生存状态"倒不是说只有人类才有生存状态的问题,或者持有"人类中心主义"的生态观,其实整个生态系统,即使人类未出现之前,也都有生存状态的问题。但是,如果没有人类的主体意识,生态问题便没有意义;整个生态系统在人类出现之前是趋于和谐的,有自我组织、自我修复、自我平衡的能力,自从人类出现以后这种平衡与和谐逐渐被打破,所以人在其中有重要作用。狭义的生态文学则更直接地反映人与自然的关系,因为"人与自然"的关系是人类生存的前提条件,人与自然的关系处理不好必将影响到身与心、人与人、人与社会的关系,如身心失调、人际失和、社会失序等。本文阐述的武夷山生态文学仅局限于人与自然和谐相处的内容,从文学表现形式上说,主要局限于山水、田园和游记文学。

周作人在其名著《人的文学》中提出"文学是人学"这一人本主义文学

观。关心社会、关注现实是人学,抒写心灵、传情达意也是人学,追本溯源,则人是一种生命存在,其存在与其他非人类存在物构成生命整体,通过情感活动实现其生命存在。

文学艺术就其本体而言是诉诸心灵的,心灵则是知、情、意三位一体的感觉主体。文学既不同于哲学诉诸对客观对象的理性认知,长于认识论的表达,也不同于伦理学诉诸对客观对象的情感体验,长于同情心的表述,而是诉诸于对客观对象的审美愉悦,即通过艺术化的形象塑造传达内心的情感和意象,即常说的"传情达意"。人的心灵具有整体性的特征,文学这种审美愉悦内在具有理性认知和道德情感的潜在因素,通过"美"而表达"真"和"善"。生态文学是自觉的文学形态,是20世纪70年代以来,伴随着西方工业化进程造成的严重的生态危机而兴起的,旨在保护环境,克服生态危机,实现人与自然和谐相处的理想的文学形态。但在西方文化语境下的生态文学长于理性思维,东方文化语境下的生态文学则长于情感思维。

在中国传统的文学艺术领域,人们对自然界的价值判断和价值肯定是人们对自然界的情感寄托和审美愉悦的认知基础。生态文学的价值取向可以概括为生、动、情、趣四个字。所谓"生"指对自然界的生命、生态、生意、生机等欣赏和赞美;所谓"动"指对自然界的发展、运动、变化的感悟和直觉;所谓"情"指人们对自然界的情感、情志、情态、情意的诗意表达;所谓"趣"指人与自然和谐相处的旨趣、情趣、乐趣。

大自然的内在价值有物质和精神两个层面。从物质层面讲,自然界以其"生生不息"和"厚载博施",不仅成为人生命之源,而且为人们提供了丰衣足食的物质生活;从精神层面讲,自然界以其"山水林泉"和"风花雪月",为人们提供了悟道山水和寄情风月的精神享受。人是身心合一的整体,古人对于物质生活没有过多的奢求,但是对于精神生活却有着异乎寻常的追求,高人雅士非常崇尚清淡简朴的生活方式,这种生活态度本身就具有生态文化的价值意义。自然界是"美"的,人们在对于自然界的艺术审美中,寄寓了"君子比德"的"善"的追求和"悟道山水"的"真"的探索。因此,文学艺术的审美活动本身就是真、善、美的和谐统一,是即景生情、融情于景的情景交融的过程。如果说文学艺术本身就是一种"生活方式"(当然主要是一种精神生活,区别于当今工具理性思维下的所谓"文化产业"),那么,文学艺术(主要指山水文学)的"传情达意"就是人类对于大自然美好情意的表达。这也是对自然界的情感体验和价值认同的过程。

武夷山被称为"道南理窟"和"闽邦邹鲁",是朱子理学发祥地和理学名山,仅清代李清馥《闽中理学渊源考》记载的,从宋代到清代的闽北籍的理学家就有将近一千人。因此,武夷山的文学作品多为理学家的作品。要么是理学家"以理入诗"的悟道之作,要么是理学家题壁明志的纪游之作,总之是多与理学有密切关系。理学家往往把对自然界的生命关怀与人类的生存命运结合起来,形成特殊的生命观照,这也正是生态文学的价值所在。

生态文学无疑是诉诸人们的主观情趣,但其中也蕴含着生态哲学的客观理趣。人们对自然界的生命赞美,蕴含了人类生命源于自然,自然界才是人类生命之源的生态意识,生命情趣的审美中就蕴含着对自然界生命价值的肯定。人们对自然界生机勃勃的生命律动的诗意赞赏,无疑寄寓着人们对自然界大化流行的感悟。这种感悟用哲学的语言表述就是朱子所谓的"天理流行""天道流行"。人们对大自然姹紫嫣红、丰富多彩的生命现象的欣赏,当然也就表达了人们对自然界厚载博施无私馈赠的感恩之情。当人们陶醉于美轮美奂的自然美景之中的时候,你能说其中没有人们对于天人合一的诗意栖居的生活方式的向往和期许。

因此,生态文学并非只是"生态学"与"文学"的简单嫁接,让文学承担起生态教育、生态审美、生态伦理、生态哲学的文化功能,它是当代生态自觉时代的产物。古代的文学作品虽然没有自觉的生态意识,但是不能说就没有生态文学,我认为,在文学作品的生、动、情、趣的艺术审美之中天然具有生态哲学的价值追寻和意义追问,但这种价值和意义追寻可能是不自觉的潜在意识,我们的任务就是要转换解释的角度,对其进行新的诠释。否则,生态文化的研究将失去这部分宝贵的生态资源和生态智慧。

从哲学本质上说,文学就是人学,生命、死亡和爱情是文学的三大永恒主题,说明人学就是生命之学,是生命激情的呐喊,是生命活力的释放,是生命花朵的绽放,是生命意义的追寻。很难想象,缺乏生命活力、缺乏生命热情的人会创作出激动人心的文学作品。文学不同于历史的实证、哲学的推理,而诉诸感性的情感表达,因此,文学就成为古人与自然进行心灵对话的产物。作为传情达意的文艺表现形式,文学在描写人与自然的关系时,首先就是对于大自然深沉的爱。爱是一种情感,更是一种态度,也是一种价值选择和审美情趣。

二、生——生命的感悟

对人类生命之源的哲学追寻,是一切民族本能的文化意识。早在先秦时期,我们的先人就对自己的生命之源有了自觉的哲学认知,如荀子在谈到"礼"的起源时说:"礼有三本:天地者,生之本也;先祖者,类之本也;君亲者,治之本也。"①自然界才是人类真正的生命之源,这成为此后中国文化哲学的共识,以至于中国人祭祀祖先的牌位总是会写上"天地君亲师"五个字,即把对天地的敬畏和感恩视为大孝。故宋代理学家张载提出"乾坤父母"说,"以乾为父,以坤为母,有生之类,物无不然"②,不仅人类,一切生物的生命都源于自然。这也成为理学家共识的自然观。这说明,中国古代哲学不同于理性思维传统的西方哲学(结果就是走上自然科学的探索之路),而充满生命关怀和生命情感。以"传情达意"为己任的文学作品,更是如此。

朱熹三十岁逃禅皈儒以后,写了一首诗《春日偶作》:"闻道西园春色深,急穿芒履去登临。千葩万蕊争红紫,谁识乾坤造化心。"③这首诗颇能反映理学家对自然之道和生命起源的哲学体悟。听说春天来了,万紫千红,春意盎然,急急忙忙去欣赏。那么,他要欣赏什么呢?仅仅是对春天美景的赏心悦目吗?不是,他要在万紫千红的春意面前,体验自然界的造化之心。这里的"造化心"即生命创造和化育之心,就是理学家所谓的"天地生物之心",就是仁心。理学家普遍认同朱熹"仁者天地生物之心"的哲学命题,即"仁爱"就是自然界普遍存在的创造化育万物的目的性,"心"就是"目的",也就是"仁者,人也",即人性本善的宇宙本体论的根源。自然界是一切生命之源,当然也是人类生命之源。自然界有其内在的生命价值,我们不需要以人类的功利目的来作为评判自然界生命价值的依据和标准。这首诗是情景交融、融理于情的佳作,只有体会到情趣背后的理

---

① 《荀子·礼论》。
② 《张子全书·西铭》。
③ 《晦庵集·卷二》。

趣,才算对这首诗的精神实质有了更深的理解。

在武夷山五夫镇朱子故居紫阳楼不远处,有一眼清澈甘冽的泉水,是五夫镇村民们的饮用水源,这眼泉水同样滋润和抚养了一个伟大的灵魂——朱子理学的精神世界。泉水旁边的山崖上至今留有朱子题刻的"灵泉"二字。"灵泉"揭示了自然界的生命价值,自然界不仅是人类的生命之源,更是人类智慧和灵感之源。这就是朱熹对自然界生命价值的直接告白,朱子名诗《读书有感》就创作于离此不远的半亩方塘,诗曰:"半亩方塘一鉴开,天光云影共徘徊,问渠那得清如许,为有源头活水来。"朱子的哲学研究和文学创作水乳交融,成为一个整体,寄情于景,融理于境,朱子源源不断的思想源泉正是来自于大自然的启迪和感召。朱熹在五夫镇生活、学习、著述、讲学凡五十载,五夫镇的一草一木都浸润了朱子的生命情感和生命感悟,也留下许多脍炙人口的诗词佳作。

在优美的自然风光中感悟自然、感悟人生的佳作莫过于朱熹的"九曲棹歌"了。九曲溪发源于武夷山脉的主峰——黄岗山的西南,上游流经山深林密、雨量丰沛的武夷山自然保护区,下游流过星村,进入武夷山风景区,绕了九曲十八弯,到武夷宫前汇入崇阳溪,全长约六十公里。从星村至武夷宫这段则为闻名遐迩的九曲溪,全长不过十公里。武夷山旅游区的绝大部分风景点就分布在九曲溪两岸。在朱子眼中,这就是一条生命之河,镌刻于两岸崖壁上的《九曲棹歌》就是跌宕起伏、引人入胜的生命之歌。

在历代文人骚客吟颂武夷山的诗中,首次全面概括描写武夷山风貌的就是朱熹的《九曲棹歌》。棹歌本是舟子渔夫所唱的歌,朱熹用民间乐歌形式写成《九曲棹歌》,对武夷山九曲溪进行全景扫描,描绘了九曲溪的长卷,是朱子当年为文人雅士导游的导览佳作。

钱穆评论朱子的《九曲棹歌》,谓其一扫理学家"以理入诗""爱讲道理,发议论"的弊端,而有触景生情、情景交融的诗境。似乎《九曲棹歌》只有"情趣"而无"理趣"。我认为,朱子的《九曲棹歌》之所以脍炙人口、千古传颂,历代皆有唱和之作,固然因其高情雅趣足以动人,但也少不了寓理于情、情理交融足以启人。何况"文以载道"本来就是理学家的当行本色。只是朱子的《九曲棹歌》不似有些理学家那样纯以理胜,毫无意趣,而是有"江山如有待,花柳自无私"和"水深鱼极乐,林茂鸟知归"般的见物起兴、随事而得的自然天成的理趣。读者应根据朱子的哲学思想及武夷山的历史文化、神话传说等,结合景点的具体情境,透过文字表面,深入体会其中的精神。诗歌中的理趣不同于哲学著作中的抽象思辨的理趣,而借助于对事物直观、形象、生动的吟咏和描绘,抒发诗人对于自然、社会和人生的体验和感悟,阐释道理而又具有诗情画意。既给人以诗意的审美愉悦,又使人获得智慧的启迪和开悟。所以,严羽认为,虽然"诗有别材,非关书也;诗有别趣,非关理也",然而却是"非多读书,多穷理,则不能极其至"①。说理趣是情趣的基础,没有理趣便无情趣。朱子对武夷山的自然审美,做到了情与景合,理与情合,实现托物兴怀和悟道山水的完美统一。朱子在武夷山生活学习、著书立说近五十年,早已把自己的生命情感和道德情怀融入了武夷山的山川河流、花草树木、飞禽走兽、清风明月、朝云暮雨之中了。因此,朱熹的《九曲棹歌》一改文人诗词"典雅"(即使用典故和雅言)的风范,使用了许多武夷山民间抒情诗歌的语言,显得轻松活泼,饶有情趣。

《九曲棹歌》一共十首诗歌,第一首为序诗,其余九首为每曲一首,将武夷山九曲溪两岸的自然美景、历史遗迹、神话传说融为一体,寄发了对自然、人生、社会、历史的文化感悟。

序诗:"武夷山上有仙灵,山下寒流曲曲清。欲识个中奇绝处,棹歌闲听两三声。"开头总写作歌的原因,也是理解《九曲棹歌》的关键。诗中说到整个武夷山都得到神灵的庇护与保佑,以至于千百年来一直保持着山清水秀的纯真之美。自然界不仅奉献给人类以赏心悦目的自然美景,而且孕育了积淀丰厚的文化底蕴,若要感知武夷山奇特独绝的自然风光和文化底蕴,需要放弃世俗的功名利禄、是非荣辱等俗念,静下心来,以轻松悠闲、自由自在的心态来领略和品味棹歌中的文化内涵。这里的"棹歌"不仅有流传于船夫排工中的棹歌,主要还是朱熹本人创作的"九曲棹歌"。

这首序诗有两个重要的思想:一是自然目的论的思想。中西方古代的自然哲学都有自然目的论的思想。目的论认为自然界如此和谐有序,一定有神意。这种观点被现代人认为是迷信,但对于自然界的和谐、稳定、有序,现代自然科学也难以解释。自然目的论则确保了人类对自然界的敬畏,维护了自然界的生态平衡。二是对自然界的非功利诉求。古人深知自然界有趋向生命和谐稳定的发展趋势和生态价值,故对自然界诉

---

① 《沧浪诗话·诗辨》,文渊阁《四库全书》光盘版,上海人民出版社1999年版。

诸情感理性和价值理性,认为对自然界诉诸认知理性和工具理性是人类"私心用智"的必然结果,最终会走上破坏自然之路。

第一首:"一曲溪边上钓船,幔亭峰影蘸晴川。虹桥一断无消息,万壑千岩锁翠烟。"一曲的溪北有高峰耸立,那便是入九曲溪所见的第一峰——大王峰,也叫天柱峰。大王峰的左侧有幔亭峰,在峭壁上刻有"幔亭"二字,是神话故事中"幔亭招宴"之所在。传说宴会的当天,虹桥架空,群仙驾临,祥云缭绕,仙乐悠扬,轻歌曼舞,飞觞劝饮。乡人顶礼膜拜之余,亦皆开怀畅饮。宴罢乡人归,风雨骤至,虹桥飞断,神迹杳然。这一神话传说,充满神秘诡谲色彩。民间传说,自从虹桥飞断之后神仙就不再光临此地了。唐朝李商隐为此咏道:"只得流霞酒一杯,空中箫鼓几时回。武夷洞里生毛竹,老尽曾孙更不来。"朱熹所咏的"虹桥一断无消息,万壑千岩锁翠烟",也正是此意。朱子从"幔亭峰影蘸晴川"的情景联想到幔亭招宴中"仙凡混合"(一曲溪畔水光石上的摩崖石刻)亦即"天人合一"的理想生存状态,可惜这种诗意栖居的生活只能像美丽的梦境一样长存于人们的记忆之中。按照"幔亭招宴"神话传说,因为人们对神仙的不敬才招致虹桥飞断,神迹杳然,武夷洞里生毛竹,老尽曾孙更不来。感慨之余,只能将这种美好的期待化入这万壑千岩的翠烟之中了。

第二首:"二曲亭亭玉女峰,插花临水为谁容?道人不作阳台梦,兴入前山翠几重。"二曲溪口迎人而立的是峭拔挺秀、明艳照人的玉女峰。玉女峰突兀拔空,峰顶花木参簇,整座山峰像束髻簪花的少女。岩壁缝痕似衣裙皱褶,飘飘欲仙。峰下碧波绮丽的"浴香潭",传说是玉女洗浴的地方。潭中一块方形巨石,刻"印石"二字,是神话中大王(峰)和玉女"峰"定情的信物。峰左侧有一岩叫妆镜台,刻有二丈多高的"镜台"二字。民间传说二曲玉女与一曲之畔的大王隔溪苦恋,天上的王母娘娘为其真情所感,化石为镜,使相恋不相见的恋人能在镜中相见。朱熹的二曲之歌即咏此。玉女峰和周围的山水构成一幅仙境般的画图。宋朝的李纲有诗赞道:"风舞芳林鬓脚垂,朝云暮雨湿仙衣。不知当日缘何事,化石山头更不归。"与李纲同时代的著名道士白玉蟾亦有咏玉女的诗歌:"插花临水一奇峰,玉骨冰肌处女容。烟映霞衣春带雨,云鬟雾鬓晓梳风。"作为道学先生,他们对男女相恋一般是避而不谈的,所以他们的诗也写得委婉含蓄。提倡"存天理,灭人欲"的朱熹更担心人们由此而引起有关巫山神女"朝云暮雨"的风流联想,因而调侃似的咏道:"道人不作阳台梦,兴入前山翠几重。"朱子的"道人不作阳台梦"不仅仅是理学家"以理节欲"的必然,朱熹熟知玉女峰化身为皇太姆是闽越人始祖母的神话,也熟知天上玉女与人间大王结为夫妻,合力战胜洪水、营造生态家园的神话故事,这些神话故事寓意自然界才是人类的生命之源,大王与玉女的爱情故事实为"天人合一"的象征,所以对玉女峰有一种只可远赏不可近亵的敬畏之情。

第三首:"三曲君看架壑船,不知停棹几何年?桑田海水今如许,泡沫风灯敢自怜。"这是咏三曲小藏峰的架壑船棺的。小藏峰又名仙船岩,在峻峭的岩壁上,有船形的悬棺高架于崖隙洞间,传说那是仙人得道化去后所遗下的木舟,舟中藏有遗骨,称作"遗蜕"。宋朝陈梦庚《仙船》诗咏道:"此船何事驾岩限,不逐桴槎八月来。莫是飞仙无所用,乘风有路到蓬莱。"最早对虹桥板、架壑船做出合理推测的正是朱熹。他说"颇疑前世道阻未通,川壅未决时,夷落所居"的遗物①,经考证这些虹桥板、架壑船棺实是古代南方少数民族的悬棺葬的遗迹。朱熹通过对悬棺葬的遥思追忆,有感于自然界沧海桑田的永恒变化,深刻感悟到人类生命的短暂和无常。有论者说这是朱熹屡遭政治上的排挤和打击,心灰意冷的自怨自怜之词,我倒觉得有一种哲人仰望星空,思考人生真谛的意味:自然界的变化是永恒的,人类却不能因为生命的短暂而自怜自弃,放弃对人生意义的追寻。正如孔子"逝者如斯"之叹,不是感慨流年似水,一去不返,而是以"不舍昼夜"的积极进取来弥补人生短暂的遗憾,以今世的努力留作来世永恒的意义。朱子在《四书集注》中,对"逝者如斯"之叹,更是做出人类生命之源的哲学追寻,以及参赞化育、实现自然目的性的道德理性的期许。

第四首:"四曲东西两石岩,岩花垂落碧监毶。金鸡叫罢无人见,月满空山水满潭。""两石岩"指四曲中的大藏峰和仙钓台。朱熹此处的诗意是:山花的花瓣还带着朝露,一片清新可爱,如同锦鸡身上色彩艳丽的羽毛一样。山花带露衬托出山中黎明时分给人以希望的曙光和期待。四曲大藏峰壁有金鸡洞,传说武夷山的金鸡为世人司晨赐福,可是谁也没见过金鸡,有的只是月下的空山和卧龙潭。朱熹的四曲棹歌中的"水满潭"之潭,即大藏峰下的卧龙潭。潭水深不可测,也是四曲的一处胜境。"月满空山水满潭"写出了黎明前鸡鸣星稀,西天的月光下衬出的一片空山静境。在卧龙潭岩壁上刻有"飞翠流霞"四字。也许在朱子的童年记忆里,

---

① 《晦庵集》卷七十六,文渊阁《四库全书》光盘版,上海人民出版社1999年版。

山中宁静祥和的气氛正是作为图腾崇拜对象的金鸡所赐。宁静祥和的自然环境不仅是对人类精神的抚慰和灵魂的洗涤,而且相信熟悉金鸡洞神话传说和民间图腾禁忌的朱子,自然会将这宁静祥和的自然景观视为人类保护环境、珍惜自然的必然结果。

第五首:"五曲山高云气深,长时烟雨暗平林。林间有客无人识,欸乃声中万古心。"朱熹借写五曲胜景作自我描画、抒怀。五曲是九曲的中心,隐屏峰竣立溪北,峰峦挺拔,朱熹就在此创建武夷精舍,聚徒讲学。朱熹的五曲之歌中的"山高"指精舍后的隐屏峰。由于山高云深,烟雨不时暗锁平林渡口。"欸乃"是船夫出力摇船的应答声。"客"指朱熹自己。朱熹创建武夷精舍是在他罢官提举浙东常平盐茶公使之后,此后长期寓居山中,闭门著述,谢客讲学,以道统后继者自居,其"天人合一"的文化理想却鲜为人知,无人理解,只能伴随着船夫排工们"欸乃"声声,永远留在武夷山的山山水水之中了。朱子的"万古心",既有九曲棹歌所表达的文化理想,还有他在武夷精舍编著《四书集注》的圣人情怀,今天还可以从其《武夷精舍杂咏》十二首中见其一斑。

第六首:"六曲苍屏绕碧湾,茆茨终日掩柴关。客来倚棹岩花落,猿鸟不惊春意闲。"六曲流程最短。溪北有高直耸立的巨峰,峰壁由于流水侵蚀久而深陷,状如指痕,故称仙掌峰,又叫晒布岩,壁上刻有四个大字"壁立万仞",面溪背山,环境清幽,真个像朱熹吟咏的那样,岩花自落,猿鸟不惊,清静极了。"茆茨终日掩柴关"是说九曲溪畔的清幽环境吸引了大量文人雅士来此隐居修行,返璞归真,回归自然,尽情享受着大自然的美景。

第七首:"七曲移舟上碧滩,隐屏仙掌更回看。却怜昨夜峰头雨,添得飞泉几道寒。"七曲有獭控滩,就是"移舟上滩"的滩,它的后面正好是隐屏、仙掌两峰,所以说"回看"。"飞泉"指凌空飞洒而下的山泉。七曲的北面为三仰峰,又称三迭峰,海拔七百多米,三峰相迭,面背东向,雄姿巍然。在小仰峰的半壁上有壁宵洞,刻有"武夷最高峰"五个大字。七曲岸边有一座依崖而建的"蛙神庙",是蛙图腾崇拜的历史见证。游客到此移舟上滩或有祭祀蛙神之意,亦未可知。图腾禁忌是远古人类本能的动植物保护意识的反映。

第八首:"八曲风烟势欲开,鼓楼岩下水潆洄。莫言此地无佳景,自是游人不上来。"八曲滩高水急,溪畔浮出水面的有"牛角潭"的牛角,"青蛙石"的青蛙。鼓楼岩下,有一石如张牙舞爪的狮子,称为"上水狮",有块椭圆如龟的岩石,称"下水龟",有寻机捕鱼的"獭控石"的水獭,有散落溪畔的"海蚌石"的海蚌等,简直就是一个生机勃勃的动物世界。从这些象形石的命名也可以看出古代人类与自然界动植物之间生命依存的亲密关系。溪南和鼓子峰相望的大小两块岩石,称为大廪石和小廪石,对大小廪石南宋名相李纲有诗赞道:"仙家何事也储粮?石廪团团曲水旁。应驾玉龙耕紫石,琼芝千亩个中藏。"一般俗人认为八曲"无佳景",而朱子认为有"佳景",这佳景便是心中对自然界生物的爱怜之意,敬畏之情,谓之心境可也。

第九首:"九曲将穷眼豁然,桑麻雨露见平川。渔郎更觅桃源路,除是人间别有天。"平川是指九曲尽头星村一带的地名。这里一望平川,桑麻蔽野,又有良田美池,屋舍俨然,鸡犬之声相闻,全然是桃源景象,正如朱熹棹歌所咏:舍此而更觅桃源路,那除非人间别有洞天了。一溪之隔的对面山崖上,有一座石门,门上书额"别有天"。登上峰顶,环目四顾,视野开阔,令人心旷神怡。武夷山真乃人间仙境,养生天堂,山清水秀,宜居厚生,这就是竹筏漂流结束时游人共同的生命感悟。这就是古代"天人合一"的人生境界。人类只有走进自然,融入自然,才能获得生命的源泉,智慧的灵感。总之,大自然不仅缔造了人类的物质生命,而且赋予人类以精神生命,人类与自然界就是一个有机统一的生命整体。

朱熹的《九曲棹歌》为我们展示了风景优美的武夷山所特有的勃勃生机,花草树木、鸟兽虫鱼、山川溪涧、清风明月、云雾雨露、朝晖夕阴、阴晴圆缺,这一切都构成生命之歌的大合唱,生命旋律的交响曲。九曲溪两岸在古代也是儒、释、道三教中人隐居修行的绝佳胜地,理学家创建的书院、道士们开辟的道观、僧人们构建的寺庙或依崖傍水而建,或深藏林泉深处,使得武夷山九曲溪成为人与自然和谐相处的典范,难怪《九曲棹歌》至今依然脍炙人口,传唱于武夷山的船夫排工之中。

"九曲清流绕武夷,棹歌首唱自朱熹",自从朱熹《九曲棹歌》唱响武夷山之后,历代仰慕朱子,奉韵唱和者层出不穷,朱子的《九曲棹歌》甚至远播他邦,在近邻韩国亦是代有传颂唱和,以至于形成特有的《九曲棹歌》文化现象,可见其影响之深。

三、动——生意的体验

中国的古典哲学,本质上讲是"生命哲学",其宇宙观也是生成论的宇宙观。孔子曰,"天何言哉,四时行焉,百物生焉,天何言哉"①,天即自然界以其无声的语言即四时运行(时间)和百物生长(空间)来证明自己的存在及其价值。古代哲学家认为自然界表现为在不断变化中孕育生命的流行过程,即古人所谓"化育流行"或"大化流行"。《易传》更是将其高度概括为"生生之谓易",就是说所谓"易"就是自然界生命创造的过程。所以蒙培元说,中国哲学是独特的"过程哲学"和"功能哲学",即以过程和功能说明其存在和意义,所以也可以说是"生命哲学"。②"重生"是包括儒释道在内的中国传统文化普遍的价值观念,如佛教的"慈悲"情怀就是针对生命而言的,道教的重视环境养生和修道成仙,也是针对生命而言的。

生命的本质特征在于运动,故曰"生动"。"生动"是自古以来中国人评价文学艺术作品的最高审美境界,这种美学思想源于古代的生命哲学,中国哲学特别关注事物的运动变化,这也形成了中国古代哲学历史悠久的辩证法传统——以联系、发展、变化的观点看待问题。文学作品中的运动变化,有朝晖夕阴一日景象之变者,有阴晴圆缺一月景象之变者,有春华秋实四季景象之变者,有风花雪月一年景致之变者,有沧海桑田古今历史之变者,有鸢飞鱼跃自然生机之变者,有生老病死人生之变者,有贵贱穷达命运之变者,有爱恨情仇感情之变者,有喜怒哀乐情绪之变者,等等,不一而足。所有这一切才是自然界生命的基本存在状态和基本存在形式,只是古人没有"生态"一词而已。因此,古代诗词文赋对自然界风花雪月、鸟兽虫鱼、草木花卉、山川湖泊等自然景观的变化有特殊的敏感,不仅将之视为人类思想情感的象征、比喻、烘托,而且有对自然界生命关怀的深切情感和哲学感悟。人和自然界,不管是物质上,还是精神上,都是一

---

① 《论语·阳货》。
② 蒙培元:《人与自然——中国哲学生态观》,北京人民出版社2004年版,第14页。

个有机的生命整体,自然界的变化不仅能深刻影响人类外在的物质生命的变化,而且能深刻影响人类内在的精神生命的变化。

在武夷山九曲溪畔的响声岩壁有一方摩崖石刻"逝者如斯",系理学大家朱熹亲笔题写,临流当空,举目可见。朱熹对"逝者如斯"注释曰:"天地之化,往者过,来者续,无一息之停,乃道体之本然也。然其可指而易见者莫如川流,故于此发以示人,欲学者时时省察而无毫发之间断也。程子曰:此道体也。天运而不已,日往则月来,寒往则暑来。水流而不息,物生而不穷,皆与道为体,运乎昼夜,未尝已也。"①自然界,就其动态看是生生不息的过程,在这个过程中,自然界不仅创造了自然万物,也创造了人类。因此,人不仅是化育流行的结果,人作为自然之子,应该对大自然执以母亲般的敬畏和感激之情;作为大化流行的重要一环,人类还应当承担起"参赞化育"的道德责任,这就是孟子所谓的"仁民爱物"。以"爱物"而言,就要尽物之性,任其自化。顺物之情,爱其生意。

文学作品对自然界的内在价值的体验和感悟,也是通过寄情山水,欣赏花草树木、鸟兽虫鱼的生命意象而实现的。如陆游《游武夷山》:"少读封禅书,始知武夷君。晚乃游斯山,秀杰非昔闻。三十六奇峰,秋晴无纤云。空岩鸡晨号,峭壁丹夜暾。巢居寄千仞,洪荒想羲轩。风雨蜕玉骨,难以俗意论。丹梯不容蹑,修蔓亦畏扪。溯滩进小艇,愧惊白鹭群。学道虽恨晚,养气敢不勤。宦游非本志,寄谢鹤与猿。"②陆游是南宋著名诗人,对武夷山情有独钟。诗中说道:少年时期因读到《史记》中的封禅书而得知武夷君这位神仙,晚年游历武夷山,才知道武夷山的秀丽奇绝远非昔日所能想象。三十六座奇峰,在晴朗的秋天纤尘不染。空静的山崖有金鸡报晓,峭壁丹崖随即呈现出旭日的光辉。古人巢居于千仞之高的山洞,使人遥想起洪荒时期的伏羲氏和轩辕氏。随着风雨的侵蚀,昔日的仙蜕只留下一具具白骨,用世俗的眼光真是难以想象。丹崖上的蹬道高峻难蹬,修长的女萝也难得抚摩。驾着一叶小艇想退回到沙滩上去,却又怕惊动了一群栖息的白鹭。这种人间仙境,生机勃勃,顿使诗人有了返璞归真、隐居修行的想法。本来宦游生涯已经令人厌倦,及时回头还来得及,若能隐居深山,还真得感谢将来朝夕相伴的仙鹤与猿猴啊。这首诗反映

---

① 《四书集注·论语集注》,文渊阁《四库全书》光盘版,上海人民出版社1999年版。
② 《剑南诗稿》卷十一,文渊阁《四库全书》电子版,上海人民出版社1999年版。

了诗人对武夷山人间仙境的向往和对自然界草木禽兽的热爱,在游历武夷山,亲眼看到了武夷山山清水秀,郁郁葱葱,鹭栖猿啸,人与禽兽,和谐相处,万物勃发,生机盎然,颇有庄子"同与禽兽处,族与万物并"的"至德之世"景象,顿然有了返璞归真的强烈愿望,在诗人看来,只有这种归隐林泉的生活才是人类理想的生存状态。

蒙培元认为"人是情感的存在"①,人不是抽象的存在物,情感才是人类生命存在的真实内容,也是人之为人的本质特征。这就指出了东、西方文化的基本差异,中国传统文化重视情感,西方传统文化重视理性。西方哲学长期以来有重视理性、排斥情感的文化传统。中国人重视情感的文化传统,使得我们的人际交往和思想交流都具有感性的特征,以至于孔子曰"不学诗,无以对"。不读诗不学诗甚至于都无法和别人对话。中国人有一种诗情画意般的艺术化的生活方式和生活态度,所以在描述自然界的优美风光、赞赏自然界的勃勃生机时,都充满深厚的情感。

再看清人饶鉴之《武夷赋》。赋中极言一年四季景色之变化,畅游之快乐,心情之美艳。同时体验自然界的运动变化带来的勃勃生机和生命的意象:

> 时为春矣,乃滋峰色,乃溢波光。青绿之袍欲染,红紫之裙未扬。渺渺三姑,为谁容庄?伊婆娑乎艺苑,亦翱翔乎醉乡。武夷山水,其乐未央。时维夏矣,荷钱点点,虬枝苍苍。昼永而鸣蝉响答,续筝管以悠扬;夜深而流萤辉映,纷熠耀于混茫。烟际淡兮斯卷藏,天游漠兮聊徜徉。武夷山水,其乐孔长。时维秋矣,寒潭月照,丹壑云浮。松菊之英未落,桂兰之露欲流。洞天一线,易画九丘。煮茗汲胡麻之涧,寻仙借架壑之舟。武夷山水,聊与优游。时维冬矣,云山黯黯,烟雨萧萧。跨千岩之白鹤,凌一苇之虹桥。桃源冰结,云井丹飘。霜高而奏灵娲之琴,雪霁而听子乔之箫。武夷山水,以永今朝。若有人焉,宛在中央。内皑皑兮外琅琅,兰为襟兮荷为裳。戢锋芒兮秘芬芳,脱乱天之网兮,解造物之缰。余将从之游兮,而后驰乎蓬莱之阙,与登乎梧桐之冈。②

---

① 蒙培元:《情感与理性》,中国人民大学出版社2009年版,第21页。
② (清)董天工:《武夷山志》卷下,北京方志出版社1997年版,第738页。

春天的武夷山满目苍翠,波光潋滟,三姑秀色,醉人心魄。武夷山水,"其乐未央";夏天的武夷山圆荷泻露,绿树成荫,昼则蝉鸣高树,如筝悠扬。夜则流萤辉映,似星闪烁。武夷山水,"其乐孔长";秋天的武夷山,月照云浮,松菊落英,兰桂含露,汲泉煮茶,兰舟泛夜。武夷山水,"聊与优游";冬天的武夷山云黯雨萧,冰结霜降,风高雪霁。武夷山水,"以永今朝"。从四时递进,景物变化中,感受生命的轮回与永恒。这既可看作对武夷山美景的描写,同时也可看成乐山乐水情怀的寄托,自然也包含对自然界生命的珍爱和价值的肯定。

武夷山一曲水光石上有一方摩崖石刻"鸢飞鱼跃",寄寓对自然界勃勃生机的欣赏,这是独特的生命体验。朱熹《四书章句集注》中认为:自然界的化育流行,使得整个自然界成为充满勃勃生机的有情世界。鸢飞戾天,鱼跃于渊,一上一下,一天一地,既是自然界大化流行的生动体现,也是自然界勃勃生机的生动体现。从大化流行的角度看,人与自然万物同为自然之子。因此,对于自然界勃勃生意的生命观照,也就是对人类自己生命价值的意义追寻,其观照和追寻的结果便是道德情感的确立,即对自然界的勃勃生机的诗意欣赏和对自然界生命存在的普遍同情。这是朱熹生态思想得以确立的情感基础。人们正是在这种潜移默化的生存体验和生命审美过程中,培养了对自然界的深厚同情,也因对人类与自然内在生命联系的感悟,升华了人类对自然界的感情,并孕育了敬畏自然的生命意识。

四、情——生态的情怀

如上所述,中国传统文化是重情的文化,所以《中庸》在谈到人性人情问题的"体用"关系时,常常是以"用"显"体",以"情"说"性"的。曰:"喜怒哀乐之未发谓之中,发而皆中节谓之和。"这里的"未发"指人之本性,"已发"指人之情感。中国哲学总是把情感放在人的存在问题的中心地位,舍此不能谈论人的存在问题;反过来,要讨论人的存在及其意义、价值等重要问题,必须从情感出发,从情感开始。对于人的存在而言,感性存在才是最真实、最现实的存在,也是最有意义和最有价值的。人的最本真的存在就是"真情实感"。从心理结构而言,知、情、意构成人的心理的基本结构,其逻辑关系就是情感心理,是建立在认知心理的基础上的,情感心理也必然转变为意志心理,而意志是有实践指向的。朱子曰:"圣人之喜以物之当喜,圣人之怒以物之当怒。是圣人之喜怒不系于心而系于物也,是则圣人岂不应于物哉。"①当喜当怒的"当"就是理性认识和价值判断,是情感的理性原则,敬畏和感恩之情,也必然转化为实践意志。就是说"情"是链接"知"和"意"的桥梁,具有重要的意义。在自然经济条件下,对自然界的敬畏和热爱,更是具有情感理性的价值取向了,孔子曰"断一树,杀一兽,非以其时,非孝也"②,认为乱砍乱伐、滥捕滥杀就是不孝。对于山林只有保护而后取之,才能"取之不尽",对于禽兽只有保护而后用之,才能"用之不竭"。把"孝"扩大到自然界,自然有对自然界的敬畏和感恩之情。

理学家提出"生意"的概念。所谓生意就是自然界生命的愿望和意志,有自然目的性的特征。当然自然界不可能用人类的语言来表达自己的生存愿望和意志,但是自然界有自己的生命语言,如花开花谢、树枯树荣、莺歌燕舞、鸟语花香、鸢飞鱼跃等各种自然现象即"意象"就是自然界有声和无声的语言,内在的"生意"用外在的"意象"表现出来。因此,人类和自然界的情感交流,需要人们用心去体验,并回报以人的感恩、敬畏、热爱之情。如理学家张载"喜闻驴鸣",周敦颐的"窗前草不除",程颢的"喜观雏鸡"③,都是因为这些物象传达出自然界的一种生命意向。宋刘辰翁《须溪集》卷三曰:"周茂叔之不除草,张子厚之闻驴鸣,概以为观生意于此。"《朱子语类》亦曰:"问:周子窗前草不除去,云与自家意思一般。此是取其生生自得之意邪,抑于生物中欲观天理流行处耶?曰:此不要解得那田地,自理会得,须看自家意思与那草底意思如何是一般。"④在理学家看来,要理解抽象的天理,只能在日用伦常中去体会。张载的喜闻驴鸣,周敦颐的床前草不除,程颐的喜观雏鸡,都有感同身受的生命体验,即所谓"与自家意思一般",只有在这种感同身受的生命体验中,才能领会自然界的天理流行和好生之德。驴子只有在吃饱喝足,不用负重,悠闲自得的时候才会发出生命的欢唱。既然草木也有生命,为什么要按照人的意愿加

---

① 朱熹《近思录》卷二。
② 《礼记·祭义》。
③ 朱熹《近思录》卷二。
④ 《朱子语类》卷九十六。

以修剪,那不是戕害生命吗?刚出生的小鸡,鲜嫩可爱,充满生机,不正是自然界的生生之意的象征吗?所以朱子曰:"一草一木,皆天地和平之气。"①万物皆气化而成,和谐而生,无不表现出"和平"气象。"如一盆花得些水浇灌便敷荣,若摧折他便枯悴,谓之无知觉可乎?窗前草不除,又与自家意思一般,便是有知觉。只是鸟兽底知觉不如人底。草木底知觉又不如鸟兽底"。②"动物有血气故能知,植物虽不可言知,然一般生意亦可默见,若戕贼之便枯悴,不复悦怿,亦似有知者。尝观一般花树,朝日照耀之时欣欣向荣,有这生意,皮包不住自进出来,若枯枝老叶,便觉憔悴,盖气行已过也。问:此处见得仁意否?曰:只看戕贼之便雕瘁,亦是义底意思"。③ 在这里,朱子甚至使用充满情感色彩的诗意语言描绘了人类与自然界的生命关系,他认为动植物有生意是因为气血所致,这生意就是自然界的情感体现,如植物会用"欣欣向荣"和"枯萎憔悴"来表达自己的情感。"悦怿"和"憔悴"都是富有感情色彩的心理描述语言。不仅如此,还应当在生意的情感体验之中,有一种情感化的价值取向。"鸟兽草木之宜,自其一物之中,莫不有以见其所当然而不容已,与其所以然而不可易者",自然界的一草一木都有其"所以然之理"和"所当然之则"④,在朱子看来,自然界的生生不已有其规律,自然界还是有情的生命世界(当代生命科学研究也证明自然界的动植物具有某种知觉和情感),生意体验本身就是人与自然界情感交流的过程。因此,李约瑟认为朱熹的理学是有机的自然主义,是现代有机自然主义的先导。

在武夷山景区九龙窠的崖壁上,有一方摩崖石刻"石乳留香"。"石乳"是宋代武夷山贡茶的品种,"石乳"作为茶名最早出现在南宋顾文荐《负暄杂录·建茶品第》:"又一种茶,聚生石崖,枝叶尤茂。至道初,有诏造之,别号石乳。"至于"石乳"因何而得名,曾经做过宋代福建转运使的丁谓认为:"石乳出壑源断崖缺石之间,盖草木之仙骨。"即"石乳"茶出自壑源(地名)断崖缺石之间,有仙风道骨之意。因其同时具有奶香和果香的混合味,水质柔滑而甘甜,是草木的精华,故有此名,武夷山的茶叶之所以被称为"岩茶"就是以其生态环境命名的,在武夷山无岩不茶,岩岩有茶。

---

① 《朱子语类》卷四。
② 《朱子语类》卷六十。
③ 《朱子语类》卷四。
④ 《朱子语类》卷六十。

茶叶在吸收了岩石中大量的矿物质和微量元素之后，具有浓郁的"崖韵"。同时由于武夷山植被茂密，花香四溢，茶叶在吸附了花草树木的清香后，香高味远，久泡不衰，拥有特殊的"花香"。因此，"岩骨花香"就成为武夷山岩茶绝佳品质的地理标志。九龙窠所在的武夷山景区崖壑幽深、早阳多阴、烂石砾壤、迷雾沛雨、植被茂密、腐殖质深厚，有非常适合茶叶生长的生态环境，是武夷山正岩茶的产地。武夷山的贡茶始于唐代，唐代中国文学以诗歌取胜，因此，许多贡茶的品名都极富有诗情画意，往往是四字韵文式的情感化的语言。用人类的"乳汁"比喻自然界的养育之恩，用拟人化的"留香"比喻自然界的馈赠之情。"石乳留香"集中体现了武夷山茶人对大自然无私馈赠的由衷赞颂，把茶汤比喻为自然母亲哺育人类的乳汁，把岩茶的花香比拟为自然母亲厚爱人类的恩泽，情满人间，芳香永存。所以武夷山茶艺表演，不管是儒茶、道茶，还是佛茶，第一道程序都少不了焚香敬拜，感谢自然界的馈赠之恩。这种对于大自然的感恩之情在武夷山喊山台祭茶神的颂文中依然可以得到印证："惟神，默运化机，地钟和气，物产灵芽，先春特异，石乳流香，龙团佳味，贡于天子，万年无替！资尔神功，用申当祭。"此后吟咏"石乳留香"的诗作更是代有佳作，如"留香石乳出闽山，一代芳名万代传。就中武夷品最佳，岩骨花香韵味长"，"国香石乳藏名山，夷茶佳品代代传，皇驾近臣赐石乳，馆阁羡妒叹远观"。

明人张于磊在其《武夷杂记》中赞美武夷山"惟兹山与水递相萦抱，递为映带，纡余屡折，如影赴形。能使西子惭其对镜，灵威悔其掩关，高唐谢其清莹，秦人让其幽邈矣。伯仲之间，意者其十洲三岛乎"，简直就是神话传说中的蓬莱、方丈、瀛洲等"三山十洲"。《武夷杂记》中赞武夷山顽强的生命力曰："山皆纯石，不宜禾黍，遇有寸肤，则种茶莳，村落上下，隐见无间。从高望之，如点绿苔，冷风所至，嫩香扑鼻，不独足供饮啖，为山灵一种清供也。"该诗说武夷山尽是铁岩顽石，几乎没有表土覆盖，虽然不宜种植禾黍庄稼，但却适合种植茶叶，武夷山人在不破坏生态环境的前提下，充分利用山崖间隙中的每一寸土地，垒石填土，营建了许多盆景式茶园，远远望去郁郁葱葱，嫩香扑鼻。这一方面描写出自然界的勃勃生机，就是人类的生命之源；另一方面说明人类的生存智慧，既不破坏自然生态，又能做到地尽其利，实现经济增长与环境保护的"双赢"。特别是"不独足供饮啖，为山灵一种清供也"，自然物产的茶叶不仅为人们提供饮啖之佳品，而且是人们回馈自然的佳品，即范仲淹茶诗所谓"采摘灵芽献地仙"，醇厚清香的茶汤常常是人们祭祀自然神灵的必备。

五、趣——生活的情趣

"诗意地栖居在大地上",这是后现代哲学大家海德格尔提出的文化理想,旨在通过人生的艺术化和诗意化来抵制科学技术带来的个性泯灭以及生活的刻板化和碎片化。"诗意栖居"是古今中外人类共同的生活理想,但是近现代以来工业化的生产方式和生存方式,拉开了人与自然的距离,使人们逐步远离自然。自然界仅仅被视为资源的存在和掠夺的对象,其价值也仅存为使用价值和工具价值,自然界的生存权利被逐步剥夺,自然界的内在价值被严重忽视。人类也因此成为失去自然母亲呵护的流浪儿,逐步沦为物欲驱使下生存的单面向的人,逐步丢失精神家园。总之,人类逐步失去天地人神诗意栖居的生存环境。

中国古人视"天人合一"为最高的人生境界,称之为"圣人气象"。儒学有"吾与点也"的典故,就是天人合一的生活理想。当曾点说他的生活理想是"暮春者,春服既成,冠者五六人,童子六七人,浴乎沂,风乎舞雩,咏而归"时,孔子喟然叹曰:"吾与点也。"朱子评价说曾点的境界"盖有以见夫人欲尽处,天理流行,随处充满,无少欠阙。故其动静之际,从容如此……其胸次悠然,直与天地万物上下同流,各得其所之妙,隐然自见于言外"[①],曾点心中天理充满,毫无人欲之私,完全打通了人己、物我、内外的间隔,故能与天理合一,与万物并流,从容自在,乐在其中。这是合道德与艺术为一体的高度自由的审美境界。"吾与点也"成为儒家学人追求的境界而被历代学者所不断诠释,不断欣赏。

美国著名生态伦理学家霍尔姆斯·罗尔斯顿提出"自然内在价值"学说,认为自然物本身具有内在价值,这种价值是客观的,与人的主观兴趣、需要无关,人类有义务保护具有内在价值的自然系统的完整和稳定。自然界的内在价值除了"生命支撑价值""生命价值""科学价值""经济价值""多样性与统一性价值""稳定性与自发性价值"和"辩证的价值"之外,还

---

① 《四书集注·论语集注》,文渊阁《四库全书》光盘版,上海人民出版社1999年版。

具有"宗教象征价值""审美价值"和"消遣价值"。① 这和中国传统文化"天人合一"的思维方式、价值取向和审美情趣不谋而合,实现了中西方文化在人类理想生存方式上的融通与契合,这也是"天人合一"理念的普适价值。当我们忘情地投入自然界的怀抱时,我们会在精神上油然而生天涯游子投身于母亲怀抱时的亲切感和抚慰感,真正体会到自然界才是我们真正的生命家园和精神家园。

"天人合一"的理想生活方式,有以下三种内涵:其一,寻求人类与自然界的和谐相处,共生共荣;其二,追求自由自在的精神超越,鄙视功名利禄;其三,追求返璞归真的生活情趣,恬淡宁静。武夷山的一人一景足以说明这种乐山乐水的生活情趣。

陈省是明代的兵部侍郎,他厌恶官场倾轧,更艳羡山林泉石的自由洒脱,毅然辞去高官厚禄,隐居武夷山达十三年之久,而且辟出武夷山上下云窝景区多处景点。陈省可以说是武夷山古代隐士的典型代表。云窝位于武夷山接笋峰下,四周群峰环顾,背山面溪,为武夷首胜之区。云窝有大小洞穴十余处。每当冬春二季的早晚,洞穴里常常会冒出一缕缕淡淡的云雾,在峰石之间轻盈飘荡,舒卷自如,变幻莫测,故名云窝。《武夷山志》记载:云窝历来是古代文人墨客、名宦隐者潜居养心之所在。到此自有"云无心而出岫""山高云气深"的幽深感。云窝景区有陈省题写的含有"云"字的摩崖石刻多达十余方,如云窝、云路、嘘云、卧云、梯云、人云共闲等,极具闲云野鹤的意味,难怪陈省在此草庐醉咏啸歌,浑然忘我。

桃源洞位于六曲溪畔,四岩环抱,其中平衍,田庐幽邃,人迹罕至,可以避世,如陶源明所描写的世外桃源,故有此名。桃源理想一直就是古代知识分子的生活理想,这里不仅风光宜人,民风淳朴,人与自然之间也和谐相处。明人江腾辉有诗赞道:"萧然一洞藏幽壑,野水寒云长寂寞。世上渔郎不问津,桃花门外空零落。"武夷山自秦代始,就有人因避秦乱而隐居山中者,魏晋以来,更是成为上至达官显贵、鸿儒硕士,下至宦游贬官、失意文人精神寄托的地方,至于丛林修炼、隐居养生的缁流羽客,更是心向往之。据《武夷山志》记载,在武夷山方圆70里内,从宋代到清代的书院46处,道观99处,寺庙108处,合为253处,隐居山中的儒、释、道名士

---

① (美)堆尔姆斯·罗尔斯顿:《哲学走向荒野》,刘耳、叶平译,吉林人民出版社2000年版。

有570多人,可见人们普遍将山清水秀的武夷山作为理想的生活佳境。而武夷山也确有陶渊明《饮酒》诗"结庐在人境,而无车马喧……采菊东篱下,悠然见南山"的山水意境。因此,许多文人墨客,高道名僧在此留下传世佳作。宋刘子翚《小桃源》诗曰:"桃花深处蜜蜂喧,山近前峰鸡犬村。若有胡麻泛流水,武夷转作武陵源。"直接将武夷山比拟为武陵源了。詹复《小桃源》诗曰:"远寻瑶草到仙家,冲破人间一片霞。道士不知兴废事,又来溪上种桃花。"更有"不知秦汉,无论魏晋"的超越与洒脱。元人雷机《小桃源》诗曰:"流水落花意若何,人间岁月两蹉跎。渔郎解觅桃源路,不解溪头觅棹歌。"这首诗有现实主义的价值取向,理想的生活方式就在老百姓返璞归真的纯朴生活中。明人陈介《小桃源》诗曰:"溪行四五里,渐入小桃源。曲涧穿松坞,危桥度石门。桑麻三月雨,鸡犬几家村。依棹探幽胜,翛然隔世喧。"这简直就是老子小国寡民的理想境界。张彬《小桃源》诗曰"径转山深一问津,几时曾住避秦人。空余洞口寒溪水,长泛桃花不记春",这与《桃花源记》的情境别无二致了。

中国哲学的情感价值取向,为文学艺术的"传情达意"提供了本体论的依据。从孔子开始,对情感与理性之间关系的处理就是"发乎情而止乎礼"。宋明理学虽然强调理本论,但是仍然主张"体用一源,显隐无间",就是说内在的"理"必须发用为外在的"情",才具有现实的意义,以"用"显"体",以"情"显"理",是中国情感哲学的本色特点,中国哲学是"诗意"的哲学。古人用情感化、形象化的诗意语言来表达理性化、抽象化的哲学内容,说明中国哲学情感意向性和整体感悟性的特质。文学艺术的意境描写最适合于表达哲学上的精神境界。当人们欣赏山的崇高伟大之时,就有"君子比德"的伦理情怀,欣赏水的灵动变化之时,就有"师法自然"的智慧启迪,沉醉于花草树木、风花雪月之中时,就有"与物同化"的审美意趣,这种诗意栖居的生态美本身就是自然界生命价值的实现。

审美的精神实质就是主体通过生命体验,消融主客对立,实现人与自然的精神契合,从而获得心理愉悦的境界。在这种境界里,人与自然处于和谐状态。

武夷山以其闲适、恬淡、幽静的诗意栖居的生态环境,吸引了大量道士、儒生、僧侣以及卜居宦游者,为我们留下大量的山水游记、诗词歌赋和摩崖石刻,这些作品表达了对人与自然和谐相处理想生活方式的追求和向往。南朝著名文人、以"梦笔生花"闻名的江淹称:"(武夷山)地在东南峤外,闽越旧境也。爰有碧水丹山,珍木灵草,皆淹平生所至爱,不觉行路之远也。山中无事,专与道书为偶。及悠然独往,或日夕忘归,放浪之际,颇着文章自娱。常愿卜居筑室,绝弃人事,苑以丹林,池以绿水,左倚郊甸,右带瀛泽……弹琴咏诗,朝露几间,忽忘老之将至云尔,淹之学尽此而已矣。"①"碧水丹山"准确概括了武夷山的山水特质,至今仍是人们描绘武夷山自然景色的最佳词汇。江淹可以说是中国历史上撩开神秘面纱,揭示武夷山自然美的第一人。其后,齐梁之际的著名学者、以《玉篇》名世的顾野王奉使来闽到武夷山,泛舟九曲溪,为其山水美景所倾倒,慨然叹曰:"千岩竞秀,万壑争流,美哉河山,真人世所希觏也。"②遂决意隐居武夷山。在武夷山隐居的20多年间,以其所学教授山人,开启武夷山人智慧,故《武夷山志》称"闽人知学,自野王始"。大诗人陆游《初游武夷山》诗曰:"未到名山梦已新,千峰拔地玉嶙峋。黄亭一夜风吹雨,似与游人洗俗尘。"表达了作者对武夷山人间仙境的向往。

宋代韩元吉《武夷精舍记》描写人与自然和谐相处的审美情趣:武夷精舍"其地或平衍,景物环会,必为之停舟,曳杖徙倚而不忍去。山故多王孙(猴子),鸟则白鹇、鹧鸪,闻人声,或磔磔集崖上,散漫飞走,而无惊惧之态。水流有声,其深处可游。竹柏丛蔚,草木四时敷华"。这完全是一派人与自然万物同生共荣的生动场景。难怪朱熹在《武夷精舍杂咏》十二首的《精舍》诗中说"琴书四十年,几作山中客。一日毛栋成,居然我泉石",表现归隐林泉、终老山中的愿望。其余如《仁智堂》"我惭仁智心,偶自爱山水。苍崖无古今,碧涧日千里",《隐求斋》"晨窗林影开,夜枕山泉响。隐去复何求,无言道心长",《止宿寮》"故人肯相寻,共寄一茅宇。山水为留行,无劳具鸡黍",《石门坞》"朝开云气拥,暮掩薜罗深。自笑晨门者,哪知孔氏心",《观善斋》"负笈何方来,今朝此同席。日用无余功,相看俱努力",《寒栖馆》"竹间彼何人,抱瓮靡余力。遥夜更不眠,焚香坐看壁",《晚对厅》"倚筇南山巅,却立有晚对。苍峭耸寒空,落日明影翠",《铁笛亭》"何人轰铁笛,喷薄两崖开。千载留余响,犹疑笙鹤来",《钓矶》"削成苍石棱,倒影寒潭碧。求日静垂竿,兹心更识谁",《茶灶》"仙翁遗茶灶,宛在水中央。饮罢方舟去,茶烟袅细香",《渔艇》"出载长烟重,归装片月轻。千

---

① 《艺文类聚》卷五十五,文渊阁《四库全书》光盘版,上海人民出版社1999年版。
② 《晋书》卷九十二。

岩猿鹤友,愁绝棹歌声"。这些诗作,都有隐居林泉、悠闲自在、花草虫鱼、怡情悦性、清贫自守、悟道山水、绍圣继绝、弘扬道统的生活追求和文化理想。因此,后代多有唱和之作,表达对朱子的山居生活和文化追求的敬慕之情。当然亦有愿步其后尘,寄望闲云野鹤、啸咏山林者。如宋人邱崇的《精舍》:"我读精舍篇,梦作山林客。从今夜不眠,寒灯唱白石。"读了朱子的精舍杂咏,连做梦都想隐居山林。袁枢的《仁智堂》:"此身本无累,动静随所寓。结庐在岩谷,自适山水艺。朝来挹云气,日夕沐风露。坐观天地心,讵忘仁智虑。"该诗认为朱子对物质生活无所奢求,但对精神生活却有很高的追求,他隐居深山,是要静观天地爱物之心,体会儒学仁静智动之奥义。项安世的《精舍》:"朝登山上亭,暮宿山下宅。山鸟与山花,相逢尽相识。"人与鸟虫花卉处久了,也能产生心灵上的共鸣。朱子《行视武夷精舍》就有"是时芳节阑,红绿纷有烂。好鸟时一鸣,王孙远相唤"的诗句。陆游《寄题朱元晦武夷精舍五首之一》:"先生结屋绿岩边,读易悬知屡绝编。不用采芝惊世俗,恐人谤道是神仙。"《寄题朱元晦武夷精舍五首之二》:"蝉蜕岩间果是无,世人妄想可怜渠。有方为子换凡骨,未读晦翁新著书。"陆游说朱子隐居山中,并非为了隐居养生,而是以孔子读易韦编三绝的精神,穷究儒家经典的义理。世人不要妄想换骨成仙,还不如去读读朱子的著作,这些书定会让人有脱胎换骨的感觉。熊禾《咏隐屏精舍》:"恭惟我遁翁。辞阙厥功浦。于焉卜精庐,溪山九曲五。图书尽在是,斯地俨邹鲁。"该诗认为朱子辞官归隐,为中国文化做出了巨大贡献。清人董天工的《隐求室》:"一室静修求,铎振千山响。久矣先生风,无惭一日长。"言朱子虽一室之陋,却教存天下,遗响后世。

明儒士吴拭《武夷杂记》曰:"冬山雪后,游径尽闭。百尺树危枝俱定,三十六青螺了了可数,一片妙明空寂境中,复现出苍萝翠竹、碧水丹山。夜霁时,明月又来照积雪上,吾谓以世间百年,易此山中一日,亦不为过,遂题其室曰'愿易'。"可见其对武夷山的一往情深而至于要秉烛夜游。该文同时对武夷山植被的破坏亦深表遗憾:"清溪九曲,其最狭处两岸古木几交,舟过不觉天小。今寻其说,无有是处。茶园朱希古年八十一,语余曰:'三十年前,两岸古木犹然,二十年间觉渐稀,十年来则如是露肤脱发矣。'噫!是谁之愆欤?可以言存,可以禁止,使山川千古钟灵而不泄,及物及人,政莫善焉!此而不为,那堪为者。"就是说乱砍滥伐现象从政治制度上完全可以做到"可以言存,可以禁止",但政治上的不作为导致了生态的破坏。他还说山居生活有"三厄二恼":"自国朝来,未辱封登,故斧斤日寻,剥肤削发,迄今未已,而无厉禁,厄一;游人勒诗题壁,水光石至凿'修身为本'四大字,黥劓青山酷至于此,厄二;黄冠憒于探讨,又复惮于指引,游人每至天游,一览而返,诸胜处多未及焉,厄三。漪公去山而无为山灵留者,恼一;林道人称三教先生,扣之无所得,恼二。虽然,不足者皆人也,山则无不可。"将乱砍滥伐视为"剥肤削发",将"勒诗题壁"视为"黥劓青山",可见其将山川草木视为人类整体生命的一部分,"天人合一",不仅是君子比德、师法自然意义上的合一,更是天地万物一体之仁意义上的合一,其思想十分深刻。"后人与山莫逆而两忘矣。忘生于久,愈久愈忘,忘至如父子、兄弟、朋友时见则忘,别则思。忘甚思,亦甚然。余与山称忘甚矣,不识作何相思,穷天极地,无有已时。"[①]久居山中,以至于将山水自然视为与自己至亲的亲人和朋友了。

总之,武夷山的古代文学有"传情达意"的生态文化价值,情趣之中深含理趣,这需要我们认真体会。这就是:对生命之源的感悟在于求真,即自然界才是人类真正的生命家园;对自然界生命情感的表达在于向善,即对自然界真挚的热爱;对自然界诗意栖居的追求在于审美,即人与自然和谐相处才是人类理想的生活方式。传情达意背后是真、善、美的价值诉求。

---

① (清)董天工《武夷山志》卷十,北京方志出版社1997年版,第71页。

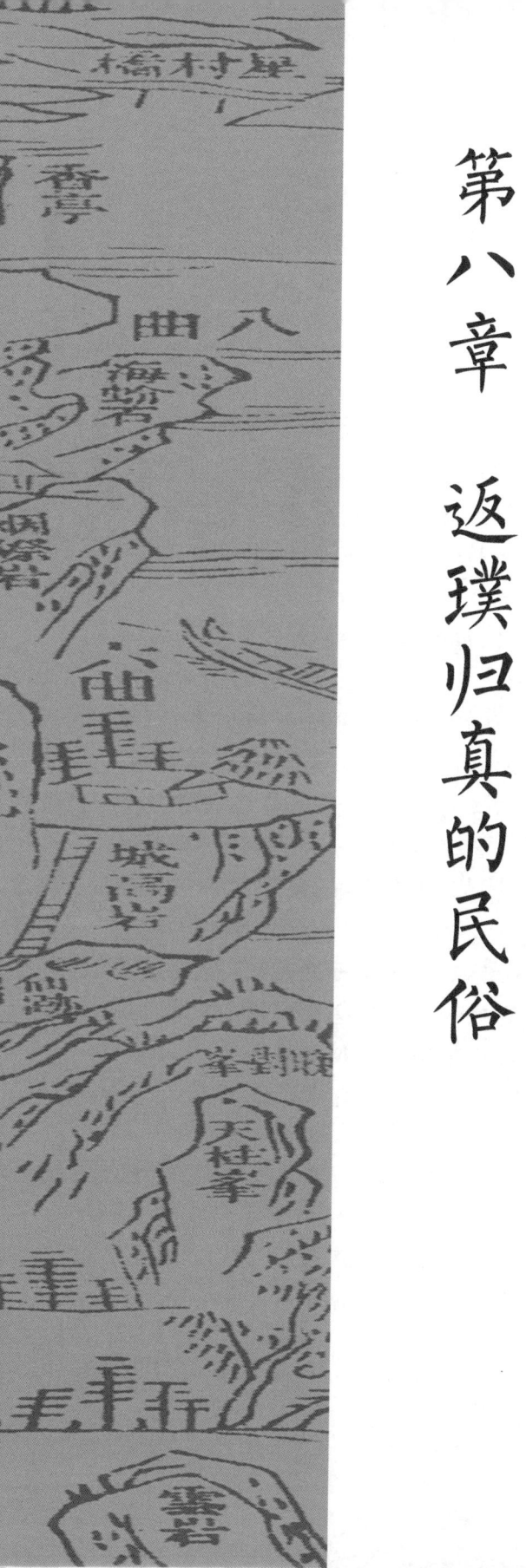

第八章 生态文化
返璞归真的民俗

"返璞归真"是民俗文化基本的生态价值。

民俗是历史的积淀,也是文化的选择,因而具有潜移默化、移风易俗的教化作用。

源于原始宗教和人文宗教的民俗禁忌,使得民俗文化具有生态保护的虔诚性和自觉性,对于我们创建生态文明,有行为规范和价值示范的作用。其他诸如衣食住行的取粗用精和物尽其用,生婚寿葬的重生传统和生命繁衍,岁时节庆的顺应天时和感恩自然,生产劳作的顺应物性和技艺传承,文化娱乐的移风易俗和道德养成,礼仪道德的睦邻友好和人际和谐,信仰祭祀的敬畏自然和敬畏生命,无不表现出顺应自然、返璞归真、尊重生命、睦邻友好的价值取向和审美情趣。

在新农村建设和民俗文化旅游日益兴起的今天,重视民俗文化生态价值的挖掘与开发,无论是对新农村的文化建设,还是推进乡村旅游的生态开发,都具有重要的理论价值和现实意义。

第八章　返璞归真的民俗生态文化

民俗活动虽不免于繁文缛礼,甚至带有宗教迷信色彩,但换个角度去看,正是这种繁文缛礼的行为持守和近乎宗教的虔诚信仰,才确保了生态伦理的贯彻执行和生态保护的内在自觉。因此,透过其具体活动内容,不难发现孕育其中的价值诉求和审美情趣有深刻的生态价值。

在大众旅游日益普及的今天,民俗文化成为乡村旅游重要的吸引物,其文化审美的主要对象便是优美的田园风光和纯朴的民风乡俗。这些民风乡俗既是历史文化的不断积淀,也是人文价值的长期选择,许多风俗习惯经过重新诠释,在当今生态文明建设中将发挥潜移默化、移风易俗的作用。尤其是民俗禁忌,或者源于远古的图腾禁忌,或者来自宗教的清规戒律,具有准宗教的虔诚性和自律性,对于重建生态文明、普及生态教育都是十分重要的文化资源。这些习俗是依然存活于日常生活之中的活的生态文化,是现实的生存方式,因此有着重要的现实意义。

闽北在历史上长期以来就是中原移民和北方文化向南转移(史称"衣冠南渡")的文化通道。所谓"礼失而求诸野",这里保留了大量中原文化的遗存,表现出传统文化热爱生活、崇尚自然的价值诉求和少私寡欲、天真纯朴的审美情趣。其朴素的生活方式和纯真的生活情趣,给我们诸多生态哲学的价值启迪。如"衣食住行"与返璞归真、"生婚寿葬"与重生传统、"岁时节庆"与顺应自然、"生产劳作"与技艺传统、"文化娱乐"与移风易俗、"礼仪道德"与睦邻友好、"信仰祭祀"与敬畏自然等。

一、衣食住行与返璞归真

衣食住行是日常生活须臾不可离者,因此,是民俗文化的物质基础。作为生活方式和生存之道,也是民俗文化的重要内容。

(一)服饰

闽北的服饰文化有崇尚自然的特点,具体来说:(1)形制宽松。闽北地区民风质朴尚俭,衣服承袭"宽袍大袖,衣不露形"的古老传统。"衣不露形"自然有封建礼教的束缚,但形制宽松则便于活动,且利于人体的通经活络,相比于今人服装崇尚紧身窄袖和袒胸露脐,无疑有利于养生。今人衣服形制贴身显形和袒胸露脐,只求其身材苗条的人体美,不求其身体健康的体质美,紧身不利于气血运行,袒胸露脐亦不利于温腹固阳。(2)取粗用精。传统服装多用手工棉布,透气吸汗,且无静电所引起的内分泌紊乱和免疫力的下降,有利于养生。故今天人们还有口头禅曰"穿衣要穿布的,吃饭要吃素的"。在普遍追求生态养生的今天,棉布已有取代化纤衣料再次成为人们新宠的趋势。且看今日重视养生、崇尚修道之人,多以粗布葛麻、宽松肥大衣服为时尚,唐装汉服也有复燃之势。(3)衣饰自然。服装饰物多取草木花卉、行云流水、飞禽走兽,表达了人们对于大自然的热爱之情,也是美好生活的希望寄托。今天的服饰多以艳丽猎奇,甚至以色情暴力为时尚追求者,如 T 恤衫上的血红的口唇和狰狞的凶禽猛兽图案,鲜有自然崇拜者。

(二)饮食

闽北饮食文化不仅有崇尚自然的审美特征,且有"饮和食德"伦理诉求。表现在:(1)营养均衡。主食与副食、荤菜与素菜、蔬菜与瓜果相互搭配,形成多元互补的饮食平衡观。符合"五谷为养,五果为助,五畜为益,五菜为充,气味合则服之,以补精益气"的饮食营养均衡观,这是中华民族饮食文化的指导纲领。当今城市生活在饮食上有严重的偏食现象。(2)就地取材。"一方水土养一方人",当地食材所蕴含的微量元素和矿物质等,往往能起到平衡人体阴阳的作用,如南果偏寒、北果偏热,自然界具有自我修复和自我调理的平衡能力,因此"顺其自然"就是最好的养生之道。在商品流通活跃的今天,许多食物是长途贩运来的外地食物,不仅不很新鲜,而且增加了生产运输成本。(3)取粗用精:如今饮食追求高精尖,忽视粗粮蔬菜的养生作用,其实粗粮蔬菜甚至野菜具有极高的营养价值。因此提倡粗茶淡饭,不仅营养平衡,而且利于生态保护。粗粮细作是闽北饮食的特点之一,能将许多粗粮蔬菜做出色香味形俱佳的食品。在注重养生的今天,许多粗粮野菜又成为人们趋之若鹜的新宠,过去喂猪喂鸡的粗粮野菜甚至成为各类酒店的特色营养菜肴。(4)茶和天下。闽北自古就是我国茶叶主产区,因此,饮茶是闽北乡村的饮食习惯,也是民间习俗的重要内容,以茶为主要饮料的习惯,不仅价廉物美,而且生态健康,是当今饮食文化尤宜提倡者。茶饮文化还有以茶会友、茶和天下的艺术审美和道德教化作用,如吴屯一带盛行"摆茶"习俗就有化解邻里纠纷、联络妇女感情、崇尚和谐的传统。(5)食补药膳。常言道"药补不如食补",因为食补具有传统中医"自然疗法"的特点和优势。根据不同时节,进补不同的肉食和药膳,用料简朴,就地取材,如本地的红菇、莲子、山药等均可入食,做成药膳,且能物尽其用,顺应自然,节约简朴,增进健康。至于饮食文化中的礼俗禁忌,闽北乡村诸多饮食礼俗禁忌都有尊重自然、厉行节约的价值诉求。如"糟蹋粮食遭雷打",民间禁忌浪费粮食。因为蛇图腾崇拜的缘故,民间也禁忌吃蛇。吃饭时怀有对自然的敬意等等,都有节约资源、敬畏自然、尊重自然的生态价值诉求。

民间饮食文化给我们最大的启发就是初级食品的食用。初级食品的使用,无论对于营养均衡,还是对于生态保护,都有重要的意义。初级食品不仅容易消化吸收,而且最大限度地保留了食材的营养成分,因为初级食品的利用率是最高的。大家知道,生态系统中能量沿食物链流动的特点是单向流动和逐级递减。单向流动指生态系统的能量流动只能从第一营养级流向第二营养级,再依次流向后面的各个营养级。一般不能逆向流动。这是由生物之间的捕食关系确定的。如草→昆虫→鸟→蛇→鹰。食物链呈现金字塔状。逐级递减是指能量在沿食物链流动的过程中是逐级减少的。能量沿食物链传递的平均效率为10%～20%,即一个营养级中的能量只有10%～20%被下一个营养级所利用。所以,应当提倡初级食品的食用,不仅有利于养生(易消化、最生态),而且有利于降低能源消耗(如深加工和长途运输)和环境污染(每个生产过程都可能造成新的污染)。

(三)住房

闽北古民居多建于明清,无论选址、定向、用材、布局、装饰,都体现天人合一和顺应自然的生态原则。(1)选址依山傍水。依山为天然屏障,傍水有舟楫之利。(2)定向坐北朝南。坐北阻风挡寒,朝南采光取暖,门阔不对尖山,面衢当树照壁。(3)用材砖木土墙。砖木土墙通透性好,冬暖夏凉,生气流通,利于养生。(4)布局厅院结合。三进天井厅堂的布局,冬暖夏凉,空气流通,种草养花,置身室内,宛若天然,气韵生动活泼。(5)装饰雕梁画栋。闽北民居建筑盛行砖雕石雕木雕,图案多为花鸟鱼虫、飞禽走兽,寓意对自然的热爱。雕梁画栋的文化内涵也极富教化价值。

(四)出行

　　古人远行有祭祖问卜、选择吉日之俗,如七不出、八不归,初一、十五不往来,宜择三、六、九……任何民俗文化都有特定的历史渊源和文化内涵,不能一概认为是迷信。七不出、八不归看似无道理,但追究形成七不出、八不归的深层原因,则"七"代表柴米油盐酱醋茶,即我们常说的开门七件事,以前出门的人往往是当家人,是一家的主心骨,必须安排好家里的生活才能出门。"八"是孝、悌、忠、信、礼、义、廉、耻,这是古人的八条做人基本道德准则,违犯了任何一条,都对不起祖宗,都无脸面对家人。所以看似无理的七不出、八不归,却有着家庭责任和伦理道德的担当精神。初一、十五不往来,盖因居士信众之类有初一、十五进香的习惯。三、六、九日出行则有"三六九往上走"的吉祥寓意。过去出行还有诸多礼俗,如礼让老弱病残,担轻避让负重,出门矮三分,入乡当随俗等。一些出门禁忌如入乡随俗,花鸟虫鱼忌食用,外出忌乌鸦,女行忌单身,投店忌凶宅,祈雨忌打伞,夜行不回头,同行不呼名,遇蛇交尾脱皮,皆当逢凶化吉。诸多禁忌,有些属于迷信,但提醒人们凡事小心谨慎,可保平安,总有益处。

　　民俗文化,若从生命哲学的角度看,其实就是生命的过程和存在的样态。衣食住行是生存的物质基础,也是生命存在的基本形式,如衣求蔽体保暖,食求果腹充饥,住求风水安生,行求外出谋生,无一不是为了生存。但生存有合道与不合道之分,如衣求粗布宽松合道,化纤紧身则不道;食求营养均衡合道,偏食求精则不道;住求顺应环境合道,高大华丽则不道;行求安步当车合道,一切代步工具则不道。

　　民间的衣食住行,看似纷繁复杂,却是日常生活须臾不可离者,养成卫生健康的日常生活习惯,对于养生非常重要。现在慢性病越来越多,仅糖尿病就有9000多万人,几乎占到总人口的1/10了,心血管疾病更是多达两亿多人,而且慢性病占到死亡率的80%以上。许多慢性病往往都是不良的生活方式所导致,有人称为"生活方式病",故日益引起人们的高度重视。这就是现实的生态文化。

　　民俗文化以风俗习惯为主要内容,风俗习惯则是观念文化在行为文化层面的思维积淀,通过纷繁复杂的民俗礼仪和禁忌,不难得出返璞归真和重养生息的生态文化内涵。

二、生婚寿葬与重生传统

孟子曰"养生送死无憾,王道之始也"①,关心老百姓的生、婚、寿、葬,是王道政治的必然要求。生、婚、寿、葬是人的一生必经的几个阶段,与之相应的民俗活动,也反映了中国文化"重生"的传统,对生命的尊重,对生命意义的思考,构成生态文化的重要内容。

(一)生育

惜生重生既是人的本性,也是中国传统文化的重要内容。怀孕称有喜,妊娠期间,娘家当送桂圆、红糖、衣服、线面、鸡蛋等物以催生;接生的时候,以黄连甘草洗儿寓意苦尽甜来,以穿旧衣寓意经得起艰苦,以蹲狗窝寓意容易生养等;坐月子期间讲究关门闭户,深藏不出,闲人免进,尤忌冲克,注意保暖,不动寒湿,注意营养,少动荤腥,三旦洗三,姜艾擦身,长命银锁,保儿平安。满月习俗则有满月庆宴、剃满月头、开荤斋戒、撞干爸、戴猴锁等诸多讲究和禁忌;周岁习俗有取名寓吉、庆周做岁、抓周辨志、割胯解绊等。成人习俗有十六成丁喜宴庆祝。生育禁忌:一是趋吉避凶,不能说生病等;二是联想禁忌,如禁说刀斧剪子等。

从妊娠、接生、坐月、满月、周岁到成人,一系列烦琐的规矩和禁忌,无非是敬重生命、珍惜生命的生存意识的体现。"不孝有三无后为大",有人认为是不娶无子,绝祖先祀,故为不孝之大者。其实生育问题不仅涉及宗庙祭祀,更主要涉及人类繁衍。

(二)婚嫁

相亲一看房,二看郎,三看田地与家当。认为丰乳肥臀的女子生育能力强。还要算生辰压八字;订婚则讲究父母之命、媒妁之言,商定聘礼,确定婚宴等;下聘礼又称送贴,礼金、酒、鱼、肉、饼、糖果、收拾衣物等,女方则准备嫁妆等;出阁则有新娘饭、离母酒、拦门、闹亲、上妆、哭嫁、出门等

---

① 《孟子·梁惠王》。

仪式;迎娶要有过火盆、传宗接代、夫妻拜堂、烧猪窝草(寓意多子)等仪式;宴客多则五六天,少则两三天,有暖房酒、宴媒酒、待客酒、回门酒、洗厨酒等;闹房有看新娘、赶猪公、搜鸭子、偷赎物、荡厨等仪式。回门有走仙桥、敲竹杠之俗等。这些都有世俗的"重生"寓意。

(三)寿庆

五十以下周岁称过生日,五十以上周岁称祝寿。乡村特重老人的寿辰庆典,不仅表现为对生命的敬畏,更是尊老爱幼传统美德的体现。所以一般在老人寿诞之日,子孙和亲朋好友会送给老人衣服食品等礼物,无非是希望老人得到很好的生养照顾,体现中国重视孝道的文化传统。

(四)殡葬

殡葬主要仪式如下:送终,即弥留之际,移至厅堂,置身灵床,交代后事,举行仪式;报丧,即长子报丧,披麻戴孝,亲友吊丧,孝子跪迎门口,孝女奔丧哭路;守灵,即设立灵堂,通宵达旦,哭丧不已,直至入殓,或作道场,超度亡灵;殡殓,即小殓换衣,大殓入棺,死者吞金含饭,生者分丝孝带,服白戴孝,三跪九叩;吊唁,即三跪九叩,跪伏送迎,点灯树,诵经文;出殡,在家祭灵,沿途设祭,执绋扶柩,鼓乐相送,丧服等级,至为严苛。其中又有接风水、吃回龙、风水饭、喜丧偷碗、举行奠礼等;守孝,即作七叫灵,做周祭奠烧纸殉葬,尚有六十除孝,百日除桌,三年拦社等习俗。一生一死,为之终极关怀。国人重视生命,由此可见!

"生婚寿葬"是个体生命的轮回,也是群体生命的延续,反映了中国传统文化"重生"的价值理念:生育求平安长生,是人类两种生产,即生活资料和人类繁衍中的一种;婚嫁是传宗接代的需求,亦即生命延续的需求,谋取种的繁衍就得婚嫁;寿庆是对生命价值的肯定,长寿谓之吉祥,是农业生产经验和技艺传承的需要;死葬既是生命的终结,也是新生的开始,所谓"出生入死",生死轮回就是生命延续的基本形式,所以民俗文化有"慎终追远"的人文情怀。"慎终"是认真对待死亡,"追远"是追念祖先功绩,亦有文化教育意义。"视死如归"和"入土为安"的传统观念,是人类对真正的生命家园即大自然的眷恋和回归,难怪《周礼》有"众生必死,死必归土"之说,《韩诗外传》说"人死曰鬼,鬼者归也,精气归于天,肉归于地"。《礼运》曰"魂气归于天,形魄归于地"。可见古人普遍认为人死入土不过是回归自己的生命家园而已,这是人们对于土地和自然的深厚情感,只有在人口爆炸的今天,土葬才被视为陋习。

三、岁时节庆与顺应自然

岁时节日是适应生产和生活的需要而形成的民俗文化,是民俗文化的重要组成部分,也是最能反映顺应自然价值取向的民俗文化,下面我们从岁时节日的起源、演变及其特征可见其一斑。

节日的起源主要有以下六个方面:

(一)历法节气

中国以农为本,以农立国。农业生产有很强的季节性特点,春播、夏耘、秋收、冬藏,周而复始,年复一年。从远古时代起,中国先民就已掌握反映农业生产特点的历法知识。《尚书·尧典》已有春分、夏至、秋分、冬至四节气的划分,战国时代发展为二十四节气。历法反映农业生产规律,对指导农业生产起积极作用,也为岁时节日的产生准备了条件。有些节日,如立春、夏至、立秋、冬至,由节气直接发展而来。岁时节日与历日节气关系十分密切,但历日节气本身并非节日,除上述少数者外,只是为节日产生提供了前提,节日的形成还必须有一定的风俗为其内容。

(二)原始崇拜

中国原始先民常常把某些动物奉为神明加以崇拜,最典型的要算龙图腾崇拜。龙图腾崇拜对中华民族的影响极为深远。古代吴越人每年在端午节这天都要举行祭祀龙图腾的"龙舟竞渡"活动,这种龙图腾崇拜是端午节风俗形成的渊源之一。"农者,天下之大本"是中国人的传统观念。人类赖以生存和发展的农作物根植于土壤之中,因此,土地神崇拜在原始崇拜中占有重要地位。古代称祭祀土地神为"社祀",殷墟甲骨文中有许多祭祀"亳土"的卜辞。二月二日是土地神生日,又称社日或社王节,主要民俗活动是祭祀土地神,祈求农业丰收。

(三) 迷信禁忌

在生产不发达的上古时代,当人们无法解释大自然的奥秘,不能掌握自己命运的时候,便产生许多迷信和禁忌观念。春节是中国最大的传统节日,放爆竹习俗原意是避山魈恶鬼,后来增加祭祖、供神、团圆、娱乐等内容。据说桃木能避邪驱鬼,所以,旧时除夕这天,家家户户削桃木,制成神荼、郁垒二神画像置于大门之上,以防鬼魅进门。春节还有许多禁忌,如禁水土出门,不能扫地泼水,以免财气流出。忌说"死",称这类话语为"乌鸦嘴"。这类禁忌迷信是一种消极防范手段,反映了人们趋吉避祸的愿望。

(四) 宗教祭祀

中国民俗节日深受宗教影响,许多节日都来源于宗教。以佛教为例,有二月十五薪尽日(佛离世日),二月十九观音菩萨诞辰日,四月八浴佛节(佛祖释迦牟尼诞辰日),五月十八母连僧母诞辰,七月十五盂兰盆节,七月三十地藏节(地藏菩萨诞辰日),八月八转法轮日(释迦牟尼说法日),十二月八腊八节(佛祖成道日)。属于道教的节日有:一月九天诞节(玉皇大帝诞辰),一月十五上元节,一月十九燕九节,二月一天正节,二月十五真元节(太上老君生日),三月三蟠桃节(王母娘娘寿诞),四月十四八仙吕洞宾诞辰,四月十八碧霞元君诞辰,七月十五中元节,九月九重阳节(斗姆星君诞辰日),十月十五下元节。上述宗教节日流传到民间,逐渐形成了庙会等一系列节俗活动。还有一些节日与民间祭祀有关,影响较大的有清明节、中元节和寒衣节。这三个节日原是以祭祖事鬼为主要节俗活动,所以又叫三"鬼节"。清明扫墓包含有怀念祖先、勉励后人之意。中元节又称盂兰盆节,有放河灯拯孤照冥的习俗。寒衣节时人们在祖先墓前焚化纸衣。

(五) 多神信仰

中国是个多神信仰的国家,有些神话传说和历史人物被奉为神明加以崇拜和祭祀,由此而产生了一系列大大小小的民俗节日。与农业生产密切相关者,如一月二十五仓生日,祀仓神,可保粮丰囤满;二月一太阳生日,祀太阳神;二月二龙抬头日,又为土地神诞辰;二月十二花王生日,祭花神,有花神庙会;三月三北极星君诞辰;三月六,麦王生日,是日天晴麦可丰收;三月十五龙王节,祀龙王,有龙王庙会;四月十二毒蛇生日,祀蛇王,雨则麦坏;四月二十八药王诞辰,祀神农,有药王庙会;七月七七夕节,又称乞巧节、鹊桥会,拜祭牛郎织女,是日雨称洒泪雨;十月一牛王神生日,祀牛王;十二月二十三祭灶节,别称灶君升天日,祭社神。

岁时节日的内容反映了中国农耕文化的不断发展和变化,其发展演变大致经历了五个时期:

先秦发生期——节日习俗大都建立在原始崇拜基础上,信仰色彩浓厚,节日禁忌较多。

汉代定型期——中国主要节日如除夕、元旦、元宵、上巳、寒食、端午、七夕、重阳等都已基本定型。历史人物纪念取代原始崇拜和信仰,增强了节俗的人情味和真实感,同时由于民族融合与儒家文化的独尊地位,一些风俗和礼俗融为一体,被人们约定俗成地接受并沿袭下来。

魏晋南北朝融合期——民族大迁徙、大融合,推动了民族文化的大交流,促进了节日文化的融合与发展。北方游牧民族的节俗文化、宗教信仰与节日相结合推动了节日的传播和发展。

唐宋高峰期——唐宋社会经济、文化的繁荣,促进了节日文化的发展,其主要特点是:民俗节日从禁忌迷信的神秘气氛中解脱出来,向礼仪性、娱乐性的方向发展,演变成为真正的良辰佳节。春节放爆竹原是一种驱鬼手段,此时变成欢乐的象征;元宵节祭神灯火变成游艺观灯活动;中秋节祭月变成了赏月;重阳节由登高避灾演变为秋游赏菊。在节日风俗的演变中,还增添了许多文化娱乐活动,如放风筝、拔河等等。节日内容日益丰富多彩,把节日民俗活动推向了高峰。

明清稳定期——明清时期,节日风俗出现了三种变化:一是更加讲究礼仪性和应酬性,如逢年过节的互相拜访送礼。二是资本主义萌芽出现以后,一些以小农经济为基础的节日风俗逐渐被人们所冷淡,如祭土地神习俗已不像先前那样受到重视。三是游乐性继续发展,如元宵节观灯时间更长,内容更丰富。明代由宋代的五天增加到十天,昼市夜灯,热闹异常。满清入关以后,又增加了舞狮、舞龙、旱船、高跷、秧歌、腰鼓等"百戏"活动。但总体说来,这一时期的节日风俗没有太大的变化。

中国岁时节日的历史演变形成若干特点:

农业文化特色——中国岁时节日,随着一年四季的变化和农作物安排的需要,逐渐形成一系列丰富多彩的节俗活动,表现了鲜明的农业文化特色,这从以下节俗活动中可见一斑:元旦前后的立春节,看风云,占天候,预测年岁丰欠。二月惊蛰节令到来时,民间有预防虫害,预占收成的习俗。三月清明、谷雨前后是春耕播种的大好季节,不少节日如蚕月(小清明)、踏青节、禹生日、麦王生日、龙王节、清明等节日活动都与祈求丰收有关。四月立夏的节俗活动大都是围绕各地生产特点进行的。五月盛夏之初,各种灾害较多,俗称为"恶月",其节俗活动多与防病、除害有关。夏至许多地方有"祭田婆"、摘新谷荐祖习俗。六月正值三伏酷热季节,易染疾病,因此,许多习俗偏重于消夏抗暑活动,包含有爱护生产力的意义。六月六日天贶节,不少地方农民为保护耕田要祭祀谷神。七月七日乞巧节,从牛郎织女神话传说演变而来的妇女乞巧习俗,反映了男耕女织的经济生活。八月是一年中的收获季节,农民用新谷酬谢祖宗和家神。中秋节赏月、拜月、赏桂,有喜庆丰收的习俗。九月霜降节令,关系到来年生产的好坏,这一天各地有看晴雨、占收成的习俗。十月一,一些地区农民庆祝牛王生日,广东有对牛不穿绳的"放闲"习俗,这是农闲之际向牛酬谢的表现,实际上是古代牛图腾崇拜风俗的遗留。十一月"冬至大如年",农民有看雪的习俗,所谓"一九雪,九九皆有雪"。大雪可冻杀害虫,来年农事丰稔。谚语"冬雪是麦被",其含义即在于此。

讲究礼仪,风俗与礼俗相结合——每当重要节日来临,人们都要祭拜祖先,以表达对祖先的怀念。如春节供奉祖宗牌位,寒食、清明扫墓,对待死者"事死如生"之礼在节日祭祖中得到集中体现。清明祭扫本来是民间风俗,唐玄宗时列入礼典,变成礼俗。元宵节张灯风俗自汉代形成之后,历代都以张灯、观灯为一大盛事。封建统治者对节日风俗的倡导,把风俗上升为礼俗,以礼仪教化人民,加速了节日的传播和发展,也把节日纳入封建礼教的轨道。

传承性与变异性相统一——中国节日具有民俗文化传承性与变异性的一般特点。节日一旦形成,便有相对独立性和稳定性而世世代代传承下去。有时社会条件虽然发生了变化,但仍然保留有古老习俗的影子,这是节日传承性的重要表现。中国节日文化根植于数千年的农业文化之中,民间流传下来的许多节日都有两千年以上的历史,其中很多习俗是从远古时代传承下来的,至今还为人们所接受,表现了顽强的生命力。当然,这并不意味着节日风俗是一成不变的,相反,随着社会经济、文化条件的变化,节日风俗也会不断有所变化,有的遭淘汰,有的被更新,总的趋势是积极因素占优势地位,落后的陈规陋习不断被淘汰。如汉代以前上已节的祓禊习俗,魏晋以后变成了郊游活动。简言之,中国节日文化传承中有变异,变异中有发展,传承与变异相统一是中国节日的显著特点。

民族性与地区性——中国是以汉族为主体的多民族国家,汉族的传统节日如春节、清明、端午、中秋等,在其他民族的地区也普遍流行。与此同时,汉族节日中也融入其他民族的风俗,如春节在院内立灯笼杆,就是受了满族祭神杆的影响。节日中的许多游艺活动,如秋千、高跷、骑射、杂技等,原来都是少数民族的习俗。此外,由于各少数民族历史和文化有差异,所以节日文化表现出鲜明的民族性和地区性特点。除汉族节日外,其他少数民族都有自己的传统节日,如蒙古族的"那达慕大会",朝鲜族的"老人节",傣族的"泼水节",锡伯族的"西迁节",彝族、白族、纳西族、布朗族的"火把节",土家族的"七月会",高山族的"丰收节"等等。这些节日都有特殊意义和习俗,与汉族节日共同构成中华民族大家庭的传统节日。中国节日的这种跨民族、跨地区的特征,是历史上民族节日风俗互相交流、融合的结果,也是各地区经济、文化交流的结果。在这种广泛交流、融合过程中,中国传统文化具有广泛的包容性,使中华民族产生强大的内聚力,这也是侨居海外的炎黄子孙"每逢佳节倍思亲"的重要原因。

所以,岁时节庆因其具有特定历史文化内涵和农事节令安排的意义而有非常丰富的生态文化内涵。

首先,这是农耕文明时期文化传承和文化教育的基本形式。如春节的拜大年、耍社火和看大戏等,元宵的耍狮子、舞龙灯和猜灯谜等,端午的吃粽子、赛龙舟和戴香包等,中秋的吃月饼、拜月亮和赏花灯等,重阳节的登高赏菊、祈福敬老等。通过这些富有地方特色的庆祝活动,把中华民族传统的价值观念、思维方式和审美情趣,一代一代传承下来。人是文化的动物,文化是人类特有的生活方式和生存环境。中国古代关于岁时节庆的诗词歌赋可以与田园山水诗媲美,极大丰富了我国古代的生态文学题材。

其次,这些节日也表达了人们对自然的敬畏和感恩之情。如立春的迎春接福,惊蛰的祭拜灶神,清明的外出踏青,冬至的敬拜社神等,这些仪式和庆祝活动,要么是对自然界生生之德的敬仰感恩,要么是人们热爱大自然的情感表达,总之是反映了天人合一的价值取向和回归自然的审美愉悦。绝大部分都有感恩自然的思想和情感寄托。如春节有感恩天地之化育者(生长)，中秋节报答四时之恩赐者(丰收)，端午节又怀念先贤之盛德者(爱国)，清明节有追念先祖之恩德者(繁衍)，重阳节孝敬亲人之大德者(养育)等。

最后，这些岁时节庆都有特定的养生文化内涵。如端午节的门上插艾叶，挂菖蒲，戴香包等，都有避毒养生的功效。农历五月，时令初夏，天气日渐闷热，是蛇、蜈蚣、蝎子、壁虎和癞蛤蟆等"五毒"活跃时期，因此人们认为农历五月为毒月，初五犹甚。而艾叶、菖蒲和香包(各种芳香药材填充其间)都有特殊的避毒驱邪的药用价值。清代乾隆《光泽县志》就记载"取菖蒲根及雄黄石磨酒，喷室中，并燃艾挥熏，相传能辟蛇蝎"。在光泽，与艾蒲同悬门户的还有葛藤，谓可压凶禁蛇。"切菖蒲根泡酒，朱砂雄黄末调服，谓可延年，用以涂足喷床，辟蛇解毒。"闽北这天还有上山采药和兰汤沐浴的习俗，认为这天采的药材功效最好。立夏日吃"立夏粿"，用野艾、生姜、红糖、米浆等做成，有去湿解热、强身健体作用。立冬进补有鸡、鸭、猪肉等荤补和人参、桂圆、荔枝、冰糖等斋补。

总之，岁时节庆表达了对农业生产的重视，也具有顺应天时地利、敬畏感恩自然的生态文化价值。

四、生产劳作与技艺传承

生产劳作是人类的生存方式，其中也有丰富的生态文化内涵。

(一)农耕

春种期间有"鞭春"习俗，即用纸糊成春牛形状，尺寸寓意一年四季八节十二月二十四节气等，有谨遵时序顺应自然之意。至于内置五谷，鞭破春牛，则寓意五谷四溢。而"起春""起田"和"安苗保苗"等祭春习俗，则有祈求自然，获得丰收之意。秋收季节有"抢秋""许秋""开镰""尝新"等祭祀祖宗、天神、谷神，以及一年中祈雨、祈晴、祭祀农神等习俗，都表达了对自然的敬畏之情。农历四月初八还有"牛节"惜牛习俗，把牛牵到河边洗浴，然后艾酒涂身，并饮之以红酒，食之以鸡蛋等，以示感谢。此外，惊蛰、立冬、冬至也有以米酒和糍粑犒劳耕牛的习惯。

(二) 林事

闽北自古有植树造林的传统。民间每逢喜庆之日,饮宴之余,多有植树纪念之俗,故有"添丁林""陪嫁林""养老林"等。官府也有提倡民众义务植树和封山育林的传统。凡溪河两岸、村庄水口、寺庙坟墓等一切能够利用的地方都用来植树,对盗伐和滥伐者进行严格的处罚。如蒲城后濠村有一方明崇祯年间的封禁碑就记载:"禁止登山砍材,如有犯者,罚银一两,存作公用,为此刻石禁约。"因此,许多古树名木得以保存至今。

闽北多数村庄都留有一片风水林。乡民以为风水林有神灵依附,极为灵验。人们敬畏风水林,保护风水林,使得风水林成为名副其实的风景林。许多村落也都有不能砍伐风水林的乡约民规,即便是枯枝落叶也不能当柴火捡拾。如元代建瓯乡绅杨达卿就以以工代赈的方式种植了一大片林木,到了明代,他的裔孙杨荣将其作为风水林加以封禁保护,其封禁内容被载入宗谱和方志,得到地方官府的承认和宗族家法的保护,历代相传,成为今天著名的"万木林",成为著名的旅游景点。

民间对于上山伐木、放排运输木材也都要祭祀山神,并有诸多禁忌,表现出对自然的敬畏和生态的保护。

(三) 手工

自魏晋南北朝以来,中原内乱,南迁闽北,特别是明清时期社会稳定,促进了手工业生产的发展,建筑、陶瓷、造纸、织染、制茶、编织、砖瓦、造船、酿酒、酱豉、制鞋、缝纫、竹木、家具、石灰、木炭、理发、刀剪、五金等行业都有一定的生产规模,其中也有许多生存之道。

拜师学艺不仅是劳动技艺的传承,也是文化精神的传承。如"投师如投胎"一语即表达了对师傅的尊敬和感激,整个拜师学艺的过程体现了尊师敬人、谨守行规、谦逊刻苦、清白做人的生存之道。所有的行业禁忌也都有趋吉避凶、敬畏自然、一丝不苟、精益求精的人文价值诉求。

(四) 商贩

店铺开张一般都要举行开张大吉的仪式。在商业经营中遵循货真价实、童叟无欺的商业道德以及让利经营、热情待客的敬业精神。赶墟和庙会，便于货物交流，方便生活。一些专业性强的集会如鱼市、柴市、牛市、猪市、竹木市不仅谨守农业时序，便利生产，而且上市交易，有其特殊规则。

如武夷山每年农历二月初六的柴头会就是人们推销产品、购置生产资料和生活用品的专业市场。集会上有竹木藤器、铁器、农具、种苗、耕牛、药材和日常生产和生活用品。商品列满各大街道，赶会人群摩肩接踵。因此，柴头会是为农民提供春耕生产农资交流的盛会。在流动商贩中，尤其值得一提的是走街串巷收破烂的，不仅美化了生活环境，而且做到废品回收、物尽其用、生态环保。试想如今垃圾分类回收，废物利用久倡不行，更有垃圾随地倒、大小便随处排者，而村民的这种环保意识和厉行节约精神更值得我们继承和发扬。

商业禁忌则有生意勤快忌懒惰，明码标价忌含糊；赊账认人忌滥出，用度节俭忌奢华；货物检验忌滥入，记账好次忌马虎；期限约定忌失信，买卖适时忌失机；待人谦和忌暴躁，账目稽查忌含糊等，都具有行业行为规范和人际伦理道德的双重意义。

总之，生产劳作习俗反映的生存智慧：一是高度的敬业精神；二是严密的行业规范；三是虔诚的自然敬畏；四是生产技艺的传承；五是和谐的人际关系。

五、文化娱乐与移风易俗

乡村的文化娱乐具有特殊的文化传承和移风易俗的作用。

1.民间文学

民间故事不仅历史悠久，而且源远流长，其中关于天地开辟和物种繁衍的神话传说如《盘古开天》以及风景名胜和风土人情的传说故事如《宝山》，都极富天人合一的生态文化价值。

民间歌谣则是生活实践与生产实践的经验总结，其中的《耕牛歌》《栽禾歌》《茶歌》不仅有爱护自然的内容，也有生产经验的总结。其他如对唱的哨歌，龙舟赛的舟歌，松溪的马窝山歌、念花歌、畲族山歌等，除了质朴爱情的表达，也有历史、经济和文化等内容，表达了人们对美好生活的向往。

民间谚语的主要内容有时政、事理、修养、处世、社教、生活、自然、宗教和农谚等,既是人们生产生活经验的总结,当然也是生存之道的积淀。

2.戏曲艺术

闽北在历史上是移民地区,是文脉南移、文化融合的大摇篮,曾经一度成为整个国家的文化中心,因此积淀了很多地方剧种,如京剧、闽剧、越剧、赣剧、南词戏、南剑戏、四平戏、三角戏、游春戏。这些戏曲虽然是从外地传入的,但经过与当地民间艺术相结合,形成具有闽北地方色彩和乡土气息的剧种而被闽北群众所喜闻乐见。其中,南词戏被列为全国稀有剧种,四平戏被戏曲界认为是"戏曲活化石",与南词说唱和三角戏一同被列入省级非物质文化遗产名录,这不仅是文化的传承,而且是文化生态的保护。

其他如游春戏、茶灯戏、木偶戏、马灯戏、花鼓戏、茶灯舞、马灯舞、花钵灯、钱棍舞、十番鼓乐、南词北调、唱曲仔、吹打等,形式多样、生动活泼,也都能做到应时应景,极大丰富了村民的文化生活。

3.民间技艺

闽北民间技艺也丰富多彩。有建瓯纪念郑成功抗清活动的"挑幡"表演,已列入国家级非物质文化遗产名录,有建瓯展示竹制品工艺的"伞技"表演,有浦城寓意吉祥飞禽走兽、花鸟虫鱼、瓜果蔬菜等"剪纸",有群众游艺竞技的类似北方社火的"台阁",有民间杂技的"肩头坪"等,将生产技艺和文化娱乐融为一体。其中"挑幡"中的蛇图文的幡旗,本身是蛇图腾崇拜的文化遗存,有图腾禁忌的生态文化内涵。"剪纸"中的飞禽走兽、花鸟虫鱼、瓜果蔬菜等图案,不仅仅表现对生活的热爱,还含有敬畏和热爱自然等文化内涵。

4.传统娱乐

传统娱乐包括各种形式的闹花灯(竖高照、舞龙灯、稻草龙、香线龙、竹龙灯会、舞鱼灯)、龙鲤戏、烛桥灯(游蛇灯)、拔烛桥、蝴蝶灯、棋子灯、舞狮子、跳社火、峡阳战胜鼓、王台太平鼓、南山民间神鼓、徐洋担担鼓、水吉拖石板、东平跑龙赛、永兴斗牛赛、建西拔藤赛、上刀山下火海、畲族武术、岩顶头拳械等。

文化娱乐是民族历史的记忆,不仅有生产技艺的展示,精神愉悦的获得,也有天人之际的价值诉求。

六、礼仪道德与睦邻友好

闽北地区是朱子理学发祥地,也是中原文化的首播之地,故有"道南理窟"之誉,民风淳朴。南宋人祝穆在《方域胜览》中说:"家有诗书,户有法律,尚气而有节。"长期以来,人们崇尚节俭、礼让、尊老、爱幼等传统美德,在兴学重教、社交礼仪、公益善举等方面,都形成许多优良的风俗习惯。

(一)兴学重教

教育有私塾和社学之别。私塾就是家庭、宗族或塾师自己设立的教学处所。至清末,闽北农村每乡每村都有一所私塾。民国初年废除科举制度,私塾学堂仍然存在。私塾一般有四种形式——家塾、学塾、族塾和义塾。其中有"发蒙""立春发笔""入学""严教学""尊师"等仪式和礼节。社学则是元明清三代设在乡镇,专供农家子弟读书学习的学校。其中有尊师重教、兴学奖学、敬惜字纸等礼俗风尚。知书达理是人文生态环境的重要内容。

(二)公益善举

修桥铺路。闽北历来以修路、建桥、造凉亭等为善事,积阴功,故乐于慷慨解囊。各地村落沿路的凉亭多由群众集资或个人独建,如遇路坏、桥塌,民众多主动出钱出力予以修建。捐资修路建桥,蔚然成风。其中又有"组安""开路""修桥""造亭"等相关仪式礼俗,使得这类善举得以相沿成习。

救灾济贫。闽北自古有积谷救灾,扶贫济困的传统,宋元明清历代县内普遍设立义仓、预备仓,积谷防饥。此外还有举子仓、乞丐田之类。

乡规民约。闽北各乡村都有成文或不成文的乡规民约,诸如护林防火、盗窃赔偿、拾遗归主、淫乱治理、灾荒互助等等,自成律规,世代相袭,各自遵守,其中不乏生态保护内容,如各地树立禁渔碑。松溪城郊虎头山碑林里,完整地保存着一块我国现存最早、最完整的南宋交通法规碑。碑文主要内容是"贱避贵,少避长……轻避重,去避来",字里行间凸显出中华民族礼仪之邦文明礼让的道德风尚。松溪县南宋交通法规碑的发现,填补了我国古代交通法规的实物史料的空白。

施舍善举。闽北旧时有施茶习俗,城镇街市药店和各大商店老板,也都有"施茶"之举,即在门前置一火炉,煎熬茶草供人饮用解渴。如松溪人在路人必经的廊桥上施茶,动辄大锅煮茶,一次可供几十人饮用,因称此桥为"烧茶桥"。寺庙道观也有施茶善举。此外还有"施药""施棺""收葬""抬龙杠"等施舍善举。

(三)交际礼仪

见面寒暄、行路问事、宴庆待客、引来送往,都有诸多礼仪和禁忌,目的在于人际和谐。

宗族家庭也有诸多族规乡约,如禁止不孝父母、奸盗邪淫、乱砍滥伐,提倡睦邻友好、拾遗不昧、互助互爱等。

中华民族乃礼仪之邦,有悠久的道德传统和自觉的行为规范,这些道德礼仪民俗习尚,不仅将中华民族的优良传统传承下来了,而且极大净化了乡村的人文生态环境,有利于和谐社会的建设。

七、信仰祭祀与敬畏自然

闽北有"好巫尚鬼""信巫好祀"的文化传统,作为中原入闽的通道,既有中原南传的神祇崇拜,也有闽地先民生产、生活衍生的信仰遗存。闽北民间信仰呈现多元化的特点,各类祭祀、庙会俗信活动,纷繁复杂。

(一)神祇崇拜

神祇崇拜影响较大者有武夷君、扣冰古佛、齐天大圣、太保侯王、妈祖、奶娘(催生护幼)、马氏真仙、萧公真君、暨公老佛、三佛祖师、杨干初、张巡、杨真公、水神、井神、石敢当等。其中蛇神、蛙神、树神崇拜等是闽北古老的图腾崇拜的遗存,"图腾禁忌"极富生态保护意识。

福建简称"闽",因为福建先民曾经以蛇为图腾崇拜物,"闽"是一个形声兼会意字,本义是将毒蛇作为自己的祖先在家里供奉起来。他们奉蛇为神,不打蛇,忌食蛇肉,遇到蛇时还主动为其让路。过去闽北许多地方都有蛇神庙,奉祀"蛇神菩萨"。较能体现闽越遗风的蛇神祭祀活动,则是延平漳湖镇的蛇文化节。

闽北还曾广泛流传蛙神崇拜。清代施鸿保所著《闽杂记》记载"延平府即今南平市城东有蛙神庙"。清咸丰《邵武县志》也记载"青社庙(即蛙神庙)在南郊魏家墩之下的南寮,神为昭应灵佑通济候"。过去信奉蛙神的人家,都藏着一张蛙神画像,每年正月初一祭祖时,要将蛙神画像悬挂于祖先牌位之上,隆重祭拜。正月初一清晨点燃香烛祭拜之后再将画像取下收藏。蛙神崇拜也是上古图腾崇拜的孑遗,现在民间仍然有蛙神信仰。如每年农历七月二十一日,延平漳湖镇溪口村都要举行游蛙神活动。据说迎神活动前数日,有一种大青蛙会聚集到蛙神庙附近,这种青蛙背绿腹白脑后有七个绿豆大的黑色圆疤点,群众称之为"青甲"。庙管人员把它捉来放在铁丝笼内喂养备用。待迎神这天,将青蛙放在神像的肩上,游蛙神队伍出发前,由道士作启动法术,然后鸣锣开道,周游全村,各家各户信徒们在门前备香案迎接蛙神,燃放鞭炮,香火拜神。在整个迎神游街过程中,神铳、鞭炮轰鸣,锣鼓喧天,这些青蛙伏在神像上,绝不逃走,如神灵一样接受村民们的顶礼膜拜。迎神结束后,神像归座,青蛙放生,伏在神像上的青蛙待众人散去后自然离去。此俗一直沿袭至今。

延平漳湖镇还有神鸟崇拜。传说古时候有一猴子死去,和尚安葬它,同行者有乌鸦和喜鹊二鸟,此后它们都成了神。现在镇上还有三座孙悟空庙——钟灵庵、聚灵庵、威灵庵。其中威灵庵左右两侧配祀二尊猴神黑白二将军,实为乌鸦喜鹊神。每年元宵,三座庵庙香火旺盛,香客如织。

闽北还有树神崇拜,许多地方,称路口或村口的大樟树为"将军爷"。每年农历九月初九是"将军爷"的生日,民间这一天要向"将军爷"还愿,在大樟树下,点燃香烛,摆上供品,祭祀樟树神,还要在樟树干上插上一把由黄色或红色彩纸扎制成的、配有小弓箭的将军旗,祈求将军爷保佑全家人平安。也有人家让孩子拜樟树为干爹,祈求樟树保佑孩子健康成长。樟树神信仰也是上古树图腾崇拜的孑遗。

古树名木,指树龄在百年以上,或者品种稀有珍贵,或者具有历史文化价值和重要纪念意义的树木。武夷山地灵人杰,古树名木众多。古树名木除了具有百年以上的岁月历史外,它们还因为所处的地理环境不同、村落习俗不同,形成具有独特历史文化价值的"活化石"。因此,古树名木也可以说是文物,是地方历史文化的重要组成部分。古树名木多,从另一个角度揭明了武夷山世界文化与自然双遗产的"天人合一"价值。古树以历史悠久见长,既是生态环境保护良好的见证,又反过来成为维护生态平衡的手段。如上梅乡有一棵酸枣树,胸径5.8米,树高25.2米,南北冠幅19米。还有一棵银杏树,胸径7.3米,树高26.2米,南北冠幅21.3米。这是福建省迄今为止发现的同树种内最大的古树。名木以其历史文化著称,既是文化生态环境保护良好的见证,也承载着历代文化名人的精神价值。有些名木虽然还不足百年树龄,但因其与名人名事结缘,所以也成为珍贵稀有的树木。诸如纪念树、友谊树、教化树之类的名木,或以其为重大历史事件的见证,或以其对后人有激励教化作用而具独特精神价值和文化意义。沧海桑田,岁月变迁,许多古树名木毁于自然灾害和人为灾难中,遗世独立者,还要经受岁月风雨的侵蚀。保护好古树名木,就是保护好生态环境,也是保护乡土家园和精神家园。古树名木是自然演化和人类历史的见证。古树是活的文化遗物,融自然景观与人文景观于一体,以顽强的生命传递着古老的文化信息,对于世界遗产地和国际著名旅游城市的发展而言,其更具有可持续发展的战略价值。根据《福建省林业厅关于开展2009年度古树名木挂牌保护试点工作的通知》文件精神,武夷山市林业局和林业主管部门,历时一年,对武夷山境内的古树名木进行了艰苦的挂牌保护调查,足迹遍及武夷山市7个乡镇、3个街办、115个村组。通过调查,较为全面地掌握了武夷山市古树名木的资源、数量、种类、分布、生长情况和保护现状。调查结果显示:武夷山市现有古树名木22科、33属、39种,总株数3545株。其中:散生古树名木694株,一级古树67株,二级古树128株,三级古树410株,名木89株,古树群138群2851株,古树群中一级古树44株,二级古树464株,三级古树2361株。与前期建档资料相比较,散生古树增加了550株,古树群增加了97群。

2016年,武夷山结合创建国家级生态示范市,对古树名木挂牌保护进行了全面的调查。调查范围涉及10个乡镇、街道及4个农茶场,共调查单株古树名木620棵,古树群135群,合计古树名木3387棵,摸清古树名木家底。根据创建国家生态市的要求,武夷山对所有古树名木进行挂牌保护,落实保护经费,对破坏古树名木的行为,将依法严厉打击。同时,武夷山还结合古树名木调查,完成森林病虫害目标管理各项指标,根据时节及时开展虫情调查,准确发布虫情动态,以更好地保护古树名木。

上列蛇神、蛙神、鸟神和树神信仰,说明闽北有大量动植物图腾崇拜,图腾神是一个民族的祖先神,图腾崇拜的核心内容是图腾禁忌,这正是其生态价值所在。

(二)祭祀

古代官府和民间都十分重视祭祀活动。庙有庙产,祀有祀田,以专供祭祀费用。祭器、祭品、祭礼也都十分讲究。其中祭天公、祭土地、祭农神等表明对于自然的敬畏之情,祭孔子、祭行业神、祭祖等则表明对人文精神的礼敬之心。

闽北地区常以正月初一祭天、初五祭地的习俗。有家庭祭祖时祭天地者,祖先牌位上立"天地君亲师之位",也有城隍庙专门祭祀天地者。农历二月初二祭祀土地神,虽然土地公公在诸神中的地位不高,但由于与百姓生活密切相关,所以颇受人们敬畏。因此在农村土地庙随处可见,数量之多位列诸神之冠,几乎每家每户都供奉土地公。每年春秋两季,祀先神农。届时知县担任主祭官,率全县僚属祭祀神农,之后还要举行藉田仪式,反映了地方官吏重视农业生产。现在许多土地庙中都有神农像,民间俗称"五谷神"。

喊山与开山原是元代武夷山御茶园内举行的祭茶仪式,后来相沿成习,传承至今。在武夷茶乡,每年惊蛰日,雷声乍现,茶芽萌发。地方官员和茶农都会到当地最大的茶树前举行祭祀茶神仪式,祈求茶叶有个好产量、好品质。现场摆放着林林总总、不同系列的岩茶,敬献给茶神。每年的祭祀由知县主持祭祀活动,在规定的程序中,茶农齐声高喊"茶发芽,茶发芽",以祈求神灵保佑武夷岩茶丰收、甘醇,是为"喊山"。"开山"一般定于立夏前三日之内,茶农们赶早在制茶祖师杨太白塑像前静默行祭。早餐后由专人带至休茶地,分散采茶,待太阳升起、露水初收之后,带山人向采茶工们分发烟卷,表示可相互对话,开山仪式才正式结束。喊山与开山是武夷山茶农特有的习俗。

古代春秋二季都有文庙祭孔的礼俗,县官主祭,文人参与,舞乐隆重,信仰虔诚。至于行业神祭祀,则茶人祭茶神,戏子祭戏神,猎户祭猎神,商人祭赵公,药铺祭药王,木匠祭鲁班,石匠祭女娲,裁缝祭轩辕,纸店书坊祭文昌君,绸庄祭关公,酒店祭杜康等,不一而足。所有这些祭祀,不仅表明各行各业要继承行规、诚信做人、精益求精的行业精神之外,也具有敬畏天地神明无私馈赠的生态情怀。

传统文化特别重视血缘亲情,祭祖活动十分普遍。豪族大姓有专门的宗祠祭祀祖先,一般老百姓则在家中设置神龛牌位进行家祭。祭祀活动形式多样,以祭祀场所而言则有家祭、墓祭和祠祭;以时间和功能而言,则有生忌祭、年节祭、需时祭,充分反映祭祀活动的经常化,祭祀形式的多样化,祭祀仪式的普遍化。祭祖活动目的在于追念祖先功绩,激励后人奋进,报本追远,饮水思源。

(三)庙会活动

庙会就是较大寺庙祭祀神祇、消灾祈福的仪式活动。旧时闽北各地庙会,尽管规模大小不同,大都集祭祀、文艺表演、物资交流为一体,十分热闹。如武夷山的蜡烛会、政和的走古事、延平峡阳的摆大碗、邵武和平镇的惠安祠摆果台、顺昌谟武村的摆祭品、邵武河坊村的抢酒节、邵武宜坊村的过火节、顺昌岚下村的分果子、顺昌谢屯村的闹銮驾、邵武的傩舞戏、建阳崇雒的鸟步舞等。

八、民俗旅游与生态示范

生态文化最大的审美特色可以说是"返璞归真",因为以城市为代表的现代化生活越来越远离自然,不管从物质上讲还是从精神层面上讲都对人的生命健康和生活情趣造成严重的威胁和破坏,如环境污染日益严重,生存竞争日趋激烈,而以乡村为代表的传统农业生活方式,则给人以清新自然的生态环境和田园牧歌式的精神享受,因而受到人们的青睐。

以武夷山为中心的闽北地区,唐宋以来曾一度成为中国文化的中心,有"闽邦邹鲁"和"道南理窟"之称,而其丰厚的文化积淀和文物遗存就散布于广大的农村。五夫镇有"理学重镇"之称,保留大量朱子文化遗迹,如资阳古楼、兴贤书院、屏山书院、朱子社仓、朱子巷等;下梅村、城村则是著名的历史文化名村,有极为丰富的民俗文化遗存,如豆腐坊、弹花铺、铁匠铺、剃头铺、制秤坊、书画坊、制衣铺等。桐木村则是武夷山正山小种红茶的发源地,正山小种红茶为国家级原产地保护品种,其原料来源、制作技艺、文化内涵等无不具有地域文化特色。以特色食材而言,武夷山有东笋、南茶、西鱼、北米之称。以建筑文化而言,除了下梅村、城村、五夫镇等历史文化名村名镇之外,闽北始建于明清时的村落都有各自的特色和文化。以自然观光而言,整个闽北地区植被茂密、山清水秀、生物多样、生态完美。总之,闽北乡村民俗生态旅游开发资源丰富,品位极高。

乡村民俗生态旅游开发,有将生态资源作为旅游吸引物而开发成旅游项目的狭义的生态旅游,有以生态学的理念和方法如整体系统、有机和谐、循环利用等而开发的旅游项目的广义的生态旅游。民俗生态旅游包括广义和狭义两方面的内涵,开发以资源为基础,以市场为导向,以持续为理念,以生态为原则,以特色为生命。遵循旅游六要素,按照吃有品位、住有特色、行有养生、游有学养、购有特产、娱有风情的文化体验和文化审美功能,简述如下:

(一) 吃

适应旅游市场生态化、素食化、多元化、特色化的要求,努力将绿色有机、生态环保的地方食材和特色食品推向市场,既满足果腹之欲,又满足审美之需。目前具有一定市场影响力的,如五夫三宝——黄鳝、莲子和田螺,吴屯的稻花鱼,洋庄的溪鱼,岚谷的熏鹅,城村的豆腐脑,浦城的桂花糕,邵武的锥栗,武夷的酸枣糕、清明粿、薜荔冻、苦槠糕、朱子孝母饼、胡麻饭等。此外,还有对食材进行系列开发而成的笋宴、茶宴、菇宴、蛇宴、鱼宴。用当地食材酿制的水酒饮料,如武夷留香酒、武夷王酒、朱子家酒、荔枝酒、杨梅酒、武夷茶饮料、果酒等。这些特色饮食往往和特定的民俗活动如岁时节庆、宗族祭祀、鬼神信仰以及文化娱乐等结合,具有特定的民俗文化内涵。

(二) 住

适应民宿旅游追求原始纯朴、自然和谐、生态有趣的价值取向,努力把闽北特色的吊脚式、庭院式、干栏式、别墅式、围屋式民居建筑推向市场。

武夷山目前有一定市场影响力的民宿旅游景点有三类:一是满足普通游客食宿需求的家庭旅馆;二是满足文人雅士艺术创作的家居式宾馆;

三是满足休闲度假高档需求的田园别墅。

南源岭民宿旅游,主要是依托度假区旅游旺季不能满足游客食宿需要而延生的庭院式建筑的旅游景点,整个村庄依山傍水,风光宜人。每个宾馆都以家庭为单位,建筑风格各异,或中西合璧,或古今融合,内施装饰,外植花卉,清新淡雅,饶有情趣。有民俗文化收藏可供鉴赏,有民俗风情可资体验,主要目的是满足一般游客的住宿需求。

兰汤村民宿旅游因为濒临主景区,背靠大王峰,面临崇阳溪,环境优美,清静幽雅,故以休闲养性和文艺创作为基调,为来此休闲隐居、书法绘画、品茗论道、摄影写作等文艺创作的文人雅士提供良好的创作环境。与南源岭民宿不同,兰汤村民宿主要满足文人墨客的创作需求,因此住宿之外还提供品茶悟道、书画创作、沙龙交流的环境,这是长期形成的传统。

近年来,有许多人将目光转向大山深处,依山傍水,创建园林式度假别墅,建筑则有干栏式建筑和吊脚楼建筑等风格,内置菜园果林,自给自足,饶有隐士情怀。随着乡村民俗旅游的不断深入和散客游自驾游的不断增多,将来的民俗旅游当以自然村落分散的家庭居住为发展方向。这样对游客而言经济实惠,还能体验到原生态的民俗文化,对乡村居民而言,也能增加收入,改善生活,促进他们参与民俗旅游的积极性,推进民宿旅游。

(三)行

落实到旅游开发,至少包括三个方面的内容。一是旅游交通等基础设施;二是旅游线路的设计;三是行为方式的选择。在基础设施建设方面,民俗旅游不同于主景区旅游交通比较宽敞集中,考虑到安全问题,对路面的硬化、宽度、护栏和三通(即通水通电通信)等有一定要求。可结合新农村建设来进行。在旅游线路设计方面,乡村旅游比较分散,旅游项目和旅游产品开发以自然贯通为宜,可以利用田边、林间、水滨和山间的乡村小道为基础,不需要以宽敞的柏油或水泥路面将景点联系起来,可保持其原生态。在行为方式选择方面,既可以恢复传统乡村特色交通工具,或安步当车,或骑马坐轿,达到体验传统乡村田野生活的旅游审美目的。结合健步养生,选择安步当车的原始出行方式为佳。

(四)游

民俗生态旅游项目:一是可开发农业生态观光游。有湖光山色,有森林休憩,有鸟语花香,有田园风光,有美妙夜景等,这些旅游资源稍加开发,就能吸引城里人的审美目光。二是可开发农耕文化体验游。或耕地播种,或插秧除草,或采蔬摘果,或钓鱼捕猎,或采茶制茶,或采药制药,或烹饪炒菜,或放羊放牛等,尤其是对远离自然的城市小孩来说,可谓寓教于乐的好项目。孔子说诗教的功能就是"多识于鸟兽鱼虫之名",所以古时候重视《诗经》教育,今天也当恢复自然体验教育,这种教育还能养成孩子们艰苦朴素的生活方式。三是可开发民俗休闲度假养生游,农村地区生态环境绝佳,又有绿色生态的健康食品、返璞归真的乡野情趣、恬淡宁静的生活方式,与世无争的文化心态。我国第三次人口普查结果显示,全国长寿人口多集中于边远山区和海滨,绝非偶然。四是可开发田园文化修学游,古代农村有大量文人雅士,由于厌倦政治斗争和城市的奢华生活,长期隐居乡野,创作了大量的田园山水诗,不仅极大丰富了古代文学艺术,更为难得的是这些田园山水诗常常"文以载道",传承着自然纯朴、生态健康的生活方式。

(五)购

武夷山是国家级自然保护区和国家级风景名胜区,有良好的自然生态环境,出产生态健康的农副产品和山珍野味,农产品有所谓"东笋、南茶、西鱼、北米"之说。"东笋"指产于武夷山东路的上梅乡一带。那里的竹笋质嫩、色白、清脆、味甜,没有一般竹笋的泥味,味道极佳;"南茶"指盛产于武夷山市南路的武夷镇、星村镇一带的茶叶。该地所产茶叶通称"武夷岩茶",名扬海外,有"岩骨花香"之称,香、味两绝。"西鱼"指产于武夷山市西路洋庄乡区域河流里的鱼,吃起来肉嫩味甜。"北米"产于武夷山市北路的吴屯、岚谷两乡的大米,其粒大、色好、味香、量多。此外还有各乡镇特有的食品,如五夫"三宝"的莲子、田螺、黄鳝,吴屯的稻花鱼,岚谷的熏鹅等,还有大量野生菌类食材,如木耳、香菇、灵芝。这些产品都有很好的市场销售前景。

（六）娱

娱乐和生态相结合最佳的民俗活动，莫过于古代的图腾崇拜孑遗——南平漳湖镇的蛇文化节。每年吸引大量国内外专家学者前来考察参观，西方不少文化人类学家不远万里来此一睹这原始社会的文化活化石。樟湖镇的蛇文化节起源于当地蛇王庙的迎神赛会，是古代闽越文化的传统习俗，历史悠久，千百年来深刻影响着当地人们的生活、信仰和精神文化，至今樟湖仍保留着比较原始古朴的蛇王庙，每年农历七月初七樟湖镇村民都要举行迎蛇活动来祈求蛇神永保平安。蛇文化节分为蛇文化渊源、蛇王的象征体、敬蛇仪式、放蛇回归四个部分，形成独特的崇蛇民俗体系。2005年，蛇文化节被列入第一批省级非物质文化遗产名录，具有较高的研究和开发利用价值，特别受到日本、台湾、北京等国内外专家学者的好评。目前，南平市政府正在就此民俗活动申报世界文化遗产。将蛇文化节和崇蛙习俗、崇鸟习俗结合起来，打造出具有生态教育意义的民俗节日旅游项目，一定前景光明。

总之，民俗旅游，就其文化审美的本质属性而言，既是淳朴自然的民俗文化的展示，也是返璞归真的生态文化价值的示范。

第九章 生态文化 顺应环境的建筑

"顺应环境"是建筑文化基本的生态价值。

建筑是凝固的文化,既有物质载体,又有文化功能。它是人类为了生存而对环境所进行的积极适应和主动改造的结果。顺应环境,藏风蓄水,怡情悦性,以利生养,是人居建筑的生态价值。

武夷山庄享誉建筑学领域的"五宜五不宜",即宜低不宜高、宜散不宜聚、宜藏不宜露、宜土不宜洋、宜淡不宜浓的"武夷风格",闽北古村落依山傍水、坐北朝南、错落有致、疏朗空灵、风格淳朴,闽北风雨廊桥彩虹飞架、跨涧越溪、便利交通、文化富集,并作为地标建筑,闽北宗教建筑归隐深山、依崖嵌罅、俯视人寰、装点山水,并寄寓超越思想,闽北书院建筑半依城郊、择胜而建、寄情自然、悟道山水等,无不体现出人居建筑取法自然、顺应自然、回归自然的价值取向和审美情趣。

目前国内城乡建设有一味模仿西方建筑风格的趋向,追求高大、光鲜、密集、豪华的价值取向和审美情趣。相对于中国传统人居建筑所追求的顺应自然、适应环境、自然简约、朴实无华,而又极富人文教化的价值取向和审美情趣而言,既不生态环保,又乏人文情趣,应当汲取中国传统建筑的智慧和理想。因为建筑不仅有遮风避雨以利生养的物质功能,还有天人合一的价值理念,以及潜移默化、移风易俗的人文教化功能。

第九章 顺应环境的建筑生态文化

本书所说的人居建筑包括村落、桥梁、酒店、寺庙、道观和书院等六类建筑内容。

建筑是凝固的文化，既有物质载体，又有文化功能。它以建筑符号的形式体现传统文化"天人合一"的基本精神。一般而言，古民居建筑都具有浓厚的诗情画意的田园文化这一共同特征：一是拥有优美的自然环境，山清水秀，生态健康（自然）；二是有朴实的乡风民俗，天真率性，自由洒脱（人文）；三是享有和谐的生活氛围，便利交往，睦邻友好（生活）。所以，人居环境代表的是理想的生活方式，是活的生态文化，值得今人学习和汲取。

人居建筑遵循的"顺应环境"的价值理念更值得我们继承和发扬，表现在：其一，在建筑选址上取法自然。优美的自然风光，山清水秀。良好的生态环境，依山傍水。其二，建筑风格上回归自然。古朴的建筑风格，土木结构；通透的空间格局，通风透气。其三，天人关系上顺应自然。顺应自然环境，随形就势；天人关系和谐，虽为人工，宛若天成。其四，民风习俗高于自然。恬静的民间生活，与世无争；淳朴的民间风俗，纯朴天然。

文化是民族对所处的自然环境和社会环境的适应性体系，生态文化就是民族对生活于其中的自然环境的适应性体系，它是民族在适应、利用和改造环境及其被环境所改造的过程中，在文化与自然互动关系的发展过程中所积累和形成的知识和经验，这些知识和经验就蕴含和表现在这个民族的宇宙观、生产方式、生活方式、社会组织、宗教信仰和风俗习惯等之中。

一、闽北民居建筑的风水传统

人类对于理想聚居环境的向往和追求自古有之。自然经济时代，人类与山水相依，与自然共生，过着天然纯朴的聚居生活。然而工业经济时代，人类加快了改造自然的步伐，也加速了对自然环境的破坏。当人们应用各种现代科学技术成果（技术、设备、材料等）大规模、大范围地建设现代化聚居建筑，为生活带来方便和舒适的同时，导致日益严重的环境问题。

武夷山是世界文化与自然双遗产地,其人居环境突出体现"天人合一"的价值理念和"返璞归真"生活情趣。人居环境是生态文化的重要领域,人居环境的主体则是各种形式的人居建筑。人居建筑,从生态学的角度看,涉及环境生态学,古代谓之"风水学"或"堪舆术"。风水学是中国古代特有的术数,是为亡者墓穴或生者住所选择最佳地理环境的行为,目的是为了让先人遗骸,或生者自身,得以禀受大自然的最佳生气,而致家族兴旺发达。"风水术"讲究建筑选址要有生气。孕育生命谓之生,万物本源谓之气,生气即阳光、空气、水分、磁场等。传统风水术有五大要素:一曰觅龙,即村落选址要依靠的山脉"飞鸾舞凤"方有生气;二曰观水,即村落水源的选择要"生蛇出洞",方有活力;三曰察砂,即村落寻址要"山环水抱",才聚生气;四曰点穴,即村落"清秀丰满",才显生气,土质"坚实色润",才蕴生气;五曰定向,即方向选定上要"坐北朝南","当运乘时",才纳生气。晋郭璞《葬书·内篇》曰"气乘风则散,界水则止。故人聚之使不散,行之使有止",就是说,人类的居住环境以获得生气为首要问题。总之,村落选址定向等,要从环境的角度做到人与自然的和谐统一。因此,风水学的十大原则即整体系统、因地制宜、观形察势、依山傍水、坐北朝南、地质检测、水质分析、居中适中、顺承生气、改造风水等,无不体现"天人合一"的价值取向和审美情趣。

今人多以"风水术"为阴宅即墓室营建的术数。其实,考其源头,实则源于阳宅的选址和定向,如《尚书》就有都城营建的"相宅"之术。因为选址要经过占卜而后定,所以后来的民居建筑选址被称为"卜居"。至于《周易》《诗经》《孝经》所谓"卜其宅兆而安厝"则指阴宅营建而言,目的在于"全体魄,妥先灵",而"非图以利后嗣"。东晋郭璞著《葬经》,明确提出"风水"一词,风水术才专指阴宅的营建,而且将其同"以利后嗣"的"吉凶祸福"联系起来,即认为祖先的墓地有生气,就会荫及子孙,人丁兴旺,事业发达。既然古人有事死如事生的观念,强调"视死如归"和"入土为安"。所以用于阴宅营建的"风水术"也必然用于阳宅的营建,因此,剥落其神秘的外衣,所谓风水术无非是建筑环境学而已,"天人合一"是其价值诉求。风水术只是把建筑生态学神秘化、玄学化罢了。

研究闽北建筑文化时,我们发现一个重要的线索,就是几乎所有的理学家都重视风水术。如朱熹的墓地是其大弟子蔡元定选定的风水,而蔡元定的墓地又是朱熹选定的风水。儒家非常重视"慎终追远",但更重视

"日用人伦"和"厚生利用"。所以,理学家对风水术的研究和重视,对于闽北古民居建筑产生一定的影响。朱熹的大弟子蔡元定甚至有《发微论》行世。《四库全书总目》谓:"元定之学,旁涉术数,而尤究心于地理。是编即其相地之书。大旨主于地道一刚一柔,以明动静,观聚散,审向背,观雌雄,辨强弱,分顺逆,识生死,察微著,究分合,别浮沉,定浅深,正饶减,详趋避,知裁成,凡十有四例,递为推阐,而以原感应一篇,明福善祸淫之理终焉。盖术家惟论其数,元定则推究以儒理,故其说能不悖于道。如云水本动,欲其静,山本静,欲其动。聚散言乎其大势,面背言乎其性情,知山川之大势,默定于数理之外,而后能推顺逆于咫尺微茫之间。善观者以有形察无形,不善观者以无形蔽有形。皆能抉摘精奥,非方技之士支离诞谩之比也。"① 蔡元定的风水学不仅仅是术数,而且有一套人文哲学的理念。长于格物致知的朱熹,于学无所不窥,自然对当时称为"地理"的风水术也多有涉及,然其目标所致,在于尽孝。以国计民生和厚生利用为急务的理学家的风水术,也当有"养生送死生民日用所急"的实用价值取向,适用于民间百姓的民居建筑。朱子重视阴宅风水术,他认为天地万物无非一气,风水术以"秉承生气"为理论主线,所以朱子用"气之交感"来解释风水学。认为祖先与子孙一气相传,风水良好的墓穴,通过这一气相承输送着良好的地理环境所含藏的勃勃生机,从而实现祖先对后人的庇荫。他曾引伊川的话说:"卜其宅兆,卜其地之美恶也,地之美则神灵安,其子孙盛。然则曷谓地之美者?土色之光润,草木之茂盛,乃其验也。而拘忌者惑以择地之方位,决日之吉凶,甚者不以奉先为计,而专以利后为虑,尤非孝子安措之用心也。惟五患者不得不慎,须使异日不为道路,不为城郭,不为沟池,不为贵势所夺,不为耕犁所及。"② 朱熹对风水的重视和实践程度远远超过当时的其他学者,朱子曾两次迁移父亲朱松之墓,为母亲、妻子和自己到处寻找"风顺地厚、形势拱揖、环抱无空阙"的风水宝地。绍熙五年(1194),朱熹被招进临安任焕章阁待制兼侍讲,他上《孝宗山陵议状》专门建议安葬孝宗皇帝时讲究风水,认为孝宗陵墓的选址是关乎"垂裕后昆,永永无极"的国家大事,他说:"地之不吉,则必有水泉、蝼蚁、地风之属以

---

① (南宋)蔡元定:《发微论》,文渊阁《四库全书》光盘版,上海人民出版社1999年版。
② (南宋)朱熹:《近思录》卷九,文渊阁《四库全书》光盘版,上海人民出版社1999年版。

贼其内,使其形神不安,而子孙亦有死亡绝灭之忧。"①时年六十四岁的朱熹竟然通过如此重要的文书,表达如此强烈的风水主张,将择阴宅风水,视为皇权能否代代相传之国家大事,可说是将其意义与价值推到极致了,忧国之心,亦可见一斑。

总之,重视风水,讲究环境,是上至达官显贵、文人雅士,下至贩夫走卒、白衣布丁,中国古人普遍的观念。至于风水佳则可以荫及子孙的说法,固不免迷信。然则主张人居建筑应当顺应环境,以及觅龙、观水、察砂、点穴、定向的具体术数,从今天环境科学的角度看,还是有一定道理的,值得研究和借鉴。

二、"五宜五不宜"的"武夷风格"

在景物融洽、古朴典雅的闽北酒店建筑中,武夷山庄素有武夷山国宾馆之称,其所代表的"武夷风格"在闽北酒店和宾馆中被广泛仿效和应用,形成闽北地区尤其是武夷山旅游景区一道独特亮丽的风景线,丰富了风景名胜区的自然景观。

武夷山庄坐落在武夷山风景名胜区大王峰与幔亭峰麓,地处闽江源头的崇阳溪畔,比邻核心景点武夷宫,与武夷山国家旅游度假区一水之隔,占地八万多平方米,建筑面积四万平方米,由中国建筑大师杨廷宝教授指导,中国科学院院士齐康等设计。

2016年,中国文物学会、中国建筑学会联合公布"首批中国20世纪建筑遗产"名录。人民大会堂等九十八项经典工程入选,福建省建筑设计院八十年代设计的建筑精品"武夷山庄"榜上有名。该项目曾累计获得国家建设部优秀建筑设计奖九项,国家级建筑大奖十一项。所获奖项不仅是福建省建筑设计院建院六十三年以来的最高奖项,也是福建省建筑界获得的最大荣誉,在福建省建筑创作设计史上具有里程碑意义。

武夷山庄以其独特的建筑风格与自然环境融为一体,以浓郁的乡土

---

① (南宋)朱熹:《晦庵集》卷十五,文渊阁《四库全书》光盘版,上海人民出版社1999年版。

气息延续当地悠久的历史文脉。既突出闽北民居特色,又具有江南庭院风采。曲径回廊,浅滩流水,形成人工自然化、自然人工化的格局,是"新乡土主义"的经典代表作。诗书大家林楷先生曾慨然称道:"秀而野,巧而朴;精微而寓宏放,古趣而饶新姿;瞻其外,错落若雪鹭霜鸿;入其内,朗净如澄潭秋月。"

武夷山建筑风格有"五宜五不宜"的建筑原则,杨廷宝大师当年在武夷山提倡的"宜低不宜高,宜散不宜聚,宜淡不宜浓,宜藏不宜露,宜土不宜洋"原则,连同武夷宫、兰汤村、宋街等景区一批建筑物的"挑梁挂柱""白墙红瓦"的"仿宋民居"建筑风格被现今建筑界公推为"武夷风格"。这种建筑风格的设计构思力求把建筑与环境、形势与功能、意境与手段完美地融汇在山庄建筑之中。使其建筑既要反映明显的时代特征,又要有浓郁的乡土气息和地方特色。

(一)宜低不宜高

武夷山作为国家级风景名胜区,所有建筑都遵循这一原则,目的在于不能从视线上阻挡自然景观,使得武夷山风景名胜区的自然美景能够一览无余,尽收眼底。武夷山的其他民居建筑一般都在五层左右,因此也无须电梯,既排除了因使用电梯而带来的安全隐患,也节约了建筑材料和电能资源,同时也增加了人们的运动量,有利于养生。现在人出门有车子,上楼有电梯,几乎由"动物"变成"静物"。低矮且错落有致的建筑物能做到与自然景观的协调一致,建筑物成为自然景观的有机补充,背山面水,不仅独得风水之胜,红色斜顶,远远望去还有万绿丛中一点红的美学效果。另外,低矮建筑不会给人造成心理压力,使人感到自由轻松,有亲近自然的情感寄托。

(二)宜散不宜聚

酒店平面布局分三个部分:公共空间、私密空间和过渡空间。公共空间的门厅和休息厅之间设计室内绿化空间,将自然引入室内,建筑物内,鸟语花香,小桥流水,池塘生春色,花柳闻禽鸣,令人赏心悦目;私密空间的客房背山面水,视野通透,开门见景,春夏秋冬,风花雪月,阴晴圆缺,朝晖夕阴,景致各有不同,有自然美景运于掌中的美感;过渡空间以循环的回廊和间杂的亭台水榭将公共空间和私密空间之间相连起来,回环往复,曲中藏幽,十分惬意。从生态环境上讲,随形就势,错落有致,疏朗大方的散点建筑也便于通风透气,散湿采光,无疑有利于健康养生。

(三)宜淡不宜浓

色彩设计上,山庄的外部色彩以粉墙红瓦为基调,缀以粟色基座,吊桩、构架和米色清漆门窗。整体色调与周围碧水丹山色调和谐,素雅端庄,交相辉映,有助美之功,无夺景之嫌。不像现在许多城市的大酒店,体量高,密集,再饰以玻璃幕墙,色彩光鲜亮丽,不仅对周围景色造成喧宾夺主之势,而且造成强烈的光污染和热聚效应,也难以使人的心情宁静和平淡下来,影响酒店基本的餐饮休息功能的发挥。

(四)宜藏不宜露

将容易对环境空气造成污染的餐厅等藏于地下室,厨房、服务台、备餐间、空调房、休息厅、储藏间等也以隧道和回廊与主体建筑连接起来。而地下室就藏于小山包之下,上面遍植花草树木,加之宾馆内绿化搞得很好,绿树成荫,鸟语花香,远远看去不像宾馆,还以为是江南园林建筑。这样就达到藏丑露美的审美效果,还取得冬暖夏凉的生态效应,节约了能源。"宜藏不宜露"还表现在外墙绿化,如爬墙虎之类植物,既可绿化,又可遮阳,一举两得,也能与周围景观保持和谐一致。

(五)宜土不宜洋

这里所谓的"土"有古朴野趣之意。山庄建筑采用民居建筑的庭院布局,主体又都是飞檐吊角的仿宋建筑,山庄建筑之间的空间处理方式以水景为主,点缀以假山、碎石、灌木、金鱼、草地。高差处理方式采取随形顺势、上下错落、层层相叠的风格,务使其与周围自然山势相协调。立面造型素雅端庄,随和亲切,形体曲折跌宕,吊楼轻盈秀逸,重叠穿插,变化多端的屋面系统最富特色,立面造型富有地方特色。古朴的建筑,代表了东方文化特有的审美韵味,不像现在很多城市酒店建筑,几乎清一色就是西方大体量、封闭式、几何形建筑的复制,毫无特色可言,更无文化体验可谈。仿宋建筑给人以历史感,因为武夷山是理学名山,宋代有大批理学家或隐居山中著述讲学,或退隐山中追求人格独立,这里本就是历史上武夷山庄的遗址,因此有深厚的文化底蕴。

总之,"五宜五不宜"的建筑原则,将闽北民居建筑风格与江南园林营建法式进行有机结合,发挥了建筑物本身的物质功能,满足人们的文化审美趣味,与当地的自然环境实现完美统一,成为现代建筑与古代建筑完美融合的典范。"五宜五不宜"的建筑原则正在被旅游景区和民居建筑所广泛借鉴,为武夷山的城市园林绿化和生态城市创建起到了示范和带动作用。

三、依山傍水的闽北古民居建筑

传统民居最讲究因地制宜,充分利用当地有力的自然条件,采用最经济、最天然的手段,达到抵御各种不利因素,获得安全、舒适的居住空间的目的。登山远眺,闽北村落选址和定向多背山面水、坐北朝南,既以大山作为自然掩体,遮风挡寒,采光取暖,又以自然溪流行舟楫之利,用水方便,蓄水敛气。同时还能根据风水学原理,创造性地改造周边环境,使之与周围环境相协调融合,达到天人合一的理想境界。

下梅村位于梅溪下游,是明清时期的古民居,2005年荣膺"中国历史文化名村"称号,现存古建筑三十多座。村中有砖雕、石雕、木雕、祠堂、古井、老街、旧巷等景观资源,还有民谣、山歌、龙舞、庙会等人文资源,是武夷山重要的乡村民俗旅游景点。

下梅村,从村落选址和定向、空间布局和利用、环境利用与保护、建筑装饰与雕刻,无不带有浓郁的文化气息和风水意向。

(一)村落的选址定向——依山傍水、坐北朝南

登山远眺,整个下梅村坐落于山环水抱之中,四面环山,山峰耸翠,一面水抱,南北水口紧锁,风水意象独特。南山峰高九百米,北山峰高八百米,而东西两面山峰却只有四十米,这个选址显然认真考察过地形地貌。南、北山高且平缓,有环卫藩屏村落之意,可以分别抵挡冬、夏季的季风。东、西山低且凹陷,显然有延长早晚采光、取暖之意,使得下梅村早起即阳光和煦,傍晚仍暖意融融。就农业生产而言,日照充足有利于农作物的生长。东西两座山峰虽然遥遥相对,但又不完全在一条直线上,而是东山偏

南,西山偏北,不会遭遇直接对流的穿堂风。梅溪呈现 S 形自北至南穿越村落,将整个村落和周边划分成溪东和溪西两个部分,酷似以梅溪为界阴阳环抱太极图形。整个村庄坐北朝南,后有间山作为屏障,前有梅溪环绕相抱。村北的高山既能阻挡秋冬之季来自西伯利亚的寒冷空气,挡风御寒,又能截留春夏之季来自东南海洋的温润气流,空气温暖滋润。村南的梅溪给人以舟楫之利和取水之便。

(二)村庄的整体布局——阴阳平衡、错落有致

"街市萦回长溪旁"是下梅村的布局特征。村中以当溪(人工开凿的溪流)为依托,构成整个村子的生命线,把整体村庄划分为闹、静两个部分,使得亲水的中心街市与外围居民群落各自获得良好的环境效果。沿着二百多米长的河道形成的"一溪两街"构成全村的公共中心,两旁排列着宗祠、作坊、店铺、酒肆、茶馆、檐廊,而居民小院则穿插其间。两街跨河有板桥相通,把狭长河道切割成长短不同的区段,空间闭合变幻,不至于一眼望穿,有含蓄蕴藉之美。两侧檐廊和端部桥廊把一个个店铺连成一体,廊柱之间横以扶拦坐凳,供村民休憩、交往。清朝康熙年间,下梅村作为重要的武夷岩茶的中转集散地,据记载,最繁华的时候,每天往来于当溪的船只多达三百艘,当溪两岸店铺林立,盛况空前。如今的下梅村虽然盛景不再,但凭栏远眺,仍然可见村民临溪汲水,堤旁洗濯,家禽浮游,行人穿梭,一派盎然生趣使小镇充满无限生机。

(三)民居的空间布局——庭院结合、空灵通透

几乎所有的民居建筑都采用三厅三院的三进式建筑。前中后三个大厅均采用木柱板壁、挑梁建筑的营造手法,尽可能扩大屋宇建筑空间,东阁西厢,书屋楼台一应俱全。不仅使得建筑空间得到最大的利用,而且便于采光、通风、透气、集雨。三进厅堂之间便是天井,一重天井一重厅,各民居都设置了四方天井,天井下一般都摆设长条石花架,供户主养花、赏花。天井之设,不仅将花草树木移植室内,体现了天人合一的审美情趣,亲近自然,融入自然。而且也便于通风透气,闽北地区湿热多雨,夏天的闷热空气可以借助天井排向天空,消暑解热,即使在盛夏,也觉得凉爽如春。冬天的暖热阳光亦可通过天井照向室内,采光取暖,即使在隆冬,也觉得温暖如春。

(四)环境的利用保护——分割有序、防火防水

房屋外部结构以高大的封火墙为主,曲径通幽的巷道把一个个建筑主体分割开来,又连在一起,形成错综复杂的交通网络,整个村庄像巨大的蜘蛛网,结构精巧的闺楼、书阁、别业、花园、厢房是下梅古民居的重要组成部分,形成下梅民居的独特风格。参差其间的是许多形状不同的石缸石槽和大小不一的水池。这些石缸和水池既可调节气温湿度,养鱼养花,又便于防火排水,方便生活。门窗一律就地取材,或木或竹,采用仿古花格图案,便于通风透气,又饰以花鸟虫鱼,飞禽走兽,显得情趣盎然,生机勃勃。

(五)改造风水与环境——通风透气、调节气候

为了改善生态环境,便于货物水运,下梅村人在村中自北至南挖了一条当溪,使之成为整个村庄的中轴线。村子北边还挖了一个巨大的涝池,用以调节雨水。雨水多的季节,涝池可以蓄水。雨水少的季节,涝池可以排水,既可补当溪之水位,又可满足竹排货运之需。当溪之设,便于整个村庄的通风透气,调节湿度和温度,还形成由东向西与梅溪交汇成的丁字形水网,用当地人的说法就是"四面水路沟通,山重村落则稳,水复村落则活"。当溪两岸是比较宽阔的道路,路上建筑骑楼,为的是防雨防晒。临溪两排靠背椅,供人们消暑纳凉之用,男人们外出工作之时,女人们则常常坐在靠背椅上等候他们归来,故被人们诗意地称为"美人靠"。在骑楼下的道路上,人们或赶茶,或缝衣,或聊天,或取暖,孩子们则戏耍玩闹于周围,狗儿猫儿也匍匐于晨曦夕阳之下,其乐融融的生活场景,充满勃勃生机和诗情画意。

(六)深厚的文化积淀——三雕艺术、和谐文化

三雕即砖雕、石雕、木雕,丰富的三雕呈现下梅村古民居建筑一大特色。下梅民居门楼无一例外地饰以精美的砖雕。砖雕以浮雕为主,内容多取自历史人物、神话传说、吉祥风物、鸟兽虫鱼、草木花卉等。图案精雕细刻,人物造型逼真,环境描绘贴切自然,寓意深刻,气韵生动,展现丰富的文化韵味,表达古代劳动人民对美好生活的愿望。这些砖雕图案,借助谐音和象征的表现手法来表达福、禄、寿、喜等吉祥寓意,如蝙蝠谐音"遍

福",梅花鹿谐音"禄",花瓶谐音"平安",松鹤延年象征"长寿",天空翩翩飞来五只蝙蝠,谓之"五福临门",壶里冒着的热气与蝙蝠相汇,象征着"福气";瓶里插着如意,象征"万事如意,吉庆平安",瓶里插上一把剑戟,寓意"品(瓶)升一级(戟)";一只脚站在一只怪兽头上,寓意"独占鳌头";另有花卉祥云等图案,象征"花开富贵""紫气东来"等等。

  石雕主要用在础石、门当、石鼓、花架、池栏、井栏、水缸等物上,既是实用品,又是装饰品,不失为雅俗兼备的工艺精品。下梅古民居的木雕亦精彩纷呈,多施在挑梁、吊顶、桌椅、栏杆、窗棂、柱础之上,尤以窗棂为最。窗户以透花格式为主,是四扇、六扇、八扇为一樘的格扇窗。窗棂有叙棂、平行棂等,最大限度地加以艺术化。木雕图案多以群众喜闻乐见的动物、植物、人物、祥云为题材,表现了古代劳动人民勤劳、善良、忠孝等传统美德。

四、彩虹飞架的闽北廊桥建筑

  廊桥,顾名思义就是廊与桥的结合体,即在桥面上加盖廊屋而形成的特殊桥梁,是中国桥梁建筑中的特殊种类。人们因其具有遮风避雨之功能而称为"风雨桥",或因其秀美多姿,装饰华丽而称为"花桥",或因其具有风水意向而称为"风水桥",或因其多饰以吉祥图案、吉祥文字而称为"福桥",从其名称的林林总总可以看出,廊桥具有诸多功能。廊桥有木拱、石拱、木平梁、石平梁之分。其中木拱廊桥不仅是中国传统木构桥梁中技术含量最高的品类,而且是世界桥梁史上绝无仅有的品类,尤其是贯木拱廊桥,由于具有重要的文物价值和科技内涵,如今能保存下来的为数极少,在世界上享有盛誉,被称为"桥梁活化石"。闽北自古以来就是我国古廊桥最集中、最丰富的区域,素有"中国廊桥之乡"和"中国廊桥博物馆"之美誉。古廊桥数量多、历史悠久、历史沿革最具连贯性。许多廊桥被确定为县级、市级、省级和全国重点文物保护单位,廊桥各具特色,堪称当世一绝。

  据不完全统计,目前闽北遗存的古廊桥有167座,其中贯木拱廊桥就有12座之多。闽北廊桥不仅是古代劳动人民智慧的结晶,更是古典建筑艺术的奇葩,不仅工艺精湛,还具有极高的科学、历史、艺术价值,充分反映闽北千百年来深厚的文化底蕴和群众的聪明智慧。廊桥更深一层含义还在于它广泛的实用性,除日常交通外,它还与生态环保、休闲娱乐、诗词书画、民俗祭祀、古典建筑、革命风云等紧密相关。2009年9月,"中国木拱桥传统营造技艺"被列入联合国教科文组织"急需保护的非物质文化遗产名录";2012年11月,"闽浙木拱廊桥"又被正式列入"中国世界文化遗产预备名单"。

闽北廊桥是闽北先民追求人与自然和谐相处的经典物证,集中反映了闽北厚重的历史文化和精湛的营造技艺,廊桥之建,极大改善了人们的生存状态和生存面貌,人们将其功能也发挥到极致,可谓物尽其用。其生态文化功能主要表现为以下十个方面。

(一)交通功能

闽北山区,群峰耸峙,丘陵起伏,河谷盆地,错综其间,形成典型的中低山丘陵构造侵蚀地貌。这种地貌山隔壤阻,涧溪之水源短流急,对河床切割较深,既造就闽北秀丽的自然风光,又造成交通阻隔,商贸不通,落后封闭。深受地理环境、自然灾害和交通不便之苦的闽北先民,迫切需要改变生存状态,于是修建形式各异的廊桥,桥上加廊,风雨无阻,确保了交通的便利畅通。

(二)休憩功能

梁桥不仅提供交通便利,还是纳凉休憩的好去处。廊桥内大多设有固定坐凳,桥头建有门屋,有的门屋还为行人提供暂住的房间。风雨来临时,它可以为行人挡风遮雨,天气炎热时,还可以为行人避暑乘凉,极大便利了人们的出行。

(三)娱乐功能

廊桥一般建于离村不远的古道之上,常常被人们用来摆摊设点兼做集贸活动之用,这类集市就被称为"桥市",多为群众聚会场所。逢年过节,较大的廊桥上还搭台表演戏曲和杂耍,笑声朗朗,丝竹悦耳。也有人利用廊桥通风透气、空气清新的特点,进行晨练、跳健身舞等。清伊正衡《渭田五福桥序》曰:"兹登斯桥,亭亭叠树,处处层新。栋宇壮丽,基址坚固。遥山翠耸,迩水绿添。游鳞翔而鼓浪,飞鸟唱而留声。车经停辔,客过息肩。资游女之玩赏,启骚客之讴吟。又有夕阳斜晖,素月远照,不必登高乘凉,能却炎暑之逼;何须弹琴消闷,旋忘愁累之侵,是诚另开图画,别一天地也,非吾桥之乐事乎?"①

(四)风水功能

先民认为水代表财运,流水会带走一个地方的财气。为了聚水生财,锁住风水,人们往往在村子下游筑起廊桥,即可满足村民趋吉避凶的心理需求,又能改善风水,有些廊桥甚至还有在桥心石板下埋剑以逢凶化吉的习俗。有的廊桥也确有调节水位、规避自然灾害的功能,枯水季节筑坝蓄水,蓄水以利生养,丰水季节开闸泄洪,泄洪以保安全。许多廊桥旁边往往就是作为风水树(也称水口树)的参天古木。

(五)地标功能

闽北廊桥多建于村落入口处,古道之间,由于各个村庄独出特立的廊桥建筑风格,高大雄伟的建筑体型,远远就能为人们所辨识,人们也常常把廊桥与村庄紧密结合起来,使得廊桥成为地标式建筑,给村子的人们以文化认同感和归属感。

(六)审美功能

廊桥往往是桥梁和廊、屋、亭、阁的巧妙结合,这些廊桥或素色灰瓦,屹立于青山绿水之间,与周围景色融合;或红柱黛瓦,点缀于山涧溪流之上,装点美化自然环境;或古朴简洁,灵空剔透,周边绿树环抱,古道清幽,令人发思古之幽情。如果说园林是将自然搬进家中,富有人文底蕴的廊桥则是将家庭搬入自然之中,具有极大的审美功能。独具匠心的能工巧匠们,不但赋予廊桥独特美观的外形,还在廊桥内的梁、柱、枋、壁上施以精美的彩绘,廊桥附属建筑的门楼、碑亭、牌坊等,也给人以厚重的历史感。故《闽小记》曰:"闽中桥梁,最为巨丽,桥上建屋,翼翼楚楚,无处不堪

---

① 南平市政协文史委:《闽北廊桥》,南平市政协2010年内部刊行,第181页。

图画。"①

(七)宗教功能

闽北廊桥一般都具此功能。桥在宗教中具有特殊的象征意义,有从此岸世界超度到"彼岸世界"的寓意,因此廊桥常常与佛教建筑相融合,形成所谓的"庙桥"。这种廊桥大多在桥屋当中设立神龛供乡民祭祀,有的则是在偏居的桥屋设龛,或是在桥头路冲独立建庙。祭祀的对象多为人们所熟知的观音菩萨、关公、玄武、文昌君、土地公婆、临水夫人。每年正月是廊桥祭祀最为隆重的时候,平时的初一、十五也常会有善男信女前来祭祀,这几乎成为他们精神生活的一部分。

(八)历史功能

闽北许多廊桥的创建都有美丽动人的传奇故事或妇孺皆知的神话传说,许多廊桥还承载着丰富多彩的民俗活动和真实的历史记忆。清代张运昌《重建龙门桥记》:"邑之莒口乡旧有龙门桥,因朱子遭伪学之禁,避居云谷过此桥,遂以是名。君子所过者,化后之人,犹艳称之。"②朱子晚年遭"庆元党禁",不得已避祸于建阳云谷山。这件事,无论是在当时还是在以后,都是重大的历史事件。至于何以称为"龙门",盖因时人认为朱熹乃人中龙凤耳。闽北许多廊桥系民间集资而成,亦多有乐善好施之人捐资助役者,更有乡绅名人鸿儒硕士题记撰序者。此外,闽北廊桥还承载各个时期建桥的信息,是研究当时当地社会、经济、文化、民俗的宝贵资料,这些都具有极为珍贵的历史价值。

(九)教化功能

廊桥大都有脍炙人口、妙趣横生的楹联佳作。这些楹联所承载的文化内涵,有教化百姓之作用。如建瓯得胜桥联"长虹卧波千秋巩固　天马拱境百姓平安",寄寓了人们对美好生活的向往。接龙桥联"接杠处长虹之形方便过客　龙川无其鱼之忧利济行人",表达了助人为乐、利济苍生

---

① 福建省文化厅主编:《福建非物质文化遗产名录》,福建美术出版社2013年版,第225页。

② 南平市政协文史委:《闽北廊桥》,南平市政协2010年内部刊行,第182页。

的情怀。政和大梨溪桥联"得行且行约略莫嫌桥草草　要过经过由庚恰为路平平",有劝诫人们知足常乐、常怀平常心之意……这些楹联不仅联语对仗工稳、庄谐杂列,而且行草兼备,书法极佳。徜徉在廊桥上,欣赏着笔走龙蛇的书法,吟哦着诗情浓郁、充满哲理的佳联妙对,你会为闽北深深的历史文化底蕴所惊叹。

(十)防洪功能

如上所述,闽北地区,山高涧深,沟壑纵横,加之常年雨量充沛,极易造成洪涝灾害,动辄路毁桥断,农田家园被淹,彩虹飞架的廊桥则可以暂避洪水,为人们提供安身之所,坚固耐久的桥梁无疑具有防洪抗灾的功用。如清张云昌的《重建龙门桥记》就记载:"惟是处崇山峻岭,溪流激湍,桥被水啮,往往倾圮……某所以建造持久之法,利济无穷……山水骤发,桥竟荡然无存,民皆病涉往来之苦。"廊桥往往在泄洪蓄水、疏散难民中发挥着重要作用。

总之,闽北廊桥不仅是中国古代桥梁建筑史上的杰作,其营造技艺已被列为世界非物质文化遗产,具有多方面的生态价值。虽然现在的桥梁建设已经完全使用现代化的建筑材料和科学技术,但古人一桥多用的生态智慧值得我们认真汲取。

五、悟道山水的闽北书院建筑

闽北是朱子理学发祥地。朱熹在此生活、学习、著述、讲学长达半个世纪之久,武夷山更是以"道南理窟"称著于世。因此,闽北可谓书院林立,蔚然壮观。仅据闽北朱熹研究中心研究员方彦寿在其《朱熹书院及门人考》一书中的考证,与朱子有关的书院就多达六十七所。其中,朱子新自创建的书院四所,修复的书院三所,著述讲学的书院四十七所,题诗作词的书院十三所。这六十七所书院中的绝大多数都在闽北地区。

闽北的书院建筑也非常重视风水学。如上所述,闽北理学家中的许多人都对风水深有研究,朱熹将风水学作为"地理"学进行过深入的研究,蔡元定甚至有风水学的专著行世,以至于闽地的风水学形成与江西"形势派"风水学相对立的"理气派"风水学,成为当时影响颇大的两大风水学流派。风水学从来具有物质和精神两方面的内涵,物质层面的风水学讲究山川形势,精神层面的风水则讲究心理意象,如以山之秀丽、端庄、恬静为美,山之粗顽、斜歪、破碎为丑,就是说山川的外表形状不同,也必然引起人们内在心理感受的不同。心与境之间具有内在的辩证联系。一方面,境由心造,心境可以改变环境;另一方面,心随境迁,环境可以改变心境。心是精神层面的内环境,境则是物质层面的外环境。

作为物质层面的环境,书院建筑与民居建筑在风水学上有共同和共通之处,如宏观选址依山傍水,微观寻址山环水抱,建筑定向坐北朝南,空间布局厅院结合,室内绿化多植花草,门窗阁楼雕花通透,环境改造顺其自然,雕梁画栋寓教于乐等,都具有物质上的生态内涵。依山傍水,既以山脉为自然掩体,又有取水之便和舟楫之利;山环水抱,山体环抱有环卫之势,水体绕流无冲刷之虞,且蓄水藏风以利生养;坐北朝南,坐北有阻寒挡风之用,朝南有取暖采光之便;厅院结合,空间分割井然有序,且通风透气,有冬暖夏凉之效;多植花草,既可改善空气,又能赏心悦目;门窗通透,兼有通风透气和美化环境的作用;至于雕梁画栋,题材多为亲近自然的花草虫鱼,高台教化的忠臣孝子,谐音福禄寿喜的动物植物等,无不具有和谐人际关系和天人关系的生态意蕴。武夷山从宋代到清代所创建的书院累计有 46 所之多,绝大多数选择依山傍水、山环水抱、坐北朝南、庭院结构。如朱熹所创建的武夷书院就背依隐屏峰,面临九曲溪,隔溪面对晚对峰,处于群山环绕、溪流拥抱之地,得山川环侍拱卫之势,坐北朝南的面向,使得武夷书院早有晨曦伴青云,晚有夕阳对黄昏,阳光充足,生机勃勃。庭院式的空间结构显得特别通透疏朗,的确是难得的好风水、宜居地。

书院毕竟是教书育人的地方,其生态不能只讲自然与物质层面的生态,还得讲精神与心理层面的生态。书院的产生和发展,多方面吸收佛教、道教合理因素,具有三教融合的特色。如佛教主张丛林修炼和静坐参禅,道教主张隐居养生和静修悟道,对理学家有很深的影响。朱熹创建的武夷书院始称"武夷精舍","精舍"(即心)最初是佛教寺庙的称谓,说明书院的产生和发展深受佛教丛林讲学的影响。理学家提出"居敬穷理"的修养方式,朱熹甚至教导学生"半日静坐,半日读书",将隐居静修作为重要的教育和修行方式。除此之外,古代书院属于私立教育机构,为了避免官府的干预以及制约,选址力求保持相对独立性,多倾向于"半依城市半依郊"的幽避之处,甚至于有建于深山幽谷之中者,以便获得更大的发展空间和保持其独立性。书院作为培育人才和研究学问的重要基地,营造恬静雅致的外部环境和氛围,使学子能够逃避世俗烦扰,安心向学,潜心研习。儒家传统的乐山乐水、寄情山水、师法自然、君子比德的审美情怀和独善其身的价值诉求,也在很大程度上影响了书院建筑的选址。武夷山中,书院创办者要么是因罪遭贬,要么是辞官隐居。因此,武夷山的书院建筑选择,既有遗世独立、悟道山水等精神诉求,也有生活安逸、静修养生等物质功能,体现中国传统文化"天人合一"的思维模式、价值取向和审美情趣。

(一)半依城市半依郊——遗世独立

民办教育机构与官办教育机构的教育目的截然不同。书院的教育目标在于立德树人,重视素质教育。各级官学的教育目标则在于科举取士,追逐功名利禄。所以书院创办者一般都会选择"半依城市半依郊"的幽闭山中创办书院,这样既能从空间距离和心理距离上保持学术独立,又离城市不远,生活方便且便于吸纳生源。创建武夷精舍时,朱熹为了保持独立,甚至拒绝当时崇安县令,也是朱熹好友的赵如愚的官方资助,选址、设计、规划、营建皆率领弟子,亲力亲为,其书院完全是独立自主、自力更生的产物。

(二)闲云野鹤心意闲——隐而全志

不同于佛教的"隐而全性"即精神超越,也不同于道教的"隐而全身"即隐居养生,理学家"择胜而处"是为了"隐而全志",追求人格独立和精神自由,这成为当时理学家的文化自觉。栖身武夷山的理学家,要么是不满于昏君奸相当道而辞官隐居者,要么是政治斗争的牺牲品而被罢官贬谪者,也有一些人鄙薄功名,厌恶官场,率性自然,终身不仕者。他们都有自觉的"隐而全志"的精神追求,即所谓"邦有道则仕,邦无道则隐"。同时寄情自然,在与大自然的情感交流中获得极大的心理满足。朱子《隐求室》诗云"晨窗林影开,夜枕山泉响。隐去复何求,无言道心长",《茶灶诗》云"仙翁遗茶灶,宛在水中央。饮罢方舟去,茶烟袅细香",无不表现怡然自得、精神自由的审美诉求。

(三)择胜处幽寄学游——悟道山水

悟道山水是中国古代传统教育的优良传统,所谓"读万卷书还须行万里路",所以书院一般选择在依山傍水的山水佳境。不同于我们今天的"坐而论道",古代的书院教育可谓"行而论道"。朱熹就喜欢带领弟子们游山玩水,不过这里的游玩不是现在游乐意义上的游玩,而有游学和玩赏之意,是独特而高雅的游学活动。朱熹的游学足迹遍及闽、浙、皖、粤、湘、赣六省,武夷山也因此而留下理学家悟道山水的摩崖石刻。仅朱熹在武夷山留就下十三方摩崖石刻,如五曲之畔响声岩麓的"逝者如斯"摩崖石刻,成为后代文人学者拜谒参访的对象,他们中的很多人甚至也留下自己的感想,以至于在此的摩崖石刻群成为武夷山的著名景点。朱子诗曰"我惭仁智心,偶自爱山水。苍崖无古今,碧涧日千里",即表达悟道山水的审美情怀。

朱熹居五夫里,距武夷山不过一舍之地,他经常带领弟子来山中读书学习,悟道山水,啸咏其间,引以为乐。武夷书院所在地,地面平坦、景物环绕,徜徉其中,流连忘返。山中有猴子、白鹇、鹧鸪等禽兽,它们悠闲自得,没有一点害怕人的样子。水流潺潺,草木茂盛,四季花开,处处表现出人与自然和谐相处的景象。朱熹在五曲溪畔的隐屏峰下创建武夷精舍,在那里授徒讲学、弹琴唱歌、饮酒赋诗,其乐融融。

六、超凡脱俗的闽北宗教建筑

"自古名山僧占多",说明古代宗教建筑择胜而建、清隐静修的审美诉求。宗教建筑并非一开始就建于深山密林。南北朝时期,佛教迅速发展,佛寺大都建造在市区,方便信众。到了唐代,佛寺多依山而建,这和佛教禅宗追求超凡脱俗的精神诉求有关。至于道教宫观,多见于深山老林,也有回归自然、追求清隐静修的精神诉求。所以,无论是中国的佛教,或是道教,都有丛林修炼的文化传统。

儒道佛三教都有清隐静修的文化传统,但价值诉求不同,儒以治世(修齐治平),佛以治心(佛性清净),道以治身(长寿成仙),武夷山的儒释道三教之间具有高度融合、和谐相处的文化传统,武夷山的三教堂、三花峰、三仰峰等自然和人文景观都有三教融合的寓意和景象。理学家如朱子,隐居深山,著述立说,授徒讲学,却也醉心养生之道,深谙禅修之法。道士如白玉蟾,长于炼丹采药,服气修仙,却也醉心于心性修养,静坐参禅。高僧如扣冰古佛,世代业儒,三教融通。三教中人过从甚密,情感交好,朱熹给扣冰古佛写过像赞,白玉蟾也给朱熹写过像赞,对于对方都是推崇备至,这集中反映了武夷文化的和谐精神。

源于印度的佛教有悠久的神山圣水崇拜,佛教传入中国之后,更是与中国人的自然崇拜相融合,所以佛教寺庙常建在山势奇特、林深木茂之处,称"风水宝地"。魏晋以来,佛教兴盛。文人与僧人交游日益密切,寺院往往成为文人政治避难的世外桃源。魏晋文人不仅找到"山水以形媚道"的老庄玄学这一表达的最佳方式,还发现山水的自然美,因此多把庄园与寺院建在幽静的山林之中,既以全身远祸,又以超脱红尘。唐以后的禅宗,逃离早期佛教持钵行乞的苦行生活,更讲究人与自然的融合。禅师们常常沉浸在青山白云、流水清泉之中,领悟生命的真谛。深山佳境,常常是禅师们悟道之所;丛林禅院,成为僧人们参禅打坐的清净之地。朝圣者的足迹也常在遥远的青山岭外、白云深处。因此,丛林建筑选址的用心,体现出家人对佛法禅理的追求,故其建筑原理:第一,利于净心修道。佛教认为,修行的第一要素即是割断尘缘,与世无染。释迦修道之初,在菩提树下结跏趺坐,在野鹿苑说法。达摩一苇渡江,见嵩山秀丽,遂居而悟禅,兹后佛教徒皆效法佛祖,丛林建筑多选佳丽之地,代代相传,遂成定制。第二,利于广召信徒。游人入寺观光,信徒入寺降香,佛殿肃穆庄严,钟磬贯耳。当人们置身于丛林掩映的梵宫佛寺,自然会有身清气洁的审美感受,幽深的丛林与净土世界精神高度契合。中国化的佛教,没有印度佛教那种宗教迷狂,而是把宗教的修炼衍化为一生活情趣和审美意念。这就是历代佛教把寺院多建在深山幽林的深层的历史原因。宗教建筑也因此而具有"境由心造"和"心随境迁"心境与环境相互影响的特点。

(一)密林深藏,超凡脱俗

宗教徒们追求彼岸世界理想,所以寺庙会选址于深山密林。如武夷山的白云寺,依崖附壁,高卧于山顶,山顶有"极乐世界"大字摩崖石刻,揭明这里是佛教的西方极乐世界。其实不仅是"天下名山僧占多",超凡脱俗的精神追求和普渡众生的价值理念,反过来也促成佛教徒对环境的美化和生态的保护,也可以说是"缘僧多占是名山"。许多原本人迹罕至的荒山野岭,经过僧人们披荆斩棘,努力开拓,建筑寺庙,凿井引水,修桥开路,建亭筑台,砌塔立幢,并在寺院内外植树造林,栽花种草,使处处道场成为庄严刹土、人间净域,真可谓境由心造。大的佛教寺院往往古木参天、云雾缭绕、殿宇巍峨,是生态极佳的好去处。

(二)凌空蹈虚,精神超越

宗教除了宗教教义和宗教仪轨两个构成要素之外,还有一个重要的构成因素——宗教氛围。宗教追求超凡脱俗,不仅在地理空间上,而且从心理空间上,与尘世俗界保持距离,以示精神超越。为营造超然世外的宗教氛围,佛教多选择高山之巅建造寺庙,在这里,碧天空阔,白云悠然,人迹罕至,凌空蹈虚,油然而生超凡脱俗、佛国净土的宗教氛围。武夷山的妙莲寺凌空架虚地高建于莲花峰顶,取意出污泥而不染的精神境界,白云寺高卧于白云岩上,取意佛性清净、心寂念空的精神境界,诚所谓"欲会释子超然意,尽在登高一望中"。"凌空蹈虚"的宗教建筑,起到"心随境迁"的作用。

正所谓"寺因山而钟灵,山以寺而闻名",良好的生态环境是孕育佛教寺院文化的重要条件,与各种佛教建筑一同构成佛教佛国净土的精神世界。佛教文化也赋予自然生态环境以深刻隽永的文化底蕴和精神灵魂,使其成为宝贵的生态文化资源。总之,不管是"境由心造"的环境选择和环境改造,还是"心随境迁"的即景生情和精神超脱,自然环境的保护,对于宗教来说都至关重要。

武夷山建筑文化中的生态价值是多方面的,以上只谈到建筑形式上顺应环境,其实还有建筑工艺和建筑材料上的节能环保。仅用炉渣做成的空心砖的使用这一项,就有诸多好处。第一,可以减少采卖砖坯原料时对可耕地土壤的开采;第二,可以减少建筑物的承载力,减少对钢筋水泥等其他建材的使用;第三,隔音防潮和冬暖夏凉,空心砖的空心层可以隔音,还可阻碍冷热空气的传导。限于篇幅,兹不赘述。

第十章 生态文化

物尽其用的茶业

"物尽其用"是武夷山茶业基本的生态价值。

天尽其时——因时制宜的茶叶栽培、管理、采摘、加工、制作等，充分发挥了气候季节在茶叶生产和加工中的作用。

地尽其利——因地制宜的生态茶园的开辟和运作，依崖附壁，垒石填土，竹茶兼种，充分发挥地质、地理环境的作用。武夷岩茶是全国唯一以地质命名的、获得国家地理认证标准的茶叶品种。

人尽其才——茶文化广泛渗透进宗教、哲学、历史、文学、政治、艺术、伦理、民俗，乃至于科学技术，将人类的才智和创造发挥到极致，武夷岩茶是全国十大文化名茶之一，武夷山也因此成为国家级茶文化艺术之乡。盛世倡茶，茶叶作为文化消费品的属性，在精神文明建设中发挥了重要作用。

术尽其巧——武夷岩茶的制作技艺和茶业器械，将技术在茶业生产加工中的运用发挥到极致，大红袍手工制作技艺是第一个国家级非物质文化遗产。

功尽其效——茶叶的食用、药用、饮用、品用、御用、商用等物质功效和价值被开发应用到极致。

总之，武夷山茶文化"物尽其用"的生态价值，对于克服消费主义的铺张浪费、暴殄天物具有重要的反思意义。

第十章　物尽其用的茶业生态文化

茶产业是武夷山的支柱产业。武夷山茶产业的发展繁荣得益于多方面的因素,既得天独厚的自然的无私馈赠,又有历史悠久的文化生态的附加价值,两者相互依存,相得益彰,共同促进武夷山茶产业的不断繁荣。

武夷山自古以来就是我国著名的茶叶产区,由于品质绝佳,长期以来还是朝廷贡茶的主要产地。武夷山现有茶叶种植面积14.8万亩,年产精茶7800吨,年产值在15亿元左右。

探索武夷山茶产业中的生态文化,不仅对于保护武夷山的生态环境有现实意义,还助推武夷山茶产业的可持续发展。本章拟从以下五个方面展开论述:优越的生态环境是武夷岩茶绝佳品质的根本保障;生态化的生产管理是人类智慧的运用;独具特色的制作技艺是国家级非物质文化遗产;深厚的文化底蕴使武夷山成为国家级茶文化艺术之乡;功尽其效与茶文化旅游市场的细化开发。

一、独特绝佳的生态环境

独特优越的生态环境,是武夷岩茶绝佳品质的根本保障。

武夷山市位于福建省东北部,北纬27°15′,东经118°01′,地理位置处在地球北回归线地带,北回归线地带是全球生物多样性的关键地带,全球诸多世界自然遗产地、文化遗产地和双遗产地均处于该地带,如中国的四个世界文化与自然双遗产地,其中三个,即武夷山、黄山和峨眉山,都处于该地带内。武夷山境内溪流纵横,群山耸翠,云蒸霞蔚,迷雾环绕,碧水丹山,秀甲东南,形成"三三秀水清如玉,六六奇峰翠插天"的独特自然景观和生态环境。福建省著名学者潘主兰曾撰联曰"如此名山宜第几　相当曲水本无多",高度评价武夷山的自然生态环境。

自古名山出名茶。洞庭山的碧螺春、庐山的云雾茶、君山的银针茶、黄山的毛峰茶、九华山的毛峰茶、顾渚山的紫笋茶、蒙山的蒙顶茶等,都拥有茶叶生长的绝佳环境,武夷山也不例外。

(一)湿热多雨

武夷山地处东南沿海地区,武夷山脉自西南至东北横亘在福建省的北部边界,最高海拔2158米,被称为"华东屋脊",形成天然屏障,不仅阻挡了西伯利亚吹来的寒流,而且阻断了来自东南的海洋暖流,因此,湿热多雨是其最突出的气象特征。武夷山全年平均降雨量在1800～2000毫米,平均气温在18℃～18.5℃,年平均相对湿度80%,全年无霜期在300天以上。日照较短,常年温润,夏无酷暑,冬无严寒,雨量充沛,溪流纵横,云雾缭绕,春潮、夏湿、秋爽、冬润,为茶树生长提供了适度的阳光和良好的水热条件。

(二)空气清新

武夷山的上空形成副热带高压气候,因此空中污染无由侵入。地表处于华东屋脊,闽江上游,因此地表地下污染亦无由侵入。独特的气象和地理位置,保证了武夷山的清新空气。武夷山的平均负氧离子含量是每立方厘米6万个,而自然保护区腹地负氧离子甚至高达每立方厘米10万～11万个,是全国城市平均负氧离子含量的500～1000倍,是国家森林公园负氧离子标准(每立方厘米1000个)的100倍,是医院吸氧疗法标准(每立方厘米8000个)的12倍。极为清新的空气使得武夷山常年晴空万里,纤尘不染,确保茶叶生长不会受到空气的污染。

(三)水质清澈

如上所述,武夷山上空副热带高压气候,地表处于华东屋脊,污染的空气和水流都不能侵入武夷山的领空和领地,故而水质清澈。加之武夷山地质构造是由砂砾岩组成,森林覆盖率又高,达到85%以上,对落雨和地表水具有过滤作用。砂砾土壤不仅透气性好,吸水性也强,旱季可保墒,雨季无水涝,极有利于茶叶的生长。

(四)丹霞地貌

武夷山拥有国内著名的丹霞地貌,除了吸水性强以外,岩石中富含各种营养物质和微量元素。武夷岩茶的突出品质所谓"岩骨花香",即因武夷山的茶叶生长在岩石或者岩石风化后形成的沙砾壤中,吸收了岩石中大量的微量元素和矿物质,加工制作过程中又形成大量次生的化学元素,各种营养元素甚至高达500种,使武夷岩茶带有独特的"崖韵"——清、香、甘、活,且极具养生功效。茶圣陆羽《茶经》云"上者生烂石,中者生砾壤,下者生黄土",武夷山拥有这种烂石砾壤。所谓"花香"指武夷山植被茂密,有大量气味清香的植物和花草,如松、竹、兰、桂等。茶叶具有极强的吸附性,将山中植物花草的清香吸附到自己身上,因而武夷岩茶有"香高味远"、韵味深长的特点。难怪唐代诗人徐寅称赞武夷岩茶"臻山川精英秀气所钟,品具岩骨花香之胜"。

(五)高山云雾

茶树与山林植物共生,在漫射多光的条件下生长发育,形成喜温、喜湿、耐阴的生活习性。林密雨沛的山地,是茶树生长的绝佳之地。高山绝顶,巍然兀立,山顶的空气稀薄,加快了茶树的蒸腾作用,鲜嫩的芽叶不得不分泌出宝贵的芳香油,以防止水分过度蒸腾。溪水纵横,云海茫茫,湿润的空气抑制了茶树芽叶糖类化合物的缩合和纤维素的形成,使茶树新梢肥壮翠绿,在较长时期内保持鲜嫩,不易老化。当缕缕阳光照向雨水充沛、云雾弥漫的高海拔山区之时,长波光受云雾阻挡,在云层被反射,而以青、蓝光为主的短波光则穿过层层雨雾,作用于茶树,使其合成更多的生物碱和酚性物。而后阳光接触地表,紫外线被水蒸气反射,更多红橙光的进入,为茶树合成氨基酸和碳水化合物等生长要素奠定了坚实的基础。

(六)土壤肥沃

武夷山土壤属于亚热带常绿阔叶林山地土壤,部分茶区的土壤为火山砾壤、红砂岩及页岩,砂砾土壤具备茶叶生长所需的各种营养元素,土壤中许多植被残体遗留土中日益堆积,使表层腐殖质层较厚,有机质含量高,pH值5～6,非常适宜种茶。武夷山植被茂密,森林覆盖率高达86%,自然保护区更是高达96%,常见植物如杉、苦槠、白楝、马尾松、芒萁骨、蕨类等造就出武夷山优良的土质。砂砾土壤松散,透气蓄水性好。武夷山的砂砾岩是海洋地质抬升所形成,累积深厚的海洋生物遗体腐烂后形成的养料,也是茶叶生长的有机肥料。

(七)阳光漫射

"茶宜高山之阴,而喜日阳之早",说明茶叶生长对环境有的要求极高。武夷山崇山峻岭,岩壑幽深,溪流纵横,云雾弥漫,早阳多雨,日照时间短,四周的山峦是天然屏障。翠绿的茶树,或高挂于半山腰,或深藏于幽谷,或依附于岩壁,或夹长于石缝岩罅,依山附岩,郁郁葱葱,千岩竞秀,万壑争流,宛如天然盆景。武夷山脉多呈现东西走向,早晚和煦的阳光直接照射茶叶,中午阳光强烈时则被大山植被隔离,形成阳光的漫射,极有利于茶叶的生长。清朝的沈涵写诗赞叹其得天独厚的生长环境,"香含玉女峰头露,润滞珠箫洞口云"。茶园处在岩壑幽涧之中,四周皆有山峦为屏障,因日照较少,小气候温湿,闲云缭绕,致茶树上常年露滴晶莹等景致。

总之,岩壑幽深,早阳多阴,迷雾沛雨,水质清澈,烂石砾壤,腐殖质深厚等,为武夷山茶的生长提供了绝佳的生态环境。

二、智慧生态的生产管理

武夷山不仅有茶叶生长的自然生态环境,还有经过人为改造的人文生态环境,这展示了人类主动适应自然生态环境的生存智慧。

(一)生态茶园的营造创建

武夷山多山多水多树,可耕地面积极为有限,为充分利用自然资源发展生产,不得不发挥主观能动性,创造性地利用自然资源,改造自然环境。既达到生态环境保护的目的,又达到增产丰收的效果,武夷山人发明生态茶园这一产业模式,根据茶树长期生长于热带、亚热带的常绿阔叶雨林区而形成的喜温、喜潮、耐荫的生物学特性,运用生态学、农业气象学、茶树生理学等有关学科的基本理论和茶树的物质循环、能量交流平衡原理,建立树、茶、草"立体式"生态结构茶园。武夷山人将其形容为"头戴帽、腰绑带、脚穿鞋",形成林、茶、草的立体栽培模式。茶园里种树木,夏天可以为茶树遮阳;冬天树叶凋落,可以为茶园增添有机肥料;生物多样性促进有益生物繁衍,在一定程度上控制住病虫害,整个茶园与周围环境形成有机平衡的生态系统。茶园内实施立体种植,进行遮荫保湿,不仅能改善茶园小气候,提高茶叶产量,改善茶叶自然品质,还能提高茶树的环境适应能力,适应低温。难能可贵的是,武夷山人充分利用幽谷、深坑、岩隙、山凹和部分缓坡地,垒石填土造园植茶;利用险峻山隙砌筑石座,运填客土,种植茶叶;他们还利用天然石缝寄植茶树,这种特殊的盆栽式茶园为武夷山茶区所独有。既做到物尽其用又不破环生态,盆景式茶园中的茶树多则百余棵,少则十几棵甚至只有三五棵,形成"岩岩有茶,无岩不茶"的生态茶园景观。

(二)优良品种的选育引进

武夷山素有"茶叶品种王国"之称,品种资源极其丰富,且大部分有独特的品质特征。山内生长着世代留传下的有性群体茶树品种,当地人称为"菜茶"(即奇种),经其自然杂交,培育出许多优良单株,这些优良单株都从有性群体中分离出来,经选育而成,再经反复评比,依据品质、形状、地点、香型、叶色、年代、传说等不同特点命制出"花名"。据史书记载,花名有几百种之多,琳琅满目,美不胜数。在长期的选育中,各花名、单枞经进一步的提升选育,评出"名枞"。从普通名枞中再评出大红袍、白鸡冠、水金龟、铁罗汉"四大名枞"(菜茶—单株—花名—名枞—品种)。

随着茶树品种选育技术的发展,特别是茶树无性繁殖技术的广泛应用,"名枞"向"品种"转化的可能性大大增加。如原系慧苑坑的名枞肉桂,经过无性繁殖,现已成为武夷山的当家品种。名枞白牡丹、金观音、金凤凰、银凤凰、金钱、金锁匙等成为乌龙茶品种并在茶区得到推广应用。在积极选育武夷名枞的同时,武夷山人还积极引进其他地方的优良品种。如清末引进的水仙、乌龙也已扎根武夷山,丰富了武夷山的高产优质品种。其他如梅占、奇兰、毛蟹、佛手、铁观音等的种植面积和产量迅速增加。受清香型乌龙茶的影响,福建省农科院新选育的高香品种如黄观音、金观音、丹桂、黄奇等也被积极引进,表现出良好的生长性状和品质,极大丰富了武夷山的茶树品种,也为武夷山新的品种选育提供了种质资源。目前武夷山的科研人员根据人们的口味需求,正在对武夷山的茶叶进行"去涩增香"的品种改造。

(三)有机绿色的生产管理

茶叶是直接冲泡入口的饮料和保健品,对生长环境和生产管理有极为严格的要求。为了确保绿色生态环保,武夷山尽可能排除那些会对茶叶生产造成污染的因素。如茶叶生产完全采用生态化的耕作方式。(1)病虫害防治以农业防治为基础,生物防治为中心,化学防治为辅助的综合防治措施。多使用太阳能杀虫灯、粘虫板、矿物源农药。矿物源农药每年冬季喷洒一次,然后立即封园,到了次年开春,就可以直接采摘,无农药残留。总之病虫害的防治是以预防为主。(2)施肥则推广天然有机肥,使用油菜饼、豆粕、鸡猪牛粪等。岩茶的培肥则是"以山养山",有机肥取自岩缝地表之枯枝落叶和肥土,一方面起覆盖作用,另一方面作为有机肥补充之用,矿物质肥料则来自撩荒地的心土或底土。培肥结合填山进行,将枯枝落叶和肥沃新土一起填入。(3)加工技艺和设备方面,茶企都是按照QS标准来实施和配备。(4)为了确保生态环境不受污染,武夷山还将茶农和污染企业迁出武夷山产茶区,以免造成生活垃圾和工业污染。景区内的交通工具也采用电瓶车运输,其他运输工具也严格控制尾气排放,避免茶叶重金属污染。

三、独树一帜的制作工艺

独树一帜的制作技艺,使得武夷岩茶的制作成为国家级的非物质文化遗产。若论加工工艺之复杂,制作技术之先进,在国内的茶叶生产中,武夷岩茶的加工制作可谓独树一帜、首屈一指。

武夷岩茶的制法,兼取红茶和绿茶制作原理之精华,是劳动人民集体智慧的结晶,是决定岩茶品质的重要条件。它对采摘要求极其严格,焙制技术亦相当精细。2006年,武夷岩茶(大红袍)的制作技艺成为首批国家级非物质文化遗产,也是国内制茶技艺中唯一的国家级非物质文化遗产。其工艺流程有采摘、萎凋、做青、炒青、揉捻、初焙、精制,兹简述如下:

(一)采摘

历史上,武夷岩茶一年采摘三次,即春茶、夏茶和秋茶(俗称"三春"),现在只采一次春茶,鲜叶的采摘标准是一芽三四叶。采摘的鲜叶力求保持新鲜,尽量避免折断、破伤、散叶、变热等不利于品质的现象发生。对采摘的气候也有严格的要求,如下雨天不采,太阳强不采,大雾天不采,因为这时候采的茶青都会影响产品质量。

1. 萎凋

萎凋是形成岩茶香味的基础,目的在于蒸发水分,软化叶面,促进鲜叶内部发生生理变化,萎凋做到两晒两凉,即晒青、凉青、复晒、复凉。萎凋的标准是失水率为 10%～15%;萎凋方法有日光萎凋、加温萎凋和室内自然萎凋;操作方法是将茶青置于竹席、布垫和水筛等萎凋器具上,反复翻转搅拌,时间和温度的把握都极为微妙。

2. 做青

亦称"摇青",是武夷岩茶内在品质形成的关键,是武夷岩茶在初制过程中特有的精细工序,目的在于形成武夷岩茶色、香、味、韵及其"绿叶红镶边"的优良品质。做青过程非常讲究,费时长,要求高,工艺细致,变化复杂,从"散失水分""退青"到"走水"回复弹性,时而摇动,时而静放,动静结合,摊青要求前薄后厚,摇青要求前轻后重,灵活掌握。总之,应通过摇动发热促进青叶变化,又要通过静放散热抑制青叶变化。尤其是,还要根据茶叶不同品种和当时的气候、温度、湿度,采取适当措施,俗称"看青做青,看天做青",运用之妙,存乎一心。

3. 炒青

亦称"杀青",是结束做青工序的标志,也是固定毛茶品质和做青质量的主要因素。炒青利用高温火力破坏茶青中的酶的活性,防止做青叶的继续氧化,同时使做青叶失去部分水分呈现热软状,稳定做青已经形成的品质,纯化香气。炒青要求火力极大,边炒边翻,待到叶软如棉时,即可揉捻。

4. 揉捻

揉捻是形成岩茶外形和影响茶叶制率的主要因素。双炒双揉,是岩茶制作特有的工艺,非常重要,复炒可以弥补第一次炒青的不足,通过再加热促使岩茶香、味、韵的形成和持久;复揉使毛茶条索更加紧结美观。通过双炒双揉,形成武夷岩茶独特的"蜻蜓头""蛙皮状""三节色"等特征。

5. 初焙

俗称"走火",利用高温使茶叶中的物质受热转化。岩茶初焙是为了抑制酵素,固定品质,因此要在高温下短时间内进行,这样可以最大限度地减少茶叶中芬芳油等物质的损失,又可使酵素失去活力。

6.精制

通过以上程序之后制作的茶叶还是毛茶,还要经过进一步的精制过程才能做出精茶。其中包括扬簸——去其黄片、碎片、茶末和其他杂物;晾索——避免堆压发热变质和受热过久丧失茶香;拣剔——进一步剔除黄片、茶梗以及未形成条索的叶子;复焙——为了使茶叶焙至相应的程序,减少茶香丧失和茶素的减损,复焙时,温度应比初焙时略低。经过低温复焙进一步促进叶内物质的转化,同时以火调香,以火调味,使香气和滋味进一步提高,达到熟化香气、增进汤色、提高耐泡程度的效果,焙火的高超技术为武夷岩茶所独有。

总之,武夷岩茶的制作技艺是最复杂、工艺流程最多的,包含许多"独门绝技"。其复杂的制作工艺,令人叹为观止,可以说是全世界最先进的技术。武夷岩茶独树一帜的制作技艺是获取附加值的重要环节。好茶是天时地利人和的产物,既有大自然的先天环境条件,也有人类智慧的后天因素,蕴含无穷的生态文化内涵。

正因为武夷岩茶的制作工艺独具特色,技压群雄,成为国家级非物质文化遗产,这也成为武夷山一大旅游吸引物和旅游亮点。众多游客都想亲自目睹武夷岩茶的制作过程,由此带动旅游。从种植栽培、田间管理、采摘运输、加工制作到后期储藏等每一个生产环节,人们都饶有兴趣。因此,田园观光、生产体验、品饮鉴赏都成为武夷山的旅游项目。为了适应游客的市场需求,武夷山成立了以"香江茗苑"为龙头的生产观光旅游企业,整个生产过程完全采用透明操作,满足游客观赏、采摘、制作、品饮、鉴赏等需求。武夷山的茶产业因此延伸了产业链,武夷山的旅游市场也因此得到进一步丰富,实现茶旅结合、互动双赢的局面。

四、积淀丰厚的文化底蕴

积淀丰厚的文化底蕴使得武夷山成为国家级茶文化艺术之乡。

广义的生态环境,既包括自然生态环境,也包括人文生态环境,是两者相互依存的结果。茶树是自然物产,它受自然环境的约束,遵循自然规律。当茶叶作为文化消费品,它又接受文化环境的选择。人是文化的主体,对茶叶的利用不仅出自自然生理上的需要,更有文化精神上的需要,这种需要必然涉及茶叶的自然属性和文化属性,这是人类的价值选择和文化审美。自然界许多物种,既要面对物竞天择适者生存,又要面对人类的价值选择和精神诉求。正如美国著名生态伦理和生态哲学家罗尔斯顿所说,人们遵循自然既有绝对意义上的遵循自然,即绝对遵循自然界的客观规律,又有人为、相对、自动平衡、道德效仿、价值论和接受自然指导等意义上的遵循自然,即人类有价值选择和师法自然的理性自觉。对于茶文化中的生态文化,只是做出纯自然科学意义上的说明远远不够,十分片面。还应当对之进行人文科学意义上的说明。至少,人类对于茶叶的应用,既有养生保健等自然科学意义上的应用,又有怡情悦性等人文科学意义上的应用,文化审美则是更高形态上的养生,是养身和养心的统一,因为人本身就是形神合一的生命整体,因此,中国传统中医甚至认为养心甚于养身。

武夷岩茶不仅以绝佳的品质赢得人们的青睐,更以其深厚的文化底蕴为人们留下宝贵的精神财富。大量描写武夷岩茶的诗词文赋,不仅赞美武夷岩茶绝佳的生态环境,感恩于大自然的无私馈赠,寄寓文人雅士高尚的精神追求。武夷岩茶在不同的历史时期,扮演不同的文化角色,寄寓不同的价值诉求,在当今大众旅游的时代,武夷山丰富的茶文化成为难得的旅游资源,在推动武夷山旅游业可持续发展中发挥着重要作用。

(一)品茗参禅,感悟佛法(魏晋)

据武夷山茶叶专家陈椽考证,武夷岩茶的历史可以追溯到一千五百年前南北朝时期。魏晋南北朝时期,北方发生佛教史上的"三武一宗"法难,许多僧侣逼迫南迁,来到武夷山,致使武夷山寺庙林立,梵音清越。武夷山著名词人柳永就在诗中写道:"千万峰中梵室开,僧向半空为世界。"佛教经典具有高深的思辨哲学,一般僧人难以理解,于是佛教中的高僧大德便采取方便法门,借助于品茶来感悟佛教的义理,武夷山五夫里的开善寺主持、著名高僧大慧宗杲禅师,常常品茗参禅,相沿成风,被后代誉为"禅茶祖庭"。他们常常以茶文化的清、静、俭、和来体悟佛性清净、静中参禅、勤俭朴素和圆融智慧等佛法佛理,形成独具特色的武夷山禅茶文化,相沿至今。现在武夷山的天心禅寺每年举办一届禅茶文化节,成为武夷山重要的旅游项目,吸引大量中外游客的积极参与。

(二)君子比德,修身养性(唐代)

关于武夷山茶文化的最早的文字记录,发现于唐代进士孙樵的《送茶与焦刑部书》:"晚甘侯十五人,遣侍斋阁。此徒皆乘雷而摘,拜水而和。盖建阳丹山碧水之乡,月涧云龛之品,慎勿贱用之。""晚甘侯"是诗人使用拟人化的笔法,赞美武夷岩茶浓香馥郁,饮后齿颊留香,回味甘甜。"侯"则是对武夷岩茶的尊称。"十五人"当指十五枚饼茶。诗人极力赞美武夷岩茶绝佳的生态环境以及珍贵品质,提醒刑部尚书珍惜慎用。可见武夷岩茶早在唐代已经成为馈赠佳品。此后,"晚甘侯"便成为武夷岩茶最早的代名词而历代沿用不衰。如清代的蒋蘅就曾沿用此名写成《晚甘侯传》:"晚甘侯,世居武夷丹山碧水之乡,月涧云龛之奥……茹露饮泉,倚岩据壁,独得山水灵异,气性森严,芳洁迥出尘表……见若面目严冷,实则和而且正;始若苦口难茹,久则淡而弥旨,君子人也。"此文极言武夷山的生态美,寄寓"君子比德"的文化内涵。唐代进士徐寅有《谢尚书惠腊面茶》诗,据考证当是对武夷贡茶的采摘、制作、运输、品饮、鉴赏等所进行的全面描写。虽然武夷山的御茶园设置于元代大德年间,但区别于元代御茶园的"官贡",早在唐代就有民间自愿上贡的"民贡"了。诗中"木兰船""金槽和碾""分赠恩深"等就是明证。"武夷春暖月初圆,采摘新芽献地仙。飞鹊印成香蜡片,啼猿溪走木兰船。金槽和碾沉香末,冰碗轻涵翠缕烟。分赠恩深知最异,晚铛宜煮北山泉",春暖月圆之夜采茶,何等诗情画意。头春好茶用来祭祀土地神或茶神,表达了对大自然无私馈赠的感恩之情。在饼茶上压铸喜上眉梢之类吉祥喜庆的装饰图案,体现了人们对美好生活的向往,同时说明武夷岩茶从研膏转为腊片的制作。用豪华的木兰船运送茶叶,说明当时的茶叶已经作为贡茶进贡朝廷了。饼茶饮用需要焙干然后用茶碾碾成茶末,煮茶时还要加入沉香之类的药材或香料,提高其香味和养生功效。人们当时用晶莹如玉的茶盏品茶,便于观色品味,很有艺术审美情趣。皇帝常常将武夷山的饼茶赏赐给臣下以示宠爱,臣子们也觉得这是莫大的恩典。好茶还要好水烹,北山泉就是当时的名泉。

(三)斗茶贡茶,清新雅玩(宋代)

宋代,中国文化中心转移到以武夷山为中心的闽北地区,因此,与此相适应,茶文化也极为丰富多彩。宋代中国制茶技术进入变革时期,饮茶风气盛行,茶成为人们日常生活不可缺少的东西。各地所产名茶不下百种,仅贡茶就有几十种。此时的武夷茶更是作为北苑贡茶的一部分被运往建州进贡。据明朝王应山的《闽大记》说"茶出武夷,其品最佳",宋时制造充贡。宋淳化五年(994年)崇安正式建县,武夷山逐步走向兴盛,文人墨客、达官显宦、缁流羽士纷至沓来,名声日高,武夷茶也逐渐摆脱"北苑茶"的依附地位,从而傲然独步于茶坛。加之诗人的吟咏,武夷茶名气大盛。据民国《崇安县新志》记载:"宋时范仲淹、欧阳修、梅圣俞、苏轼、蔡襄、丁渭、刘子翚、朱熹等从而张之,武夷茶遂名天下。"苏轼在咏茶诗中写道:"君不见武夷溪边粟粒芽,前丁后蔡相宠加。争新买宠各出意,今年斗品充官茶。"武夷山茶脱颖而出,迅速崛起,为名家所津津乐道,进入皇家宫室,享誉朝廷。南宋以后,来武夷山游览、讲学、隐居者日增,武夷山极为兴盛,名儒硕士、羽士缁流、文人墨客,荟萃于崇山峻岭之中,斗茶品茗,以茶促文,以茶论道,盛极一时。范仲淹的《和章岷从事斗茶歌》是茶史上记录斗茶最完整的一首长诗,曰:

年年春自东南来,建溪先暖冰微开。
溪边奇茗冠天下,武夷仙人从古栽。
新雷昨夜发何处,家家嬉笑穿云去。
露芽错落一番荣,缀玉含珠散嘉树。
终朝采掇未盈襜,唯求精粹不敢贪。
研膏焙乳有雅制,方中圭兮圆中蟾。
北苑将期献天子,林下雄豪先斗美。
鼎磨云外首山铜,瓶携江上中泠水。
黄金碾畔绿尘飞,紫玉瓯心翠涛起。
斗茶味兮轻醍醐,斗茶香兮薄兰芷。
其间品第胡能欺,十目视而十手指。
胜若登仙不可攀,输同降将无穷耻。
吁嗟天产石上英,论功不愧阶前蓂。
众人之浊我可清,千日之醉我可醒。
屈原试与招魂魄,刘伶却得闻雷霆。
卢仝敢不歌?陆羽须作经。
森然万象中,焉知无茶星。

> 商山丈人休茹芝,首阳先生休采薇。
> 长安酒价减百万,成都药市无光辉。
> 不如仙山一啜好,泠然便欲乘风飞。
> 君莫羡,花间女郎只斗草,赢得珠玑满斗归。

武夷山人对茶叶的采摘、制作和品饮、鉴赏极为精细考究,人们对于斗茶更是如痴如醉,以至于"胜若登仙不可攀,输同降将无穷耻",表现出极大的热情,斗茶不仅是茶叶品质的较量,更是高洁精神的寄托。可以看出,武夷山茶已经行销全国,饮茶成为时髦,具有很好的养生功效,所以才有"长安酒价减百万,成都药市无光辉"之说。宋代斗茶之盛,不仅一般的文人雅士沉溺其间,就连一国之君宋徽宗也不能自拔,甚至写下专著《大观茶论》,这大概也是古今中外绝无仅有的吧。斗茶习俗延续至今,每年武夷山新茶上市后,都有各种形式的斗茶比赛,成为武夷山极具吸引力的旅游项目。

唐宋以后的武夷山,是名副其实的三教名山。不仅儒生以茶明德,道士和尚们也纷纷以茶论道、以茶参禅,不甘示弱,留下许多脍炙人口的茶诗。白玉蟾是武夷山道教的代表人物,不仅嗜茶成性,而且长于诗词创作,其《水调歌头·咏茶》就曾被广泛传颂:"二月一番雨,昨夜一声雷。枪旗争展,建溪春色占先魁。采取枝头雀舌,带露和烟捣碎,炼作紫金堆。碾破香无限,飞起绿尘埃。汲新泉,烹活火,试将来。放下兔毫瓯子,滋味舌头回。唤醒青州从事,战退睡魔百万,梦不到阳台。两腋清风起,我欲上蓬莱。"该诗不仅以浪漫的笔调描述武夷山岩茶的生产场面,寄寓高道修道成仙的愉悦心情和飘逸心境。白玉蟾《茶歌》诗中对武夷茶的养生功效更是给予高度肯定:"丹田一亩自栽培,金翁姹女采归来。天炉地鼎依时节,炼作黄芽烹白雪。味如甘露胜醍醐,服之顿觉沉疴苏。身轻便欲登天衢,不知天上有茶无。"武夷茶与道教修身养生的结合,形成武夷山特有的道教文化传统。

"品茶参禅""禅茶一味"一直就是佛教禅宗的文化传统,武夷山唐代诗僧贯休,宋代高僧大慧宗杲、道谦禅师,清代诗僧释超全等均长于此道。清代武夷山著名茶僧兼诗僧释超全,有著名的《武夷茶歌》:

> 建州团茶始丁谓,贡小龙团君谟制。

元丰敕献密云龙,品比小团更为贵。
元人特设御茶园,山民终岁修贡事。
明兴茶贡永革除,玉食岂为遐方累。
相传老人初献茶,死为山神享庙祀。
景泰年间茶久荒,喊山岁犹供祭费。
输官茶购自他山,郭公青螺除其弊。
嗣后岩茶亦渐生,山中藉此少为利。
往年荐新苦黄冠,遍采春芽三日内。
搜尺深山栗粒空,官令禁绝民蒙惠。
种茶辛苦甚种田,耘锄采抽与烘焙。
谷雨届其处处忙,两旬昼夜眠餐废。
道人山客资为粮,春作秋成如望岁。
凡茶之产准地利,溪北地厚溪南次。
平洲浅渚土膏轻,幽谷高崖烟雨腻。
凡茶之候视天时,最喜天晴北风吹。
苦遭阴雨风南来,色香顿减淡无味。
近时制法重清漳,漳芽漳片标名异。
如梅斯馥兰斯馨,大抵焙时候香气。
鼎中笼上炉火温,心闲手敏工夫细。
岩阿宋树无多丛,雀舌吐红霜叶醉。
终朝采采不盈掬,漳人好事自珍秘。
积雨山楼苦昼间,一宵茶话留千载。
重烹山茗沃枯肠,雨声杂沓松涛沸。

《武夷茶歌》概述武夷茶的历史、地理环境与茶叶的采制等,不仅是武夷僧人传递制造武夷岩茶的第一手资料,而且印证陆廷灿在《续茶经》中所说的"其岩茶制作以僧家最为得法"。武夷山僧人的品茶参禅历代相沿,形成武夷山悠久的禅茶文化传统。

儒道佛三教共山,三教中人凭借武夷岩茶的魅力,或参禅悟道,或精修炼丹,或品茶明理,丰富了武夷山的茶文化。不仅如此,三教代表人物还精于种茶、采茶和制茶,如武夷名枞白鸡冠相传为高道白玉蟾所培植,朱熹寓居武夷山时,也常上山采茶,以此为乐,留下许多咏茶诗,如"仙翁遗石灶,宛在水中央。饮罢方舟去,茶烟袅细香"。如今仙翁所遗石灶犹在九曲溪中,有朱熹亲笔题写的"茶灶"石刻,文人雅兴伴随着袅袅茶香飘荡至今。

(四)御茶种植,茶俗绵延(元代)

元代统治者嗜茶成性,丹山碧水、生态绝佳的武夷山就成为开辟御茶园的理想所在。大德六年(1302年)元政府特地在武夷山四曲溪畔创设御茶园和官焙局,专事御茶生产和制作。御茶园的历史一直持续到明穆宗庆隆年间,有260年。据清代周亮工的《闽小记》,当时的御茶园建筑极为巍峨华丽,从文献记载看,有仁凤门、拜发殿、清神堂、思敬堂、焙芳堂、宴嘉亭、浮光亭、碧云桥、通仙井等,可以想见其规模和华丽。山中至今尚存当时制茶的"呼来泉"和祭祀茶神的"喊山台"等历史文化遗迹。贡茶产地不仅极大提高了武夷茶的知名度,也赋予武夷茶以尊贵的文化内涵。其中龙团凤饼茶的制作技艺一直延续至今,成为武夷山独特的制茶技艺。御茶园和喊山台至今还是武夷山重要的旅游吸引物,御茶园的茶艺和歌舞表演,喊山台的茶神祭祀等民俗活动至今依然是武夷山独具地方特色的旅游项目。

(五)清茶一杯,淡泊人生(明代)

明洪武二十四年(1391年),朱元璋诏令产茶之地,禁止碾揉蒸青团茶,"罢造龙团,唯采茶芽以进"[①]。这一举措,实质是将唐宋以来炙烤煮饮的团饼茶,改为直接冲泡散条茶的"一瀹而啜"法,开我国数百年茗饮之宗,客观上把我国造茶法、品饮法推向一个新的历史时期。关于明代武夷山茶产业的发展,据巩志《中国贡茶》一书考证,当时建瓯御茶园和武夷山御茶园两地贡茶占到全国贡茶份额的一半,其数量之大本身也说明武夷山所产茶叶品质最好。明代茶人许次纾在《茶疏》中写道:"江南之茶,唐人首称阳羡,宋人最重建州。于今贡茶两地独多,阳羡仅有其名,建茶亦非最上,惟有武夷雨前最胜。"[②]说明唐人最看重的阳羡茶和宋人最看重

[①] (明)湛若水:《格物通》卷九十六《薄敛下》,文渊阁《四库全书》光盘版,上海人民出版社1999年版。

[②] (清)陆廷灿:《续茶经》卷上《茶之源》,文渊阁《四库全书》光盘版,上海人民出版社1999年版。

的建州茶都比不上武夷山所产的贡茶。明代末年,武夷山还发明了介于红茶和绿茶之间的半发酵的武夷岩茶,这种半发酵的茶叶,既有绿茶消暑解渴等功效,又有红茶温胃补中等功效,四季皆宜,深受欢迎。

如今武夷山的茶叶在民间生活中仍然扮演着重要的角色,武夷山民间习俗如生婚寿葬、岁时节庆、文化娱乐、宗教祭祀、民间礼俗等,都离不开一杯清茶,武夷山人优雅自得、从容悠闲的慢生活,必将成为后现代化的生活样本,具有示范价值和现实意义。

(六)万里茶路,始于武夷(清)

清代的武夷山茶业有了更进一步的发展,而且远销欧洲,武夷山也成为万里茶路的始发地。清代崇安县令陆廷灿《续茶经》仿唐代陆羽《茶经》体例,对武夷山茶的栽培、采摘、制作、品鉴、茶道、器具、外销等都有较全面的记载,是了解武夷山茶历史和茶文化不可或缺的参考书。他还根据山场地理位置和地质构造的不同,将武夷山茶分为岩茶(附山为岩)和洲茶(沿溪为洲)。到清代,武夷山的茶叶有炒青绿茶、全发酵的红茶和半发酵的乌龙茶,品种丰富,声名日显,以至于有了"茶不到武夷不香"的传言。

清代茶文化最值得一提的是南北万里茶路的开辟,武夷岩茶走出国门,成为中外文化交流的重要载体。早在古代,因为农耕民族与游牧民族的文化差异和文化交流,茶叶就是中原地区和周边少数民族的大宗贸易商品,少数民族甚至有"宁可三日无肉,不可一日无茶"的说法。近现代以来,随着国门被打开,尤其是鸦片战争以来,中国的茶叶在国际贸易中具有绝对的优势。鸦片战争后签订的中英《南京条约》,中国对西方国家开放了五个通商口岸,史称"五口通商",五口之中,福建独占两口,即福州和厦门,且都和茶叶有直接关系。福州口岸是因武夷山的岩茶而开,厦门则是因闽南的花茶而开。

万里茶路的始点为福建武夷山。横跨亚欧大陆的"中俄茶叶之路",是继丝绸之路之后又一条国际商路,虽然其开辟时间比丝绸之路晚了一千多年,但是其经济意义以及巨大的商品负载量,是丝绸之路无法比拟的。正因为如此,17世纪的这条"万里茶道"被喻为联通中俄两国商贸友谊的"世纪动脉"。俄国人称为"伟大的中俄茶叶之路"。当时主要商路有两条:一条是从汉口出发,经汉水运至襄樊和河南唐河、社旗,上岸由骡马驮运北上,至张家口;或从右玉的杀虎口进入内蒙古的归化(今呼和浩特),再分销蒙古、俄国等地。另一条是从汉口顺长江而下至上海,转运天津,再由陆路运至恰克图转输西伯利亚。京汉铁路通车后,汉口的茶叶输出又增加了一条更为便捷的途径,即通过铁路运至华北,再由驼队输往蒙古和西伯利亚,并由此形成一条由南到北经西伯利亚直达欧洲腹地的国际性茶叶商路。

(七)立足生态,茶旅结合(当代)

立足生态,茶旅结合,从古至今就是武夷山地方产业发展的基本模式。武夷山确立的茶产业的可持续发展战略是立足生态,控制数量,提质增效,延长产业链,增加附加值,实现绿色发展。所谓"立足生态"就是保护好茶叶生产的生态环境,生态立市是武夷山市长期奉行的发展战略;所谓"控制数量,提质增效"是说茶产业的发展不能再延续传统的粗放式的生产模式,片面靠扩大种植面积、提高产量来增加效益,而是要实行精细化的生产模式,靠提高品质来增加效益;所谓"延长产业链,增加附加值"就是在初级产品的基础上,对茶叶进行深加工,如茶食品、营养保健品、旅游纪念品等。武夷山作为国家级旅游风景区,茶产业链的延伸不仅是物质层面的延伸,还应当结合旅游,拓展行为文化、制度文化和观念文化层面的延伸,进一步丰富茶文化旅游市场。

武夷山是全国著名的茶叶产区,又是著名的世界双遗产地和国际旅游城市,以茶为媒,将世界双遗产作为旅游资源,开发为旅游项目,既不盲目扩大茶叶种植面积,又不盲目增加旅游景点,亦即在保护生态环境的基础上,实现两大支柱产业的有机融合,促进两大支柱产业的可持续发展。这样做,一方面,可以"以旅显茶",通过各种旅游活动,彰显武夷山茶文化的思想内涵,提高武夷岩茶的品位和文化附加值;另一方面,又可以"以茶促旅",富有地域特色的茶文化不仅可以丰富旅游活动的内涵,又可以形成茶叶产区的旅游特色。茶、旅有机融合,产业良性互动,实现两者的可持续发展。如"印象大红袍"大型山水实景演出就是成功的范例。这里所说的旅游,也已经不是单纯以休闲观光为主、以直接消费山水自然资源为手段的传统旅游,而是以旅游业为载体,以文化体验和文化参与为基本内容,以文化审美为价值诉求的文化活动。

第十章 物尽其用的茶业生态文化

五、茶旅融合的生态旅游

　　武夷岩茶主要药理功能，如明目益思、轻身延年、提神醒脑、健胃消食、利尿消毒、祛痰治喘、止渴解暑、抗癌防癌、抗辐射、抗衰老、降血脂、降血压、降胆固醇等等，已为人们所普遍认同，甚至于国际友人曾赞叹武夷岩茶为"万物之甘露，神奇之药物"。目前发展茶文化旅游急需开发旅游产品或旅游项目。开发茶文化旅游项目或产品，首先得了解茶的物质和文化功效。笔者曾撰联一副"食茶、药茶、饮茶、品茶、贡茶、贸茶，武夷山茶源远流长；养生、疗疾、礼宾、参禅、味道、明理，岩茶文化博大精深"说明了武夷岩茶在历史上的物质和精神功效。

　　武夷山茶文化的旅游开发，既是茶产业链延伸的必然，也是旅游产业链延伸的必然，二者在提高两大支柱产业文化附加值上也必然形成合力。

　　所谓"食茶"，指武夷山茶在历史上扮演的第一个角色是食品，古文献中称之为"茗菜"。目前武夷山民间就有诸多以茶为食的做法，有些大酒店还开发出系列菜品"茶宴"。武夷茶宴起始于20世纪90年代，武夷茶宴的选材比较广泛，包括红茶、绿茶和青茶（即半发酵的乌龙茶），这样就能根据客人脾胃的温热寒凉进行调适，绿茶性凉，红茶性热，乌龙茶不凉不热，各取所需。武夷茶宴烹饪技术也方法繁多，蒸熘爆炒焖炖都能派上用场。茶宴之所以深受欢迎，除了投缘绿色生态食品走俏的风潮外，还在于茶有提神、健胃、助消、减肥、美容等功效。武夷山目前开发出的茶宴菜品有什锦彩蝶、金炸石磷、正山锦鸡、上汤馄饨、凉拌茶面、碧螺生鱼、老枞烧排等十八道，这些菜品或利用茶汁，或利用青叶，或以茶为主料，或以茶为配料，不一而足。如时令小品的武夷茶面，即取茶叶青汁和面擀制而成，面色青翠，入口清香，柔韧绵软，味道好极。此外还有各种茶点、茶营养保健品等的开发。

　　所谓"药茶"，指武夷山茶在历史上扮演的第二个角色是药品。古代医书如《本草纲目》等就有大量以茶入药的记载，或单方治病，或配伍组方，都发挥了很好的疗效。目前武夷山民间和一些酒店也在致力于茶药膳和茶药品的开发。如民间的橘柚茶，将橘柚食瓤留皮，内置茶叶，封口保存，晾干备用。茶和橘柚两者的功效有机融合，有很好的疗效。武夷山民间的"凤凰蛋"由几十味中草药组成，其中均有茶叶，在民间有广泛的应用。中医有所谓的"一温治百病"的说法，武夷山的岩茶性状不同于其他地方的茶叶，按照清代陆廷灿在《续茶经》中的说法，是"他产性寒，此独温也"。别的地方所产茶叶是味苦性寒，多喝败胃伤脾，武夷山的岩茶却是味香性温，多喝却能温胃补中，因此，武夷岩茶一年四季均适宜饮用。武夷山民间至今还保存大量茶叶单味入药治病的诸多验方。这些都值得利用开发，丰富旅游市场。

所谓"饮茶"，指茶叶在历史上扮演的第三个角色是饮料，也是至今最为广泛的用途。武夷山人不但善于种茶、制茶，还善于饮茶，不管是日常生活，还是婚丧嫁娶等民俗活动，以及迎来送往的待客之道，茶饮都发挥着重要的作用。凡此都可以被民俗旅游所吸收利用，以丰富旅游市场。此外，"饮和食德"也是茶饮文化重要的精神内涵，这也是旅游文化所当借鉴者。《茶经》曰"茶之为饮，最宜精行俭德之人"，饮茶可以提高人的精神境界。茶之性"俭"，一日三餐、粗茶淡饭，待客以礼，清茶一杯，俭而不奢，乃茶事之基本内涵；茶之味"甘"，叶苦味甘，啜苦咽甘，苦尽甘来，是"茶中滋味"，又何尝不是人生滋味。茶之本"洁"。水乃茶之"挚友"，泡茶以清净无污的泉水为上，茶质本洁，不与污水为伍；茶之道"精"。从采茶、制茶、鉴茶，到茶具的选择、煎煮的火候、品饮的技艺，都要求精益求精，无不体现"认真"二字；茶之行"雅"。茶叶或扁或尖、或曲或直，在杯中或浮或沉，或上或下，似轻歌曼舞，其形优美，其行高雅，令人心旷神怡；茶之功"醒"。饮茶可醒神去燥，醒身去毒，醒酒去昏，"令人有力、悦志"，诗云"一饮涤昏寐，情思朗爽满天地；再饮清我神，忽如飞雨洒轻尘"；茶之境"静"。茶禅一味、心注一境，平心静气，淡定从容，方可悟出茶中真味，正可谓闹者饮酒，静中品茶；茶之魂"和"。茶树生于高山云雾之中，取天地之灵气，作为"万物灵长"的人类，品茶乃物质与精神相统一的活动，体现的是身心与自然的和谐，"寒夜客来茶当酒"，以茶会友、以茶示礼，其情浓浓，其意融融；茶之德"廉"。廉是为人之本，是修身之要。古今中外，男女老幼，人之为人，大凡俭、洁、精、醒、静、和等等，无不体现"廉"德。奢而不俭之人、污而不洁之人、粗而不精之人、昏而不醒之人、躁而不静之人、狂而不和之人，难为廉者。

所谓"品茶"，品乃品赏之意，指茶叶在历史上扮演的第四个角色是文化消费。茶叶在人们的物质生活极大富裕之后,在物质文化的基础上,精神文化功能不断提升。武夷山拟打造为国际休闲养生度假区。茶叶作为自古以来的文化休闲消遣产品,正发挥着越来越大的作用,人们在各类茶馆中品茶参禅,品茶悟道,品茶明理,品茶说史,品茶悦情,品茶论政,品茶说俗,品茶论养,品茶说书,品茶传奇,品茶论生。此外,武夷山的茶艺表演集品茶、观景、赏艺、交友为一体,极富文化韵味。如恭请上座、焚香静气、丝竹和鸣、叶嘉酬宾、活煮山泉、孟臣沐淋、乌龙入宫、悬壶高冲、春风拂面、重洗仙颜、若琛出浴、游山玩水、关公巡城、韩信点兵、三龙护鼎、鉴赏三色、喜闻幽香、初品奇茗、再斟兰芷、品啜甘旨、三斟石乳、领略岩韵、敬献茶点、自斟慢饮、游龙戏水、尽杯谢茶等二十七道茶艺程序,不仅养生,而且养心,能培养人们感恩自然、淡泊宁静的生活态度和艺术品位。

所谓"贡茶",指茶叶在历史上扮演的第五个角色是贡品。今天武夷山不仅保留御茶园的遗址,还保留呼来泉和喊山台,在人们追求高档次文化享受的今天,武夷山的旅游开发可以恢复当年御茶园的旧制,模拟当年御茶园贡茶制作及其相关活动,将其开发成集品茗、娱乐、休闲、养生、访古为一体的旅游项目。

所谓"贸茶",指茶叶在历史上扮演的第六个角色商品。茶叶在中国历史上曾经扮演极为重要的文化角色。中原汉族与周边少数民族的大宗贸易之一就是茶叶,至今依然。闽中佳茗扬五洲,福建好茶和天下。自古好茶之地,必有通茶之路。鸦片战争之后清政府与英国签订的《南京条约》规定中国开放五个通商口岸,其中仅福建一省就有两个通商口岸,就因为西方国家对中国茶叶有巨大的需求,而福建省自古就以植茶面积最多、品质最佳而雄冠全国。因此武夷山的陆上"万里茶路"和海上"万里茶路"沿途都可以开发相应的茶旅项目。目前武夷山已经开通从武夷山到俄罗斯的万里茶路旅游和经贸合作项目。

总之,武夷山茶文化博大精深,内涵深厚,涉及自然科学、社会科学和人文科学的方方面面。在大众旅游迅猛发展的今天,继续发挥武夷茶文化"物尽其用"的生态价值,致力于茶旅融合,一定能够推动武夷山两大支柱产业的可持续发展。

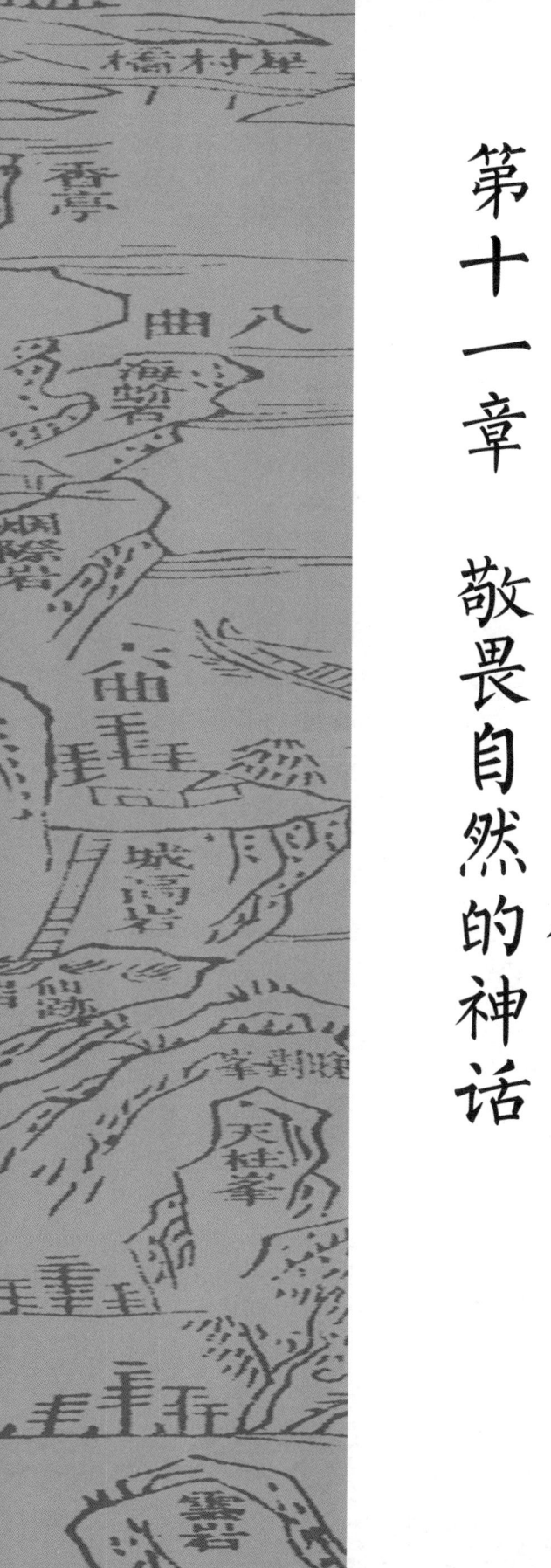

第十一章 生态文化 敬畏自然的神话

"敬畏自然"是武夷山神话传说基本的生态价值。

神话传说是古代人类非理性的文化诉求方式,它以虚构的故事情节表达先民关于自然、社会和人生的朴素思想,表达人类对真、善、美的理想追求。

武夷山的神话传说就其特点和内容而言,一是仙话,多与神仙信仰有关;二是山话,多与山水崇拜有关;三是茶话,多与岩茶传奇有关。三者的内在联系是:修道成仙离不开山清水秀的生态环境,也离不开养生奇佳的武夷岩茶,而贯穿于其中的就是对生命的尊重和对自然的敬畏。

武夷山的神话传说依照内容可分十类,即创世神话、始祖神话、开山神话、劝善神话、惩恶神话、避世神话、放生神话、民俗神话、刺贪神话和岩茶神话。创世神话有宇宙生成的思想,始祖神话有生命之源的追问,开山神话有改善环境的愿望,劝善神话有尊重生命的价值,惩恶神话有敬畏自然的诉求,避世神话有诗意栖居的理想,放生神话有保护生态的自觉,民俗神话有生态预警的内涵,刺贪神话有人性救赎的寓意,岩茶神话有顺应自然的理念。

可见,武夷山的神话传说,无不体现出对自然的敬畏和对生命的尊重,应当引起我们深刻的反思。

"神话"从本质上说是"人话",它以虚构的故事情节表达先民关于自然、社会和人生的朴素思想。"神话传说"是"文化选择"的必然结果,有意义有价值的东西才会被人们选择并流传下来。因此,从文化学的角度重新审视这些神话,必然可见其中蕴含的丰富的历史文化内涵,而其深层则是人与自然和谐统一的价值诉求,正是揭示武夷山神话传说深层文化意蕴的钥匙。

一、创世神话与宇宙生成

创世神话的核心是创造一个适合人类生存的自然环境,这是远古人类关于天地万物来源的思考,其思维方式是直观自然和发挥想象。其价值诉求是人们对美好生态环境的向往和期待,有宇宙生成论的思想萌芽。

武夷山九曲溪南麓,有一座大山崖,好像被斧头劈开似的,断裂两半,只漏下一线天光,人们称这座山崖为"一线天"。这条裂缝是怎么来的呢?相传在远古时候,有位名叫伏羲的神祇来到武夷山,他见这里一片漆黑混沌,黎民生活凄苦,便留在武夷山的岩洞里住了下来,教他们织网捕鱼捉鸟。可是,夜晚岩洞里黑漆漆的没有一点亮光,洞外又寒风怒吼,群兽出没。恶劣的生存环境必须改善,于是伏羲就来到天宫,借了一把玉斧,返回武夷山,将这座山崖劈作两半。从此,伏羲就借助从裂缝漏进的日光,长年累月教百姓谋生之艺。为铭记伏羲的恩情,后人便把伏羲当年住过的岩洞叫作"伏羲洞",那座断成两半的山崖叫作"一线天"。后人有诗为证:"神工自天来,手持白玉斧。劈破两山崖,化作千丈堵。"这就是武夷山"伏羲玉斧劈山崖"的神话传说。

伏羲又作宓羲、庖牺、包牺、伏戏,亦称牺皇、皇羲、太昊,史记中称伏羲氏是中华民族的人文始祖,所处时代约为旧石器时代中晚期。相传其人首蛇身,与其妹女娲成婚,生儿育女,成为人类的始祖。又相传他是古代东夷部落的杰出首领太昊。伏羲根据天地间阴阳变化之理,创制八卦,即以八种非常简单,但却寓义深刻的符号来概括天地之间的万事万物。此外,他还模仿自然界中的蜘蛛结网而制成网罟,用于捕鱼打猎。相传伏羲还是中国医药学的鼻祖之一。关于太昊伏羲氏的记载在古籍中常见,而且众说纷纭。有人甚至考证伏羲故里就在甘肃天水,也有人认为伏羲故里在河南、山东、河北……所有这些考证对于史学研究可能意义不大,而对于文化研究却意义重大。因为伏羲氏和燧人氏、有槽氏、神农氏一样,不过是一种文化类型的化身而已。伏羲氏代表原始的渔猎文化。这从其称谓可以得到证实。《说文解字》解"牺"为"宗庙之牲也",本义是做祭品用的毛色纯一的牲畜。解"羲"为"气也。从兮义声",这显然不是本义,本义当为从義兮声的形声字,其中"義"为义符,"兮"为声符。而"義"字本身又是一个从羊从我("我"在甲骨文中是一个大锯子的象形字)的会意字,义为肢解羊等动物。因此不管是"羲"还是"牺",都与动物有关。至于"羲皇",不过崇尚和尊敬。因而,伏羲或者伏牺都意味着狩猎文化。虽然学术界对伏羲的文化内涵的解释众说纷纭,但是有一点是公认的,它是远古人类一切伟大发明的化身,伏羲神话乃是创世神话。

这则神话传让人看到人类战胜自然灾害、改善生存环境的创造精神,看到人类追求美好生活的愿望,其深层的文化意蕴则是人与自然和谐相处的朴素的生态意识,而非"人定胜天"或"征服自然"。远古人类既没有这样的欲望,也没有这样的能力。在生态环境日益受到人们重视,生态保护日益深入人心的今天,人们应努力逃出认识误区,一谈到生态环境恶化的问题,似乎只有完全地顺应和保护自然环境才是正确的行为方式,改造和改善生存环境的行为,要么被视为"征服自然",要么被视为破坏生态环境。关键在于,这种改造和改善生存环境的行为是否顺应自然规律,是否破坏自然界的再生机制。如大禹治水就是顺势而为,所以才取得成功。

武夷山的创世神话之所以以伏羲神话的形式出现,因为它与武夷文化在内涵上有许多契合之处。换句话说,伏羲神话是典型的东夷文化,而武夷神话所表现出的文化特征就是东夷文化的源头。

相传伏羲是古代东夷部落的杰出首领太昊,历史文献记载太昊氏族以太阳鸟为图腾,古代闽越族人也以鸟(金鸡——锦鸡)为图腾崇拜物;相传伏羲女娲兄妹成婚,俱为人首蛇身,生儿育女,成为人类的始祖,古代闽越族人也以蛇为图腾崇拜物;相传伏羲教民结网制罟,用以捕鱼打猎,武夷山的远古民族正是以渔猎为生的狩猎民族,过着山居水行、虾米鱼饭的生活;相传伏羲创画八卦,以明天地阴阳变化之理,而武夷山一线天景点的数方摩崖石刻也正是歌颂伏羲开天辟地和创画八卦的。如其一曰"馄饨凿七窍,灵岩一线存。劈开天两柱,盘石壮乾坤",就将"一线天"与伏羲开天辟地的神话传说结合起来。另两方石刻"一画起于干,先天到后天。灵岩天一线,想在伏羲前"和"丹岩摩出好题镌,墨妙流传不计年。若向洞中窥一字,请从康节问先天",则将一线天和伏羲创画八卦联系在一起;伏羲神话具有创世神话(开天辟地与创造发明)与始祖神话(兄妹婚和而繁衍人类)合二为一的特征,而武夷山的创世神话与始祖神话也具有合二为一的特征,两者都具有"天人合一"的思想观念。如女娲"抟土造人"显然具有人类生命源于自然(土),还得回归于自然的文化内涵。古人"入土为安"和"视死如归"的观念,旨在说明人类来源于自然界,死后回归于自然界,自然界才是人类真正的生命家园的终极关怀。《韩诗外传》:"鬼者,归也。其精气归于天,肉归于地,血归于水,脉归于泽,声归于雷,动作归于风,眼归于日月,骨归于木,筋归于山,齿归于石,油膏归于露,毛发归于草,呼吸之气化为亡灵而归于幽冥之间。""视死如归"和"入土为安"都是古人对自然界近乎宗教般的情感归依。

东夷文化是一种已消失的远古文明,武夷山的神话传说及其摩崖石刻则成为这种已经消失的古老文明的历史见证。

二、始祖神话与生命之源

始祖神话的中心是创造人类和保护人类,思考的核心是人类的起源。可以分为四类:动植物直接产生人类;人兽通婚而诞育人类;女神造人而有人类;兄妹通婚繁衍人类。

武夷山的神话系统中就有女神造人说,这就是皇太姆为古闽人始祖母的传说。相传天上有一颗神星,降临到地上,化作一座山峰。这座山峰的形状就像一个美丽的少女,故称为"玉女"。玉女用红霞做衣裳,用山花和绿树来打扮自己,饿了就吃天上的云雾和地上的黄精,渴了就喝天上的雨露和山涧的泉水,千万年后变成人。那时候地老天荒,没有人烟。天上的神武使她怀孕。她生了儿子,母子俩在武夷山居住,开辟了家园,繁衍了后代。这个古闽人的始祖母被称为皇太姥。"姥"是老年妇女的俗称,"皇太姥"就是最早的母亲,也就是始祖母。"武"是古闽人崇拜的图腾,是龟蛇合一的神物,是这一神物使皇太姥怀孕而诞育古闽族。皇太姥后来修炼成仙,登天而去,武夷山的古闽人就是她的后代子孙。

宋人张君房在道教典籍《云笈七签》中说:秦始皇二年八月十五日中秋节,皇太姥和武夷君在武夷幔亭峰大宴乡人。明月西沉,曙光初照,万道霞光映照在幔亭峰上。皇太姥张霞为幔,化为数百间彩屋,又化虹作桥,引导男女乡民及各路神仙,聚会幔亭峰顶。乡人称她为皇太姥,而皇太姥则称乡人为"曾孙"。席间,珍馐美味,仙乐渺渺,酒过数巡,皇太姥等神仙令歌师唱《人间可哀之曲》:"天上人兮会何稀,日落西山兮夕鸟飞。百年一晌兮事与愿违,天宫咫尺兮恨不相随。"曲终宴罢,乡人跪别。刚到山下,风雨暴至,彩虹化作虹桥板。乡民回顾山上,复无一物,但葱翠峭拔如初耳。这就是在武夷山广为流传的神话《幔亭招宴》。后人在"幔亭招宴"之处,立碑为记,不远处有"幔亭"二字巨幅摩崖石刻。在数里之外,人们都能看到镌刻于峭壁之上的"幔亭"两个遒劲有力的白色大字。

明代的《广博物志》和清代的《福建通志》也都有相同的记载。这些记载从不同的侧面说明皇太姆就是古闽人的始祖。南宋时,著名道士白玉蟾在《棹歌十首》中还写道:"山下于今几代孙,当时箫鼓寂无闻。丹炉早又生春草,玉女峰前空白云。"可见,武夷山的玉女就是古闽人的始祖,繁衍子孙就是她的神圣职责。在武夷山换骨岩对面,有一块巨大的石头叫作"和合岩",民间传说这就是玉女的生殖器,从古到今,常有妇女到此烧香求子。

以上的神话记载,透露出重要的文化信息:

民知其母而不知其父,这显然就是母系氏族时期。母系氏族时期正是图腾崇拜的盛行时期,神话中的"武"正是古闽人崇拜的图腾物"龟"和"蛇"的结合体,即玄武,在这里是男性性器官的象征物。

在世界范围内,象征着繁殖和生育的神灵形象往往被想象为蛇形的女神。就连《圣经》中教唆人类犯罪的蛇也同样寄寓着性的含义,而性与生殖、繁衍有关。武夷山的始祖神话里,自然山水被人格化为具有生殖能力的女性神,而龟、蛇都具有生殖崇拜的象征性意义,至今在民俗文化里,龟与蛇还以其酷似男性生殖器官而具有性、生殖与繁衍等象征意义。

自然界才是人类生命的源泉,正是在生命缘起和生命崇拜这一点上,自然山水崇拜和图腾崇拜被内在地结合在一起。因为图腾崇拜的基本内涵就是以某种动植物,尤其是动物,作为某一氏族的始祖,其实质是对自然界生殖能力和生命活力的崇拜。

人类的始祖竟然是山峰，山水本身又是自然界的表征。因此，这则神话实质上蕴含人类乃是自然界长期化育的结果这种朴素的生态思想。

三、开山神话与环境改造

开山神话的实质是古代闽越人对自己部落首领的神话和歌颂，在武夷山，家喻户晓的开山神话就是彭武、彭夷开山劈水的故事了。

古时候，幔亭峰上住着一位姓彭的老人。那时，武夷山洪水泛滥成灾，老百姓只好躲进山坳里过着穷苦的日子。老人就带着他的两个儿子，一个叫彭武，一个叫彭夷，率领百姓披星戴月，餐风饮露，含辛茹苦地开山治水。白发白眉白须的时候，他已是远近闻名的开山始祖，人们尊称他为"彭祖"。彭祖活到八百八十岁的时候，被玉帝召上天庭，成了神仙。临走时只留下一把斧子、一柄锄头和一弯弓箭。两个儿子继承祖业，日夜不停地开山治水，垦土植茶，为百姓造福，把武夷山开发成为山清水秀、茶果飘香、五谷丰登、家给人足的人间乐园。彭武、彭夷死后，人们纪念这一对开山有功的兄弟，以他们的名字命名此山，称这方碧水丹山为"武夷山"了。

彭武、彭夷的神话故事，后来又被衍化为开山始祖武夷君的神话。宋末元初的理学家熊禾在《升真观记》中即持此说："（武夷山）有神称武夷君者。三代以前，越在要服，固荒远难证。太极气化，其始也，挺生一二至人，以为一方生民祖，形化而后，生类益众。则其间有材德绝异者，众皆臣服之，以长其地，故谓之君。上古以来，如姜嫄之弃，简狄之契，皆其类也……按闽地至秦始列为郡，时秦威虎视，六合震动，英雄志业无所就，栖其身于道而神其说于为仙，意当时亦不但谷城桃源而已。至汉武帝列在望秩，史称祀以干鱼，始筑坛壝（古代祭坛四周的矮墙），厥后历代封表，增立祠观。唐天宝三年石刻，后唐保大二年碑铭具存。宋绍圣二年，观锡额'冲佑'，武夷君始有封号……凡祈雨旸，则遣使追金龙玉简于洞，靡不响答。其大者，则谓宋三朝圣君贤佐，皆神瑞世之应名山大川，能兴云致雨，利济一方者，此理之常，而得其气之灵明英粹为大圣大贤，福泽天下者，亦间世而有，独其有功生人，显著而叠出，则未有若武夷者也。"

结合武夷山发展史，似可得出如下结论：

所谓武夷君，其实就是闽越先民对开山有功、为民造福的部落首领的神化。只是在这里彭武、彭夷兄弟两人变成一个人了，但仍延用其名为"武夷"。又因为开山立功，造民福祉并非一人，所以在武夷山的开山神话里，或称彭武、彭夷，或称武夷君，或称大王（大王的故事也是以开山辟水、垦壤种植为主题，只是增加了爱情的文学润色而已），不一而足。这种称谓上的不统一恰恰反映历史的真实。

按照宋末元初理学家熊禾的说法，三代以前，越在要服，荒远难证。但若揆诸秦代历史，似可认定武夷君乃是为了躲避秦朝战乱、栖身武夷的内地遗民，为了实现其桃源理想，才创造出武夷君的神话。因为历史上就有秦时武夷君降临武夷山而统领众仙的传说。秦始皇平定六国，结束战乱，一统天下，建立高度集权的君主专制制度，四海之内，唯我独尊。这时武夷君降临武夷山而统领众仙，便是现实的中央集权政治体制在神话中的折射。

开山神人所以称尊为武夷君，是因为他"材德绝异，众皆臣服之，以长其地"，故谓之君。就是说作为部落首领的武夷君是"有德而王"，这是远古时代"禅让制"的基本精神。这也正是避秦乱而栖身武夷的中原遗民的桃源理想的具体体现。

至于"君"这个称谓，也多少透露出一些时代信息，这个称谓不会早于战国及其秦代，它是封建时代帝王、诸侯等的专称或者是君主国家所赐予的封号，始于战国时期。这个称号是与封土建国的封建制联系在一起的。郡县制实行于战国时期，作为古代行政区域的郡，秦代以前要比县小，且多设置于军事实力所能控制到的地方，而县则多设置于军事实力难以企及的周边地区。这一点从文字本身的结构也能得到说明，"郡"是一个从君从邑（右耳旁作为义符表示地方），君亦声的形声兼会意字，即君主能够直接控制到的地方；"县"乃"悬"字的初文，即君主不能直接控制到的悬远的边疆地方。从秦代起，这种郡小县大的行政区划建制才发生根本的转变，即由郡小县大转变为郡大县小，并作为统一的郡县制推行全国。因为这时国家已经统一，而且中央王朝的军事实力也极大加强，可以有效控制周边地区。

历汉至宋，历代帝王之所以祭祀封赠武夷君，是因为武夷君"能兴云致雨，利济一方"，这是出于封建帝王的政治需要。祭祀封赠武夷君不仅可以实现神权设教，加强思想控制和怀柔周边少数民族，且对于"以农立国"的农业社会而言,"祈雨求年"历来就是帝王政治生活中的大事。

长期生活于武夷山的朱熹也持此说,其《武夷图序》中说:"武夷君之名著自汉世,祀以干鱼,不知果何神也。今建宁府崇安县南二十余里有山名武夷,相传即神所宅……颇疑前世道阻未通,川壅未决时,为夷落所居。而汉祀者,即其君长。盖亦避世之士,生为众所臣服,没而传以为仙也。今山之群峰最高且正者,犹以大王为号。半顶有小丘焉,岂即君之居耶。"看来,朱熹认为,武夷山的大王玉女神话就是武夷君神话的另一版本而已。

在武夷山,大王与玉女的爱情故事,更是以情感化的语言描述"天人合一"的价值理念。相传在很久很久以前,武夷山洪水泛滥、禽兽出没。洪水一来,百姓们就得躲进山头沟壑,靠吃野菜山果充饥。年轻英俊的后生名叫大王,带领乡民劈山凿石,削岭填沟,不管春夏秋冬,不管风雨晴雪,没日没夜地苦干,开辟了一片片茶田、一垄垄水稻、一丛丛果园,荒凉的武夷山变成山清水秀、百花吐艳、茶果飘香的人间仙境。人们不用再辗转漂泊,从此过上了幸福的生活。在云海深处的天宫,玉帝的女儿玉女不堪天宫的凄冷寂寞,寻着阵阵欢快的歌声和袅袅飘升的茶香,身驾祥云,脚踏虹桥,翩然下凡来到人间,变成美丽的村姑,爱上年轻英俊的大王,玉女从此留在人间。她美丽勤劳,聪明能干,教姑娘们织布绣花,赢得乡民的喜爱。在长期治理山水的劳动中,两个年轻人终于收获了爱情的甜蜜,玉女不顾天庭里不许仙凡通婚的天条戒律,决心嫁给大王为妻。大王玉女的恋情被武夷山的野道士铁板鬼知道了,由于嫉妒并立功心切,铁板鬼化身来到天庭向玉帝告密。为了阻止大王与玉女成婚,盛怒之下的玉帝竟将大王和玉女点化为两座山峰,将铁板鬼化作铁板嶂,横在大王峰和玉女峰之间,两位恋人永远不能相见。至今人们置身武夷山九曲溪,还能看到二曲溪南雄姿伟岸、独耸山头的大王峰和秀色伫立水畔、亭亭玉立的玉女峰,而石岩苍苍的铁板嶂则横亘其间。大王玉女,东西分立,妆镜台前泪眼相望,以镜传情,向人们诉说着这一段凄美的爱情故事。

从生态角度审视这一神话传说,像大王与玉女的爱情故事、朱子与丽娘的爱情故事等,都体现人(大王和朱子是其代表)与自然(玉女和丽娘是其代表)相亲相依、水乳交融的关系。在大王玉女的故事里,大王是治山理水,战胜自然灾害,垦壤种植,创造人间仙境的英雄,玉女因此爱上大王,玉女对大王的一往情深,正是自然界对人类维护自然环境的回报。在朱熹与胡丽娘（狐狸精）的故事里，胡丽娘的才学风貌、温柔多情使得朱子妙笔生花，才思泉涌，这正是自然山水的绮丽多姿启迪文人才情文思的生动写照，也是人与山水相亲相依的文学表达。这一则神话故事，以人间大王和天上玉女的爱情故事阐述了"天人合一"的价值诉求。

人与自然良性互动的生态思想在武夷山的其他神话传说中也有反映，如"蓝原人毒鱼遭殃"的传说从侧面反映了自然界对于人类滥捕滥杀行为的报复。"勤婆婆栽大红袍"的神话传说里，因为勤婆婆救了茶仙一命，茶仙便回报她以大红袍神茶树；因为皇帝破坏了大红袍的生存环境，大红袍茶树枯死时便砸死皇上，看来，善有善报，恶有恶报，不仅是人间的法则，也是人与自然基本关系的法则。

四、劝善神话与尊重生命

性善论一直是中国传统文化主流的价值观念，是对于人类道德理性的本体承诺，但绝不是假设。因为人类的善性，来自自然界的生命目的性，即自然界的生命运动总是有趋于和谐、稳定、完善的发展趋势，趋仁向善一直是中国传统文化核心的价值观念和稳定的心理结构，它从总体上决定着中国传统文化的基本精神和发展方向。中国封建社会两千多年，一直敬奉儒家为正统文化，且立于官学，成为官方的意识形态。如孟子明确提出"性善"说和"仁政"说，这对佛、道文化产生深刻和久远的影响。作为道教重要理论渊源的道家，提倡"行不言之教，处无为之事"的"无为而治"，这与儒家提倡的重视教化，积极有为的政治理念是相左的。在人性问题上则是主张"少私寡欲"和"见素抱朴"的自然人性说；作为外来文化的佛教文化，在其发展初期，则提出"沙门不敬王者"和"出家修行"，这与儒家提倡的忠孝治国的政治理念是尖锐对立的，在人性问题上则是趋向于人性的"性本空寂"和"心外无法"。到了后来，不管是佛教文化还是道教文化，为了自身的生存，为了适应广大信众的心理需求，都自觉把"忠君孝亲"作为基本教义。道教由"真"到"善"，佛教则由"空"到"善"，实现三教的融和。因此，趋仁向善就成为中国传统文化的核心价值观念和稳定的心理结构。佛、道两家虽然都宣扬避世独立和归隐山林的出世思想，但在其教义中,博施济众、惩恶扬善的入世思想和价值取向非常明确。在武夷山的神仙传说和佛教神话中就有不少这样的神话,魏真人五曲更衣的传说是其典型。

在九曲溪的五曲南面,有座秀色绝伦的石台,瑞霭重重,祥云不绝,人称此石台作"更衣台"。相传,魏王子骞本是天上的神仙,因酒后丧德,恣意妄为而被玉帝贬下凡间。魏王子骞到凡间做了魏王以后,有一年碰上天下大旱,魏王心急如焚,就在武夷山九曲溪的卧龙潭边大摆香案,为民求雨。巧逢天上甘露童子驾仙鹤途经武夷山,见魏王子骞诚心求雨,便作法降雨,旱情得解,乡民感激。魏王子骞祈雨求年的事被玉皇大帝知道后,玉帝翻开名册一看,原来魏王就是被贬下凡间八百年的天神。玉帝念他求雨有功,就命他在五曲溪南的那座石台上更衣重返天庭。魏王接到天旨后,就按旨行事,再上天宫,成为武夷山十三仙人之一。后人也就把他更衣的石台称作"更衣台"。魏王子骞更衣成仙的石台上,"更衣台"三个石刻大字仍然清晰可见。

神话显然具有劝善戒恶、尊重生命的文化内涵,更具有关心民间疾苦,关注老百姓生存状态的内涵,上天的好生之德也得以体现。此外,武夷山接笋峰和水帘洞等处还流传着"饭头行善列仙班"等神话。这些神话也都具有劝善戒恶、尊重生命的文化内涵。

五、惩恶神话与敬畏自然

与劝善神话相对应的就是惩戒神话,它从反面反映中国传统文化"趋仁向善"价值诉求。

武夷山流传着"张富抱金鸡送命"的传说。七曲的琅玕岩上有个名叫金鸡舍的山洞,传说早先洞里住着一只金鸡。那金鸡可神了,春啼桃李争妍,夏唱荷桂飘香,秋歌五谷丰登,冬鸣梅开满枝。金鸡飞到哪里,哪里就幸福康宁。金鸡唱到哪里,哪里就人畜兴旺。

武夷山有个名叫张富的财主,是个奸诈贪婪之徒。他听得金鸡之事,便心想:若能捉住金鸡,把它送到京城献给皇帝,准能得到荣华富贵。但是武夷山的金鸡要到日落时分才能回窠,五更时分又飞上武夷山最高的三仰峰报晓。而且那金鸡所住的琅玕岩是孤峻崖陡,湾环洞深,十分凶险,怎么办呢?

张富先是捉来一位手艺精深的老石匠,命他凿石开路,因石匠消极怠工,事不遂愿。后又命家丁取来辘轳、绳子和箩筐,从山顶拉自己入洞。当张富喜滋滋张开双手扑向金鸡时,只见金鸡展翅一飞,惊得张富坠崖而死。

那金鸡惩罚了张富,就飞到四曲大藏峰半壁的岩洞里筑巢,人们就把金鸡住的地方叫作"金鸡洞"(下有"金鸡洞"三字石刻)。现今,游人还可以看见金鸡做窝用的千年不烂稻草。琅玕岩上也留下老石匠凿出的半条石阶路。至今在武夷山还流传着这样的歌谣:"金鸡报晓丰收到,气死财主百姓笑。年年月月金鸡唱,稻花茶歌满山飘。"

金鸡即锦鸡,是古代闽越族的图腾崇拜物,因此,这一神话传说不仅具有古代闽越人鸟图腾崇拜的文化因子,而且有图腾禁忌的生态文化内涵。从哲学一般角度重新审视金鸡洞的神话传说,还具有生态保护的文化内涵。

六、避世神话与诗意栖居

避世神话集中体现避世独立和厌世归隐的思想情结,"笛手吹出神仙阁"的传说可为代表。

相传在明朝永乐年间,皇帝听说有个胜过蓬莱仙境的武夷山,游兴大发,于是带着大量随从前拥后推地来到武夷山。且说随行乐队中有个年轻笛手,常年禁锢在皇宫里过着提心吊胆的日子,早想逃离皇宫。此次南下游山,真是个千载难逢的机会。他趁机逃离,躲进武夷山九曲溪南的芦笛岩里。从此,笛手就靠采竹制笛,换米度日,日子虽然穷困清苦,精神倒也快乐逍遥。

有一天,笛手卖笛归来,歇脚一处山洞。洞里凉风飕飕,笛手倦意顿消。忽见不远丛林处楼阁重重,紫竹林中,隐约传来女子的欢笑之声,笛手隐身窥视,只见她们一个个发似乌云指如笋,口似樱桃面若粉。不觉春心荡漾,痴想连绵,手中笛子随手置于岩石上。忽然从石洞处传来一阵韵美笛声,真是风飘仙乐下楼台,笛声御乐透青霄。笛手正欲举步相随,忽然眼前白光一闪,抬眼看时,哪还有什么宝妆亭阁,雕梁画栋?却是薄露滚滚滴,轻烟淡淡笼。异卉奇葩香,月夜色朦胧,自己一人立在紫竹林呢!只在刚才见到过的彩画雕栏的岩壁上,留下"神仙楼阁"四个大字。后人就把笛手倚笛的山洞叫作"风洞"了。

武夷山自古就是仙家云集之地,或志诚修行,羽化山中;或遭贬灰心,谪居山中;或慕名游仙,卜居山中;或隐居深山,著书立说,授徒讲学,传播文化等等,不一而足,都追求遗世独立、无拘无束、消遥自在、保性全真的生活方式而已。

"笛手吹出神仙阁",完全不是被逼无奈、消极避世的生存之道。他本是御前乐人,衣食无忧,之所以选择深山隐居,完全是主动选择的结果,是对逍遥自在的生活方式的追求。

七、放生神话与生态保护

武夷山的神话传说中,也有一些直白表述人与自然山水相亲相依情怀,具有生态保护意识的神话传说。

相传开闽以前,有个嗜好钓鱼的姜太公——姜子牙,遁迹武夷山九曲溪,终日以垂钓取乐。有一天,姜太公忽然钓到一条形似乌贼的软体无鳞大鱼,心中疑惑,这海中之物,怎会出现在山涧小溪里呢?一低头,只见无鳞鱼流出两行泪来,泣声哀求:"我本是墨鱼精,只因不愿献身天宴,被罚入天宫水牢,历尽艰险方逃遁至此,恳请太公恩典,让我世世永守溪畔。"姜子牙见其凄楚可怜,遂动了恻隐之心,暗念咒语,把它炼成墨鱼岩,这就是现在六曲溪畔的响声岩,它正形同一只栩栩如生的墨鱼。

话说又有一天,姜太公钓兴正浓,可苦钓了一天什么也没钓着,鱼竿却断了两根。再钓,亦复如此。最后只钓到一对金龟。姜太公思来想去,钓了几百年的鱼,从没遇过这等晦气事。他忽然醒悟,此乃不祥之兆,定是缘于鱼钓得太多,有违天意。于是姜子牙拱手向天起誓,此后永不垂钓。遂将钓竿一折两断,随手插在身边的岩缝里。姜子牙又脱下衣袍,裹着钓来的两只金龟,逆水放生到八曲溪中。两只金龟,一只想上,一只欲下,化作形象逼真的上下水龟石。这就是游人津津乐道的九曲佳景——"回首望金龟"。现今的四曲溪畔,仍能看见姜太公插在岩石上的两截鱼竿,鱼竿边上有个圆形石凳,传说那便是姜太公钓鱼时坐过的凳子。

在这一则神话里,西北地区渭滨垂钓的政治谋士变成东南地区溪边垂钓的山林隐士,前者意在"学为帝王师",实现其政治抱负,后者意在放生达性,顺应自然,显然是武夷文化生态保护意识的折射,且具有深刻的生态反省意识,或意识到自然界生存环境的恶化改变了生物原有的生存环境,或意识到人类滥捕乱杀造成的生态破坏导致生物种群的锐减,这都将威胁人类的生存。

放生墨鱼和金龟的神话,不仅具有鱼、龟图腾崇拜和图腾禁忌的文化内涵,更是直接表达了人类生态保护的愿望。

八、民俗神话与生态预警

民俗神话里往往蕴含着远古历史的影子,是闽越人远古历史的曲折反映,值得认真研究。如"古越民墓葬船棺"的传说就具有丰富的历史内涵——神仙追求与恋土情结,同时具有生态预警的思想内涵。

从前,在武夷山一带居住着武族和夷族两个部落。那个时候,武夷山原是一片汪洋,花草俱无,烟霞尽绝。两族人日子过得十分凄惨。后来天宫的一位神仙知道后动了恻隐之心,决定帮助闽越人开辟武夷山,移山填海,把武夷山变成一方山清水秀、鸟语花香、物产丰富、家给人足的人间仙境。两族人感谢仙人的恩德,尊称他为"武夷君",供奉为"移山大仙",年年祭祀,岁岁朝拜。谁知几位神仙在得知武夷君受武夷百姓的爱戴和供奉之后,妒火中烧,便略施小术,欲使武夷山再度沦为汪洋。武夷君闻知此讯,立即驾起祥云,飞奔武夷山,变成云游和尚,一边挨家化斋要饭,一边警告武夷族人:"大难要临头,快凿木船,架壑逃生。"族人将信将疑,但还是立即用古柏、楠木雕凿成船。

果然,三天三夜后,忽见黑雾遮天暗,愁云掩地昏。雷公怒吼,电母生嗔。龙施号令,雨漫乾坤。天上银河泻,村前白浪滔。霎那间武夷山又陷于一片汪洋大海之中。两族人纷纷驾着楠木、古柏船争相逃命。求救声直冲云霄汉,惊动了南海观音菩萨。她将河水全部收进净瓶中去了,两族人得救了,从此在武夷山长住下来。

为铭记凿船救命之恩,据祖传风俗,武夷人家家都要凿船驾壑,连死后的棺木也要做成船形,安葬在洪水淹不到的岩壁洞穴中。那些驾壑船棺千年不朽,至今还留在九曲溪滨的峰岩壁洞上,游人乘筏游览九曲溪时,大藏峰上"架壑船"几个石刻大字临流当空,举目可见。

这则神话传说,透露出有关悬棺葬的丰富的历史信息:

棺木高悬于峭壁之上,是因为在武夷山的远古历史上可能确实有一个洪水滔天的时期。《尚书·尧典》记载,在帝尧时期,中国历史上确实有一个"汤汤洪水方割,荡荡怀山襄陵"的时期,帝尧才命大禹治水,解民倒悬。西方基督教《圣经》在《旧约》中也记载有"诺亚方舟"的故事,看来这可能曾经是全球性的洪灾。武夷山的伏羲、彭祖和大王的神话传说都以开天辟地、治理洪水为主题,似乎也证实了武夷山在远古时期有洪水滔天的历史时期,时至今日,水痕犹在,清晰可见。因此,武夷山的闽越人也只能凿崖而居,在武夷山至今仍然保留了多处古崖居遗址和遗迹。所以,在今天看来是难以想象的事情,在远古时期却是平常之举。连朱熹也认为崖居大概是古代"道阻未通,川壅未决时,为夷落所居"。

棺木做成船形,正是古越人山居水行、渔猎为生的生活习俗的真实反映。经过碳14测定,悬棺葬的绝对年代在3850年前,约当夏商之际。这时的古越人还处在渔猎经济时代。神话认为当时的武夷山,居住着武族和夷族两个部落,若从字源学角度看,"武""夷"两字都透露出渔猎生活的相关信息。

棺木高悬于峭壁之上,说明商周时期的古代闽越人已经有了羽化登仙的神仙意识。古代闽越人不但有蛇图腾崇拜的习俗,而且有鸟图腾崇拜的习俗,这也可以从古代闽越人的神话中得到印证,武夷山的十三仙中就有控鹤仙人,武夷山金鸡报晓的神话中的金鸡就是山中的"锦鸡",锦鸡也罢,仙鹤也罢,似乎只有鸟类才能实现神仙们腾云驾雾,与天神接交的愿望,所谓"羽化"就是"鸟化",也正是这种思想观念的折射。羽化登仙就可以肉体飞升,长生不死。武夷山船棺遗物中就有龟形木盘,是枕头,龟乃仙、道文化中崇拜的"四灵"之一,寓意长寿。龟形木盘作为死者的枕头,寓意托举死者亡灵羽化登天。船棺内发现两枚石卵,也可直接证明古闽越人的鸟图腾崇拜。

这则神话故事是古代武夷先民对自然灾害的历史记忆,因此具有鲜明的生态预警意识,他在告诫人们重视生态环境的保护、防止自然灾害的发生。

九、刺贪神话与人性救赎

刺贪神话也具有惩恶扬善、劝诫教化的思想意义。当其与对自然资源有节制地利用的思想相结合之后,无疑具有生态预警机制和生态保护意识,并有人性救赎的文化内涵。"小和尚葬身米洞"的传说比较典型。

武夷山有座斗米峰,斗米峰上有座小小庙,小小庙里住着两个和尚。老和尚善良厚道,勤勤俭俭过日子。小和尚懒惰贪婪,大手大脚度光阴。且说这斗米峰,峥嵘怪石列,崎岖曲道萦,乃是个险峻之地,求神拜佛的人稀少了,日子苦不堪言。但老和尚终日念经,诚心向佛。日子久了,感动了庙中菩萨,夜里托梦与他,赐予米洞。翌日,老和尚依菩萨指点,果然在离庙不远的一处山坳间,觅得一个小洞。老和尚手拿米斗,口中念念有词,小石门开处,雪白的米粒似一粒粒珍珠,涓涓细流般装满了一米斗。小和尚见老和尚每日只讨得一小斗米,心中不悦。老和尚语重心长,教导他做人要克勤克俭,切不可有贪心。

一天,小和尚趁老和尚外出化缘之际,不听规劝,他拿了米斗,挑着箩筐,拎了布袋,往米洞跑去。他念完咒语,洞门开启处,只见白花花的大米不一会儿就装满了一米斗。小和尚又拉过箩筐去接,边装边摇,不久箩筐也装得满满的。他还不住手,拎了布袋又去装。小和尚嫌洞口太小,米流得太慢,便找了根棍子去撬米洞。米洞口被小和尚捅大了,大米像决堤的洪水往外涌。眼见着米越流越多,越流越快,似潮水般把小和尚围在其中,小和尚惊慌之际,竟忘了关门口诀,小和尚没命地挣扎,谁知他越是挣扎,米堆得越实,更动弹不得。小和尚急得直呼救命。老和尚化缘回来,见小和尚久去不回,便寻到米洞,正看到米浪淹没了小和尚的头顶。不一会儿那白米便变成黄土。

贪、嗔、痴,佛教称之为"三毒"。三毒,指世间众生所染三种根本毒害,佛教认为世间众生之所以沦入苦海,受诸烦恼,不得解脱,皆因后天习染"三毒"所致。《元始智慧正观解脱经》曰:"言烦恼者,总名三毒。谓贪、嗔、痴能害众生法、身、命,故名之为毒。"又云:"所言贪者,引取无厌,染欲爱着,联绵无已,于世间法及出世法有求乐意,皆名为贪。所言嗔者,于众生中及非众生贪怀怼恨,咆哮忿怒,如火炽盛,烧灭善根,结大怨憾,是名为嗔。所言痴者,不信不知三宝正法。傲慢谄曲,无所了知,触壁无底,不从诃谏,好说无益。多行恶事,所作失道,故名愚痴。"贪、嗔、痴为众生所受烦恼根源,故修道者务须去此三毒,方得出离苦海而得解脱。因此"三毒"又称"三垢""三火"。因此,三毒残害身心,使人沉沦于生死轮回,为恶之根源,故又称"三不善根"。

贪,对顺境起贪爱,非得到不可,否则,心不甘,情不愿;嗔,对逆境生嗔恨,没称心如意就发脾气,不理智,意气用事;痴,不明白事理,是非不明,善恶不分,颠倒妄取,起诸邪行。佛教谓人生八苦,即生、老、病、死、爱别离、怨憎会、求不得、五阴炽盛,都与"三毒"有关。"三毒"之中,贪为根本,故列于首。贪生即怕死,贪寿即怕老,贪欢即怕离,贪得即怕失。

因此,这一神话传说不仅具有佛教教义的说教成分,当把它和对自然资源节制利用思想结合在一起时,便具有生态保护的文化内涵。因为神话中米洞里源源不断的稻米,象征着自然界为人类无私提供的源源不断的自然资源。但是当人们无节制地向自然界索取时,就必然破坏了自然界的再生机制,那么,留给人类的就只能是资源匮乏,甚至是自然界的无情报复。因此,人类对于自然界的无穷贪欲,正是人类饮鸩止渴的愚蠢行为。这则神话传说蕴含了多么耐人寻味的生态智慧啊!

十、岩茶神话与顺应自然

"千年儒释道,万古山水茶",茶文化在武夷文化中最具特色,也最为丰富,从不同的侧面揭示武夷岩茶的文化意蕴。

在武夷山云窝景区,有一个四面环山,中间平衍,地质气候都极宜植茶的地方,这就是峥嵘深锁的"茶洞"。相传这里就是武夷山第一棵茶树栽培成功的地方。这里流传着"仙翁授枝茶成林"的神话传说。

茶洞群峰环抱,涧壑幽深,名泉汇萃。相传很久以前有一年,闹了一场瘟疫。山中有一个樵翁,常以草药为乡民治病,一天他上山采药,不幸跌入峡谷。适遇一仙翁，巡山路过，乃施以"仙丹玉液"，樵翁顷刻醒来。仙翁赠给他一根茶枝，授以种法。说茶叶汤汁能治百病，茶枝可扦插繁殖。于是，樵翁将仙翁所赠茶枝插入"幽微碧玉洞天"旁的泉边涧土中。三天后，茶树长大，枝繁叶茂。茶叶解除了乡民的病患，人们为了纪念武夷山茶树的来源，在第一棵茶树生长的岩壁上刻下"茶洞"两个大字。

其实，茶洞所产之茶之所以甲于武夷，是因为这里有茶叶生长的绝佳环境，这里高山流泉、植被茂密、迷雾沛雨、烂石砾壤、早阳多阴，是茶叶生长的洞天福地。明代《茶考》就说"武夷山中土气宜茶"，适宜的土壤，造就出武夷岩茶的优良内质。晚唐进士徐夤赞美武夷山岩茶"臻山川精英秀气所钟，品具岩骨花香之胜"，武夷岩茶独享大自然之惠泽，它奉献出独特的"岩骨花香"。清朝李卷有《茶洞作武夷茶歌》，对武夷岩茶的栽培、气候、地质、采摘、制作、冲泡、品尝以及岩茶的色、香、味、形都有极富诗意的描绘，"芳丛片甲石岩白""香比兰芬色如雪""乳花香泛清虚味，旗枪浮绿压醍醐"。明代谢肇淛亦有《茶洞》诗曰："小屋编茅竹结亭，藤床瓦鼎黑瓷瓶。山中一夜清明雨，收却先春一片青。"武夷岩茶久负盛名，从唐之煮茶、宋之斗茶、元之贡茶、明之散茶到清之乌龙、工夫茶一脉相承，源远流长，人们对茶洞作如是解说也就不难理解了。

在武夷山，茶叶的发明、种植、采摘、制作以及新品种的培育，几乎都与神话传说有关，或者说都是通过神话传说的表现方式得以保存下来。因此，这些神话传说对于武夷岩茶的研究具有重要的史料价值。如"太白工艺传后人""勤婆婆栽大红袍""白姑娘种水仙茶""罗汉有心获'鸡冠'""老伯无意得'乌龙'""秀堂巧遇不知春""神鸟送来'奇种'籽"等都是对武夷山人民精心发现、培育并保护岩茶优良品种的历史记录。

把武夷岩茶神化，无非意在说明武夷岩茶品质优异，人间罕见，疗效奇佳，赛过仙丹妙药。几乎所有岩茶神话传说都讲到岩茶神奇的疗效。同时传述岩茶与神仙之道的关系，如苦茶轻身，有助于羽化登仙。在"白姑娘种水仙茶"的神话传说里，常饮水仙茶的白姑娘和鹤哥，后来双双成仙。当然，岩茶神话，也表达人类对于天地自然无私馈赠的感恩之心，对美好生活的感悟与期望。

武夷山是国家级生态文明示范区，脍炙人口的神话传说历来就是旅游风景区世界文化遗产的重要载体，深入挖掘神话传说中的生态文化内涵，将之融入旅游产业，定能发挥其生态教育的当代价值。

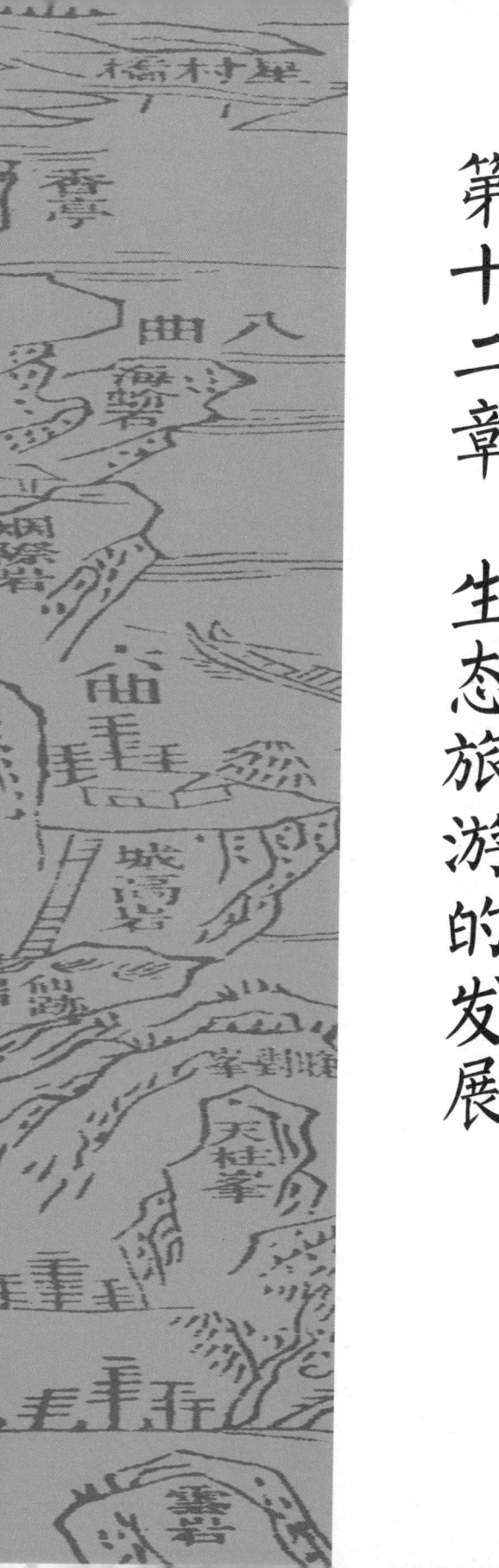

第十二章 战略选择 生态旅游的发展

武夷山是世界生物圈保护区、全球生物多样性保护区和国家级自然保护区,建立生物多样性保护和生物基因库是义不容辞的历史使命;武夷山是世界文化与自然双遗产地、国家级旅游风景区和国家公园,遗产保护和旅游观光都需要加强生态环境保护;武夷山自古就是我国著名的茶叶产区,茶叶生产对自然环境有极强的要求;武夷山是全国生态城市、生态文明和生态旅游示范区,更应当在生态文明建设方面发挥示范引导作用。因此,在创建生态文明的今天,生态旅游就成为武夷山可持续发展的必然的战略选择。

　　旅游业的可持续发展,需要对传统产业进行不断的优化、整合、转型和升级。所谓"优化",就是要不断挖掘旅游资源的文化内涵,提升旅游产品的文化附加值;所谓"整合"就是不同产业的渗透与融合,如立足生态,茶、旅融合,推动两大支柱产业可持续发展;所谓"转型"就是从自然观光到文化体验、休闲度假、生态养生旅游的不断转型和叠加发展;所谓"升级"就是从原始的人工化的旅游组织形式到网络化旅游,再到智能化旅游的不断提升的过程。

　　以下拟从生态旅游的开发原则、产业融合、产品开发、项目开发、持续发展等,谈谈自己对武夷山生态旅游的一些思考。

一、生态旅游的开发原则——真善美

旅游的本质属性是文化审美活动,应当以真、善、美为价值诉求。

近年来,随着旅游交通的大力改善和武夷山知名度的不断提升,武夷山的旅游业取得突飞猛进的发展,表现在:旅游基础设施极大改善、旅游项目日益丰富、旅游接待人数成倍增长、旅游收入明显提升。然而,旅游市场的功利主义导向和低级媚俗倾向,也导致不少问题,如生态环境的破坏、旅游资源的滥用、导游讲解的媚俗、旅游活动的功利化倾向。

武夷山是世界文化与自然双遗产地,文化遗产的保护是首要职责和历史使命,其次才是历史遗产的利用和旅游开发。文化遗产被损毁被破坏,就没有利用和开发的基础,这是不言而喻的道理。为此,提出武夷山旅游开发应当遵循的基本原则,以确保文化遗产的保护和旅游业的可持续发展。基本原则是:遗产保护要"返璞归真";文化利用要"向善审美";旅游开发要"悟道山水"。保护、利用、开发三者之间是相互依存、和谐发展的互动关系。

(一)遗产保护做到"返璞归真"

所谓"返璞",是说要回归到遗产地原始古朴的生态环境;所谓"归真"是说要保持历史文物和文化遗址的原真性。如何才能做到返璞归真呢?一是要正确处理保护与开发之间的关系;二是景区建设要严格遵循"五宜五不宜"的基本原则;三是旅游开发做到"新旧分开"和"新旧分明"。

1.正确处理遗产保护与旅游开发之间的关系

保护与开发两者之间不仅不矛盾,而且可以相互促进。要认识到文物资源是旅游开发的基石,旅游开发是文物资源经济价值的实现。文物遗址遗迹一旦被破坏和损毁,旅游开发将成为无源之水、无本之木。这就要求我们:一是处理好眼前利益和长远利益的关系。不要只顾眼前利益而忽视长远利益。文物遗产有脆弱性、历史性和不可再生性,应以长远利益为重,以眼前利益为次。武夷山是"世界生物模式标本"产地,其"生物基因库"的建立对于全人类的可持续发展都具有极为深远的影响,不能为了追求眼前的经济利益而破坏生物多样性的保护。二是处理好经济发展与文物保护的关系。既不要一味消极保护而不知积极开发利用,也不要只知开发而不知保护。文物资源与地方社会经济发展之间是本与末的关系,不应当舍本逐末。采取"转移性保护"就是兼顾经济发展和文物保护的两全之策。三是处理好社会效益与经济效益的关系。文化遗址包含特定的文化内涵和历史信息,一旦损毁就会造成文化遗产不可逆转的枯竭。必须以社会效益为重,经济利益次之。未充分认识遗迹遗址的历史和文化价值之前,不能以所谓的"修旧如旧"破坏文化遗产,更不能以拆旧建新破坏文化遗产的"原真性"价值。

2.景区建筑要严格遵循"五宜五不宜"的基本原则

杨廷宝在设计武夷山庄的建筑时提出"宜低不宜高、宜散不宜聚、宜藏不宜露、宜土不宜洋、宜淡不宜浓",这不仅是武夷山庄的基本建筑原则,也是整个武夷山景区的建筑风格。这是杨廷宝分析总结闽北古代建筑风格的基础上提出的富有历史文化内涵和传统美学特色的建筑原则,充满美学智慧。如"宜低不宜高"是因为低则不挡视线,无碍观瞻;低则亲切自然,无压抑感;低则古雅淳朴,显得轻巧。"宜散不宜聚"是因为散则通透疏朗,气韵生动;散则随形就势,景观和谐;散则虚实兼顾,留有余韵。"宜藏不宜露"是因为藏则遮丑藏秽,彰显美丽;藏则秀外慧中,外饰花草;藏则闹中取静,内敛含蓄。"宜土不宜洋"是因为土有民族风格,亭台楼榭;土有乡土风情,曲径回廊;土有古色古香,原汁原味。"宜淡不宜浓"是因为淡则清心寡欲,宜于调心;淡则返璞归真,接近自然;淡则高雅脱俗,寓目清新。杨先生提出的五宜五不宜,可谓是民族风格和中国气派的典型代表。然而近年来却出现了盲目跟风的"移植"和"模仿"的景区景点开发现象,如盲目追求西方高大、聚集、外向、艳丽和新颖的建筑风格而罔顾地域文化特色,不仅失去"差异化"的文化体验和文化参与的审美价值诉求,更因为旅游产品和旅游项目的高度"同质化"而制约了旅游业的可持续发展。

3.旅游开发做到新旧分开和新旧分明

旅游开发存在两极化的倾向,要么以保持历史文化原真性为由,消极保护,禁止开发;要么以追求时尚生活为目标,主张移植开发,拆旧建新,破坏生态和文化资源。世界遗产的文化功能分为保护、利用、开发三个层面,在处理文化保护与旅游开发、传统文化与现代利用、自然观光与文化体验等关系和矛盾时,应当坚持中国传统的价值取向和审美理念,以"处中用和"为美。文化保护与旅游开发上:一是要"新旧分开",而不要"拆旧建新"。开发符合现代时尚生活情趣的饮食、娱乐、消遣、保健项目与保护历史文化遗址遗存之间新旧分开,具体做法就是离开历史文化遗址遗存,另辟商业街。商业街的追求热闹、时尚、刺激,不影响历史文化遗址遗存的原真性和冷静、沉思、凭吊。二是要"新旧分明",而不要"修旧如旧"。修旧如旧毕竟还是假旧,而不是真旧,古董修复就是新旧分明的,可以参考借鉴。与其修旧如旧,不如修新留旧,新旧分明,保持原真性。历史的价值就在于"去伪存真",历史的真实都没有了,何谈科学性和艺术性,何来的"善"和"美"。

(二)文化利用做到"向善审美"

旅游是以旅游业为载体,以文化参与和文化体验为基本内涵的文化审美活动。"旅游"是文化审美活动,"旅游业"则是经济产业门类。一个文化,一个经济,两者有质的区别。只有适应旅游的文化审美活动,才能催生为之提供服务的旅游业,而不是反之。"旅游"是本,"旅游业"是末,两者关系不容颠倒。"旅游业"的一切经济服务活动都是为了满足或实现"旅游"的文化审美目的,而不是为了片面地追求经济利益。说到底这是一个价值取向的问题。那么,追求"旅游"的文化审美功能是否会制约"旅游业"对经济效益的诉求呢?在我看来,两者之间不仅不矛盾,相反还会实现两者的相互促进和双赢。只有坚持正确的价值导向,才能保证旅游业的健康和可持续发展。要做到"向善审美"就要做到两点。

1.切实克服旅游服务中的媚俗审丑现象

不遗余力地保护世界文化遗产,目的在于发挥文化遗产培养人的科学精神、陶冶人的高尚情操、提高人的审美能力的作用和目的,即追求真、善、美。急功近利的价值导向往往致使旅游活动中存在诸多假、丑、恶的现象,如商品交易中的制假贩假和以次充好,导游人员的低级趣味和迎合媚俗,甚至恶意宰客事件,严重影响武夷山世界遗产地的崇高形象,极大损害了旅游的文化审美功能,直接影响了旅游业的健康和持续发展。兹略举数例,以见其丑。"玉女峰"本是圣洁的标志,可是有的导游却告诉客人,因为从未有人"爬"上去过,故曰"玉女峰",这里的"爬"完全是媚俗的脏话。"叔圭精舍"书院题匾，前有抬头，后有落款，右起左落，确然无疑，有些导游硬是反过来读作"舍精圭叔"，谐音"射精龟叔"，以此媚俗。每到五曲大桥，很多导游必指"南冥靖"道教建筑，张冠李戴地大讲特讲朱熹与狐狸娘的野合故事，编排各种顺口溜，如"一等男人家外有家，二等男人家外有花"，极尽贬低文化圣人之能事，引起很多游客的鄙视。"双乳峰"和"玉女峰"一样，本来具有"自然界才是人类生命之源"的深层生态学文化内涵，但许多导游都从黄色文化的角度解读之，编排"女人的骄傲，男人的最爱，犯罪的根源"之类黄段子。九曲溪漂流中竹排工人的媚俗甚至恶俗的讲解，更是引起许多人的极大不满，有专家学者就亲口告诉我，武夷山不是世界遗产地，而是世界黄话荤段子的滋生地。导游讲解自然需要诙谐幽默，但绝不能一味地媚俗，甚至于糟蹋高雅的文化。遗憾的是我们的一些导游不以为耻，反以为荣，甚至还沾沾自喜，似乎颇有创作的成就感。这些现象应当引起旅游主管部门的高度重视，规范导游讲解词，以维护武夷山世界文化遗产崇高性和神圣性。

2.不断挖掘武夷山世界遗产的文化内涵

改革开放以来至今，旅游业的发展大致经历了三个阶段：改革开放之初到20世纪90年代为第一阶段。这一阶段的旅游活动以自然观光为主，形象地说就是所谓的"游玩山水"，主要是以满足人们的视觉审美为主要目的，其特征是旅游滞留时间短，旅游收益低；从20世纪90年代到本世纪初期是第二个阶段。这一阶段的旅游活动进入深层的文化参与和文化体验旅游，也就是常说的"文化修学"游，在"游山玩水"的同时，进一步诉诸"悟道山水"的精神审美。其特征是旅游滞留时间延长了，旅游收益也增加了；本世纪以后旅游业将进入更深层次的第三个阶段，即在"游山玩水"和"悟道山水"的基础上，还要诉诸"休闲养生"的价值追求。其特征必将是旅游滞留时间更长，旅游收益也更高。

武夷山作为世界文化与自然双遗产地，其"天人合一"的价值理念和审美情趣具有全球性的典范价值和普遍意义，更具有生态文明建设的现实意义。如生物多样性与生态平衡、生物模式标本产地与生物基因库建设、茶文化中生态环境保护与"岩骨花香"特色、朱子理学"天地万物一体之仁"的命题、佛教"众生平等"与"普度众生"的理念、道教"顺其自然"与"和谐发展"的观念等。另外，经过朱子诠释的儒家价值理念与今天提倡的社会主义核心价值观，有高度的契合性，如"厚生利用"之于"富强"，"民贵君轻"之于"民主","人文化成"之于"文明","以和为贵"之于"和谐","率性达观"之于"自由","均贫等富"之于"平等","天下为公"之于"公正","一断于法"之于"法治","尊王攘夷"之于"爱国","执事以敬"之于"敬业","无信不立"之于"诚信","仁者爱人"之于"友爱"等。所有这一切都值得我们在旅游开发和导游实践中不断挖掘,以加强旅游的文化审美功能,使游客实现其扩大视野、丰富阅历、积淀知识和提升精神境界的价值诉求,以推进旅游业的可持续发展。

(三)旅游开发做到"悟道山水"

旅游的过程是"悟道山水"即文化参与和文化体验的过程,没有文化的旅游等于行走。武夷山一茶一旅两大支柱产业,从旅游文化体验的角度看,茶文化的旅游开发应当遵循"由实到虚"的路径,旅游的文化开发则应遵循"由虚到实"的路径。茶文化已经具备"实物"载体,但缺乏对看不见的文化内涵即"虚文"的挖掘。目前茶文化旅游可谓有"茶艺"而无"茶道";文化旅游如千载儒、释、道的体验旅游,有诸多抽象的思想文化和价值理念即"虚文",而缺乏将其转化为可视、可听、可感的旅游项目和旅游产品即"实物"。亦可谓之有"文化"而乏"形象"。因此,旅游开发应当重视以下两个问题。

1."旅游六要素"不能等同于"旅游业六要素"

目前,无论是学界还是业界,都缺乏对"旅游六要素"的理论辨析和实践规范。表现在理论上,将"旅游的六要素"等同于"旅游业的六要素";表现在实践上,只有"导游"而无"导吃、导住、导行、导娱、导购",甚至在导游实践上只关注购物而不关注导游。出现这种概念混用和行为错乱,从理论上说是缺乏对"旅游"本质属性的认识,不是将旅游的本质属性认作文化审美,而是混同于旅游业的经济牟利,根本上说是急功近利的价值导向使然,因此才会出现实践上的只"导购"(即诱导消费,非文化审美意义上的导购)而不"导游"(文化审美意义上的导游)。总之,今天广泛使用的"旅游六要素"恰恰是在"经济学"的范畴下使用这一概念的。这样不仅有损于"旅游"的文化审美,也必然影响"旅游业"的可持续发展。只有不断开发出具有地域文化特色和文化审美功能的旅游项目和旅游产品,才能保证旅游业的可持续发展。没有地域文化特色和文化审美功能的吃、住、行、游、购、娱,只能是"旅游业的六要素"而非"旅游的六要素"。

2."旅游六要素"是文化体验和文化审美的载体

本书对"旅游六要素"的定义是"具有地域文化特色和文化审美功能,并成为文化参与和文化体验对象或载体的六种旅游客体"。缺乏地域文化特色和文化审美诉求的简单的"吃、住、行、游、购、娱"都不能认作"旅游六要素",而只能是"旅游业六要素"。兹以武夷山世界双遗产地的旅游开发为例来说明。

吃:仅以满足食欲为目的的饮食行业的吃,不能算是文化体验意义上的旅游要素。诚然,旅游离不开吃喝,但要吃出地方文化品位才符合旅游文化审美的本质规定。试想四川游客来到武夷山吃麻辣小面,陕西游客来到武夷山吃羊肉泡馍,广东游客来到武夷山吃海鲜,能算是文化体验吗?显然不是。到武夷山品尝到独具地域文化特色的"茶宴""蛇宴""文公宴"等才算是文化体验,也才有文化审美价值。

住:仅以满足休息为目的的宾馆业的住,也不能算是文化体验意义上的旅游要素。诚然,旅游离不开住宿,但要住得有地域文化特色。如果来到武夷山住的都是西方式的玻璃幕墙式的高、大、上的宾馆酒店,这是文化体验吗?显然不是。但如果是以"无宜五不宜"的建筑风格而建成的园林庭院式的宾馆如武夷山庄之类,或者茶文化、朱子文化主题酒店之类,就非常适合于为游客提供武夷山民居建筑和地方文化的审美体验。因为建筑是凝固的文化,和饮食文化一样,是体验中国传统文化的重要手段和载体。

行:仅以满足旅行为目的的交通线路,也不能算是文化体验意义上的旅游要素。武夷山作为世界文化与自然双遗产地,将生态环境保护、休闲养生旅游和旅游交通开发有机结合,开发出的"岩骨花香"(茶文化)漫游道、"绿野仙踪"(遗产文化)漫游道和"滨溪观光"(休闲文化)漫游道,就将生态、休闲、养生和文化体验有机融为一体。最有特色的当然要算是集生态、观光、休闲、养生、悟道为一体的水上旅游线路即九曲溪竹筏漂流的开发,将自然遗产的万古山水茶和文化遗产的千载儒释道融为一体,为游客提供了绝佳的文化体验载体。

游:仅以满足视觉审美为目的的旅游,也不能算是完全意义上的旅游要素。山水观光是一次游,文化体验才是多次游和回头游。如九曲溪竹筏漂流,不仅"游山玩水",还要引导"悟道山水",才会有深度的"智动仁静"的文化体验。同样,"岩骨花香"漫游道,不仅体验茶饮文化,还要引导游客体验绝佳的生态环境,这样才能对武夷岩茶"岩骨花香"的独特品质有深刻的理解。"绿野仙踪"漫游道,不仅欣赏山清水秀,还要引导游客体验武夷山的生物多样性等生态文化。

购:仅以满足日用生活品购买为目的的购物,也不能算是完全意义上的旅游要素。还要开发诸如"朱子孝母饼""云门竹筒茶""凤凰蛋"及蛇保健品、武夷山竹雕等具有地方文化特色的旅游纪念品,才能引起游客对武夷山理学忠孝文化、佛教禅宗文化、道教养生文化、生态养生文化和武夷地域艺术文化的旅游审美。

娱:仅以单纯满足身心娱乐目的的娱,也不是完全意义上的旅游要素。武夷山目前开发较好的娱乐项目是"印象大红袍"和各式茶文化节以及斗茶表演,集中在"万古山水茶"上,"千载儒释道"的开发相对不足。主要是没有找到合适的载体。其实这个载体就在身边,而且能将"万古山水茶"和"千载儒释道"高度融合,比如说茶馆文化。茶馆可依山傍水而建,赏心悦目,一杯清茶可以悟道,可以明理,可以参禅。集山水、休闲、养生、娱乐、交游、论道和茶文化为一体的综合性的"茶馆文化"应当成为武夷山积极开发的旅游项目。

总之,"旅游六要素"应当是地域文化的载体和展示,应当具有文化审美的价值诉求。背离这一宗旨,只能是"旅游业六要素"而不是"旅游六要素"。

遗产保护做到"返璞归真",文化利用做到"向善审美",旅游开发做到"悟道山水",这三项原则与保护、利用、开发之间是相互依存、相互促进、和谐发展的互动关系,正确处理好三者之间的关系,不仅能够实现旅游的文化审美价值,也必将推动武夷山旅游业的可持续发展。

二、生态旅游的产业融合——茶旅融合

武夷山自古就是中国的茶叶主产区和贡茶产地,又是国际著名的风景名胜区和旅游城市,茶产业和旅游业也是武夷山的两大支柱产业。因此,"茶旅融合"就成为武夷山产业融合的生态旅游开发的基本模式。立足于生态环境保护,致力于茶旅融合,不断提高武夷山茶产业和旅游产业

的文化附加值,从而实现两大支柱产业的可持续发展,可遵循以下基本思路和具体做法。

(一)转变思想观念　改变发展模式

近年来,武夷岩茶备受业界关注,市场价格也翻番上涨,于是有人认为这就是"大红袍"品牌营销策略的巨大成功。但"大红袍"有三重内涵:一是历史文化名茶的大红袍,即生长在武夷山九龙窠崖壁的六棵母树(据说已有三百五十多年的历史);二是作为品种的大红袍,是从六棵母树大红袍剪枝扦插成功的优良品种;三是将各个品种的茶业,根据不同的口味进行匹配而成的作为商标的大红袍茶。追求商标大红袍茶,导致盲目扩大种植面积,破坏生态环境的非理性行为。武夷山岩茶备受世人关注,价格翻番上涨,是因为绝佳的生态环境赋予武夷岩茶以"岩骨花香"的独特品质,是世界文化遗产赋予武夷岩茶以文化附加值,正所谓"饮以养贵""茶以文名"。

推行"大红袍"品牌营销战略,在短时间内的确提高武夷岩茶的知名度。但在旅游几乎成为每一个人的生活方式即大众旅游的今天,其局限性和负面作用也将日渐呈现。市场调研发现:大红袍为稀有品种,而全国市场都在热卖,客人会误认为大红袍茶叶大多都为假货;大红袍茶叶非常珍贵,是贵族消费的高端茶,非一般老百姓所敢奢望者。两种结果都影响了武夷岩茶的市场销售。

武夷岩茶的营销战略应当在历史文化名茶"大红袍"品牌的基础上,突出"岩骨花香"的"岩茶"品牌战略,两者并行不悖,相得益彰。前者旨在提高武夷岩茶的知名度,后者旨在揭示武夷岩茶的生态价值和养生功效。

近年来,武夷山的旅游发展模式几乎还停留在初级的休闲观光游阶段,还没有真正体验到文化修学游。只实现"万古山水茶"的世界自然遗产游,还没有过渡到"千载儒释道"的世界文化遗产旅游,即使是山水茶的休闲观光游也没有深入悟道山水茶的深层次的文化审美。

武夷山的旅游业亟待实现由休闲观光游向文化修学游的模式转变。考虑到世界遗产的生态保护,旅游开发还应当遵循以"项目开发为主,景点开发为辅"的原则,不用盲目增加旅游景点,而是不断丰富旅游项目。景点的增加无疑会造成对生态环境的破坏。武夷山世界文化遗产博大精深,源远流长,是中国传统文化的集中体现,其忧国忧民的忧患意识、崇高伟大的人格理想、理性自觉的学术承担、文化传承的历史使命、开宗立派的创新精神、与时俱进的现实关怀等精神内涵,无疑也是构建社会主义和谐社会和推行可持续发展战略的珍贵的思想资源。所以,武夷山世界双遗产地是最具有开发价值的文化修学游的胜地。

(二)茶旅有机融合,实现持续发展

武夷山是全国著名的茶叶产区,又是著名的世界双遗产地和国际旅游城市,以茶为媒,将世界双遗产作为旅游资源,开发为旅游项目,就能在既不盲目扩大茶叶种植面积,又不盲目增加旅游景点,亦即在保护生态环境的基础上,实现两大支柱产业的有机融合,促进两大支柱产业的可持续发展。这样做,一方面,可以"以旅显茶",通过各种旅游活动,彰显武夷山茶文化的思想内涵,提高武夷岩茶的品位和文化附加值;另一方面,又可以"以茶促旅",富有地域特色的茶文化不仅可以丰富旅游活动的内涵,又可以形成茶叶产区的旅游特色。茶、旅有机融合,产业良性互动,实现两者的可持续发展。

这里所说的茶产业已经不是单纯销售初级产品的传统意义上的茶产业,而是致力于茶旅融合、文化体验意义上的茶产业,亦即茶文化产业,比如说"印象大红袍"大型山水实景演出就是成功的范例。这里所说的旅游也已经不是以单纯休闲观光为主、以直接消费山水自然资源为手段的传统旅游,而是以旅游业为载体,以文化体验和文化参与为基本内容,以异时空的文化审美为价值诉求的文化活动。对于这一点,传统观念的转变就显得尤为重要。作为茶文化产业的武夷岩茶,在茶、旅融合之中,茶道完全可以充当旅游文化审美和旅游文化体验的载体,揭示武夷茶道中的佛教文化、道教文化、理学文化、历史文化、文学艺术、政治文化、民俗文化、养生文化、书院文化、神话传说、生态文化内涵,从而达到品茶参禅、品茶悟道、品茶明理、品茶说史、品茶说情、品茶论政、品茶说俗、品茶论养、品茶说书、品茶传奇、品茶论生的文化审美和价值诉求。

具体设想是,在武夷山的各种旅游活动中,以茶为媒,进行文化体验和文化参与,从而深化旅游活动的文化内涵,举例如下:

在天心寺和瑞岩寺等地,开展扣冰古佛、超全禅师、道谦禅师等高僧大德的佛学寻踪之旅和学术讲座,以禅茶为媒,如扣冰古佛创制的"云门竹筒茶",茶僧培植的"寿星眉""莲子心""凤尾龙须"等著名佛教名茶,以

此揭示佛教文化中清、净、俭、和的宗教精神和思想境界,实现"佛以治心"的价值诉求。

在止止庵和桃源洞等地,开展彭祖、武夷君、白玉蟾、吕洞宾等神仙道士的道学寻踪之旅和道学讲座,以茶为媒,如白玉蟾、吕洞宾培植发明的"白鸡冠"和"洞宾茶"等著名道教名茶,揭示道茶文化中不欲以静、生态养生和苦茶轻身换骨的养生文化内涵,实现道教"道以治身"的价值诉求。

在武夷书院和朱子故居等地,开展朱熹、蔡元定、杨时、游酢等理学家的理学寻踪之旅和理学学术讲座,以茶为媒,如朱子常常在授徒讲学过程中借茶喻理,品茶明理,揭示朱子理茶文化中以理节欲、中庸和谐、勤俭廉洁和无私奉献的哲学思想与人生追求,实现理学"儒以治世"的价值诉求。

在柳永纪念馆和宋街等地,开展陆游、辛弃疾、柳永等著名诗人词家文学寻踪之旅和文学学术讲座,以茶为媒,如陆游、辛弃疾、柳永等人都有大量的咏茶诗,以此揭示文学家们跌宕起伏的文学生涯和丰富多彩的情感世界,实现"品茶说情"的文化诉求。

在高尔夫酒店和悦华酒店等地,开展丰富多彩的饮食文化活动,集中展示诸如彭氏家宴、朱子家宴、佛教素食、道教素食、民间小吃、地方特产,尤其是富有武夷地方特色的"茶宴""笋宴""蛇宴""菇宴"等饮食文化,饮食文化中的"饮"就当以茶为主,揭示饮食文化中养生与修德并重的文化内涵,实现"饮和食德"的价值诉求。

……

总之,只要我们不断挖掘武夷山茶文化和其他文化遗产历史悠久、博大精深的文化内涵,致力于茶产业和旅游业的有机融合,就能实现经济效益、文化效益和生态效益的有机统一与和谐发展,不仅能推动武夷山茶产业和旅游业的良性互动和可持续发展,也一定能够保护好茶、旅两大支柱产业赖以生存的自然生态环境。

三、生态旅游的项目开发——多层叠加

生态旅游的项目开发,以武夷山国家级旅游度假区为例说明之。武夷山早在1995年就被确定为中国第一批国家级旅游度假区。旅游度假

区如何发挥自己的优势,实现可持续发展,应当在了解旅游业发展趋势的基础上,充分发挥多元化的开发思路,做到旅游资源的开发和利用的效益最大化。

(一)追随旅游业的发展趋势

二十世纪九十年代,国务院批准的第一批共十二个国家级旅游度假区。当时十二个国家级旅游度假区都肩负着多功能旅游开发试点的任务。这十二个度假区即辽宁大连金石滩国家旅游度假区、上海佘山国家旅游度假区、江苏苏州太湖国家旅游度假区、无锡太湖国家旅游度假区、浙江杭州之江国家旅游度假区、福建武夷山国家旅游度假区、湄洲岛国家旅游度假区、山东青岛石老人国家旅游度假区、广东广州南湖国家旅游度假区、广西北海银滩国家旅游度假区、海南三亚亚龙湾国家旅游度假区和云南昆明滇池国家旅游度假区。第一批国家级旅游度假区多为滨海型度假区,具备明媚的阳光、清澈的海(湖)水和干净的沙滩,能同时满足养生、娱乐和休闲的功能。

武夷山与其他度假区相比较,几乎是唯一内陆型的度假区,但也是文化内涵最为丰富的国家级度假区,这里除了山清水秀、阳光明媚、气候宜人、植被茂密、空气清新等适宜休闲养生度假的优美的自然风光和绝佳的生态环境以外,还有被誉为"道南理窟""洞天福地"和"佛国僧乡"的历史悠久、积淀丰厚的儒释道三教文化遗产,闽越王城和悬棺葬代表的历史考古文化遗产,有第一个国家级非物质文化遗产和第一个国家级茶文化艺术之乡的丰厚的茶文化,之后不久武夷山又被世界遗产委员会批准为"世界文化与自然双遗产地",武夷山将世界双遗产的基本内涵概括为"千载儒释道,万古山水茶"。

武夷山国家级旅游度假区规划面积为十二平方公里,分为五大功能区,即旅游接待区(为游客提供吃、住、行、游、购、娱等综合服务)、休闲度假区、高尔夫度假区、综合娱乐区、特色游览区(包括河滨公园区、武夷植物园、民俗风情、武夷文化博览区、中医康复区、乡村集市风貌区、观景园区、水上活动区、山地公园等)。从功能看,体现当时国家设置度假区时提出的"综合性开发"的开发思路。从开发结果看,由于缺乏对旅游业发展趋势的动态研究,前期的休闲、度假、养生的功能没有得到充分的发展,后期由于基础设施没有跟上,加之缺乏明确的开发思路,休闲、度假、养生的功能亦未得到有效的开发。

改革开放以来,国内旅游模式出现两次重大转变:一次是二十世纪九十年以来从自然观光模式向文化体验模式的转变;另一次则是本世纪以来从文化体验模式向休闲养生模式的转变。这说明随着人们物质生活的提高和休闲时间的延长,人们的旅游市场需求也日益多元化了。旅游度假、休闲养生成为旅游业发展的新趋势。如何进一步开发武夷山国家级旅游度假区,使其不断满足日益增长的休闲、养生、度假的旅游市场需求,我们提出旅游资源多功能叠加的开发模式。

(二)旅游资源的多功能叠加发展模式

旅游业的这种转化表现在旅游过程中就是散客越来越多、品位越来越高、个性越来越强、时间越来越长、兴趣越来越广等特征和对闲适、清静、安逸、养生等休闲养生度假元素的向往与诉求,这也正是我国及时提出创建国家级旅游度假区的时代背景。

旅游业的这种转变对于旅游景区和旅游项目的开发而言,旅游业的发展是旅游资源功能的叠加式发展,不非替代式的发展。随着旅游业的不断发展,原有的自然观光和文化体验游已经不能满足人们日益增长的旅游市场需要了,要在原有的基础上,重新整合旅游资源,开发新的旅游项目。比如,同样的一条九曲溪,二十世纪九十年代之前,基本只具有观光旅游的功能,通俗地讲就是所谓的"游山玩水",二十世纪九十年代之后,随着文化热的兴起,文化体验旅游也悄然兴起,九曲溪不仅具有观光旅游的功能,而且有文化体验的功能,在"游山玩水"的基础上,增加"悟道山水"的功能,本世纪之后,休闲养生旅游又成为新的旅游热点,九曲溪在"游山玩水"和"悟道山水"的基础上,增加"生态养生"的旅游功能,总之,旅游的发展就是旅游资源被不断挖掘和不断开发的过程。

国家旅游度假区指符合国际度假旅游要求、以接待海内外旅游者为主的综合性旅游区。旅游度假区兼具旅游与度假的双重功能,其开发模式既要具备旅游的吃、住、行、游、购、娱六大要素,又要具备休闲养生度假的闲适、安逸、清静、养生(即闲、静、逸、养)的基本功能。武夷山市政府2007年提出把武夷山打造为"国际休闲养生度假区"的发展目标。2008年,中国旅游协会休闲度假分会秘书长魏小安在武夷山"休闲养生文化论坛"上发言说:"我很羡慕生活在武夷山的人们,所谓山水养生、森林养眼、宗教养心、修炼养气、文化养神、运动养性、物产养形、气候养颜、学习养成、生活养情,这'十养'武夷山全都符合。"他希望武夷山继续把养生作为旅游产业发展的重要主题,建设成世界一流的休闲养生旅游目的地。可见,广义的养生不仅包括物质层面的养生,还包括精神(或文化)层面的养生,是养形与养神的统一。

武夷山不仅山清水秀、风景独绝、生态绝佳,而且历史悠久、文人荟萃、文化积淀深厚,是世界自然与文化双遗产地。此外,武夷山还是全球生物多样性保护区之一、世界生物模式标本产地、全球保持良好生态环境的重要区域,同时又是国家级旅游风景区、国家级自然保护区、中国唯一的茶文化艺术之乡、全国生态示范典型城市、首批全国智慧旅游试点城市等等。武夷山具有创建国际休闲养生度假区的得天独厚的自然和文化资源。

国外尤其是西方国家旅游度假区的开发,无论是理论研究还是实践运作,都能较好地体现旅游与度假两者的有机结合,这当然与其拥有辽阔的国土资源和返璞归真的后现代的生活情趣有关,也与其开发历史悠久和经验成熟有关。

国内旅游度假区的开发与运营,无论是空间、时间、类型、功能、产品的开发模式,还是市场、投资、营销、管理、服务的运营模式,都存在较严重的偏颇现象。表现出重游览轻度假、重热闹轻清静、重功利轻闲适、重开发轻保护、重综合轻个性、重现代轻传统、重旅游轻娱购、重景点轻项目的开发缺陷。这当然与我国人多地少的资源短缺和热闹繁华的现代化的生活情趣有关,也与我们开发历史较短和经验不成熟有关。

武夷山作为首批国家级旅游度假区,它不同于海滨型、湖泊型、城郊型、遗址型、民俗型等旅游度假区,而是世界遗产型的旅游度假区。世界遗产首先重视环境保护,其次倡导生态教育,最后主张旅游开发,这不仅是世界遗产地的历史责任,更是全人类可持续发展的必然要求。怎么才能实现环境保护、生态教育和旅游开发的协调发展,我们提出生态化的开发模式。

(三)旅游项目开发的多元思维模式

所谓生态开发模式,就是在生态保护的基础上,推动旅游业可持续发展的旅游开发模式。就武夷山世界遗产地而言,这种开发模式会涉及开发管理的思维模式、资源的可持续利用模式、旅游文化的审美体验模式和地方产业的协调发展模式等。兹分述如下。

1.开发管理的生态思维模式

生态旅游开发是将自然与人文环境的保护作为前提,合理发展旅游业规模,尽可能维护生态系统的完整性,实现保护性开发和生态化管理。如既能实现文物的转移性保护,又能增加度假区的旅游项目的文物集中馆藏展览方式,包括诸如朱子理学、岩茶文化、古遗址文化等,实现室内与室外、自然与人为、集中与分散、馆藏展览与实景体验相结合的开发与管理模式,从而实现度假区的保护性开发和生态化管理。

2.旅游资源的持续利用模式

目前国家级旅游度假区强调多功能综合开发模式,时、空布局高度密集,不留余地,既破坏了原有景观、生态和生活风貌,又不能突出地域特色和文化个性,更缺乏资源的可持续性利用。武夷山度假区的开发可以借鉴中国书画的留白手法和古代建筑的借景手法,提倡体现古朴原始建筑风格和返璞归真的生活情趣。如武夷山度假区与国家级旅游景区一溪之隔,与国家级自然保护区近在咫尺,可以确立资源共享、功能互补、循序渐进、留有余地的开发思路。必要时,空间布局还可做减法,清除不必要的建筑物,留出足够的空间植树造林,引进水景。

3.文化审美的特色体验模式

根据地方特产和地域文化特色打造武夷山休闲度假旅游品牌,构建武夷山世界遗产地旅游度假区的文化审美体验。使度假区能够做到:(1)吃有品位——设计诸如九曲流水宴、幔亭招仙宴、天心明月宴、品茶味道宴、朱子八卦宴、彭祖长寿宴、龙凤呈祥宴等特色宴席及其菜点;(2)住有风格——创建外部建筑、内部装修和周边环境都能体现地域文化特色的主题宾馆和酒店;(3)游有学养——开辟文化游学专线,如九曲溪山水悟道游、三坑两涧茶文化体验游、保护区生物多样性考察游、农家田园风光休闲游、古村落民俗风情参与游等旅游产品;(4)娱有风情——设计茶博园的斗茶表演、闽越王城的风情表演、风情商苑的地方歌舞、蛇博园的驯蛇表演等丰富度假区夜生活项目;(5)购有特产——打造武夷山的云门竹筒茶、竹刻制品、生态红菇灵芝、系列蛇产品、武夷三雕等地域特色旅游商品,形成旅游纪念品的购物市场;(6)行有养生——充分利用武夷山山清水秀、空气清新、植被茂密的生态资源优势,配合游学体验,开辟各种游步道、保健养生园、户外静养场、负氧离子吸纳区等,既可保护生态环境,又能实现养生诉求的休闲度假旅游产品。

4.地方产业的旅游开发模式

旅游度假区开发只有与地方产业保持同步协调发展,才具有可持续性。茶产业和旅游业是武夷山两大支柱产业,两大支柱产业的可持续发展不能再走以牺牲生态环境为代价,盲目扩大种植面积、增加旅游景点的外延式的发展道路。提倡走立足生态、茶旅结合、相互彰显的内涵式的发展道路,研究以旅游彰显茶文化的丰富内涵,提高旅游与茶产业文化品位和附加值的、与地方产业相兼容的旅游度假区开发管理模式;设计以品茶体现旅游的地方特色,丰富茶色品种,开发诸如品茶说史、品茶明理、品茶味道、品茶参禅、品茶诉情、品茶论文、品茶观俗等独具特色的旅游项目,构建以旅显茶、以茶促旅,实现茶、旅良性互动,推动两大支柱产业的可持续发展的度假区开发管理模式。

武夷山国家级旅游度假区的生态开发模式,不仅有利于世界遗产的保护和可持续利用,而且随着人类进入生态文明的历史时期,不仅国内传统文化复兴,国学炽热,西方国家更是掀起寻求东方智慧、化解日趋严重的全球性生态危机的文化热潮。因此,武夷山国家旅游度假区也必将成为国际生态文化体验游学圣地,成为东西方文化交流和对话的平台。

四、生态旅游的产品开发——多元交叉

目前旅游模式已经由浅表的、以感官刺激为主要特征的观光旅游模式,发展为深层的、以文化体验为主要特征的文化游学模式,适应这一旅游模式的转变,武夷山景区应当加强深度旅游开发模式的研究,以适应市场变化,推动旅游业的可持续发展。

(一)武夷山的旅游开发现状

目前武夷山的旅游基本上还停留在观光旅游模式上,表现在世界双遗产地的"千载儒释道,万古山水茶"只开发"万古山水茶"的自然遗产,

"千载儒释道"的文化遗产的开发还处于附属地位。从旅游六要素(即吃、住、行、游、购、娱)角度看,侧重于狭义的"游"的开发,而对"吃、住、行、购、娱"的开发则相对不足。因此,表现在旅游滞留时间上,基本上是一天半到两天,游程的安排也是以"万古山水茶"为时序展开的,即上午游山(攀登天游峰),下午玩水(漂流九曲溪),第二天上午喝茶(参观大红袍),下午自由活动购物。虽然武夷山近年来开辟了"印象大红袍表演"等文化娱乐项目和"岩骨花香漫游道"等休闲养生项目,但还远远不能适应目前旅游业迅猛发展的趋势。

(二)武夷山的旅游资源赋存

武夷山是世界文化与自然双遗产地,有极为丰富的旅游资源赋存,几乎涉及自然、社会、人文三大科学的所有一级学科,如自然科学的地理学、地质学、气象学、生态学、生物学等,社会科学的历史学、政治学、管理学、法律学、经济学等,人文科学的伦理学、心理学、美学、艺术学、宗教学等,仅各级各类文化遗产就目前初步统计就有五百到六百种之多,能满足各类游学群体的旅游诉求。进一步加强市民文化素质的提升,对各类旅游资源进行充分开发,将来理想的旅游状态应该做到"处处都是景点,人人都是导游"。

(三)"4×6×X"的旅游产品开发模式

适应文化修学游的深度旅游的需求,兹提出"4×6×X"的深度(或细化)旅游开发模式,"4"即文化结构的四个层面(观念文化、制度文化、行为文化、物质文化);"6"即旅游六要素(吃、住、行、游、购、娱。当然随着旅游业的发展,还可以将六要素扩展为更多的要素);"X"即某种文化类型,如茶文化、朱子文化、道教文化、佛教文化、生态文化、民俗文化、山水文化等,相互结合,对旅游资源进行系统的深度开发。兹以茶文化的开发为例说明如下:茶文化若从"吃"的要素进行开发,就有商品茶、茶宴、茶点、茶养生保健品的开发等;若从"住"的要素进行开发,就有茶文化主题酒店的开发等;若从"行"(这里的"行"既可指行为文化如民俗活动等,亦可指旅游线路)的要素进行开发,则有民俗文化的斗茶、品茶、茶俗、茶礼的展示开发,也有"岩骨花香"慢游道的开发等;若从"游"(这里的"游"指旅游六要素中狭义的旅游项目而言)的要素进行开发,就有茶博会、"岩骨花香"

茶生态和茶养生旅游、非物质文化遗产的制茶过程和技艺体验游的开发等；若从"购"的要素进行开发，就有各类富有地方文化特色的旅游纪念品的开发，如桔柚茶、云门竹筒茶、凤凰蛋等；若从"娱"的要素进行开发，就有"印象大红袍"、"水秀"、茶歌舞、茶戏曲的开发等。茶文化的旅游开发可以物质层面的茶来体现行为、制度和观念层面的茶文化内涵。其他诸如山水文化、生态文化、朱子文化、宗教文化、历史文化等的开发亦复如此。

总之，武夷山旅游资源的深度开发模式，既是世界双遗产地开展文化修学游的必然要求，也是旅游可持续发展的必然要求。如果遵循"4×6×X"的旅游开发模式对景区资源进行系统的深度开发，必将极大满足日益发展的旅游市场的需求。

五、生态旅游的发展模式——保护开发

世界遗产地的旅游开发引起产、学两界的广泛关注。遗产保护和旅游开发是本与末、体与用的关系，正确处理两者之间的关系，不仅能推动旅游业的可持续发展，而且能促进世界遗产的开发利用并实现其文化审美价值。要实现遗产保护与旅游开发的良性互动，其旅游开发只能是生态旅游的开发模式。兹以武夷山世界双遗产为例，在界定生态旅游定义及其文化内涵的基础上，提出内涵式、层次性、体验性和审美性等开发原则，以期实现生态旅游与遗产保护的双赢局面。生态旅游的本质界定及其基本内涵生态旅游的科学界定，是生态旅游开发的理论基础。

(一) 生态旅游的本质界定

旅游是借助于旅游业而实现的、以文化参与和文化体验为基本内涵的、异时空的文化审美活动。这个定义包含三个层面的内涵：(1)旅游不同于旅游业，旅游是文化审美活动，而旅游业则是经济活动，但旅游文化审美的实现得借助于旅游业这个载体；(2)旅游文化审美的具体方式是文化参与和文化体验，即旅游项目或产品必须具有参与性和体验性；(3)旅游文化审美的对象具有异时、空的性质，即要么是古代、近现代的，要么是异域他乡的,这样才具有体验性。

　　据此,生态旅游可以界定为:生态旅游是以旅游目的地的生态文化资源为旅游吸引物,以生态学的方法(整体性、循环论、平衡观等)开发的旅游项目或产品,通过文化参与和文化体验实现生态审美诉求的文化活动。生态旅游应当分为狭义的生态旅游和广义的生态旅游两种,狭义的生态旅游是以生态文化资源为吸引物的旅游,广义的生态旅游则是以生态学的方法开发、组织和管理的旅游,后者代表了进入生态文明历史时期旅游业发展的基本趋势。

(二)生态旅游的基本内涵

　　回顾"生态旅游"的提出和发展,更能看清生态旅游的本质界定。"生态旅游"这一术语,最早由世界自然保护联盟于1983年首先提出,1993年国际生态旅游协会将其定义为:具有保护自然环境和维护当地人民生活双重责任的旅游活动。生态旅游的内涵更强调的是对自然景观的保护,是可持续发展的旅游。

　　生态旅游经过几十年的良好运作(平均年增长率为20%),生态旅游被定义为以可持续发展为理念,以保护生态环境为前提,以统筹人与自然和谐为准则,并依托良好的自然生态环境和独特的人文生态系统,采取生态友好方式,开展的生态体验、生态教育、生态认知并获得身心愉悦的旅游方式。

　　因此,生态旅游应当包括两大内涵:一是回归大自然。即到生态环境中去观赏、旅行、探索,目的在于享受清新、轻松、舒畅的自然与人的和谐气氛,探索和认识自然,增进健康,陶冶情操,接受环境教育,享受自然和文化遗产等;二是生态系统的良性运转。不论是生态旅游者,还是生态旅游经营者,甚至包括得到收益的当地居民,都应当在保护生态环境免遭破坏方面做出贡献。也就是说,只有在旅游和保护均有保障时,生态旅游才能显示其真正的科学意义。简单地说,在大众旅游日益发展的今天,生态旅游应当成为一种返璞归真的生活方式和生态文化的保护运动。

(三)生态旅游的国家标准

　　国家为了进一步规范生态旅游,提出生态旅游的国家标准。作为世界文化与自然双遗产地,按照"世界遗产名录"所述,武夷山具备生态旅游资源的全部国家标准,主要表现为以下四个方面。

1.生物的多样性

武夷山"具有世界同纬度带现存最典型、面积最大、保存最完整的中亚热带原生性森林生态系统",是"全球生物多样性保护的关键地区"和"尚存大量古老和珍稀濒危物种的栖息地",生产者、消费者和分解者之间形成相互依存、自我调节的完整的生态系统。

2.资源的丰富性

武夷山不仅具有极为丰富的自然生态资源,而且具有极为丰富的人文生态资源。武夷山"是山与水完美结合,人文与自然有机相融",不仅资源结构合理,而且规模较大,丰度较好。

3.价值的独特性

武夷山的自然风光独树一帜,武夷山九曲溪景观属于"独特、稀少和绝妙的自然现象、地貌或具有罕见的自然美地带";武夷山的"架壑船棺"是世界悬棺葬的鼻祖;占地48万平方米的闽越王城遗址,是"消逝三千多年的古文明和古文化传统习俗的独特的实物见证";朱子理学代表具有普遍意义的传统民族精神,影响远及东南亚以及欧美诸国,亦为"一种已消逝的文明或文化传统提供一种独特的见证"。

4.环境的优良性

武夷山"是保持良好生态环境的重要地区",联合国世界遗产专家莫洛伊博士给予高度评价"武夷山是人类永续利用自然资源的永久象征",武夷山的生态环境具有未受人为破坏的原始纯真的性质。

武夷山早在2013年就被国家旅游局公布为国家生态旅游示范区,2020年3月,武夷山又被列入国家公园体制试点,明确其遗产保护与游憩功能,这为武夷山的生态旅游奠定了体制基础和提供了政策依据。

(二)生态旅游是世界双遗产地的必然选择

1.遗产保护是生态旅游的根本保证

"游"如逆水行舟,不"保"则退!国内诸多世界遗产的申报,其主体不是文物部门,而是旅游集团公司,这个事实告诉我们,遗产申报的直接目标不是文化保护,而是旅游开发。这种极端功利主义的遗产观,已经使得许多世界遗产地的生态环境遭到很大的破坏,有的地方甚至受到国家文物部门的黄牌或红牌警告。文化和自然遗产若不能得到很好的保护,甚至出现严重的破坏,生态旅游将成为无源之水,无本之木,旅游的可持续发展也将难以为继。为此,《世界遗产公约》及其相关组织,不仅提出遗产保护的若干法律法规,而且对遗产保护的重要意义也做了明确的说明。

世界自然遗产保护的意义在于:一是保底,即保护自然本底。如武夷山作为世界双遗产地,其生态环境具有未受人为破坏的原始纯真的性质。建立武夷山国家级自然保护区的目的就在于保护自然本底,为今后利用、改造自然提供应当遵循的途径,为人们提供生态评价标准,亦可以预计人类活动将会引起的后果。二是存种,即建立生物基因库。如武夷山目前发现的世界生物模式标本,即武夷山特有种就有1000多种,为全人类的可持续发展保存了大量古老、珍稀和濒危物种,武夷山自然保护区的历史使命之一就在于建立生物基因库,储备生物物种,为濒危物种提供庇护所。三是科教,即开辟科研、教育基地。这也是《世界遗产公约》明文规定的重要内容,利用完好的生态环境,使之成为开展科研和教学,研究各类生态系统自然规律、研究物种生态特性的重要基地,也是观察生态系统动态平衡、取得监测基准的地方。四是审美,保留自然界的美学价值。自然界的美景是人类健康、灵感和创作的源泉。

世界文化遗产保护的重要意义:一是人类历史文化的载体,是人们认识历史文化的无比珍贵的教科书。我国历史悠久,文化遗产丰富多彩,独特多样。为我们提供了研究我国统一多民族国家形成和发展历程的最可靠的实物资料。从众多世界文化遗产中,人们不仅能探寻历史的踪迹,认识历史的原貌,还能受到中华传统文化的熏陶,增强民族的自豪感和自信心。因此,我国的世界文化遗产,也就成为提高人文素养、弘扬民族精神、培养爱国主义情怀的最好教科书。二是不同民族和国家进行文化交流的宝贵资源。世界各个民族、各个国家的发展道路各不相同,他们的文化各有特色,从而构成世界文化的多样性和丰富性。在全球化趋势日益加强的今天,世界文化遗产就成为各个民族互相沟通、互相尊重、互相学习、互相补充的绝好教材。三是进行学术研究,尤其是历史、文化、民俗、宗教和民族学研究的重要资源。例如武夷山的闽越文化(悬棺葬和闽越王城遗址)的考古是研究历史文化、民俗宗教的第一手珍贵资料,武夷山的朱子理学研究更是成为东、西方文化的交流和对话的重要平台,武夷山儒、释、道三教的相互吸收借鉴、和谐共处和协调发展为当代和谐社会的建立提供了重要的文化资源和精神价值。

2.旅游开发是遗产价值的实现方式

世界遗产文化具有全球范围的典范价值和普遍意义,如武夷山不仅是世界文化与自然双遗产地(1999年),还有国家级自然保护区(1978年)、全国典型城市生态示范市(2005年)、全国唯一的国家级生态示范区(2016年)、国内仅有的两个生物多样性保护的关键地区之一(1992年)。设立世界遗产地的目的,首先是保护,其次是教育,再次是利用和开发。如果仅仅强调遗产文化的保护而忽视遗产文化的旅游开发,将其束之高阁,无疑将失去遗产文化的科学、历史和艺术价值。旅游是文化审美活动,但需要有生动、形象、直观的平台——这就是各种形式的旅游项目和旅游产品,这样才能在文化参与和文化体验中实现其生态教育和生态示范的审美价值,并推动地方社会、文化、经济的可持续发展,关键是处理好旅游开发与遗产保护的关系。

如前所述,保护与开发两者之间不仅不矛盾,而且可以相互促进。要认识到文物资源是旅游开发的基石,旅游开发是文物资源价值的实现方式。文物遗址遗迹一旦被破坏和损毁,旅游开发也将成为无源之水、无本之木。这就要求我们处理好眼前利益和长远利益的关系,处理好经济发展与文物保护的关系,处理好社会效益与经济效益的关系,进行保护性开发,才能实现世界遗产的历史和文化价值。

(三)世界遗产地生态旅游开发的基本原则

旅游的可持续发展,不仅要有积淀丰厚的生态文化资源,还得有一套科学的生态化的开发原则作为保证,这样才能实现旅游开发与遗产保护的双赢局面。

1.内涵式开发原则

所谓内涵式开发原则,就是以生态保护为基础、以文化底蕴为内容、以资源增值为目标、以满足游客文化审美为目的的持续开发原则。而非以牺牲生态环境为代价、以直接消耗资源为手段、以片面追求数量增长为目标的外延式的开发原则。只有内涵式的开发原则才能实现旅游业的可持续发展。

如武夷山的茶文化,不仅具有地理、地质、气象、生态等自然科学属性,还具有宗教、哲学、历史、文学、民俗、艺术等社会科学和人文科学的属性。武夷文化的突出特点是"茶以载道",有深厚的文化底蕴。深入挖掘武夷岩茶的文化内涵,不仅可以实现旅游业传承和弘扬中国传统文化核心价值的文化审美诉求,也必然提高武夷岩茶无形的文化附加值。

以武夷山为中心的闽北地区曾一度是整个中国的文化中心,被誉为"道南理窟"和"闽邦邹鲁",这里名家辈出,灿若群星,人文荟萃,美不胜收。仅以历史文化名人而言,就有致广大、尽精微、综罗百代的大理学家朱熹,有唐末五代以来闽北地区唯一成佛的高僧扣冰古佛,有在道教发展史上划时代影响、创立内丹学的高道白玉蟾,有堪与孔子司马迁比肩、继编年体和纪传体史书之后开创了纪事本末体的大史学家袁枢,有"变俗为雅"的一代词宗、婉约派大师柳永,有将自然科学的实证方法用于刑事勘探的法医学鼻祖宋慈……他们在各自领域都有重大创新,无不是中国乃至世界文化发展史上熠熠生辉的杰出人物,这都是武夷山文化修学游的珍贵文化资源,值得深入挖掘。

2.层级性开发原则

如上所述,国内旅游市场自二十世纪九十年代以来,先后经历了自然山水观光游、文化参与体验游和休闲度假养生游三个阶段,因此,生态旅游开发也应分为依次推进的三个层级。第一层级是生态景观观光游。如植被茂密、山清水秀、生物多样、空气清新、鸟语花香、九曲漂流,所有这些都是良好生态环境的外部表征,都可以诉诸感官(视、听、嗅、触)审美享受。第二层级是生态文化体验游。如体验生态文化天人合一的价值诉求、有机整体的思维模式、乐山乐水的审美情趣、返璞归真的生活情趣等。第三层级是生态休闲养生游。充分利用世界遗产地良好的生态文化资源,推动休闲养生旅游,魏小安说武夷山可以做到山水养生、森林养眼、宗教养心、修炼养气、文化养神、运动养性、物产养形、气候养颜、学习养成、生活养情,完全可以建设成世界一流的休闲养生旅游目的地。广义的养生不仅包括物质层面的养生,还包括精神层面的养生,是养形与养神的统一。

自然观光游(即游山玩水)是第一个层级,在此基础上的文化体验游(即悟道山水)是第二层级,在自然观光和文化体验基础上的休闲养生游(即生态养生)是第三层级,这是一个依次推进、具有叠加效应的开发模式。

3.体验性开发原则

可以按照旅游六要素,开发体验性旅游产品,这也是生态化、内涵式开发的必然要求,具体而言,就是要做到:一是吃有品位。设计诸如九曲流水宴、幔亭招仙宴、天心明月宴、品茶味道宴、朱子八卦宴、彭祖长寿宴、龙凤呈祥宴等特色宴席及其菜点。二是住有风格。创建外部建筑、内部装修和周边环境都能体现地域文化特色的生态主题宾馆和酒店。三是行有养生。充分利用武夷山山清水秀、空气清新、植被茂密的生态资源优势,配合游学体验,开辟各种游步道、保健养生园、户外静养场、负氧离子吸纳区等既可保护生态环境,又能实现养生诉求的旅游休闲度假产品。四是游有学养。开辟文化游学专线如九曲溪山水悟道游、三坑两涧茶文化体验游、保护区生物多样性考察游、农家田园风光休闲游、古村落民俗风情参与游、闽越王城遗址历史考古游等旅游产品。五是购有特产。打造武夷山的云门竹筒茶、竹刻制品、生态红菇灵芝、系列蛇产品、武夷三雕等地域特色旅游商品,形成旅游纪念品购物市场。六是娱有风情。设计茶博园的斗茶表演、闽越王城的风情表演、风情商苑的地方歌舞、蛇博园的驯蛇表演等丰富度假区夜生活项目。

只有做到吃有品位、住有特色、行有养生、游有学养、购有特产、娱有风情,才能有效遏制外延式的旅游开发,才能真正实现旅游业的可持续发展。

4.审美性开发原则

武夷山的生态文化极为丰富多彩,每一种生态文化都有其独特的生态审美价值,可资当代生态文明建设和生态旅游之借鉴。按照其基本文化内涵,通过项目或产品开发,就可以实现其生态审美价值,如"敬畏自然"的图腾生态文化可诉诸内心深处对于自然界的尊畏心态、"理性自觉"的哲学生态文化可诉诸道德主体的生理自觉和生态情怀、"返璞归真"的道教生态文化可诉诸少私寡欲清静自然的生活方式、"普度众生"的佛教生态文化可诉诸生态伦理的虔诚修行和道德实践、"护山理水"的政治生态文化可诉诸政策法律层面强制性的生态保护、"杀伐禁忌"的民俗生态文化可诉诸心理积淀和行为习惯的养成、"物尽其用"的茶业生态文化可诉诸人尽其才和物尽其用的生态经济理念、"顺其自然"的人居生态文化可诉诸乐山乐水亲近自然的审美生活情趣、"惩恶扬善"的神话生态文化可诉诸戒恶向善的价值取向、"传情达意"的文学生态文化可诉诸对自然界深沉的热爱和虔诚的感恩、"典型完整"的自然生态系统可诉诸生态系统的科学研究和科普教育、"和谐共荣"的文化生态系统可诉诸和谐文化与和谐社会的建设等等。

世界遗产地生态旅游的科学开发,不仅是世界遗产地旅游可持续发展的必然要求,也是自然和文化遗产保护和遗产审美价值实现的必然途径和手段。

参考文献

一、文献

[1] 山海经[M].北京:中华书局,1987年.
[2] 周易[M].福州:福建人民出版社,1993年.
[3] 礼记[M].北京:中华书局,1987年.
[4] 周礼[M].福州:福建人民出版社,1993年.
[5] 老子[M].《诸子集成》本.上海:上海书店,1996年.
[6] 庄子[M].《诸子集成》本.上海:上海书店,1996年.
[7] 论语[M].《诸子集成》本.上海:上海书店,1996年.
[8] 孟子[M].《诸子集成》本.上海:上海书店,1996年.
[9] 韩非子[M].《诸子集成》本.上海:上海书店,1996年.
[10] 淮南子[M].《诸子集成》本.上海:上海书店,1996年.
[11] 吕氏春秋[M].《诸子集成》本.上海:上海书店,1996年.
[12] 列子注[M].《诸子集成》本.上海:上海书店,1996年.
[13] 吕氏春秋[M].《诸子集成》本.上海:上海书店,1996年.
[14] (汉)司马迁.《史记》[M].北京:中华书局,1982年.
[15] (汉)许慎.《说文解字》[M].北京:中华书局,1987年.
[16] (汉)班固.《汉书》[M].北京:中华书局,1974年.
[17] (汉)应劭.《风俗通义》[M].天津:百花文艺出版社,2003年.
[18] (唐)陆羽.《茶经》[M].广州:广东人民出版社,1996年.
[19] (宋)洪迈.《夷坚志》[M].上海:人民出版社,1999年.
[20] (宋)释普济.《五灯会元》[M].上海:人民出版社,1999年.
[21] (宋)白玉蟾.《道德宝章》[M].上海:人民出版社,1999年.
[22] (宋)程颐,程灏.《二程遗书》[M].上海:人民出版社,1992年.
[23] (清)董天工.《武夷山志》[M].北京:方志出版社,1997年.
[24] 朱杰人.《朱子全书》[M].上海:上海古籍出版社,2010年.

[25](清)陆廷灿.《续茶经》[M].北京:方志出版社,1997..
[26](清)郝玉麟等.《福建通志》[M].上海:人民出版社,1999..
[27](清)宗宝本《六祖大师法宝坛经》[M].康熙已亥年(1695年)刻本.
[28](清)郑方坤.《全闽诗话》[M].上海:人民出版社,1999年..
[29](清)厉鹗.《宋诗纪事》[M].上海:人民出版社,1999年.
[30](民国)崇安县新社[M].崇安县志委员会出版.1942年.
[31]海南玉蟾宫管委会.《南宗圣典》[M]内部刊物.2008年.
[32](清)黄宗羲.《宋元学案》[M].北京:中华书局,1986年.
[33](清)黄宗羲.《明儒学案》[M].北京:中华书局,2008年.

二、专著.

[34]蒙培元.《人与自然——中国哲学生态观》[M].北京:人民出版社,2004年.
[35]蒙培元.《情感与理性》[M].中国人民大学出版社,2009年.
[36]蒙培元.《朱熹哲学十讲》[M].中国人民大学出版社,2010年.
[37]余谋昌.《生态文化论》[M].石家庄:河北教育出版社,2001年.
[38](美)霍尔姆斯·罗尔斯顿.《哲学走向荒野》[M].吉林人民出版社,2000年.
[39](美)田浩.《宋代思想史轮》[M].社会科学文献出版社,2003年.
[40]蔡方鹿.《朱熹与中国文化》[M].贵阳:贵州人民出版社,2000年.
[41]张立文.《朱熹思想研究》[M].北京:中国社会科学出版社,1981年.
[42]詹世窗等.《白玉蟾与武夷丹道文化》[C].厦门:厦门大学出版社,2001年.
[43]李文初等.《中国山水文化》[M].广州:广东人民出版社,1996年.
[44]沈文华.《内丹生命哲学研究》[M].北京:东方出版社,2006年.
[45]徐晓望.福建民间信仰源流[M].福建教育出版社,1993年.
[46]赖永海.《佛学与儒学》[M].杭州:浙江人民出版社,1993年.
[47]武夷山方志委.《武夷山摩崖石刻》[M].大众文艺出版社,2007年.
[48]石子镜.《武夷山与古越文化》[M].北京:社会科学文献出版社,2002年.
[49]萧春雷.《阳光下的雕花门楼》[M].海潮摄影艺术出版社,2002年.
[50]萧天喜.《武夷文化丛书》(十册)[M].福州:福建人民出版社,

1993年.

[51]黄建国.《闽北文化》[M].福州:海峡文艺出版社,1999年.

[52]南平市政协文史委.《闽北廊桥》[M].内部书刊.2010年.

[53]南平市政协文史委.《闽北民俗》[M].内部书刊.2011年.

[54]蔡达峰.《历史上的风水学》[M].上海科技教育出版社,1995年.

[55]杨琮主编.武夷山城村汉城遗址发掘报告[M].福建人民出版社,2004年.

[56]萧天喜主编.《武夷山遗产名录》[M].北京:科学出版社,2011年.

[57]罗哲文主编.中国世界遗产保护武夷山高峰论坛文集[C].五洲传播出版社,2010年.

[58]福建武夷山国家级自然保护区管理局,福建武夷山自然保护区论文集[C].2009年.

[59]世界自然文化遗产武夷山编辑委员会.世界自然文化遗产武夷山[M].安徽科学技术出版社,1998年.

[60](美)乔根·兰德斯,等.李宝恒,译.《增长的极限》[M].四川人民出版社,1983年.

[61]孙威江.《武夷岩茶》[M].北京:中国轻工业出版社,2006年.

[62]杨国学.《武夷文学研究》[M].北京:中国戏剧出版社,2006年.

[63]朱平安.《武夷山摩崖石刻与武夷文化研究》[M].厦门:厦门大学出版社,2008年.

[64]汤用彤.《魏晋玄学论稿》[M].上海:上海古籍出版社,2001年.

[65]汤用彤.《隋唐佛教史稿》[M].北京:中华书局,1982年.

[66]任继愈.《中国哲学发展史》[M].北京:人民出版社,1998年.

[67]侯外庐,等.《宋明理学史》[M].北京:人民出版社,1984年.

[68]张立文,《宋明理学研究》[M].北京:中国人民大学出版社,2002年.

[69]侯外庐.《中国思想通史》[M].北京:人民出版社,1957年.

[70]张岂之.《中国思想史》[M].西安:西北大学出版社,1993年.

[71](美)亨利·戴维·梭罗.《瓦尔登湖》[M].上海译文出版社,2011年.

[72](美)蕾切尔·卡逊.《寂静的春天》[M].上海译文出版社,2011年.

后 记

书稿付梓,如释重负,但也有一种"两句三年得,一吟泪双流"的感慨,其中甘苦,如人饮水,冷暖自知。在长达数年的研究过程中,深刻体会到国学大师王国维所说的做学问的三种境界。

第一重境界就是要有"昨夜西风凋碧树,独上高楼,望尽天涯路"的宏观视野。研究一个问题,不仅要熟悉国内外的研究动态和学术前沿,还得进行古今中外思维方式的切换。如"传情达意"是中国古代文学的生态价值,而古人对于自然界的这份情意是"清水出芙蓉,天然去雕饰",感情纯真,浑然天成,具有整体感悟的混沌思维特征。近现代西方和当代中国生态文学则是对生态危机进行文化反思的结果,具有"辨理析义"的分析思维特征,加之近代以来长期的西学东渐和欧风美雨,人们已经习惯于西方文化的分析思维,要使读者了解古代生态文学的价值,就得借助于分析思维,从"传情达意"的"情趣"之中提炼出"辨理析义"的"理趣"才行,否则读者难以理解。其他章节的写作莫不如此。研究中国传统文化,面对国人居然要进行跨文化交流与对话,实属无奈之举,痛感国学之衰,亦深感中西文化交流的重要性。

第二重境界就是要有"衣带渐宽终不悔,为伊消得人憔悴"的坚韧和执着。科研工作,一如苦恋,得之不易,舍之更难,以狎亵之心待之必曰不恭,以庄严之情临之则曰刻板,如何游心于两者之间,既要科学严谨,又要灵光乍现,洵为纠结,用今天时髦的话说就是:痛苦并快乐着。资料搜集、田野调查、文本研读、文献参考、引文考证、概念辨析、逻辑推理、论据确立、观点形成,都既是求得新解的充满希望的过程,又是不断否定的摒弃成见的过程,往往还会出现地方文化研究文献不足的困扰。地方文化研究毕竟不同于纯粹依托文献的理论研究，田野调查的实证研究在其中发挥着重要作用。如佛教文化以"众生平等"为基本理念，亦有"戒杀放生"的严格戒律、"食素禁欲"的生活方式、"慈悲为怀"的生态保护，但是佛教奉行"不立文字，直指人心"的传统，即使武夷山佛教代表人物扣冰古佛的行状事迹，仅有的几种传记文献，如《五灯会元》等，也都语焉不详，更遑论其本人的文字著述，只好倒过来，以行推知，即以其生活方式和行为实践反证其价值理念。道教文化生态价值研究亦复如此。老子以"道法自然"（实为顺应自然）为其基本理念，政治上提出"无为而治"（实为顺应民心之自然），生活上提出"返璞归真"（实为顺应人性之自然），物质上提出"俭慈待物"（实为顺应物性之自然），有系统的生态观念，但在武夷山地方文献中也很难找到直接的文献佐证。武夷山道教代表人物白玉蟾的著作，有海南岛玉蟾宫内部资料《南宗圣典》，亦有今人研究文集存世，然多为白玉蟾丹道思想和科仪法术的研究。白玉蟾的代表作《道德宝章》更是高度禅学化的著作，对《道德经》的注释，与其说是注释，不如说是著作，把本来具有自然、社会、人生哲学的《道德经》，几乎完全改造为炼精化气、炼神还虚的内丹学。他提出"即心是道"命题，把老子"人法地、地法天、天法道、道法自然"注释为"有所据依……一灵妙有，法界圆通……如此而已"，这样的注疏就完全抽空《道德经》的自然、社会和人生哲学内涵。且重"悟道"而不重"析理"，内心感受难以言状，甚至注文字数远少于经文字数，真是古今注疏，未之闻也。那么，上述道家的价值理念是否就没有在武夷山的道教中得到继承和贯彻呢？不是的。也和佛教一样，出家人重视的是"修行"和"持守"，通过修行来印证佛法、道理的正确，谓之"体悟"和"修证"，且其行为具有高度的自觉性和虔诚性。因此，只能用道士们的行为实践和生活方式来反证其价值理念。道教长于养生，武夷山的道教具有"环境养生"的突出特征，即非常重视生态环境在养生中的决定性影响，这就是对"顺应自然"价值观的实践和应用。诚所谓"山重水复疑无路，柳暗花明又一春"，研究视角的转换,往往有灵光一现、妙手回春之功。

第三重境界就是"众里寻他千百度,蓦然回首,那人却在灯火阑珊处"先苦后甜的人生况味。没有"众里寻他千百度"的苦苦求索,哪会有"蓦然回首,那人却在灯火阑珊处"的惊喜甜蜜?于本书的写作而言,与其说是创作,不如说是学习,毕竟生态文化的研究会涉及许多生物学、生态学、生态工程等理工科的知识,而我文科出身,对此却是所知甚少,所以常常是边学习边研究,苦苦求索。也好,诚如孔子所言:"古之学者为己,今之学者为人",本来学术研究乃天下之公器,不是急功近利、欺世盗名的"为人"之学,而是不断成就自己人格,提高自己境界的"为己"之学。在这个过程中,浸润于生态智慧的海洋中,陶醉于自然无私的怀抱里,思想和灵魂得到净化,价值取向、审美情趣、生活态度和行为方式都发生重要的变化,增进对自然界的价值认同,加深对自然界的敬畏之情,形成理性的消费理念,养成节俭的生活方式,所以说这也是一个自我教育和自我改造的过程。当研究出现疑虑和困惑的时候,我常常会深入到武夷山自然保护区,仰望苍穹,与大自然进行心灵的对话、情感的交流,感受大自然的生命智慧,汲取大自然的生命灵感,这也使我对人类的生存和地球的命运有了一种崇高而神圣的使命感,对人类破坏自然的行为感到惭愧,对环境污染和资源匮乏感到忧虑,对人类能否理性地走出困境充满疑虑和期待,对自己作为人类一分子对自然界的侵犯有一种深深的负罪感。在几年的研究过程中,这种情感的纠葛和理性的反思常常使得我辗转反侧,夜不能寐,但其中也有一种得道的喜悦和精神的升华。

在本书的研究过程中,得到了多方面的帮助和支持,在研究过程中,对于学术界的研究成果多有汲取,或思想灵感的启迪,或学术观点的参考,或研究材料的引用,或思维方式的启发等,有些因为没有直接的引文,只能在参考文献中标出,在这里一并致以真诚的谢意!我妻子几年来为了我的研究和写作,承担了全部的家务,对我生活上的照顾也是无微不至,其中的付出不是一句感谢所能尽意者。最后特别感谢我的导师,中国社会科学院哲学研究所的著名哲学家蒙培元先生。蒙先生非常关注武夷山地方文化研究。他认为作为世界文化与自然双遗产的地域文化一定有其典范价值和普遍意义,尤其是武夷山生态文化的研究,不仅具有理论价值,更加具有现实意义。因此,他一直鼓励我将研究的重点锁定在生态文化的研究上。因此,只要见面或电话联系,总会询问研究进展并提出指导性的建议,而其中的精神鼓励和人格感召则是始终的。非常感谢蒙先生的指导、帮助和关怀!现在先生身体状况不佳,每每思之,不觉泪下。伏愿先生健康长寿,沾恩后学!

朱平安

二〇二一年二月于武夷学院南苑